기생문학산고
(시편)

내 가슴 흐르는 피로 임의 얼굴 그려내어
내 자는 방안에 족자 삼아 걸어두고
살뜰히 임 생각날 제면 족자나 볼까 하노라

— 매창梅窓의 시조에서

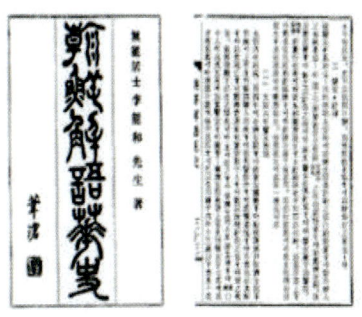 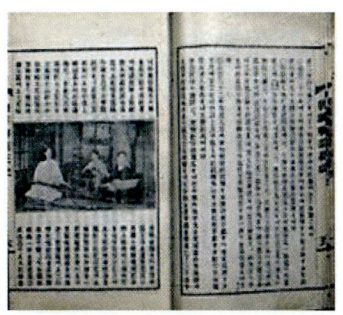

이능화李能和, 『조선해어화사朝鮮解語花史』

1927년 이능화가 한국 기생의 유래와 역사를 기록한 책으로 신라시대부터 고려와 조선 말기까지 역대 기녀들에 관계되는 시화와 일화 등을 상세히 밝혔다.

신활자본. 1책. 1926년 한남서림翰南書林 간행
출처; 국립중앙도서관 소장

이이李珥 친필 서간 '유지사柳枝詞'

'유지사'라고 불리는 작품은 언론인이자 경제학자였던 성재誠齋 이관구李寬求(1898~1991)가 이화여자대학교 박물관에 기증하였다. 황해도 황주에 유지란 기생이 율곡栗谷 선생을 흠모했는데 그 용모가 예쁘고 행동이 민첩하였다. 만년에 병약한 율곡이 유지에게 써 준 친필 초고이다.

출처; 이화여자대학교 박물관 소장

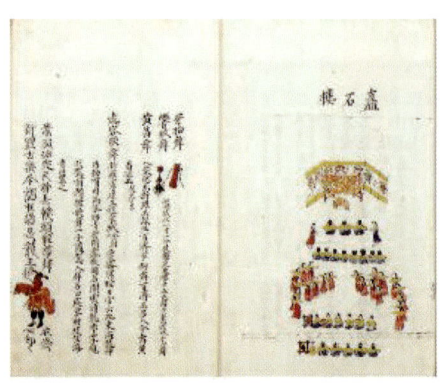

정현석鄭顯奭, 『교방가요敎坊歌謠』

정현석(1817~1899)이 고종4년(1867) 진주목사로 부임하여 진주교방에서 익히는 가무와 풍습을 바로잡기 위해 펴냈다. 원본은 송신용宋申用이 소장했다고 하며, 1941년에 옮긴 그 사본이 국립중앙도서관에 소장되어 있다. 권말에 "정현석은 경남 합천군 초계草溪 사람으로 벼슬이 해백海伯에 이르렀고, 고종 때 대대로 횡성군 橫城郡에서 살았다"고 기록되어 있다.

조선 고종 9년(1872) 초판 필사본. 1책.
출처; 국립중앙도서관 소장

의암별제

임진왜란 때 의암에서 왜장을 끌어안고 투신하여 순절한 논개論介를 기려 진주 촉석루에서 제사를 지내는 의암별제 장면이다.

정현석鄭顯奭, 『교방가요敎坊歌謠』
출처; 국립중앙도서관 소장

논개 영정

논개의 기존 영정은 친일화가 김은호가 그린 그림인데 민족정기 바로 세우기 차원에서 영정이 바뀌었다. 문화관광부 동상영정심의위원회는 2008년 2월 4일 윤여환 교수가 그린 영정을 '논개표준영정'으로 지정(제79호)했다.

소재지; 진주 촉석루 의기사

진주 의기사 산홍山紅의 시판

논개의 사당인 진주 촉석루 경내의 의기사에 걸린 시판이다. 산홍은 황현의 『매천야록』에 나온다. 광무10년(1906) 조에 "진주기생 산홍은 얼굴이 아름답고 글씨도 잘 썼다. 이때 이지용이 천금을 가지고 와서 첩이 되어줄 것을 요청하자, 산홍은 사양하였다. 이지용李址鎔(1870~1923)은 1905년 내무대신으로 을사늑약에 적극 찬성한 을사오적 가운데 한 사람이다.

송암정지松巖亭址

황진이의 전설이 서려있는 유지.

소재지; 경기도 광주시 중부면 산성리 산8-1

용바위

개성의 박연폭포 고모담 물 속에 솟은 바위가 용바위다. 유려한 초서체로 "飛流直下三千尺, 疑是銀河落九天"이란 글이 새겨져 있다. "나는 듯 흘러내려 삼천 척을 떨어지니 하늘에서 은하수가 쏟아져 내리는 듯 하구나." 이백의 시 '여산폭포를 바라보며' 중 두 구절로 황진이가 머리채에 먹을 적셔 휘둘러 썼다는 전설이 전해온다. 황진이의 '박연폭포'란 한시가 한 수 전한다.

이매창 묘

이매창은 본명은 향금香今이며, 자는 천향天香, 호는 매창梅窓, 계생桂生, 계랑桂娘이다. 그녀는 선조6년(1513) 부안에서 서녀로 태어나 1550년 서른일곱 살로 세상을 떠났다. 시와 거문고에 뛰어나 이귀李貴, 유희경劉希慶, 허균許筠 같은 인물과 깊이 사귀었다. 이매창의 묘소가 있는 곳을 "매창뜸"이라 부르는데, 묘는 토광원분묘형태로 묘 앞에는 높이 100㎝, 윗넓이 39㎝, 아래넓이 35㎝의 '명원이매창지묘名媛李梅窓之墓'라고 쓴 묘비가 서 있다.

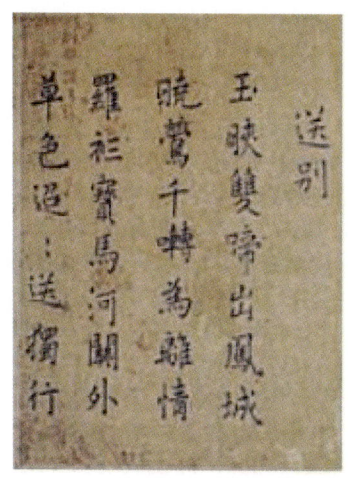

- 번방곡飜方曲 -

최경창崔慶昌

折楊柳寄千里人 爲我試向庭前種
須知一夜生新葉 憔悴愁眉是妾身

홍랑洪娘의 시조를 한역漢譯한 시이다.

고죽 시비

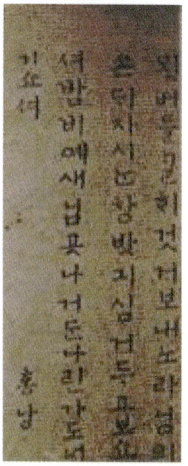

- 홍랑이 최경창에게 보낸 한글 시조 -

묏버들 골라 꺾어 보내노라 님의 손에
주무시는 창 밖에 심어두고 보소서
밤비에 새잎 곧 나거든 나인가도 여기소서

의기義妓 계월향桂月香 초상화

'임진왜란의 두 의기'로서 '남 논개, 북 계월향'으로 꼽히는 계월향(?~1592)의 초상화이다. "1815년 그린 것으로 사당 장향각藏香閣에 걸고 1년에 한 번씩 제사를 지냈다"고 그림에는 적혀 있다. 김경서(1564~1624)장군의 애첩이던 계월향은 왜군 선봉장 고니시 유키나가小西行長의 부장으로 평양성 함락(1592) 때 장수 고니시히小西飛를 참수하는 데 결정적 역할을 하였다.

지본 담채, 70cm × 105cm

은광연세恩光衍世(은혜의 빛이 온 세상에 퍼진다) 편액

조선 헌종 때인 1840년 추사 김정희가 김만덕의 선행을 기려 의녀반수 김만덕의 3세손 김종주 씨에게 써준 '은광연세'란 목조 편액이다. 기근에 처한 도민을 구하기 위해 평생 모은 재산을 내 놓은 의녀 김만덕이 세상을 떠난 지 서른 해가 넘도록 칭송하자 제주에 유배 온 추사가 그 선행을 기려 써줬다. 제주시 건입동 소재 모충사에 추사의 필적 그대로 석각되어 서있다.

글씨; 김정희
형태; 목조, 가로 98cm × 세로 31cm

행수내의녀김만덕지묘 行首內醫女金萬德之墓

김만덕의 본은 김해 김씨요, 곧 탐라의 좋은 집안의 딸이다. 어려서 부모를 여의고 고독하게 가난과 고생으로 자랐다. 정조 을미년에는 제주도민이 크게 굶주렸는데 능히 재산을 기울여 곡식을 육지에서 운반하여서 심히 많은 백성의 목숨을 살렸다.

유형 ; 비석(묘비)
시대 ; 조선(1812)
소재지 ; 제주시 건입동 모충사내 전시관 서쪽
형태; 높이 96cm, 위폭 48cm, 아래폭 44cm, 두께 13cm이며 현무암으로 만든 좌대 위에 세워져 있다.

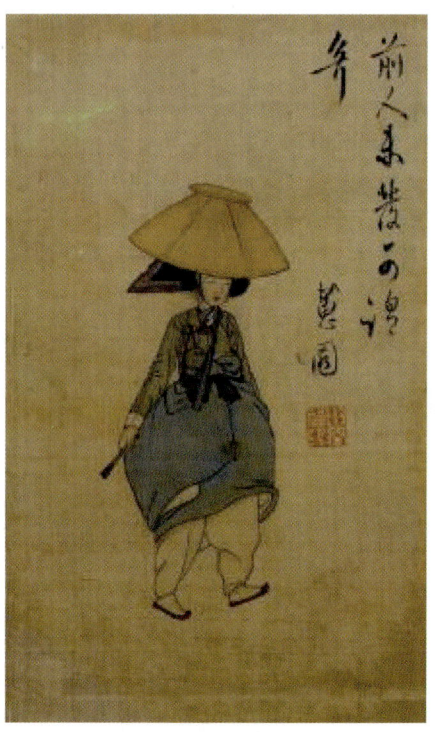

전모를 쓴 기생

화제는 화면 우측 상단에 "前人未發可謂奇"란 일곱 자가 달려있다. "옛사람들이 미처 하지 못한 것이니 참으로 기발하다."란 뜻이다. 담청색으로 고운 비단에 완숙한 필치로 묘사한 작품으로 '신윤복인申潤福印'이란 도서가 있다. 외출할 때 햇볕으로부터 얼굴을 가리기 위해서 둥글고 누런 모자인 '전모氈帽'를 쓰고 있다.

혜원 신윤복, 비단에 담채, 28.2cm × 19.1cm
출처; 국립중앙박물관 「여속도첩女俗圖帖」

기생문학산고 ㅡ
(시편)

기생문학산고 一
(시편)

이 상 원

국학자료원

머리말

　기생은 말하는 꽃이다. 오랜 역사에서 기생은 천한 신분으로 우리 문화의 한 전형을 이루어왔다. 폭압적인 신분체제에 예속된 성 노예로서 기방문화의 짙은 그늘 속으로 들어가 보면 여인으로서 겪어야 했던 아픔과 질곡의 삶이 그대로 투영되어 있다. 기생문학은 한국문학의 소중한 자산으로서 다양한 시각에서 그 전모를 살펴볼 수 있다. 시조와 한시, 설화와 야담, 전설과 가사에 이르는 폭 넓은 장르에 걸쳐 매우 다채로운 양식으로 문헌에 정착되거나 구비전승되어 오늘에 이른다. 삼국시대, 고려시대, 조선시대와 구한말을 거쳐 일제치하까지 존속된 기방문화와 습속은 비록 우리의 어두운 과거이지만 21세기를 건너는 우리 후손들에게 다채롭고도 풍부한 컨텐츠를 제공하고 있다.
　졸저는 최근 계간 『뿌리』에 연재되었던 '조선의 아웃사이더, 기생의 한시 탐색'을 수정 보완하여 두 권으로 엮은 것이다. 그동안 햇수로 벌써 이태가 흘렀다. 『기생문학산고』는 필자의 또 다른 졸저인 『노비문학산고』와 짝을 이루어 펴내는 천민문학에 관한 연구서인 셈이다. 필자는 서른 해 전부터 방외인이나 주변인과 같이 변방에 묻힌 조선의 아웃사이더들에 지대한 관심을 가지고 이를 천착해오고 있다. 처음에는 남명 조식을 찾아 글을 쓰다가 그 뒤로는 하원 정수동, 석주 권필, 기생이나 노비와 같은 비주류의 삶과 문학에 관심을 가지고 이들을 통하여 이 땅에 뿌리내린 소중한 문학자산을 새로운 시각에서 살펴보려고 하였다.
　기생문학은 문헌으로 정착되기에는 애초부터 한계가 있을 수밖에 없다. 그래서 더러 문자가 들락거리고, 심지어 작자와 작품이 잘못 전해진 것도 있음을 발견할 수 있다. 특히 사대부가 남긴 다양한 문헌에 흩어져 존재하는 기녀에 관한 기록들은 서로 조금씩 차이가 있어 고증하는데 어려움이 많았다. 그럼에도 불구하고 여러 종류의 문헌에 나타난 기녀에 관한 시와 설화, 야담을 재구성하여 기생의 내면에 드리운 표정을 읽을 수 있다. 동시에 특수한 신분계층인 기생을 통하여 풍부한 한국문화의 한 원형을 살펴볼 수 있게 된 점은 매우 다행한 일이라 생각한다.

과거 어두운 우리의 역사에 용해되어 있는 억압된 여성층으로 기생은 비록 천한 신분이었지만 예인으로서 자부심이 매우 강했다. 때로 나라가 위태로울 때 기생은 의기로서 몸을 돌보지 않았고 또한 굳은 절의와 절행으로 사대부가의 여인에 못지않은 행적을 남기기도 하였다. 기생이 남긴 문학의 향기는 오롯이 남아 우리 후손들에게 사람의 길을 가르치며 때로는 아픈 역사의 오솔길을 걷다가 그 배후에 드리운 아픔과 슬픔을 말하기도 하며 오늘에도 말을 건넨다. 여전히 우리는 그 말을 잘 알아듣는 귀가 아쉬운 지금이다.

한국학을 지속적으로 발굴하고 이를 국내외에 소개하기 위하여, 대를 물려 어려운 여건에도 출판을 허락하여 한 권의 책으로 단단하게 엮어주신 국학자료원 여러분께 감사드린다. 끝으로 천학인 저자의 무지로 혹시라도 졸저에서 잘못되거나 부족한 부분에 대하여는 많은 질정을 바라며 이는 차후에 바로 잡을 수 있도록 약속드린다.

임진년에
이상원

기생문학산고 一(시편)

목 차

■ 머리말

1. 시작하는 글 ··11

   1) 기생의 어원과 의미 ································· 12
   2) 기생의 역사 ·· 15
   3) 기생문학의 고찰 ····································· 29

2. 기생의 시 탐색 ··35

   1) 상사시 ·· 36
   2) 회고시 ·· 124
   3) 풍자시 ·· 213
   4) 경물시 ·· 286
   5) 별리시 ·· 335

3. 기생에게 준 시 ·······································375

■ 색 인 411

기생문학산고 二(전기·설화편)

목 차

■ 머리말

4. 기생의 전기 ·· 413

1) 계섬전 ·· 413
2) 만덕전 ·· 418
3) 한섬 ·· 430
4) 금성월 ·· 431
5) 백상월전 ·· 432

5. 기생의 설화와 전설 ·· 437

6. 마치는 글 ·· 731

■ 색 인 733

1. 시작하는 글

1. 시작하는 글

 꽃은 꽃인데 '말귀를 알아듣는' 조선의 꽃이 있다. 시가詩歌, 춤, 노래, 풍류, 기악 등으로 술자리 흥을 돋우며, 성性을 사고팔기도 했던 여성 계층을 일컫는 기생은 비록 천민 신분이었지만 예인藝人이었다. 남성의 노리개로 천역賤役에 종사하며 여흥과 성을 팔아야 하는 자신의 신분적 한계를 시로 풀어낸 여성들이 있는데, 이들이 이룬 우리 국문학의 성과는 소중한 유산이다. 조선시대의 엄격한 유교 질서와 신분제의 틀 안에서 기생은 일반 여성의 삶이 대개 일상 속에 파묻힌데 반하여 비록 천민 신분이었지만 특별한 존재로서 그들은 많은 일화와 문학 작품을 남겼다. 기생이란 신분 자체가 역설적이게도 이중적 의미를 가지고 있기에 작품에 녹아든 시대적 상황과 시에 투영된 심상을 쫓아가는데 다양한 전거典據가 필요하여 다소 지난한 작업이 되기도 하였다. 졸고는 천민이면서 동시에 여성으로서 기생이 남긴 소중한 문학자산을 시, 시조, 전기, 야담, 설화, 전설 등 주제와 장르별로 구분하여 소략하게 살펴보고자 하는데 목적을 두고 있다. 양반의 독점적 기록문화의 언저리에 맴돌면서 기녀들이 남긴 기록은 매우 희미하고 흩어진 기록마다 착간이 많아 작가, 내용, 제목 등에서 들락거림이 많은 게 사실이다. 하지만 다양한 자료를 검토하여 지금까지도 잘못 알려지거나 그릇된 오류를 졸고에서는 지면이 허용하는 한 밝히려고 노력하였다. 기생이 이룩한 문학은 미래에 다양한 컨텐츠로 활용할 가치가 대단히 높은 우리의 문화자산이다. 졸고는 이러한 긍정적 측면을 중시하면서 다양한 시각에서 기생들이 남긴 문학의 향기와 그 행간에서 숨 쉬는 일화를 통하여 심층적인 구도에서 살펴보려고 한다.

1) 기생의 어원과 의미

기생의 유의어類義語로는 기녀妓女, 여기女妓, 여창女倡, 창기娼妓, 창녀娼女, 천기賤妓, 유녀遊女, 운평運平, 어기御妓, 관창官娼, 관기官妓, 영기營妓, 가기家妓, 무창巫娼, 해어화解語花, 노류장화路柳墻花, 홍분紅粉 등 다양한 층위의 어휘들이 존재한다. 그만큼 의미가 다양하게 쓰이고 있음은 곧 기생이 역사에서 비치는 표정만큼이나 텍스트 속에서 다양한 맥락을 가진다는 사실을 반증한다. 동시에 행적에 따라, 시기詩妓, 의기義妓, 절기節妓, 가무기歌舞妓, 요기妖妓, 명기名妓 등 다양하게 분류할 수 있다. 기妓란 '부인소물야婦人小物也'라고 하였는데, 뜻풀이를 하면 '여자로 작은 물건'이니, 곧 '노리개'란 의미로 쓰였다. 창娼 또는 기妓란 명칭은 한나라 이후 창기, 여창, 여기, 어기 등으로 비로소 쓰이기 시작하였다. 또한 떠돌아다니면서 천업에 종사하던 무리인 '무자리'의 딸을 뽑아 의술과 예절을 가르쳐, 연회석에서 가무를 하던 기생에서 부터 양반들의 잠자리 시중을 드는 침기枕妓와 나중에는 몸을 팔기에 이른 '창기'까지 그 모습은 실로 다양하다. 조선 초기에 들어서는 궁중 진연進宴에 참여하는 기생을 '진풍정進豊呈'이라 불렀고, '기화자技花者', 즉 손에 꽃을 들고 있는 무자리라고도 했는데, 이를 다시 '운평' 또는 '계평繼平'이라고도 불렀다. 이들을 또 임금과의 관계를 중심으로, 임금을 가까이 모시는 기생을 '지과흥청地科興淸', 임금과 관계를 맺은 기생을 '천과흥청天科興淸'이라 부르는 등 호칭이 다양했다. 연산燕山조에 와서 이 제도는 크게 번창하여, 연산군이 등극한 지 십 년째인 갑자년에는 각 도의 읍에 '기악부妓樂府'를 두고 그 칭호도 '흥청興淸'이라 했는데, 임금을 모신 기생인 '천과흥청'은 그 세도가 삼공이 부럽지 않았다. 지금의 '흥청거리다'는 말의 유래도 천과흥청에서 온 것을 보면 그 세력을 짐작할 수 있다. 한편, "말을 알아듣는 꽃"이란 '해어화解語花'는 기생을 종종 일컫는 말이다. 해어화는 말을 알아듣는 꽃, 즉 용모가 절색인 미인을 가리킬 때 흔히 쓰는 말로, 『당서唐書』, 「개원천보유사開元天寶遺事」에 처음 나온다. '개원開元의 치治'라는 칭송을 받던 당 현종玄宗은 무혜비武惠妃를 잃은 뒤, 그 아들인 수왕壽王의 비인 양귀비를 보고 그 미모와 재치에 반해 그녀를 황후로 삼았다. 때는 따뜻한 초여름 어느 날, 당나라 수도인 장안長安 태액지太液池에 핀 연꽃은 눈이 시리도록 아름다웠다. 천 송이의 연꽃을 감상하기 위해 현종과 양귀비의 행차가 연못에 이르렀을 때, 현종의 눈에는 세상 그 어느 것도 양귀비보다 더 아름다울 수가 없었다. 그래서 주위에 둘러 선 궁녀를 돌아보며 말하길, "연꽃의 아름다움도 어찌 말을 알아듣는 이 꽃만 하겠느냐"[1]라고 하였다. 처음에는 다들 무슨 영문인지 몰라 어리둥절했지만, 그 꽃이 곧 양귀비를 두고 한 말인 걸 알아차리고 '과연 지당한 말씀'이라 아뢰었다. 현종은 할머니 측천무후則天武后에 의해 쇠락한 당을 일으켜 개원의 태평성대를 이루었던 현명한 군주였다. 총애하던 무혜비가 죽은 후 양옥환楊玉環을 맞아 귀비로 삼았는데, 그 일족들이 모두 영달을 꾀할 정도로 그녀에 대한 총애가 지극하

---

1) "帝與妃子共賞太液池千葉蓮, 指妃子謂左右曰：何如此解語花耶."

였다. 양귀비를 알고부터 정사에는 관심을 보이지 않게 되어, 마침내 안녹산安祿山의 난을 당하여 그녀마저 목매어 죽이고 말았다. 그 뒤, 백낙천白樂天은 장한가長恨歌를 지어 양귀비를 잊지 못해 그리워하는 현종의 마음을 그려내기도 하였다.

기생에 관한 기원은 확실하지 않다. 정약용2)은 당시 우리 말과 글 가운데 잘못 쓰이고 있는 걸 골라 뜻과 어원을 밝히고, 아울러 용례를 들어 설명한 『아언각비雅言覺非』에서, 기녀의 기원을 양수척楊水尺에 두었다. 양수척을 관기의 별명이라 하고 이 뜻을 무자이巫玆伊, 무자리, 곧 급수자汲水者라고 하였다. 또 이익李瀷은 기생을 관비에 예속시킨 것을 두고 당시의 세태를 안타까워하였다.

"우리나라에 원래 기妓가 없었으나, 유기장柳器匠인 양수척이 있어 수초水草를 따라 떠돌아다니다가, 고려의 이의민李義旼이 그들로 기적妓籍을 만들었던 것이 기생의 시초이다. 국초에는 기악을 혁파하려는 의론이 있었으나, 문경공 허조3)가 저지하면서 말하길, '봉사奉使하는 신하로서 장차 양가녀良家女를 겁탈하게 되면 그 폐해가 더욱 심할 것이다' 하여 드디어 그대로 두었다. 내 생각에는 열군의 기생은 바로 관비라고 여겨지는데, 관에는 여비女婢가 없을 수 없다. 신분이 미천해서 예속으로 된 자가 기생 노릇하는 것은 형편이 그러한 때문인데, 뭐 혁파하고 안하고 하는 데에 관계가 있겠는가. 지금 사대부 집의 여비도 지조와 행동을 제대로 지키는 자가 드물게 되니, 이와 무엇이 다르겠는가."4)

---

2) 정약용丁若鏞(1762~1836); 조선후기의 실학자. 자 미용美鏞, 호 다산茶山, 사암俟菴, 여유당與猶堂, 채산菜山. 근기近畿 남인 가문 출신으로, 정조正祖 연간에 문신으로 사환仕宦했으나, 청년기에 접했던 서학西學으로 인해 장기간 유배생활을 하였다.
3) 허조許稠(1369~1439); 본관 하양河陽, 호 경암敬菴, 권근權近의 문인. 좌의정을 지냈다. 시호 문경文敬. 괴산 화암서원에 배향된 삼재三齋 허후許詡의 아버지이다.
4) 이익李瀷, 『성호사설星湖僿說』 제23권, 「경사문經史門」.

일제시대 국학자인 이능화5)는 기생의 역사를 정리하여 기록했는데, 『조선해어화사朝鮮解語花史』가 그것이다. '해어화'는 '말을 풀이하는 꽃'이라는 뜻으로 유녀, 창녀, 기생, 기녀 등으로 불리는 여성들을 가리키는 별칭이다. 이 말은 은연중 역설적으로, '천민의 몸, 양반의 머리'를 지녔다는 이중적인 표현이기도 하다. 기녀는 비록 천한 신분이었지만 양반과는 유일하게 수평적인 대화를 할 수 있었기에 그들의 문학적 수준은 꽤 높았음을 알 수 있다. 조선의 꽃, '말을 알아듣는 꽃', 그들은 슬프고 비참한 천민이었다. 흔히 기생이라고 하면 남성의 노리개 감으로 생각한다. 신분은 비록 천했지만 그 역할에 있어서는 중요한 위치에서 필요악으로 존재했던 기생은 미모와 재능으로 춤, 노래, 시, 그림 등을 예술로 승화한 진정한 예인藝人이며 동시에 모든 남성들이 갈망하던 애인이었다. 남성중심의 조선시대에 자유분방한 기녀들은 서민들과 더불어 기층민중의 삶을 지탱한 한 모서리였으며, 그들을 통해 오늘날 우리는 당시의 정경을 엿볼 수 있다. 무엇보다 그들이 남긴 시문학의 자산은 오늘날에 매우 귀한 당시의 시대를 읽을 수 있는 거울을 제공한다.

2) 기생의 역사

기생의 기원은 확실하지 않지만, 중국 한漢나라 무제武帝가 최초로 군

---

5) 이능화李能和(1869~1945); 구한말과 일제시대의 역사학자 민속학자. 충북 괴산 출생, 자 자현子賢, 호 간정侃亭, 상현尙玄, 무무無無, 무능거사無能居士. 종교관계 저술 『조선불교통사朝鮮佛敎通史』, 『조선도교사朝鮮道敎史』, 『조선신교원류고朝鮮神敎源流考』, 『백교회통百敎會通』 민속관계 저술 『조선무속고朝鮮巫俗考』, 『조선여속고朝鮮女俗考』, 『조선해어화사朝鮮解語花史』 기타 『조선상제예속사朝鮮喪祭禮俗史』, 『조선유교지양명학朝鮮儒敎之陽明學』, 『조선신화고朝鮮神話考』, 『조선의학발달사朝鮮醫學發達史』가 있다.

사를 위로하기 위해 영기營妓를 설치하였고, 제齊나라 환공桓公이 여려 女閭에 과부를 두었다고 한다. 이규경李圭景은 『오주연문장전산고五洲衍文長箋散稿』, '중국과 우리나라 기생의 근원에 대한 변증설'에서 중국의 기생 기원설에 대하여 다음과 같이 말하고 있다.

"어떤 사람이, '중국과 우리나라에 기생을 설치한 것이 어느 때부터 시작된 것이며, 그를 설치한 의의는 과연 어디에 있는 것인가. 『주역周易』에 이르기를 '용모를 곱게 꾸미는 것이 음을 불러들이는 것이다冶容誨淫' 하였으니, 이것이 다만 음란한 짓을 하기 위한 방법이 아닌가. 그에 대한 자세한 것을 듣고 싶다" 하기에, 내가 대답하기를, '이런 바르지 못한 일은 서로 문답할 것도 없는 것이지만, 이왕 자네의 물음이 있었으니, 내가 어찌 대답이 없을 수 있겠는가. 『오월춘추吳越春秋』6) 에 이르기를 '월왕越王 구천句踐이 지나치게 음란한 과부들을 모두 산 위로 보내어, 시름 많은 군사들과 산 위에서 노닐며 그들의 마음을 기쁘게 하도록 했다' 하였다. 그리고 『서언고사書言故事』에 상고하건대 '옛날에는 기생이 없었는데, 한나라 무제가 처음으로 영기를 설치하여 아내 없는 군사들을 위로했다' 하였으니, 『좌전左傳』 소공昭公 31년 조에 말한 삼반인三叛人7)이 바로 이것이다' 하였다. 주周나라 양공亮工의 『인수옥서영因樹屋書影』에 이르기를, '제 환공이 여러 女閭 칠백 군데를 설치, 야합夜合할 수 있도록 하여 군사들의 흥을 돋우었으니 모두가 과부였다. 관중管仲이 환공桓公을 도우면서 이런 일이 있었으니 어찌 관중의 그릇을 작다고만 할 수 있겠는가. 우문정于文定이 이르기를 '천

---

6) 동한東漢시대 패관잡기체稗官雜記體의 역사로 오吳와 월越 두 나라가 서로 경쟁하며 패권을 차지하기까지 흥망성쇠의 과정을 세밀하고 흥미롭게 기술하였는데, 문학적인 묘사와 상상력을 동원해 편년체 서술 방식으로 기록한 책이다. 동한시대 사람인 조엽趙曄이 12권본으로 지었지만, 현재 전해지는 판본은 10권본으로 당나라 때 황보준皇甫遵의 손질을 거쳐 완성된 것이다.
7) 삼반三叛은 본국을 배반하여 토지를 가지고 노魯나라에 붙은 소국小國의 대부大夫 세 사람, 곧 주서기邾庶其, 거모이莒牟夷, 주흑굉邾黑肱을 말함. 『춘추좌씨전春秋左氏傳』 「양공襄公」 21年, 「소공昭公」 5年, 「소공昭公」 31年.

지의 육기六氣, 곧 음陰, 양陽, 풍風, 우雨, 회晦, 명明 가운데는 저절로 일종의 사악하고 더러움이 있기 때문에 반드시 이를 소통되도록 하여야만 청명한 기운이 보완될 수 있다. 비유하자면, 마치 큰 도시나 큰 읍에는 반드시 하수구를 두어 오물들을 모두 흘려보내야지 그렇지 않을 경우에는 인가의 뜰에까지 모두 오물로 뒤덮이게 되는 것과 같다' 하였으니, 이 논의가 가장 명쾌하다. 여려女閭8)를 칠백 군데에 설치한 것도 대체로 은연중에 세속을 구제하는 조그마한 권도權道이니, 모두가 그르다고만은 할 수 없다' 하였다. 이것이 곧 기생을 설치하게 된 조짐이다. 당나라에 이르러서는 이런 풍조가 더욱 성하였는데, 최영흠崔永欽의 『교방기敎坊記』, 손계孫棨의 『북리지北里志』, 맹계孟啓의 『본사시本事詩』, 황설사黃雪蓑의 『청매집靑梅集』, 장군방張君方의 『여정집麗情集』, 섭봉선聶奉先의 『속본사시續本事詩』, 『수화매사水華梅史』, 『연도기품燕都妓品』, 조대장曹大章의 『연대선회품蓮臺仙會品』, 반지항潘之恒의 『곡중지曲中志』, 『금릉기품金陵妓品』, 『곡염품曲艷品』, 『후염품后艷品』, 『속염품續艷品』, 여회余懷의 『판교잡기板橋雜記』 등이 모두 기생에 대한 고사로 상고할 만한 것이다. 금릉金陵은 예부터 번화한 곳으로 일컬어졌는데, 백하白下, 청계靑谿의 도엽桃葉, 단선團扇 등 아리따운 여인들이 많았다. 홍무洪武 초기에 이곳에다 열여섯 곳에 누각을 세우고 관기들이 거처하도록 하였는데, 외국에서 온 손들은 안개처럼 맑고 가벼운 분단장의 기녀들을 보고, 한때의 운치 있는 풍경이라고 칭탄하였다."9)

조선 시대의 기생은 법적 신분으로는 양민이었지만, 다만 관노官奴로서 기생이 된 자는 천민에 속하였다. 기생은 조선시대에 '여덟 천민八賤' 가운데 하나에 속하였다. 이른바, '팔천'이란 사노비私奴婢, 승려, 백정白丁, 무당, 광대, 상여喪輿꾼, 기생, 공장工匠을 말하며, 이를 '팔반사천八般

---

8) 여려女閭; 중국에서 국가에서 경영하던 기원妓院인 여시女市에서 기녀들이 거처하는 곳.
9) 이규경李圭景, 『오주연문장전산고五洲衍文長箋散稿』, 「경사편」 5, 논사論史, '중국과 우리나라 기생의 근원에 대한 변증설'.

私賤'이라고도 한다. 기생은 조선사회에서 양반들의 잔치나 술자리에서 노래와 춤 및 풍류로 유흥을 돋우는 일을 직업으로 삼았던 여자로서 일종의 '사치노예'라고 할 수 있다. 또한 아무나 꺾을 수 있는 길가의 꽃이라 하여 '노류장화'라 일컬어지던 수많은 기생들은 신분의 굴레 속에서 힘든 삶을 살았다. 노류장화라는 말에는 기생을 하찮게 생각하던 조선시대 사대부들의 멸시와 밤마다 술과 웃음을 팔아야 했던 여인들의 가슴 저린 애환이 함축되어 있다. 기생은 관청에 딸린 관기官妓와 사저에 딸린 사기私妓가 있었다. 대개 서울 기생인 경기京妓는 서방이 있는 유부기有夫妓요, 지방 기생인 향기鄕妓는 서방이 없는 무부기無夫妓였다. 기생은 직업의 특성상 생활은 중류층 이상의 생활수준을 향유했으나, 사회적으로는 천민으로 대우받았다. 또한 기생이 머무는 곳인 기방에는 원칙적으로 양반의 출입이 금지되어 있었다. 다만 풍류를 즐기기 위해 양반이 노는 곳에 그들을 불러다 어울릴 수는 있었다. 조선시대 기생은 관청에서 부리는 노비에 속했다. 국가에 소속된 관기는 서울에 딸린 경기와 지방에 딸린 향기의 두 부류로 나누어진다. 서울의 관기는 장악원掌樂院 소속으로 지방 기생에 비해 기예가 우수하고, 궁중연회에 동원되어 가무가 주업으로 정원은 백 명 남짓이었다. 경기 중에는 약방기생藥房妓生이나 상방기생尙房妓生처럼 특수한 일을 맡은 부류도 있었다. 관기를 둔 목적이 주로 여악女樂과 의침醫針이었으므로, 그에 따라 의녀醫女로 활동한 약방기생, 상방에서 침구鍼灸나 재봉裁縫을 담당한 상방기생이 그것이다. 지방의 관기는 관청마다 열다섯에서 서른 명 정도로 그 수가 많았고 주로 관리의 수청守廳을 들었다.

 기생은 몸이 바로 상품이었다. 철저히 기생의 몸은 '물화物化'되어, 손님에 의해 규정되거나 자신에 의해 규정되었다. 더구나 관기는 '관가지물官家之物'이라 하여 거처를 마음대로 옮길 수도 없었고, 첩으로 삼지 않으면 평생 기생에서 벗어날 수도 없었다. 또한 마음대로 수절을 할 수도 없었는데, 수절을 하기 위해서는 관청의 혹독한 벌을 견뎌내야 했다. 특히 서북의 변방에 속한 관기에 대한 관리의 수청 요구는 집요하여, 관기는 성노예나 다름없었다. 한 예로, 부령富寧 기생 영산옥霄山玉이 그런 경우에 해당한다. 김려10)는 『담정유고』에서 이 일을 기록으로 남겼다. 그는 서시랑과 인척이기에 그 전말을 잘 알고 있었을 것으로 추정할 수 있다.

> "부府의 기생, 영산옥이 노래를 잘하고, 시에 능할뿐더러 거문고를 잘 탔다. 서시랑徐侍郎의 첩이 되었는데, 나와 시랑은 인척간이다. 영산옥은 첫사랑 서시랑을 떠나보내고 모진 고문을 당하면서도 절개를 지켜냈다."11)

또 『동문선東文選』에는, 어느 지방 수령이 임기가 끝나서 떠날 때 사랑하던 기생에게, "내가 간 뒤에는 또 다른 남자의 사랑을 받을 것이다" 하고는 촛불로 얼굴을 지져서 흉하게 만들었으므로 정습명12)이 그 일을 두고 시를 지어 기생에게 주었다.

---

10) 김려金鑢(1766~1822); 조선후기의 학자. 본관 연안延安, 자 사정士精, 호 담정薄庭. 김조순金祖淳과 『우초속지虞初續志』라는 패사소품집을 냈다. 이옥李鈺 등과 교류하며 소품체 문장으로 주목받았다. 『담정유고薄庭遺藁』 12권이 있으며, 자신과 주위 문인들의 글을 교열하여 『담정총서』 17권을 편집하였고, 말년에는 『한고관외사寒皐觀外史』, 『창가루외사倉可樓外史』 등 야사를 편집했다. 『우해이어보牛海異魚譜』는 정약전丁若銓의 『자산어보玆山魚譜』와 함께 우리나라 어보의 쌍벽을 이룬다.
11) 김려金鑢, 『담정유고薄庭遺藁』 제5권, 「사유악부思牖樂府」 "問汝何所思. 所思北海湄. 向者不受蓮姬諫. 却將漫筆叙貞雁. 那知文字作禍媒. 瘦狗唁唁空嫌猜. 城門戒嚴夜捉人. 白挺如雨聲如雷. 丈夫嘔血婦女. 衝虎之鼻餒虎肉. 舌長三寸未噬臍. 中夜潛思但悲惡. "霄山玉爲徐丈守節. 相亮刷還之. 予爲作貞鴈傳. 相亮大怒. 成金鍾遠獄."
12) 정습명鄭襲明(?~1151); 고려 중기의 문신, 본관 영일迎日, 호 형양滎陽.

기생에게 주다	贈妓[13]

온갖 꽃떨기 속 청초한 그 모습　　　　　　百花叢裏淡丰容
홀연히 미친 바람 만나 붉은 빛 덜었네　　忽被狂風減却紅
수달의 뼈도 옥같은 뺨 고치지 못하니　　獺髓[14]未能醫玉頰
오릉에 귀한 자제 한이 무궁하구나　　　　五陵[15]公子恨無窮

이를 미루어 보면 기생의 신분이 얼마나 처절한지를 짐작할 수 있다.

한편, 관기는 '기안妓案'에 등재되어, 정기적인 점고點考를 받았다. 판소리 '춘향가' 중에 기생점고 대목이 나오는데, 그 배경은 변사또가 남원에 부임하여 제일 먼저 기생점고를 하게 된다. 예쁜 기생을 고르기 위해 모두 불러 호명을 하면 한 명씩 앞으로 나오게 해서 자색과 용모를 살펴보는 것이다. 기생들이 나오고 물러가고 하는 모습을 보여주고 있다.

(아니리)

그때여 사또는 동원에 좌정 후 호방을 불러 분부허시되 다른 점고는 삼일 후로 미루고 이 고을에는 미인 미색이 많다허니 우선 기생점고부터 하련다.

(진양조)

---

13) 『동문선東文選』 권19.
14) 달수獺髓는 수달의 골수인데, 오吳 나라 임금 손화孫和가 여의주를 가지고 희롱하다가 미인의 얼굴에 상처를 내었는데, 한 수달의 골을 구하여 치료하였다.
15) 장안長安에 있는 번화한 남녀의 놀이터. 오릉은 함양咸陽 부근에 있는 서한西漢 다섯 황제의 능인데, 이곳에 능을 세울 때마다 사방의 부호들을 옮겨와 살도록 했기 때문에 이런 뜻이 생겼다. 『한서漢書』 권92, 「원섭전原涉傳」.

행수 기생 월선이 월선이가 들어온다. 월선이라 허는 기생은 기생중에는 일향순데
점고를 마칠양으로 아장아장 이긋거려서
예 — 등대나오. 점고를 맞더니만 좌보진퇴 물러간다.
무후동산에 명월이 명월이가 들어온다. 몸을 정히 장단허고 아장아장 이긋거려서
예—등대나오. 점고를 맞더니만 우보진퇴 물러간다.

(아니리)

네 여봐라. 점고를 이렇게 느리게 할라다가는 석달 열홀이 걸려도 다 못 하것구나.
내 성미 원래 급한 사람이니 급급히 불러디려라. 호방이 눈치있어
사또님이 오비우를 하기 위하야 넉짜 화두로 불러들이난디

(중중모리)

조운모우 양대선이 우선옥이 춘홍이 사군불견 반월이
독자 유황려 금선이 어주 축수에 도홍이 왔느냐. 예 — 등대허였소.
팔월부용에 군자룡 만당추수에 홍련이 왔느냐. 예 — 등대하였소.
서창어 비치여 섬섬영좌 초월이 왔느냐. 예 — 등대허였소.
만경대 구름속어 높이 노던 학선이 왔느냐. 예 — 등대허였소.

(간주)

바람아 퉁탱부지마라. 낙랑장송 취행이 왔느냐. 예 — 등대허였소.
단산오동 그늘밑 문왕 어루든 채봉이 왔느냐. 예 — 등대허였소.
장삼소매를 떠들어 메고 저정거리던 무선이 왔느냐. 예 — 등대허였소.
진누명월 옥소소에 화선허던 농옥이 왔느냐. 예 — 등대허였소.

(간주)

만화방창어 봄바람 부귀할손 모란이 왔느냐. 예 — 등대허였소.
오동복판에 거문고 시리링 퉁탕 탄금이 왔느냐. 예 — 등대허였소.
뒷동산에다 대를 모았더니 매두 매두 매두 죽심이 왔느냐. 예 — 등대허였소.
아들을 낳을까 바래고 바랐더니 딸을 낳았다고 섭섭이 왔느냐. 예 — 등대허였소.
이산 명옥이 저 간 명옥이 양 명옥이 다 들어 왔느냐. 예 — 등대허였소.
난행이 금행이 소행이 월행이 취행이 초행이 다 들어 왔느냐. 예 — 등대나오.

 기생안妓生案이란 명부에 오르는 나이는 대개 열다섯 살쯤이었고, 그때부터 기녀로서의 자질을 갖추기 위해 언어, 거동, 음률, 무도, 서화, 시 등을 익혔다. 기녀 교육을 받는 기간은 열다섯 살부터 스무 살로, 이때부터 가혹할 정도로 매를 맞아가며 혹독하게 교방敎坊에서 교육을 받았다. 일반 기녀들은 관기보다 하류였지만 이들 가운데 인물이 좋고 가무가 뛰어나면 간혹 사대부의 첩으로 발탁되어 호화로운 생활을 할 수 있었다. 물론 이러한 경우는 지극히 드문 일이었다. 조선시대 초기에는 관원은 관기를 간奸할 수 없다는 규정이 『경국대전經國大典』에 실려 있었으나, 관기들은 지방의 수령이나 막료幕僚의 수청을 들기도 하였다. 관기제도는 조선말까지 존속되었으며, 그 소생의 딸은 수모법隨母法에 따라 그 어미의 신역身役을 계승하도록 되어 있었다. 대개 기녀의 활동기간은 열다섯 살부터 쉰 살인데 어린 기녀를 동기童妓, 나이 든 기녀를 노기老妓, 노기보다 나이가 많아 은퇴한 기녀를 퇴기退妓라 불렀다. 이익은 『성호사설星湖僿說』에서 관기에 대하여 다음과 같이 기록하였다.

 "우리나라의 기생은 본래 양수척16)에서 생겼는데, 양수척이란 유기

---

16) 양수척楊水尺; 고려와 조선시대 천인계층의 하나. 목축업, 도살, 유기업柳器業 등

장류기匠이다. 이들은 고려 태조가 백제를 공격할 때에도 다스리기 어려웠던 유종遺種들로서, 본래 관적貫籍도 부역賦役도 없이 물과 풀을 즐겨 따르며, 늘 옮겨 다니면서 오직 사냥만 일삼고 버들을 엮어 그릇을 만들어 파는 것으로써 생업을 삼았다.

그 후 이의민李義旼의 아들 지영至榮이 삭주朔州 분도장군分道將軍이 되었을 때 양수척이 흥화興化, 운중도雲中道에서 많이 살았는데, 그의 기첩妓妾 자운선紫雲仙에게 양수척들을 입적시키고 한없이 부세를 받았다. 지영이 죽은 후에는 최충헌崔忠獻이 자운선을 첩으로 삼고 인구의 수를 따져서 자운선에게 부세를 받도록 한 까닭에 드디어 양수척들이 거란契丹 군에게 항복하게 되었다.

이 후부터 읍적邑籍에 예속시켜 남자는 노奴, 여자는 비婢를 만들었는데, 비는 수재守宰들에게 사랑을 많이 받았던 까닭에 얼굴을 예쁘게 꾸미고 노래와 춤을 익히므로 기생이라고 지목받게 되었다. 이리하여 기악妓樂이 점점 번성해지자, 상하를 막론하고 음탕한 풍습을 금할 수 없었다. 아조我朝에 와서도 그대로 계속되니 심지어 열군列郡에까지 모두 이런 명칭이 있고, 추악한 소문이 가끔 귀를 가리기도 하였다.

조선 초에는 기악을 혁파하려는 의론이 있었으나, 허문경許文敬 조稠가 저지하면서 이르기를, '봉사奉使하는 신하로서 장차 양가의 여자를 겁탈하게 되면 그 해가 더욱 심할 것이다' 하여 드디어 그대로 두었다.

옛날 관중管仲은 여자의 마을을 칠백 곳이나 설치하고 야합夜合하여 얻은 재물을 거두었으니, 이는 너무나 해괴한 일이었다. 그냥 내버려 두고 금하지 않는 것은 오히려 가하려니와, 어찌 그로 인해 이익을 취해서야 되겠는가?

명明 나라 초기에는 관기官妓를 금하지 않고 경사京師에 기관妓館 여섯 채를 취보문聚寶門17) 밖에 세워서 먼 지방 손님을 편히 접대하도

에 종사하던 무리인 화척禾尺, 재인才人의 전신으로 조선시대에는 '수척水尺', '백정白丁', '무자리'라고도 불렸다.
17) 중화문은 중국 명나라 때 '취보문聚寶門'이라 불렸다. 난징고성의 정남에 자리 잡고 있으며, 열세 개 성문 중 가장 크다. 명나라 홍무 2년부터 8년(1369~1375)까지 축성됐고, 1931년 중화문으로 이름을 바꿨다.

록 하였다. 다만 기생을 끼고 술을 마시거나 잠자리를 같이 하는 자에게는 율률이 있었다. 그러나 나중에는 각 관청에까지 물이 들어 모든 관청에서도 기생을 이끌고 기루妓樓에서 술을 마시는데 띠를 풀어놓고 앉아 아패牙牌[18]를 거는 행동이 잇달았다. 이에 영락永樂[19] 말기에 이르러 도어사都御史 고좌顧佐가 주달하여 혁파시켰다.

그러나 저 시골까지 퇴폐해진 풍속을 어찌 갑자기 다 금할 수 있겠는가? 지금 듣건대 연경燕京의 연로에 양한적養漢的[20]이라는 것이 있는데, 이는 여자의 자태에 따라 받는 값이 정해 있다는 것이다. 임진, 선조25년(1592) 무렵에 홍순언洪純彦이 만났던 석성石星의 애희愛姬 심씨沈氏도 역시 기생 가운데서 나왔던 것이다.

내 생각에는 열군의 기생은 바로 관비라고 여겨지는데, 관에는 여비가 없을 수 없다. 신분이 미천해서 예속으로 된 자가 기생 노릇하는 것은 형편이 그러한 때문인데, 뭐 혁파하고 않는 데에 관계가 있겠는가? 지금 사대부 집의 여비女婢도 지조와 행동을 제대로 지키는 자가 드무니, 뭐 이와 다르겠는가?"

한편, 기생은 재기才氣와 미색美色을 갖추고 시, 서, 화에 능하며 의義와 절節을 지키고자 그 규범과 재능을 가지고 있었다. 그러기에 기생에게도 자부自負와 자존自尊이 있었다. "노래는 팔아도 몸은 팔지 않는다"는 "매창불매음賣唱不賣淫"의 가치는 조선후기에 들어오면서 급속히 무너지고 말았다. 조선의 신분제도에서 기생은 천민이고, 관官의 부름이 있으면 언제나 응해야했고, 늙거나 병들어 몸을 빼려고 하면 그 딸이나 조카딸 등을 대신 기적妓籍에 올리는 대비정속代婢定屬을 해야만 하였다. 기생은 엄격한 반상班常제도의 질곡 속에서 섹슈얼리티의 상징으로서

---

18) 아패牙牌는 조선시대 때의 호패號牌의 하나. 2품 이상의 문무관이 사용하던 것으로, 상아象牙로 만들었음. 앞쪽에는 이름과 생년월일을, 뒤쪽에는 발급한 연월일을 새겼음.
19) 중국 명明나라 성조成祖의 연호(1403~1424).
20) 창녀娼女를 말함.

권력을 가진 힘센 남성들의 성적 노리개로 그 정체성을 고착시킬 수밖에 없었던 불우한 하층천민이었다. 비록 그 일부이긴 하지만, 조선의 숱한 기생들 중에서 홍장이나 소춘풍처럼 재색才色으로, 황진이나 매창, 부용당처럼 시인으로, 진주의 논개나 평양의 계월향처럼 의기義妓로 이름을 드높일 수 있었는데, 이들의 시화詩話와 일화는 양반사대부의 문집이나 야담, 야사에서 그 희미한 흔적을 찾을 수 있다. 결국 기녀들은 조선의 변방에서 쓸쓸히 스러진 불우한 우리의 귀한 백성이었다. 그럼에도 천민이라는 신분의 너울을 쓰고 기본적 인간조건을 상실한 아웃사이더일 뿐이었다.

역사이래로 기생이 가장 큰 사회문제로 등장했던 것은 연산군 때이다. 이유원21)의 『임하필기』에 따르면, 다음과 같이 보인다.

> "연산군 10년(1504)에 각 도의 크고 작은 고을에 창기를 설치하고 이름을 운평運平이라 하였으며, 악공을 광희廣熙라 일컬었다. 이수광 李晬光이 말하기를, '영기營妓는 옛날에 아내가 없는 군사들을 접대하기 위하여 있던 것인데, 우리나라가 변진邊鎭에 모두 기악妓樂을 둔 것은 바로 이 때문이다'라고 하였다."22)

이같이 연산군 때는 기생을 '운평運平'이라 불렀는데, 그중에서 궁중에 들어와 있는 기생을 흥청興淸, 가흥청假興淸, 계평繼平, 속홍續紅, 왕을 가까이 모시는 지과地科흥청, 왕과 동침한 천과天科흥청으로 구분하였다. 또한 왕은 전국에서 기생을 뽑기 위해 채청사採靑使, 채홍준체찰사 採紅駿體察使 등의 사절을 자주 지방으로 파견하여 한때는 기생의 수가 천여 명에 달했으며, 궁궐 내에 거주하는 흥청만 해도 삼백 명이나 되었

---

21) 이유원李裕元(1814~1888); 자 경춘景春, 호 귤산橘山, 묵농墨農, 시호 충문공忠文公. 본관 경주慶州. 조선 중기의 명신 백사白沙 이항복李恒福의 9세손.
22) 이유원, 『임하필기林下筆記』제16권, 「문헌지장편文獻指掌編」 '광희악廣熙樂'.

1. 시작하는 글 25

다. 그 후 지식인들이 종종 기녀의 폐단을 비판하기도 했으나, 조선의 정치·사회 제도의 한 부분으로 구한말까지 지속되었다. 이규경은 『오주연문장전산고五洲衍文長箋散稿』에서 '중국과 우리나라 기생의 근원에 대한 변증설'을 말하면서 연산군 당시의 창기제도에 대하여 구체적으로 기술하였다.

"연산군 10년(갑자)에 이르러서는 여러 도의 크고 작은 읍에 모두 창기를 설치하여, 이를 운평運平이라 하고, 악공樂工을 광희廣熙라 하였다. 그리고 운평 삼백 명을 궁궐 안으로 뽑아들여, 그 중에 임금과 접촉이 있는 여자를 흥청이라 하였다. 이는 혼란한 조정에서 있었던 한때의 패정悖政이니 거론할 필요도 없다 하겠다. 우리나라 야사에 의하면, 연산군 십 년에 여러 도에다 왜악娃樂을 설치하고 창기 삼백 명을 뽑아 날마다 유희를 일삼았는데, 그들에게 각기 명호名號를 정하여, 악공은 광희, 또는 남기娚妓라 칭하고 기생은 운평, 또는 속홍이라 칭하였다. 그들은 아신복迓神服을 착용하였고 그들이 거처하는 곳을 각각 연방원聯芳院(원각사圓覺寺) 함방원舍芳院(의성위宜城尉의 집) 뇌양원蕾陽院(제안군齊安君의 집) 진향원趁香院(견성군甄城君의 집) 취홍원聚紅院(숙장문肅章門 안) 청환각淸歡閣(질병가疾病家) 회연각會緣閣(자수궁慈壽宮) 두탕호청사杜蕩護淸司(미색美色이 쇠진해진 여인이 거처하는 곳) 호화고護花庫(양식을 저장하는 곳) 전비사典備司(식사를 제공하는 곳) 추혜서追惠署(초상[喪]을 주관하는 곳) 광혜서廣惠署(나인內人을 제사하는 곳) 포염사布染司(복복을 만드는 곳)이라 칭하고 소녀를 골라 뽑는 자를 채청사라 하였다. 하루는 연산군이 궁중에서 잔치하다가 요염한 기생을 보고는 직접 그에게 다가가 희롱하려 하자, 영상 성준成俊이 '이 늙은 신하가 죽기 전에는 전하께서 결코 이런 행동을 할 수 없습니다' 하여, 연산군이 차마 어찌지 못하고 그만두었는데, 성준은 이 때문에 끝내 죽임을 당하고 말았다."[23]

---

23) 이규경李圭景, 같은 책, 「경사편」 5, 논사論史, '중국과 우리나라 기생의 근원에 대한 변증설'.

구한말에 이르러서는 기녀의 수가 폭증하면서 기생은 좀 더 세분화되고 전문화되어, 기생계급 자체 안에서도 능력에 따라 또 다른 차별이 존재하게 되었다. 기妓와 창娼의 종류와 등급에 따라, 그 등급을 일패一牌, 이패二牌, 삼패三牌로 구분하였는데, 일패는 기생, 이패는 은근자殷勤者, 삼패는 탑앙모리搭仰謀利라 불렀다. 일패는 가장 상층에 속하는 종전의 관기로서 여전히 기생이라 불렀으나, 은근자는 혹은 '은근짜', '은군자隱君子'라고도 쓰는데 우리말로 다정하고 은밀한 것을 '은근'이라 하는 데서 생긴 말이다. 이 은근짜는 대개 남의 첩들이 은밀히 매춘하는 것을 말한다. 곧 은근히 몸을 파는 기생 중에 첩 노릇을 하는 경우가 많아 한 등급을 낮추어 이패라 불렀다. 가장 등급이 낮은 탑앙모리는 '다방머리'에서 음을 취한 것으로, 매춘 자체만을 업으로 삼는 유녀의 부류를 일컫는 말인데, 기생의 본업인 가무는 못하고 잡가만을 부를 수 있었다. 당시 말로 갈보蝎甫를 지칭하기도 하였는데, 여기서 '갈蝎'은 냄새나는 벌레, 곧 '취충臭蟲'을 가리킨다. 밤이면 나와서 사람의 피를 빨아먹으며 괴롭히기 때문에 창녀를 이것에 비유하게 된 것이다. 기생의 숫자가 증가하면서 다양한 가무를 배워 예능인으로 인정받던 전통적 기생에서 서서히 은근자와 탑앙모리로 분화되어 나오며 기생 계급은 더욱 모멸과 천시를 받게 되었다.

그 외에도 유녀를 일컫던 어휘로, 화랑유녀花郎遊女, 여사당女社黨, 색주가色酒家 들병장수, 논단이, 득이, 코머리, 작부酌婦, 밀가루 등이 있었다. 여사당은 가무와 매음으로 업을 삼는 유랑 연희집단으로 일제하의 가비구니歌比丘尼와 같은 존재이다. 사당社黨의 본산은 경기도 안성安城 청룡사青龍寺로 알려져 있는데, 사찰의 노비들이 만든 연예단이다. 사십여 년 전만 해도 지방에서 가끔 사당패의 흥행을 볼 수 있었다. '여사당자탄가女社黨自歎歌'란 노래를 보면 그 행색과 처지를 가히 짐작할 수 있다. "한산 세모시로 잔주름 곱게곱게 잡아 입고, 안성 청룡으로 사당질 가세. 이내 손은 문고린가, 이놈도 잡고 저놈도 잡네. 이내 입은 술잔인가, 이놈도 빨고 저놈도 빠네. 이내 배는 나룻밴가, 이놈도 타고 저놈도 타네." 유랑하며 떠도는 여사당의 가련한 처지가 눈물겹다. 자탄自嘆의 한 맺힌 소리가 오늘 우리에게도 심금을 울리고 있다. '들병장수'는 술을 파는 행상인데 뜨내기처럼 돌아다니며 아무 데나 자리잡고 술과 노래, 심지어 몸을 파는 유녀이다. '논단이'는 노는 계집, '곱단이'는 미색美色의 뜻으로 둘 다 창녀를 말한다. '갈보'는 빈대처럼 피를 빤다는 뜻에서 온 말이고, '득이'는 '진덕이眞德伊' 곧 진드기의 준말인데, 뜻은 갈보와 같은데 개성에서 많이 쓰던 말이다. '코머리'는 '비두鼻頭' 곧 머리를 틀어 얹은 모양을 말하는데 평양에서 기생이 나이 서른이 넘으면 퇴기가 되어 술파는 장사를 하는 것을 가리키는 말이다. '색주가'는 지금도 흔히 쓰는 말로서, 이것이 변해 '목노'가 되었고, '작부'는 술 따르는 여자란 뜻으로 색주가와 비슷하다. '술어미'는 '주모', 곧 나이를 먹은 작부다. '밀가루'는 글자 그대로 소맥분小麥紛, 즉 얼굴에 분을 발랐다 해서 붙여진 이름인데, 밀매음密賣淫의 '밀密' 자와 '밀'가루의 음이 같아서 생긴 말이다.

구한말 이후에는 일패, 이패, 삼패 간의 경계선마저 무너져 기생과 창기가 혼용되기에 이른다. 원래 패牌는 '노는 계집'이란 뜻으로 예전에 삼패는 무녀巫女, 기생과 함께 천민 계급이었다. 일패, 이패, 삼패의 순위가 정해져 있었는데, 칠패 팔패는 삼패보다도 못한 아주 형편없고 천한 계집이란 뜻이다. 근대 일제 강점기에 이르면, 기생들이 권번券番이란 기생조합에 들어가 활동하면서부터, 우리나라에 매춘제도가 생긴 것도 이 무렵부터인데 이즈음 기생의 이미지는 종합예능인에서 천한 매춘녀로 왜곡, 폄하되기에 이르렀다. 조선에는 원래 관기제도 외에는 공창公娼제도라는 것이 없었으나, 한일합병 후 도쿠가와 시대의 일본식 유곽

제도를 1916년 3월 데라우치 총독이 공창제도로 공포했다. 그 뒤로 기생도 허가제가 되면서 권번에 기적妓籍을 두고 세금을 내게 했다. 기생조합이자 수련기관인 권번은 동기童妓에게 노래와 춤을 가르쳐 기생을 양성하는 한편, 기생들의 요정 출입을 지휘하고 화대를 받아주는 중간 역할을 담당하게 되었다. 당시 기생조합은 평양기平壤妓들로 구성된 다동조합茶洞組合은 기둥서방이 없는 무부기조합無夫妓組合이었고, 서울을 기반으로 경기京妓들로 구성된 광교조합廣橋組合은 기둥서방이 있는 유부기조합有夫妓組合이었다. 뒤에 신영조합新影組合이 생겨나면서 삼패를 격상시켜 이들마저 기생으로 부르게 되면서 일, 이, 삼패의 구별마저 없어지고 말았다.

3) 기생문학의 고찰

이상에서 기생의 역사와 의미에 대하여 개략적으로 살펴보았다. 이렇듯 기생이란 의미는 아픈 시대의 반영으로 크게 두 가지 층위를 겹친다. 즉 음악과 춤 같은 여흥을 돋우는 '가무기歌舞妓'를 주로 하는 종합예인으로서의 상찬賞讚의 의미와, 매음을 업으로 삼는 '창기娼妓'란 폄훼貶毀의 의미가 그것이다. 이렇듯 조선시대의 기생은 천민으로서 가무와 문학 등의 예능에 능할 뿐만 아니라 관아나 시정에서 주색의 여흥을 위해 종사하는 하층의 여성을 두루 일컫는 이중적 의미를 내포한다.

졸고는 엄격한 신분제인 조선시대의 한 변두리를 여성이면서 동시에 천민으로 힘겨이 살아내야 했던 기생들이 남긴 한시를 주제 중심으로 탐색하고 그 주변의 풍경을 고찰하는데 목적을 두고 있다. 그리고 기생이 남긴 주옥같은 시조와 민간에 전승되던 야담, 남성들이 기생에게 준 시, 기생이 등장하는 소설과 전설 등을 곁들여 살펴봄으로써 그들의 내면의식에 비친 풍경을 좀 더 다양한 시각에서 입체적으로 분석하려고 한다. 신분으로는 천하기 짝이 없으나, 그 상대가 양반사대부이기에 그나마 누릴 수 있었던 고아古雅한 이미지는 역설적으로 겹쳐보인다. 기생은 존재 자체가 모순적이다. 천인이면서도 우아함을 뽐내고, 하층민이지만 높은 교양 수준과 예술성을 자랑했다. 누구나 꺾을 수 있는 꽃이지만, 아무나 가까이 할 수 없는 고유한 자기 영역이 있었다. 기생을 보는 시각 역시 이중적이며 동시에 이율배반적이다. 한편에서는 저급한 창녀라고 무시하고, 다른 한편에서는 수준 높은 예술인으로 선망한다. 남자들은 기생을 멸시하면서도 가까이 하고자 했고, 여성들은 얕보면서도 질투하고 경계했다. 기생 아닌 다른 여성들에게 기생은 가정의 적이자, 사랑의 라이벌이었다.

또한 기생은 조선 사회의 모순을 대변한다. 욕망의 절제를 강조한 유교적 조선 사회에서 결코 사라지지 않고 오히려 더욱 번성한 욕망의 상징이었다. 천한 이미지와 고급 이미지가 겹치는 그 지점에, 기생으로 걸어가야 했던 뼈아픈 삶의 궤적이 바로 문학이란 배설의 창구를 통하여 한껏 발산될 수 있었다. 그런 점에서 그들이 남긴 문학작품은 뼈저리게 아픈 우리 시문학의 한 모서리에서 그 슬픈 역사를 증언하기도 한다.

졸고는 조선 기생이 남긴 시를 한 자리에 차려 그늘진 삶이 비추는 내면 풍경을 오늘의 시각에서 개략적으로 살펴보고자 한다. 기생문학은 기방妓房이라는 특수한 상황에서 해어화解語花나 노류장화路柳墻花라는 신분적 처지로 인해 마침내 숙명적으로 이별당하거나 버림받아 비련을 노래한 작품이 대체로 많다. 이중적 의미를 덧쒸운 채 숙명처럼 남성의 노리개로 평생을 살아야했던 기생은 한국 페미니즘 문학의 중요한 한 단면으로 결코 과소평가할 수 없다. 한편으로 이 글을 쓰는 목적은 반성의 토대위에서 오늘을 성찰하고자 하는 데 있기도 하다. 오늘을 사는 우리 시대에도 여전히 성을 사고파는 야만의 얼굴이 도처에 번득이고 있기 때문이다. 반성하지 않는 시대는 미래가 없다. "위로는 하늘의 이치를 구하고, 아래로는 사람의 사욕을 막는다"24)는 도덕율을 교조처럼 받들며, 주자 성리학을 신봉하는 위선과 허위에 가득 찬 조선의 양반사대부란 한 마디로 '좌식坐食 계급'일 뿐이었다. 천민의 눈물과 땀을 빨아먹으며, 놀고먹는 그들은 기생의 엉덩이에 올라타고 앉아 왕조를 또한 좀먹었으니, 지금의 세태를 돌아보아도 별반 나아진 게 없다. 지금도 한 발짝, 한 걸음만 옮기면 금권과 폭력으로 성을 사고파는 새로운 야만의 인두겁을 둘러쓴 무리가 도처에 무성하다. 조선 기생은 지금도 무늬와 거죽만 바꿔달고 엄연히 존재하고 있음에랴. 본고는 성찰과 반성의 토대 위에서 쓴 글이다. 그러기에 졸고는 우리의 갸륵한 백성으로 동시에 조선의 아녀자로서, 기층基層 민중의 맨 밑바닥에서 성의 노리개로 전락한 기생이란 뼈아픈 삶을 살아내야 했던 절절한 민중의 눈물겨운 기록이기도 하다. 부끄러움은 부끄러움 그대로, 자랑스러움은 자랑스러움 그대로 맡겨두고, 실사구시의 바탕위에서 다시 한 번 오늘을 살아가는 우리 주위에 새로운 천민이 혹시 있지 않은지, 성찰하고 또 반성하면서 그윽한 조선의 고샅으로 들고자 한다.

---

24) 上天理閼人慾.

2. 기생의 시 탐색

2. 기생의 시 탐색

 조선이 낳은 수많은 기생은 양반과의 교류에서 숱한 일화와 시문을 남겼다. '기생문학'이라 이름 붙여도 좋을 만큼, 천민문학의 자산 중에서 유독 기생들의 문학자산이 다수 남아 전해지는 것은 양반사대부와의 직접적 소통에 의하여 그들의 삶이 아무래도 서로 밀접하게 관계되었기 때문이라 생각한다. 특히 한시와 시조에서 탁월한 성취를 이룬 작품이 많이 남아있는데, 대개의 작품을 주제별로 크게 갈래지으면, 상사시相思詩, 회고시懷古詩, 풍자시諷刺詩, 경물시景物詩, 별리시別離詩로 나눌 수 있다. 그 중에서도 특히 상사시가 주류를 이룬다고 할 수 있는데, 대개가 남녀의 운우지정1)이나 상사의 그리움을 읊은 것들이다. 그리고 황진이, 매창, 부용당과 같이 유명한 일화와 더불어 많은 시를 남긴 기생들은 당시의 문헌에서 자주 등장하며, 지금까지도 사람들의 입에 오르내린다. 그리고 양반사대부들이 기생에게 지어준 증시贈詩가 그들의

---

1) 운우지정雲雨之情; 구름 또는 비와 나누는 정이라는 뜻으로, 남녀의 육체적인 정교情交를 이르는 말. 중국 초나라의 회왕懷王이 꿈속에서 어떤 부인과 잠자리를 같이 했는데, 그 부인이 떠나면서 자기는 아침에는 구름이 되고 저녁에는 비가 되어 양대陽臺 아래에 있겠다고 했다는 고사에서 유래한다.

문집 곳곳에 남아있다. 이러한 증시는 대체로 양반사대부와 기생들이 연회 석상에서 주고받은 시들인데, 다양한 모습으로 당시의 풍경과 서정을 그려내고 있다. 졸고에서는 이들의 문학자산을 앞서 말한 다섯 갈래의 주제별로 나누어 살펴보면서, 때로는 그 일화들과 더불어 사대부들이 기생에게 준 증시들도 고찰하고자 한다. 기생들은 그 신분적 한계로 인하여 그 생몰연대가 희미한 것이 대부분이고, 극히 일부의 기생들만이 관계된 사대부들의 문집이나 야사에 그 편린이 남아 있어 그 삶을 깊숙이 천착하여 시문을 평석評釋하는데는 일정한 한계가 있을 수 밖에 없기에 안타깝다. 또한 기생들의 단편적인 기록은 양반사대부의 기록 속에는 흔적이 극히 미미하고, 작가, 생애, 제목, 내용 등에 있어서 들락거림이 유독 많다. 대개 이들이 양반을 상대하면서 필요에 의해 시문을 수창하여야 하기에, 선배 기생이나 예부터 전해지는 유명한 시가를 모작模作, 차작借作하기도 하고, 중국이나 우리나라 문사의 싯구를 차용하거나, 기송記誦함에 있어, 착간錯簡이나 표절剽竊이 드물지 않게 이루어졌으리라 추정된다. 그래서 오늘날까지도 이들이 남긴 시문이 서로 뒤섞여 있는 것을 종종 볼 수 있음은 안타깝다. 그럼에도 불구하고, 대체로 기생들이 남긴 시문학의 고샅길을 쫓아가다보면, 작자의 삶에 투영된 앙금을 엿보기에는 충분하다. 다만, 졸고는 조선 기생이 남긴 빛나는 앙금을 걷어내어 완벽하게 살펴볼 수 없는 천학淺學을 미리 변명해 두고자 한다.

1) 상사시

 기생들이 남긴 시의 주류는 남녀가 '서로 그리하여 잊지 못하는 상사불망相思不忘'의 연시戀詩나 '상사시'가 대부분이다. 숙명적으로 남성에게 예속되어 주체적 삶을 살 수 없었을 뿐만 아니라, 동시에 태생적으로 한 여자로서 고통을 안고 살아야했던 천민 계층으로서 기생이 그려낸 문학은 그대로 그들이 처한 삶의 조건과 환경을 담길 수밖에 없었다. 그래서 작품들은 대개가 그 정서와 어조가 비슷하고 또한 시적 성취라는 측면에서 보면 일정한 한계를 가지고 있다. 그런 까닭으로 작품성을 제대로 평가받지 못하고 있음이 사실이다. 한편, 이는 문학적 풍격이나, 완성도가 그만큼 떨어진다는 반증이기도 하다. 다음에서 기생의 일화와 더불어 그들의 연정戀情, 상사相思, 독수獨守와 공방空房의 회한이 서린 내면의 풍경을 따라가 보자.

조선 기생의 대표적 아이콘icon은 아무래도 황진이黃眞伊가 될 것이다. 황진이는 중종 때의 명기名妓로 본명은 진眞이고 기명妓名은 진랑眞娘, 혹은 명월明月이다. 개성開城 출생으로 확실한 생존 연대는 미상이나, 비교적 단명한 것으로 보인다. 대략 출생 시기를 추정하면, 16세기 초기인 연산군 말년에서 중종 초년으로 보인다. 출생에 관해서는 설이 분분한데, 이덕형李德泂이 쓴 송도에 얽힌 기이한 이야기를 모은 야담설화집인 『송도기이松都奇異』에서는 "열여덟 살 때에 어미 진현금陳玄琴이 병부교兵部橋 아래에서 빨래를 하는데 한 미남자가 물을 청하여 그 남겨준 물을 마시고 진이를 낳았다"[2]고 하는데, 이는 '황진이 탄생' 설화로 정착되어 다음과 같이 전한다.

> "개성을 송도라고 부를 때 그곳 사람들이 사랑한 '병부교'라는 다리가 있다. 다리가 예뻐서가 아니라 전설 때문에 사랑을 받았다. 송도에 현금이라는 아름다운 처녀가 있었다. 처녀가 열여덟 살 때 병부교 밑에서 빨래를 하고 있는데 다리 위를 지나던 얼굴이 단아하고 의관이 화려

---

[2] 이덕형李德泂, 『송도기이松都紀異』 "玄琴飮水於兵部橋下, 感而孕眞玄琴驚異之. 因興講歡, 遂生眞娘. 色貌才藝, 妙絶一時, 歌亦絶唱. 人號爲仙女."

한 선비가 처녀를 눈여겨보면서 웃음을 짓기도 하고 손짓을 하기도 하는지라 처녀도 마음이 움직였다. 선비가 한참을 그러다가 가버린 줄 알았는데, 날이 어두워져 같이 빨래하던 처녀들이 다 집으로 돌아간 뒤, 다시 나타나더니 다리 위에서 아름다운 목청으로 노래를 불렀다. 그러고 나서 처녀에게 물을 청했다. 처녀가 표주박에 물을 가득 떠서 주니 선비는 반만 마시고 돌려주면서 처녀에게도 마셔보라고 했다. 처녀가 받아 마셔보니 물이 아니라 향기로운 술이었다. 기이한 술기운에 두 사람의 마음이 다 황홀한 중에 사랑에 빠지고 그 뒤 처녀가 아기를 배 열 달 뒤에 여아를 낳으니 산방에도 기이한 향기로 가득했다. 여아는 자라서 황진이라는 명기가 되었다 한다."

또한 개성부 읍지인 『중경지中京誌』는 "해산 때 이상한 향기가 방에 가득하여 사흘 동안 가시지 않았다"3) 하고, 허균의 『성옹지소록惺翁識小錄』에서는 "눈먼 개성 여자의 여식"4)이라고 하였다. 또는 황진사黃進士의 서녀庶女로 태어났다는 설도 있다. 또 그녀의 죽음에 관해서도 다르게 전한다. 허균은 같은 책에서, 황진이는 임종할 때 말하기를, "곡哭을 하지 말고 북이나 음악으로 인도하라"5) 하였고, 유몽인6)의 『어우야담於于野譚』에서는 평소 성격이 화려한 것을 좋아했으니 큰 길가에 묻어달라고 하였다.

한편 김택영金澤榮의 『명원전名媛傳』은 황진黃眞에 관하여 비교적 상세하게 기술하고 있다. 여기에는 "나 때문에 천하의 남자가 자애自愛하

---

3) 김이재金履載, 『중경지中京誌』, "眞之母陳玄琴, …… 意以爲仙人. 果有生眞, 産時異香滿室, 三日不再齊之, 則是仙女, 有何姓黃耶."
4) 허균, 『성옹지소록惺翁識小錄』 "開城盲女之子".
5) 허균, 같은 책, "愼勿哭, 出葬以鼓樂導之."
6) 유몽인柳夢寅(1559~1623); 조선중기의 문신, 본관 고흥高興, 자 응문應文, 호 어우당於于堂, 간재艮齋, 묵호자默好子. 시호 의정義貞. 그의 청명淸名을 기려 전라도 유생들이 '문청文淸'이란 사시私諡를 올리고 운곡사雲谷祠에 봉향하였다. 고산高山 삼현영당三賢影堂 제향. 저서 『어우야담』, 시문집 『어우집』.

지 못했으니 관棺을 쓰지 말고, 동문 밖 사수沙水에 버려 개미와 벌레가 먹게 하여 천하 여자들의 경계로 삼도록 하라"7)고 하였다. 황진이는 어려서부터 두루 경서를 읽어 시서와 음률에 뛰어났으며, 출중한 용모로 이름이 났다. 열다섯 살 무렵에 동네 총각이 자기를 연모하다가 상사병으로 죽자, 기계妓界에 투신하였다. 당대의 문인과 석유碩儒들과 교유하며 탁월한 시재詩才와 용모로 그들을 매혹시켰다. 당시 십 년 동안 수도에 정진하여 생불生佛이라 불리던 천마산天馬山 지족암知足庵에 주석하던 지족선사知足禪師를 유혹하여 파계破戒시켰으며, 독자적인 기철학氣哲學의 체계를 완성한 서경덕徐敬德을 유혹하려 하였으나 이루지 못하고, 사제관계를 맺었다고 야사에 전한다. 당대의 일류 명사들과 정을 나누고 벽계수碧溪守와 깊은 애정을 나누며 난숙한 시를 지으며 독특한 애정관을 표현했다. 허균은 황진이에 대하여, 꽤 소상한 기록을 남겼다.

---

7) 김택영, 『소호당문집韶濩堂文集』 9권, 「開城雜事」 '名媛傳' 黃眞(甲申)조. "黃眞者. 中宗時人黃進士庶女也. 母陳玄琴飮水於兵部橋下. 感而孕眞. 及擧. 室中有異香者三日. 眞旣長. 有絶色通書史. 方年十五六時. 隣有一書生窺而悅之. 欲私不果. 遂因緣成疾死. 柩發至眞門不肯前. 先是書生病. 其家頗聞其事. 乃使人懇眞. 得其襦覆之柩然後. 柩始乃前. 眞大感動. 於是遂稍稍以娼行. 眞喜遠遊. 詩翰淸逸. 當一時樓臺山水悲歡盛衰之際. 援筆命詞. 無不曲致其情. 嘗登滿月臺懷古曰. 古寺蕭然傍御溝. 夕陽喬木使人愁. 烟霞冷落殘僧夢. 歲月崢嶸破塔頭. 黃鳳羽歸飛鳥雀. 杜鵑花發牧羊牛. 神松憶得繁華日. 豈意如今春似秋. 又嘗咏初月云誰斲崑山玉. 裁成織女梳. 牽牛一去後. 愁擲碧空虛. 世爭傳誦. 比之於李季蘭. 薛濤之屬. 由是國中言名娼者必先眞. 眞將死. 囑其家人曰. 我爲天下男子. 不能自愛以至於此. 卽我死. 勿歛棺. 擧暴尸於古東門外沙水交. 螻蟻狐狸得食我肉. 令天下女子以眞爲戒. 家人如其言. 有一男子收而瘞之. 今長湍口井峴南. 有黃眞墓. 眞詩傳于世者四首. 玆錄二首. 外史氏曰. 黃眞之事. 醜不足道. 然盖不有桑濮乎. 桑濮之列於詩經. 猶春鳥秋蟲之飛鳴於天機. 可怨可比可戒. 亦古人施敎之一道也. 由是言之. 彼其流雖無所挾. 猶且張之. 況眞之淸思逸韻乎. 世所傳眞之他事皆妄已. 玆不著."

"진랑은 개성 장님의 딸이다. 성품이 얽매이지 않아서 남자 같았다. 거문고를 잘 타고 노래를 잘했다. 일찍이 산수를 유람하면서 금강산에서 태백산과 지리산을 지나 금성錦城(나주)에 오니, 고을 원이 절도사와 함께 한창 잔치를 벌여서, 풍악이 울리고 기생이 좌석에 가득하였다. 진랑은 헤진 옷에다 때 묻은 얼굴로 바로 그 자리에 끼어 앉아 태연스레 이 [虱]를 잡으며 노래하고 거문고를 타는데 조금도 부끄러운 기색이 없으니, 여러 기생들이 기가 죽었다. 평생에 화담花潭의 사람됨을 사모하였다. 반드시 거문고와 술을 가지고 화담의 농막에 가서 한껏 즐긴 다음에 떠나가곤 하였다. 매양 말하기를, '지족 선사가 삼십 년을 면벽面壁하여 수양했으나, 내가 그의 지조를 꺾었다. 오직 화담 선생은 여러 해를 가깝게 지냈지만 끝내 관계하지 않았으니 참으로 성인이다' 하였다. 죽을 무렵에 집안 사람에게 부탁하기를, '상여가 나갈 때에 제발 곡하지 말고, 풍악을 잡혀서 인도하라' 하였다. 지금까지도 노래하는 자들이 그가 지은 노래를 부르고 있으니 또한 특이한 인물이다. 진랑이 일찍이 화담에게 가서 말하기를, '송도에 삼절三絶이 있습니다' 하니 선생이, '무엇인가?' 하자, '박연폭포와 선생과 소인입니다' 하니, 선생께서 웃었다. 이것이 비록 농담이기는 하나 또한 그럴듯한 말이었다."[8]

화담은 당대의 학예學藝와 풍류風流로서 그윽하게 산림에 숨어살며, 황진이를 정신적으로 허여許與하고 사랑하였다. 시조 한 수를 지어 그 뜻의 한 자락을 언뜻 보인다.

마음이 어린 후이니 하는 일이 다 어리다
만중 운산萬重雲山에 어느 임 오리마는
지는 잎 부는 바람에 행여 건가 하노라

구름 가득한 첩첩산중에 숨어살면서, 지는 잎 사분대는 소리에 혹시

---

8) 허균, 『성소부부고』 제24권, 「설부說部」 3, '성옹지소록惺翁識小錄', 眞娘工琴善歌와 松都三絶 참조.

나 임의 발자국 소리가 아닌지, 인기척 너머에 마음조차 어리다고 스스로 고백한다. 우뚝한 봉우리에 선 화담도 그리움 앞에서는 이처럼 무너지고 만다. 이에 화답하여 황진이는 고고한 임을 향한 안타까운 애모의 정을 거문고 가락에 실어 보낸다. 화담이 "지는 잎 부는 바람에 행여나 그 임인가 여기는" 영혼의 불꽃 튀는 정점에 황진이는 "가을 바람에 떨어지는 나뭇잎 소리야 낸들 어떻게 하겠는가" 하고 화답한다. 두 사람은 '소리없는 소리를 들을 줄 아는聽無聲' 참으로 귀한 인연으로 사랑의 지극한 승화를 보인다.

> 내 언제 무신無信하여 임을 언제 속였관데
> 월침 삼경月沈三更에 올 뜻이 전혀 없네
> 추풍秋風에 지는 잎 소리야 낸들 어이 하리오

화담은 황진이의 거문고 소리를 알아들었던 진정한 지음知音이었다. 허균이 기록한 바와 같이, 황진이는 자주 화담을 찾아가 거문고를 타며 즐겼던 것으로 보인다. 그래서 화담은 시에서 거문고 가락의 현묘玄妙한 체용體用을 드러내고 있다.

우연히 짓다	偶吟
스러지는 달 서쪽으로 진 뒤에	殘月西沈後
오래된 거문고를 타다가 비로소 쉬네	古琴彈歇初
밝고 소란함과 어둡고 적막함이 뒤섞이니	明喧交暗寂
이 속의 오묘함이 그 어떠한가	這裏妙何如

거문고 줄을 희롱하는 오음五音의 가운데, 인간의 모든 희노애락애오욕喜怒哀樂愛惡慾, 칠정七情이 한데 휘몰아 뒤섞여 하나로 말짱하게 회통

하는 현묘한 도道가 있지 않느냐고 묻는다. 『화담집』에는 드물게도 거문고에 대한 네 편의 시가 있다. '줄 없는 거문고명無絃琴銘' 두 수, '거문고명琴銘' 두 수가 그것인데, 현絃의 유무를 떠나 음이 존재하는 그 너머에 화담이 지향하는 '일기一氣'의 세계가 환하게 펼쳐진다. 그가 기氣철학의 비조鼻祖였던 점으로 미루어 보면, 거문고에 관한 시를 통해 기철학의 기조를 엿볼 수 있어 매우 흥미롭다. 유현有絃과 무현無絃은 하나로 회통會通하고 있음을 알 수 있다. 다음의 시들을 살펴보자.

| 줄 없는 거문고에 새긴 명 | 無絃琴銘 |

거문고인데 줄이 없으니	琴而無絃
형체는 놓아두되 쓰임은 제거한 것이네	存體去用
진실로 쓰임을 제거한 것이 아니니	非誠去用
고요함 가운데 움직임을 머금고 있구나	靜其含動
소리나는 것에서 듣는 건	聽之聲上
소리 없는 것에서 듣는 것만 같지 못하고	不若聽之於無聲
형체있는 것에서 즐기는 건	樂之形上
형체없는 것에서 즐기는 것만 같지 못하네	不若樂之於無形
형체가 없는 것에서 즐길 수 있어야	樂之於無形
그 오묘함을 체득하게 되며	乃得其徼
소리 없는 것에서 들을 수 있어야	聽之於無聲
그 오묘함을 체득하게 되리라	乃得其妙
밖으로는 유에서 체득하지만	外得於有
안으로는 무에서 회통하게 되네	內會於無
그 가운데서 흥취를 얻는 걸 생각한다면	顧得趣乎其中
어찌 줄에다가 힘을 기울이겠는가	奚有事於

줄 없는 거문고에 새긴 명	無絃琴銘

거문고 줄은 쓰지 않고	不用其絃
거문고 줄 너머 줄을 쓰네	用其絃絃
음율 밖의 궁과 상 음을 써서	律外宮商
나는 그 천연을 체득하네	吾得其天
음으로써 그것을 연주하되	樂之以音
그 음을 떠나 음을 연주하네	樂其音音
소리는 귀로 듣는 게 아니고	非聽之以耳
마음으로 듣는 것이네	聽之以心
저 종자기여	彼哉子期
어찌 내 거문고 소리를 귀로 들으리오	曷耳吾琴

거문고에 새긴 명	琴銘

그대의 가락을 탄주하며	鼓爾律
나의 마음을 즐겁게 하네	樂吾心兮
오음을 고르되	諧五操
밖으로 음란하지 않네	毋外淫兮
중화로써 절조하니	和以節
하늘이 그 때를 맞추네	天其時兮
중화로써 통달하니	和以達
봉황도 법도를 따르네	鳳其儀兮

거문고에 새긴 명	琴銘

탄주하며 중화하니	鼓之和
요순시대로 돌아가네	回唐虞兮
가락을 바르게 하여	滌之耶

하늘과 더불어 어우러지네	天與徒兮
높고 출렁이는 가락을 잡으니	操峨洋
그 누가 귀로 들으리	人孰耳兮
뒤섞였으나 간약하니	繁而簡
남은 여운이 있네	有餘味兮

『열자列子』,「탕문湯問」 편에 보면, 춘추 시대에 거문고를 잘 탔던 백아伯牙가 지음知音의 벗 종자기鍾子期가 죽자, 자신의 거문고 소리를 들을 사람이 없다 하여 거문고 줄을 모두 끊고, 다시는 타지 않았다는 고사를 원용하였다. 화담은 기설氣說을 펼치면서, '줄 없는 거문고에 새긴 명銘'과 '줄 있는 거문고에 새긴 명'을 병치竝置한 것은 다분히 의도적이라 보인다. 바로 소리 없는 가운데 소리를 듣는 음악의 체體와 소리 속에서 음의 중화를 용用으로 하는, '하나의 기'에서 발원하여 '태허太虛인 선천先天과 후천後天'을 잇는 동정動靜의 어울림으로 이루어진 기철학의 세계를 체현體現하여 그대로 드러낸 것이다. 이러한 원리는 불학佛學에서 말하는 체상용體相用의 원리와도 회통하며, 곧 색色과 공空이 하나로 체화體化되는 원융圓融한 세계를 의미한다. 즉, 거문고는 체體이며, 거문고의 줄絃은 용用이고, 음音은 상相이다. 이들은 서로 현묘하게 어우러져 회통會通하여 화엄華嚴을 이룬다. 화담의 이러한 경지는 곧 노자가 『도덕경』에서 언급한 '대음희성大音希聲'으로, '위대한 음악은 사람의 귀로는 들을 수가 없으며, 그리하여 소리가 없는 음악의 세계'를 상정想定한 개념이다.9) 또한 장자가 말했듯이, 지극한 음악은 소리가 없는 '지악무성至樂無聲'이며, 이는 지극한 문장은 글자가 없는 '지문무자至文無字'와 같은 경지이기도 하다. 곧 하늘의 소리인 '천뢰天籟'나 하늘의 음악인 '천악天樂'의

---

9) 노자, 『도덕경』 41장. "故建言有之, 明道若昧, 進道若退, 夷道若纇, 上德若谷, 大白若辱, 廣德若不足, 建德若偸, 質眞若渝, 大方無隅, 大器晚成, 大音希聲, 大象無形. 道隱無名, 夫唯道, 善貸且成."

세계와도 멀지 않으니, 이것은 '지악무성'의 경지이며 '악출허樂出虛'의 경지를 말한 것이다. 궁극적으로는 하늘의 조화를 일컫는 장자의 '천균天均' 개념과도 맞닿아 있다. 바로 이 같은 초월의 경지에서 펼쳐지는 음악이 줄이 없는 가야금인 무현금이나 지공指孔(손가락 구멍)이 없는 피리인 무공적無孔笛의 연주이다. 한 마디로 음향을 배제하는 악기, 곧 소리 너머의 소리를 연주하는 충막沖漠의 경지를 말한다.

시인 이생진은 현대시로써 화담과 황진이의 꿈같은 사랑을 노래한다. 살을 통한 사랑 너머, 초월의 세계를 지향하는 꿈밖의 꿈같은 사랑을 그리고 있다.

살[肉]은 꿈의 덩어리 ―황진이. 77 10)

화담:
오늘은 왜 늦도록 거문고만 안고 있느냐
밤도 깊고 길도 험하니 내 방에 머물 거라

진이 촉촉이 젖은 눈으로 화담에게 안긴다

화담:
죽기 전에 너의 소원 풀어주마
살[肉]은 꿈의 덩어리
네 소원 꿈속에 있으니
꿈에서 찾아라

진이는 밤새 화담의 품에서 자고

---

10) 이생진, 『그 사람 내게로 오네』, 도서출판 우리글, 2003. *시의 본문 중에 있는 주; 문정희 엮음 '기생시집'(해냄, 2000)에서. 황진이의 시 '상사몽(相思夢)'(김안서 역).

화담은 밤새 꿈속으로 안아 들인다

'꿈길밖에 길 없는 우리의 신세
님 찾으니 그 님은 날 찾았고야'*

진이 '상사몽相思夢'에 젖어
꿈에서 깨어나지 않는구나

진아 밖에 누가 왔다

'동지달 기나긴 밤을 한 허리를 베어내어'는 황진이의 가장 대표적 시조이다. 다른 작품으로 만월대회고滿月臺懷古, 박연폭포朴淵瀑布, 봉별소양곡奉別蘇陽谷 등이 있다. 황진이가 지은 상사시를 몇 편을 옮겨본다.

기나긴 밤	夜之半
동짓달 기나긴 밤 한 허리를 베어내어	折取冬之夜之半
춘풍 이불 아래 서리서리 넣었다가	春風被裡屈蟠蘇
어른 님 오신 날 밤이어든	燈深酒煖郎來夕
굽이굽이 펴리라	節節鋪敍曲曲長

홀로 지내는 동짓달 밤은 너무나 길다. 시적 화자는 길고 외로운 동짓달 밤을 잘라 두었다가, 임과 함께 보내는 밤 시간을 잇고자 하여, 그 시간마저 잘라 따뜻한 이불 속에 넣어 두려 한다. 언젠가 그리운 임이 오시거든 이불 아래 넣어 둔 기나긴 밤을 다시 펼치겠다고 말한다. 임에 대한 그리움을 대담한 비유법을 통해 표현한 이 작품은 시조로 더 알려져 있다. 임을 기다리는 절실한 그리움을 비유와 의태적 심상으로 형상화하여 호소력이 뛰어난 작품이다. 추상적인 시간을 구체적인 사물로

대체하여 임에 대한 애틋한 그리움과 사랑을 절실하게 환기시킨 점이 그렇다. 시간을 따라 애틋한 정서를 참신한 표현기법으로 형상화한 여성 특유의 시 세계를 보여 주는 작품이다.

『어우야담』에 한 일화가 있다. 스물일곱 살 때 황진이는 선전관이며 당대 명창인 이사종李士宗을 만난다. 황진이와 이사종은 뜻이 맞아 육 년을 함께 지냈다. 두 사람은 황진이 집에서 삼 년을 살고 이사종 집에서 삼 년을 살았다. 이사종의 아내인 듯 육 년의 세월을 보낸 황진이는 그가 이임하자 헤어지게 된다. 그녀는 이사종이 서울로 복귀할 때 눈물로 보낸 뒤, 밤마다 그리며 애를 태운다. 찬바람 휘몰아치는 동짓달 기나긴 밤, 황진이는 언제 다시 보게 될지 모르는 이사종에게 진솔한 심경을 담은 이 시조를 썼다.

황진이는 비록 기생이지만 시에 뛰어난 재질을 보였다. 그래서 일찍이 조선후기의 문인, 홍만종洪萬宗(1643~1725)은 『소화시평小華詩評』에서 다섯 명의 기생에 관한 시평을 남겼는데, 그 중에 황진이는 "문사文士와 더불어 오르내릴 만하다"[11]라고 높이 평가하였다. 홍만종은 시품을 평함에 있어서, 각 작품의 입의立意의 깊고 얕음, 조어造語의 공교함과 졸렬함, 격률格律의 맑고 탁함에 비평의 기준을 두고 평가를 내렸다. 또 아름다운 시의 기준을 언외言外의 의미를 지니고, 함축미가 풍부한 데 두었으며, 시가 직설적이며 시어의 내포가 쉽게 드러나면 수사가 뛰어나도 나쁜 시로 평가했다. 다시 황진이의 "반달을 읊음詠半月"이란 제목의 시를 살펴보자.

반달을 읊음	詠半月
곤륜산 옥 누가 끊어내어	誰斷崑山玉

---

[11] "與文士頡頏".

직녀의 빗 마름지어 만들었나	裁成織女梳
견우 한 번 떠나신 뒤로	牽牛一去後
수심어려 푸른 하늘가 던져버렸네	愁擲碧空虛

 곤륜산崑崙山은 곤산崑山이라고도 부르며, 중국의 전설에 나오는 산이다. 처음에는 하늘에 이르는 높은 산 또는 아름다운 옥이 나는 산으로 알려졌으나, 중국 전국戰國 말기에 서왕모西王母가 살며, 죽지 않는 물이 흐르는 신선경神仙境이라 믿어졌다. 허공에 뜬 반달을 보며 임을 그리는 심정을 직녀에 빗대어 노래하고 있다. 직녀는 칠월 칠석에 오작교를 만들어 일 년에 딱 한 번 만난다는 "견우牽牛와 직녀織女" 설화의 여자 주인공이다. 하늘에 뜬 반달을 허공에 버린 '빗[梳]'에 비유하고 있는데, 그 빗을 견우가 떠나자 직녀가 버린 것이라고 표현하고 있다. 직녀가 사랑하는 임과 이별하고 난 후 자신을 예쁘게 단장할 이유와 희망을 잃어버린 것을 은근하게 말한 것이다. 직녀에 작가 자신을 이입移入한 시의 매무새가 한 치의 흐트러짐이 없어 공교롭다. 무엇보다 허공에 던져버린 얼레빗이 던지는 여운이 깊고 크다. 그런데, 이 작품은 후세에 정문부[12]가 여덟 살에 지었다는 '초승달初月'과 승구와 전구가 약간 다를 뿐, 기구와 결구는 동일하다.[13]

꿈속에 임을 그리며	相思夢
서로 그리움은 꿈에서만 볼 수 있어서	相思相見只憑夢
내가 임 찾을 때 임이 나를 찾아왔지요	儂訪歡時歡訪儂
부디 어느 날 아득한 꿈 속에서	願使遙遙他夜夢

---

12) 정문부鄭文孚(1565~1624); 자 자허子虛, 호 농포農圃, 본관 해주海州, 시호 충의忠毅. 월사月沙 이정구李廷龜와 사귀었다.
13) "誰斲崑山玉, 磨成織女梳. 牽牛離別後, 愁擲碧空虛."『농포집農圃集』제1권 참조.

한 시에 떠나 도중에서 만나고싶어라　　　一時同作路中逢

연시戀詩도 이만하면 아득하여 너무 아름답다. 정말 간절하게 그리는 임이지만 꿈에서만 볼 수밖에, 그런데 내가 임을 찾아 가면 임은 나를 찾아와 서로 길이 엇갈려 만날 수 없다. 그래서 다음날은 부디 서로 오고가는 길 중간에서 만나자고 한다. 사랑도 애틋할수록 거느리는 여백이 깊다. 오늘날 이 시는 김소월의 스승인 김안서金岸曙가 번안하였고, 1954년 김성태金聖泰가 작곡하여 "꿈길에서"라는 제목의 가곡으로 만들어지기도 하였다.

> 꿈길 밖에 길이 없어 꿈길로 가니
> 그 임은 나를 찾아 길 떠나셨네
> 이 뒤엘랑 밤마다 어긋나는 꿈
> 같이 떠나 노중에서 만나를 지고.

가사는 꿈에조차 만날 길 없는 임에 대한 애끓는 심사가 담겨 있다. 한국가곡의 정형을 이루는 서정적인 낭만가곡으로, 선율이 아름답고 평이하여 애창된다. 4분의 3박자 느린 왈츠풍의 곡으로 두 도막 형식으로 구성되었다.

이덕무李德懋는 『청장관전서』 '시기詩妓'에서 황진이의 일화 속에 그녀의 시 한편을 소개하면서, 그 시가 혹 권겹權韐의 시일지도 모른다고 하였다.

> "송도 기생 황진이는 매우 절색絶色에다 시도 잘하여, 스스로 말하기를, "화담 선생 및 박연폭포가 나와 함께 송도의 삼절三絶이다" 하였다. 그녀가 어느 날 땅거미가 질 때 비를 피하려 어느 선비의 집을 찾아 들었더니, 그 선비가 환히 밝은 등불 밑에서 그녀의 너무도 아름다운

자태를 보고는 마음속으로 도깨비나 여우의 넋이 아닌가 여겨, 단정히 앉아 옥추경玉樞經을 끊일 새 없이 외어대었다. 황진이는 그를 힐끗 돌아보고 속으로 웃었다. 닭이 울고 비가 개자 황진이가 그 선비를 조롱하여, "그대 또한 귀가 있으니 이 세상에 천하 명기 황진이 있다는 말을 들었을 것인데, 바로 내가 황진이라오." 하고는 뿌리치고 일어나니, 그 선비는 그제야 뉘우치고 한탄했지만 어쩔 도리가 없었다. 황진이가 송도에서 지은 시에,

눈 내린 달은 앞 왕조의 빛이요	雪月前朝色
찬 종소리는 옛 나라의 소리라네	寒鍾故國聲
남루는 시름에 겨워 홀로 서있고	南樓愁獨立
성곽엔 저문 연기가 피어오르네	城郭暮烟生

하였는데, 어떤 이는 말하기를, "이는 초루草樓 권겹14)의 시이다" 하였다."15)

이별의 회한을 노래한 것으로 황진이가 시조의 형식을 완전히 소화하고 있다는 평을 듣는 시조가 있다.

어져 내 일이야 그릴 줄을 모르던가
이시랴 하더면 가랴마는 제 구태어
보내고 그리는 정은 나도 몰라 하노라

---

14) 권겹權韐; 생몰년 미상. 조선중기의 문신. 본관 안동安東, 자 여명汝明, 호 초루草樓. 서울출신. 시와 문장으로 이름이 높았으며, 음보蔭補로 종부시주부宗簿寺主簿가 되었다. 아우 필韠이 당시 집권하던 대북파의 음모로 유배가다 도중에 죽자, 벼슬에서 물러나 시문으로 세월을 보냈다. 광해군10년(1618) 대북파 신하들이 인목대비仁穆大妃를 서궁에 유폐시키는 등 정치적 농단에 대해 평민의 처지에서 비판을 가하였다. 저서 『초루집草樓集』.
15) 이덕무李德懋, 『청장관전서』 제33권, 「청비록」, '시기詩妓'.

기생으로 굳이 붙잡아두지 못하고 임을 보내야하는 여심이 잘 드러나 있다. 그리움과 기다림으로 사모하는 임을 마지못해 보내고 홀로 서성이는 여인의 내면풍경이 그대로 출렁거리고 있다.

황진이에 대한 전설, 설화나 구비문학은 도처에서 확인된다. 대충만 열거해 보면, 『식소록識小錄』, 『어우야담於于野談』, 『송도기이松都紀異』, 『금계필담錦溪筆談』, 『동국시화휘성東國詩話彙成』, 『중경지中京誌』, 『조야휘언朝野彙言』 등의 다양한 문헌에 황진이에 관한 일화가 실려 전한다. 한편 북한의 『조선대백과사전』도 기생 출신으로는 아주 드물게 황진이를 소개하고 있다. 그런가 하면 개성공단 사업이 본격적으로 추진되었던 2004년 조선중앙사진선전사가 펴낸 『고려의 옛수도 개성』이라는 책자는 황진이의 무덤까지 소개했다. 북한에선 정말 이례적인 일이다. 『고려의 옛 수도 개성』은 "개성은 어버이수령님과 경애하는 장군님의 현명한 영도에 의하여 오늘은 온 겨레의 통일열망이 굽이쳐 흐르는 도시로, 우리 인민의 행복이 넘쳐나는 역사문화도시로 더욱 빛나고 있다"면서 '명월 황진이의 묘'를 소개하고 있다. 그리고 황진이에 등장하는 서화담의 '신도비'도 실려 있다. 그리고 고故 김일성이 박연폭포를 방문해 지팡이로 가리키는 바위 위의 시도 소개하고 있다. 그 시는 '이산'이다.

  여산의 진짜 모습 그림처럼 펼쳐졌구나
  예로부터 유람객들 얼마나 오갔으랴
  이곳의 절승경개 구경코저 함일세
  이백의 시 황진의 필체 둘다 뛰여났도다

그리고 이 책자에는 '황진이가 머리채로 쓴 시'가 사진으로 담겨 있다.

날아 흩어 삼천 척을 떨어지니
하늘에서 은하수가
내리는가 의심도다

다음 글은 북한의 문학예술출판사가 2002년에 발간한 홍석중의 장편소설『황진이』의 한 대목이다.

"진이는 자리에서 뛰쳐 일어나 이금이를 붙안았다.
무슨 일이냐? 무슨 일이 생겼니?
그제야 이금이는 무너지듯 진이의 가슴에 얼굴을 파묻으며 흐느끼기 시작했다. 그런데 그것은 걷잡을 수 없는 것이기는 해도 여름철의 마른 번개처럼 눈물이 없는 괴롭고 고통스러운 흐느낌이였다.
아씨, 이제는 그이가 더는 못 견딜 것 같다구 그래요.
못 견디다니…누가 그러디?
구메밥을 받아 주는 장교의 말이 오늘은 압슬형으루 무릎뼈가 다 부수어졌대요. 간안에 끌어다 놓았는데 아직도 정신을 (…)."16)

이 소설의 작가 홍석중은『임꺽정』의 저자 홍명희의 손자이고, 북한의 저명한 국문학자 홍기문의 아들이다. 작가는 김일성종합대학 출신으로 '조선작가동맹 중앙위원회' 작가로 2004년 남한에서 제19회 만해문학상을 수상해 주목을 받기도 했다. 남한에선 여류작가 전경린의『황진이』가 각광을 받기도 했으며, 또한 2006년 가을과 겨울『황진이』가 드라마와 뮤지컬로 큰 관심을 끌었다.

한편, 경기도 광주시 중부면 산성리 산8−1에는 황진이의 전설이 서려있는 송암정지松巖亭址가 남아 있다. 송암정은 산성 동문과 장경사 가운데 부근에 있다. 우리말로 '솔바위 정자'라는 뜻이다. 옛날 황진이가

---

16) 홍석중, 장편소설『황진이』, 491쪽.

금강산에서 수도를 하다 하산하여 이곳을 지나는데 한량 여럿이 기생들과 술을 마시고 있었다. 그 중 술에 취한 한 사내가 황진이를 희롱하려고 하자 그녀는 개의치 않고 오히려 불법을 설파하였다. 이에 감화를 받은 한 기생이 갑자기 절벽으로 뛰어내려 자결하였는데 그 뒤로 달 밝은 밤이 되면 이곳에서는 노래와 통곡 소리가 들려왔다고 한다. 이 바위에는 정조대왕이 여주 능행길에 '대부' 벼슬을 내려 '대부송'이라고 부르는 고사목이 서 있다.

■ 송암정의 통곡소리

"황진이는 마음이 담담했다. 그러니까 꼭 삼 년만에 산에서 내려오는 것이다. 그 옛날 '송도삼절'이라 하여 뭇 남자들의 애간장을 녹이던 황진이가 아니라 속세를 달관한 여승이 되어 하산하는 길이다. 삼 년 동안 늘 불경을 외며 수도하다가 이제 속세로 흘러내리는 시냇물을 따라 금강산을 내려오는 것이다. 가슴이 메어지도록 아프던 그 많은 사랑도 한 가닥 구름처럼 흘려보낸 황진이는 장삼에 고깔 쓰고 손에 염주를 들었다. 비록 머리를 깎고 고깔을 썼을망정 그녀의 아름다운 얼굴은 조금도 변한 것이 없었다. 황진이는 며칠을 걸려서 어느 산 속에 이르렀다. 그곳은 산세가 수려하고 큰 소나무가 울창했다. 그리고 한편으로는 깎아지른 듯 한 절벽의 경치가 이를 데 없이 절묘했다. 황진이는 경치에 취하며 더욱 바삐 걷다가 언덕길에 올라섰다. 언덕에 올라선 황진이는 문득 발길을 멈췄다. 언덕 위 소나무 아래서 여러 사람이 놀고 있었다. 남자 서너 명과 여자 두어 명이 장구를 치고 춤을 추며 흥겹게 노니는 중이었다. 모두가 스무 살을 넘어섰는데 의관을 갖춘 품이 양반집의 한량들로 보였다. 그때 한 사나이가 소리를 쳤다.

　'여보게들, 가만히 좀 있어보게.'
　'왜 그러나?'
　'아니 중이 아닌가?'
　'글쎄 중은 중인데 여승같구먼.'

그 중의 한 사람이 앞에 있는 술잔을 훌쩍 마시며 상을 찡그렸다.
'에이, 재수없게시리, 중년이 앞을 지나다니.'
'아이, 서방님도. 스님도 여자 남자 가려서 재수가 있나요.'
'뭐? 술맛 떨어진다.'
'여보게! 좋은 수가 있네.'
'좋은 수라니?'
'글쎄 가만히 보고만 있게.'
이러는 동안에 고개를 다 올라온 황진이가 그들 앞을 지나치려 할 때였다.
'여보 스님, 잠깐 내 말 좀 듣고 가시오.'
'나무관세음보살, 무슨 말씀이온지?'
'바쁘지 않으시면 잠깐 쉬었다 가시구려.'
합장을 하고 서 있는 황진이를 바라보는 여러 사람들 눈에는 호기심이 가득 찼다.
'고마우신 말씀이나, 소승은 사바를 떠난 몸이오라, 이대로 물러갈까 하옵니다. 나무아미타불'하고 황진이는 발걸음을 옮기려했다. 이때 몸이 건장한 사나이가 황진이에게로 다가와서 그녀를 번쩍 안아들고 일행이 앉아 있는 곳으로 왔다. 이에 좌중 사람들은 와, 하고 큰 소리로 웃었다.
'우리가 이렇게 만난 것도 전생의 인연이니 스님도 우리하고 유쾌하게 놀아봅시다. 하하.'
'불가에 몸을 담고 있는 소승을 어찌 이리도 희롱을 하십니까?'
'화를 내지 말고 그 백옥 같은 손으로 술 한 잔 따라 주시구려, 애들아! 무엇을 멍하니 보고 있는 거냐? 어서 장구를 쳐라.'
땅딸보 같은 사나이가 기생들에게 소리를 치면서 갑자기 황진이의 고깔을 벗겨서 절벽 아래로 던졌다. 좌중은 또 한 번 웃음판이 벌어졌다. 그러자 기생들은 장구를 치며 춤을 추기 시작했다.
'저 계집들보다 스님의 얼굴이 백 배 낫소. 머리를 기르고 나와 살면 어떻겠소. 하하.'
'무엄한 말씀이요. 관세음보살.'
'술맛 떨어지게 놀지 말고 자 한 잔 따르시오.'

갖가지 수작들을 부리는 그들의 손에서 빠져나가기 영 틀렸다고 생각한 황진이는 할 수 없이 술병을 들었다. 잔을 내민 땅딸보 사나이에게 술을 따라주니, 그는 한숨에 술을 들이켜고, '엉, 그 술맛 좋다. 스님이 따르는 술이 이렇게 맛있는 줄은 진작 몰랐는데' 하고 능청을 떨었다. 이윽고 황진이가 입을 떼었다.
 '이제 소승은 물러갈까 하옵니다.'
 '그게 무슨 말이요, 천하의 절색이 가버리면 흥이 깨어질 터인데 될 말이요?'
 그러면서 황진의 손목을 잡아끌어 껴안으려하자 한 기생이 두 사람을 떼어놓으면서 가운데로 파고 앉았다.
 '서방님 그만 하세요, 부처님한테 벌 받아요.'
 '네 년은 저리 좀 가 있어. 난 이 스님하고 만리장성을 쌓아야겠다.'
 이때 황진이는 물러앉으며 이렇게 말을 했다.
 '그대들의 우매함을 보니 안타깝기 그지없는 일이요.'
 '뭣이? 건방진 중년이!'
 '그대들이 하는 짓은 인간의 오욕이 빚는 어리석은 짓입니다. 오욕을 채우고 난 다음에 돌아오는 것은 아무것도 없는 무無입니다. 그러나 현세에 맺은 업보라는 것은 내세에 가서는 영원한 것입니다. 그대들이 부처님의 대자대비하신 법을 더럽히려 함은 곧 그대들의 내세를 더럽히는 것이니, 자기를 아끼는 마음으로 남을 아낄 줄 알아야 하는 것입니다.'
 도도히 흐르는 어조로 황진이는 설법을 계속했다. 좌중의 사람들은 말을 잊고서 멍하니 듣고 있었다. 그 중에 기생 하나는 두 볼에 눈물을 흘리기까지 했다.
 '소승은 본시 송도에서 살던 황진이라는 기생이옵니다. 한 때 깨달음이 있어서 불가에 귀의하였사온데 소승도 사바娑婆에 있을 때에 지은 업으로 고행의 길을 걷고 있는 것입니다.'
 황진이의 말이 끝나자 모든 사람들은 놀라며 입을 다물지 못했다. 그때였다. 눈물을 흘리며 황진이의 말을 듣고 있던 기생이, '소녀가 스님의 말씀을 듣고 보니 이제 이 세상을 살기가 부끄러워졌사옵니다. 안녕히 계십시오' 하고, 순식간에 절벽 아래로 몸을 던지는 것이었다. 이런 일이

2. 기생의 시 탐색 55

있은 뒤부터 남한산성 동문 근처에 있는 송암정에는 달 밝고 고요한 밤이면 남녀들의 노래소리와 여인의 통곡소리가 들려왔다고 전한다.

매창梅窓(1573~1610)은 조선 중기의 기생으로 본명은 향금香今, 자는 천향天香, 호는 처음에는 섬초蟾初라 하였다가, 뒤에 '매창'이라 주로 불렸으며 때로는 계생癸生, 계랑桂娘, 계랑癸娘, 계화桂花로도 불렸다. 계유년에 태어났으므로 계생이라 부르며, 계랑이라고도 하였다. 매창은 어려서부터 시재가 뛰어났던 것으로 보인다. 열 살에 지은 시로 알려진 '백운사白雲寺'는 『매창집』에는 수록되어 있지 않아, 그 전거典據를 확인할 수는 없으나, 매창 시비에는 이 작품이 새겨져 있다. 참고로 보자.

걸어서 백운사 오르고 보니	步上白雲寺
흰 구름 사이에 절이 있네	寺在白雲間
스님 흰 구름을 쓸지마소서	百雲僧莫掃
흰 구름과 더불어 마음 한가롭네	心與白雲閑

매창은 아전 이탕종李湯從의 딸로 태어나 부안扶安에서 이름난 기생으로 가사와 한시를 비롯하여 가무와 거문고에 이르기까지 다재다능한 여류 예인이었다. 매창이 기생이 된 사연은 명백하지는 않다. 다만 매창이 꽃다운 나이가 되자, 재기가 발랄하다는 소문을 들은 진사 출신인 태수 서우관徐雨觀이 사랑하여 정조를 빼앗고 서울로 전근되자 데리고 갔는데, 매창은 여의치 않아 다시 부안으로 내려와 기생이 된 것으로 보인다. 이런 내용은 『조선해어화사』, 안왕거安往居의 『열상규조洌上閨藻』와 허균의 『성수시화』에 나온다. 작품으로는 '가을생각秋思', '술 취한 나그네에게 주다贈醉客', '봄날의 원망春怨', '스스로 한탄함自恨', '감회를 남김遺懷', '이화우梨花雨 흩날릴 제' 등 한시와 시조가 전한다. 『매창집』은 매창이 죽은 지 오십팔 년이 지난 1668년 10월 부안의 아전들이 그녀의

한시 오십여덟 수를 모아 우금산성 아래에 있는 개암사에서 간행했다. 그러나 오십여덟 수 가운데 다음에 보이는 '윤공비尹公碑'라는 제목의 시는 매창의 시가 아니라 허균의 친구인 이원형李元亨의 시로 판명되었다.

거문고 한 곡 타며 자고새를 원망하니	一曲瑤琴怨鷓鴣
거친 비석은 말없고 달마저 외로워라	荒碑無語月輪孤
옛날 현산에 있던 양호의 비석에도	峴山17)當日征南石
눈물 떨어뜨린 가인이 또 있었던가	亦有佳人墮淚無

그러므로 실제로 전해지고 있는 매창의 시는 오십일곱 수이다. 시문의 특징은 여성적이며 섬세하고 유약하여 자신의 처지를 있는 그대로 노래하고, 자유자재로 시어를 구사하는 데서 우수한 시재詩才를 엿볼 수 있다.

봄날에 그리워하며	春思
삼월이라 동풍이 부니	東風三月時
곳곳마다 꽃잎 날리네	處處落花飛
거문고 뜯으며 임 그리는 노래해도	綠綺18)相思曲
강남 가신 임은 돌아오질 않네	江南人未歸

---

17) 중국 진晉나라 무제武帝 때 양호羊祜(221~278)는 진나라의 명장이며 자는 숙자叔子이다. 그가 일찍이 양양襄陽에서 선정을 베풀 때 늘 현산峴山에 올라가 술을 마시면서 시 읊는 것을 즐겼는데, 어느 날 부하들을 돌아보며 '혼백이 있다면 마땅히 이 산에 오르리라'고 말하자, 종사從事 추담鄒湛이 '공의 어진 명성이 반드시 이 산과 함께 할 것이라'고 대답한 적이 있었다. 그가 죽은 뒤에 양양 백성들이 그 자리에 비를 세우고 세시歲時에 맞추어 제사를 지냈는데, 그 비를 보며 모두 눈물을 흘렸다고 하여 타루비墮淚碑라고 불렀다.
18) 녹기綠綺는 거문고 이름. 녹기금綠綺琴은 한漢 나라 문장가인 사마상여司馬相如가 '옥여의부玉如意賦'를 지어 양왕梁王에게 바치자, 양왕이 기뻐하여 그에게 하사했다는 명금名琴의 이름이다.『고금소古琴疏』.

| 거문고를 타면서 | 彈琴 |

거문고로 속내 털어도 뉘 가엾게 여기랴　　誰憐綠綺訴丹衷
온갖 한과 시름 한 곡조에 있네　　　　　　萬恨千愁一曲中
강남곡 다시 타도 봄은 저물어　　　　　　重奏江南春欲暮
머리 돌려 봄바람에 차마 울지 못하네　　　不堪回首泣東風

　　매창은 시문과 거문고에 뛰어났는데, 당대의 문사인 유희경劉希慶(15 45~1636), 허균許筠, 이귀李貴, 권필權韠, 한준겸韓浚謙 등과 교유가 깊었다. 매창은 유희경의 연인이며, 허균의 문우이며, 인조반정의 기수 이귀의 정인이었다. 권필은 허균과 동갑인데, 성격이 방달放達하고 기절氣節이 대단해서 벼슬을 좋아하지 않았다. 그가 매창에게 준 시, '증천향여반贈天香女伴'으로 볼 때 그녀를 천한 기생이 아니라 벗으로 허여한 것을 알 수 있다.

| 천향여반에게 주다 | 贈天香女伴[19] |

풍진 세상에 걸맞지 않는 신선의 자태　　仙姿不合在風塵
홀로 요금 안고 저무는 봄 원망하네　　　獨抱瑤琴怨暮春
현이 끊어질 때 애 또한 끊어지니　　　　絃到斷時腸亦斷
세상에 음을 아는 이 만나기 어려워라　　世間難得賞音人

　　한편, 백호 임제의 종제인 임서[20]가 매창에게 한준겸의 생일 연회에 오도록 초청하는 시를 보내자, 매창이 이에 화답하여 시를 또 지었다. 임서는 당시 무장현감으로 있었는데, 문집 『석촌유고石村遺稿』의 주에,

---

19) 권필權韠, 『석주집石洲集』 권7.
20) 임서林㥠(1570~1624); 조선중기의 문신. 본관 회진會津. 이괄李适의 난 때 공을 세워 가선대부嘉善大夫에 오르고, 예문관藝文館 대제학大提學 등을 지냄. 저서 『석촌유고石村遺稿』.

"매창이 수연 자리에 오도록 하려고 시를 지어 초청하였다. 欲致於壽筵席上, 以詩招之"라 붙였다.

부안의 계랑에게 부치다	寄扶風21)桂娘
봉래산 소식 멀어 전하기 어려워	蓬山消息杳難傳
봄바람에 홀로 생각은 아득하네	獨向東風思悯然
아름다운 사람은 어찌 지내는지	爲報佳人無恙否
요지의 자리에 선녀오길 기다리네	瑤池22)席上待回仙

매창이 초청하는 시를 받고 임서에게 화답한 시는 다음과 같다. 그녀는 자신의 거문고 곡조를 제대로 알아줄 사람이 없다고 하며 은연중에 임서를 장사로 귀양 간 신선인 양 비유하여 지음知音으로 여기고자 한다. 이 시에서, 적선謫仙은 인간 세상에 귀양 온 신선이란 뜻으로 중국 당나라 시인 이백李白을 가리킨다. 「이백열전李白列傳」에 "하지장賀知章이 이백의 글을 보고 감탄하며 '그대는 인간 세상에 귀양 온 신선이오' 하고 현종玄宗에게 말하니 현종이 금란전金鑾殿에서 이백을 만나 보았다"23) 하였다.

파랑새가 날아와 소식 전하니	靑鳥飛來尺素24)傳
병중에 시름겨워 온갖 생각 서글프네	病中愁思轉悽然
거문고 다 타고나도 아는 이 없으니	瑤琴彈罷無人識
장사에 가서 귀양간 신선이나 만나려네	欲向長沙25)訪謫仙

---

21) 부풍扶風은 전라북도 부안군의 옛 별호.
22) 요지瑤池는 구슬의 연못으로 신선이 산다는 곳, 중국 곤륜산에 있는 못인데, 주周나라 목왕이 서왕모를 만났다고 하는 곳이다.
23) 『당서唐書』권202, 「이백열전李白列傳」.
24) 척독尺牘, 곧 편지를 말함.

또 유천柳川 한준겸은 이귀와 동갑인데, 전라도관찰사를 지냈다. 매창의 재주를 아껴 '증가기계생贈歌妓桂生'이라는 시를 주었고, 매창도 그의 생일잔치에 초대 받아 시를 지어 바쳤다. 한준겸의 문집『유천유고柳川遺稿』에 칠언절구 한 수가 "계생은 부안 창녀인데, 시를 잘 짓는다고 세상에 알려졌다26)"라는 주註가 달린 채 실려 있다.

변산의 맑은 기운 호걸을 낳아	邊山淑氣孕人豪
규수 천년에 설도가 있네	閨秀千年有薛濤
새로운 시 다 들으니 맑은 밤 길어	聽盡新詞淸夜永
복사꽃 가지 위에 달이 높이 떴구나	桃花枝上月輪高

매창을 설도薛濤에 비유하여 추켜올린 것인데, 시에 나오는 설도는 당나라 여류시인으로 자는 홍도洪度이며, 설도薛陶라고도 한다. 사대부의 딸이었으나 기생이 되어 백거이白居易 등과 교유하였으며, 특히 원진元稹과 친하여 그가 촉나라 땅으로 좌천된 뒤로는 성도成都에 있는 완화계浣花溪에 가서 여생을 보냈다. 중국 당나라 정곡鄭谷의 시 '촉중蜀中'에 "물가는 멀고 강은 맑아 물결은 푸른 대자리 무늬인데, 작은 복사꽃은 설도의 무덤을 휘감고 피었어라"27) 하였다. 그리고 매창이 한준겸의 생일잔치에 초대 받아 가서 차운하여 지은 오언율시가 한 수가 전한다.

| 한순상 수연 때 드린 시의 운을 받들어 | 伏次韓巡相壽宴時韻 |

| 여기는 삼신산 가까운 곳 | 地接神山近 |

---

25) 한漢 문제文帝 때 가의賈誼가 장사왕長沙王의 태부太傅로 좌천되었던 고사에 연유하여, 유배되거나 좌천된 지역을 뜻하게 되었다.
26) "癸生, 扶安娼女也. 以能詩鳴於世."
27) "渚遠江淸碧簟紋, 小桃花繞薛濤墳."

시냇물은 약수로 통하네	溪流弱水[28]通
벌들은 따스한 날 노닐며 날고	遊蜂飛暖日
새로 온 제비는 맑은 바람에 지저귀네	新燕語淸風
사뿐히 춤추며 꽃 그림자 흔드니	妙舞搖花影
고운 노래 푸른 하늘에 울리네	嬌歌響碧空
서왕모의 복숭아 올려 장수를 비니	蟠桃[29]王母壽
술잔 높이 들고 생일 축수하네	都在獻盃中

　매창은 부안 기생으로 개성 황진이와 더불어 조선 명기의 쌍벽을 이루었으나 서른여덟 살에 요절하였다. 전북 부안읍 동중리 오리현에 무덤이 있고 그 부근 개암사 일대에 애틋한 일화와 더불어 시비가 세워져 있다. 묘비는 죽은 지 사십오 년이 지난 효종6년(1655)에 세웠던 것을 글자의 마멸이 심하여 부안의 풍류모임인 부풍시사扶風詩社에서 1917년에 다시 세운 것이다. 묘비 앞면에는 '명원이매창지묘名媛李梅窓之墓'라 써 있고 뒷면에는 매창의 생졸년과 시문집, 비석이 오래되어 다시 세운다는 간단한 내용이 새겨져 있다. 다음은 '매창이뜸' 비문을 옮긴 것이다.[30]

---

[28] 약수弱水는 신선이 살았다는 중국 서쪽의 전설적인 강인데 장안에서 서남쪽으로 삼사 만 리 거리에 있다고 전해진다.『서경書經』,「우공禹貢」*삼신산三神山 가운데 봉래가 있는데, 그곳은 약수弱水 삼만 리를 넘어가서야 도달할 수 있다. 이 시에서는 서해를 가리킴.
[29] 반도蟠桃는 서왕모西王母가 심은 복숭아로, 삼천 년에 한 번 꽃이 피고 삼천 년에 한 번 열매를 맺으며 이를 먹으면 불로장생한다고 한다.『태평광기太平廣記』권 3. *서왕모西王母는 금모金母라고도 하는데, 옛날 곤륜산崑崙山에 있던 선녀仙女.
[30] 비문의 생몰년은 60년, 즉 1주갑이 앞선다. 비석을 조성하면서 착오가 있었을 것으로 추정된다.

■ '명원이매창지묘'

여인의 이름은 향금이요 호는 매창인데, 정덕 계유년(1513)에 태어났다. 자라면서 시와 문장을 잘했고, 그 문집이 간행되어 세상에 전한다. 가정 경술년(1550)에 죽었는데, 만력 을미년(1595)에 비석을 세웠다. 삼백 년의 세월이 지나자 글자의 획이 벗겨지고 떨어졌으므로, 다시 고쳐 돌을 세우고 거듭 그의 행적을 적는다.

정사년(1917) 삼월에 부풍시사가 세우다.

근래에 부안의 율객律客모임인 부풍율회扶風律會에서 매년 음력 사월 오일, 매창제梅窓祭를 지내고 있다. 매창에 관한 기록은 당대의 문사들의 기록에 다수 남아있어 그 면모를 재구성해 살펴볼 수 있다. 특히 유희경과 허균의 기록이 두드러진다. 유희경이 계랑에게 준 증시贈詩가 십여 편 남아있다. 고종13년(1876) 박효관朴孝寬과 안민영安玟英이 편찬한 『가곡원류歌曲源流』에 실린 "이화우 흩날릴 제 울며 잡고 이별한 님"으로 시작되는 매창의 시조는 유희경을 생각하며 지은 것이라는 주가 덧붙어 있다.

이매창과 유희경의 처음으로 만난 때는 임진왜란이 일어나기 직전 무렵으로 추정된다. 유희경은 당시 '위항시인'으로 서울 북쪽 깊숙한 골짜기에 있는 정업원淨業院에서 풍월향도風月香徒란 시사詩社를 결성하였다. 풍월향도는 임진왜란 전에 백대붕과 유희경이 모여서 만든 평민 문학단체로 풍월과 상두꾼 등 천민과 중인 중심의 향도가 모였다 해서 이름을 딴 모임이다. 유희경이 상장례喪葬禮에 능하고 문학도 능해, 그런 이름이 붙여진 것이다. 임란이 끝난 뒤 유희경은 종이품從二品에 해당하는 가의대부까지 지내고, 사후에는 한성부윤까지 오른 입지전적인 인물이다. 유희경의 본관은 강화江華, 자는 응길應吉로, 서울 대묘동에서 태어났다. 어려서부터 독서를 좋아하여 책을 손에서 떼지 않았다. 어머니가 오래 병석에 누워있어, 지극한 효성으로 돌보았다. 대변을 기저귀에 받아 동소문 밖으로 가서 빨아 치마바위에 널어놓고는 하루 종일 책을 읽었다. 유희경이 열세 살 되던 해 아버지가 죽자, 당시 천한 신분임에도 불구하고 3년상을 치르렀다. 당대의 학자인 남언경南彥經이 그 사실을 알고 그가 드문 효자라 생각하고 제자로 삼아서 주자가례朱子家禮를 가르쳤다. 이때부터 유희경은 장안에서 장례에 밝은 사람으로 이름이 나서, 많은 이가 그를 찾았다. 사대부들의 초상은 물론이고, 국상 때에도 그에게 자문을 구할 정도였다. 그 무렵 유희경은 시의 대가 사암思菴 박순31)을 만나, 독서당을 드나들며 그와 인연을 맺는데, 박순은 그 재능을 알아보고 당시唐詩를 가르쳤다. 박순은 당대의 화려한 시의 경향을 비판하고, 담박한 시를 추구한 최고의 시인이었다. 유몽인의 '유희경전'이나 이수광의 '침류대기'를 보면 하나같이 침류대沈流臺를 무릉도원에 버금가는 최고의 문화공간으로 묘사하고 있다. 유희경의 『촌은집村隱集』 '행록行錄'에서, 그의 집은 정업원 아래쪽 골짜기의 하류, 속칭 원동이라고 하는 곳에 있었다. "침류대 너른 바위 주위에는 복숭아나무가 여러 그루 둘러있고, 시냇물 양쪽으로는 꽃비가 흩뿌리니 비단물결이 춤추는 것 같다. 옛날의 도원桃源이 이보다 더 좋지는 못했을 것이다"라고 '침류대기'는 묘사하였다. 음풍농월하던 침류대 주인이던 유희경과 천민출신의 시인 백대붕白大鵬의 명성은 이미 부안에도 알려진 듯하다. 아울러 한적한 시골 부안의 기생 이매창의 명성도 한양에 잘 알려진 듯하다. 유희경의 문집, 『촌은집』에 이런 기록이 있다.

---

31) 박순朴淳(1523~1589); 본관 충주, 자 화숙和叔, 호 청하자靑霞子, 사암思菴, 시호 문충文忠. 화담花潭, 서경덕徐敬德의 문인. 나주 월정서원月井書院, 광주 월봉서원月峰書院, 개성 화곡서원花谷書院과 영평 옥병서원玉屏書院에 제향.

"내가 젊었을 때 부안에 놀러갔는데, 그 고을에 계생이라는 이름난 기생이 있었다. 계생은 그가 서울에서 이름난 시인이라는 말을 듣고는 '유희경과 백대붕 가운데 어느 분이십니까?'라고 물었다. 그와 백대붕의 이름이 먼 곳까지도 알려져 있었기 때문이었다. 그는 그때까지 기생을 가까이 하지 않았지만 이 때 비로소 지키던 계戒를 저버렸다. 그리고 서로 풍류로써 즐겼는데 매창도 시를 잘 지어 '매창집'을 남겼다."32)

두 사람이 처음 만난 것은 1591년, 어느 봄날이었다. 남도를 여행하던 유희경이 매창을 찾아온 것이다. 이 때 매창은, 유劉와 백白 가운데 누구냐고 묻는데, 유, 백이란 당시 천민시인으로 유명했던 유희경과 백대붕을 뜻하는 것이다. 매창은 유희경의 이름을 이미 익히 알고 있었던 것 같다. 그걸 보면 처음부터 두 사람은 만나기 전부터 시를 통해서 이름을 알고 있었다. 그때 매창은 스무 살이 채 되지 않은 나이였고, 유희경은 마흔일곱 살이었다. 나이차가 많았는데 이때부터 서로 상대를 이해하고 사랑하는 사이가 되었다. 유희경은 매창을 처음 만나고 계랑에게 준 염정艶情 시를 그의 『촌은집』에 남겼다.

계랑에게	贈癸娘
남쪽에 계랑 이름 일찍이 알려져	曾聞南國癸娘名
글과 노래 솜씨 서울에까지 울렸어라	詩韻歌詞動洛城
오늘에야 참 모습을 대하고 보니	今日相看眞面目
선녀가 신선 사는 곳에 내려온 듯하여라	却疑神女下三淸33)

---

32) 유희경, 『촌은집村隱集』 권2 부록附錄. "少遊扶安邑。 有名妓癸生者。 聞君爲洛中詩客。 問曰。 劉白中誰耶。 盖君及大鵬之名動遠邇也。 君未嘗近妓。 至是破戒。 盖相與以風流也。 癸亦能詩。 有梅窓集刊行."
33) 삼청三淸은 도가道家에서 신선이 사는 곳이라고 하는 옥청玉淸, 상청上淸, 태청太淸의 삼부三府를 말함.

유희경이 준 증시에 매창이 화답한다. 두 사람은 첫눈에 마치 선계仙界에서 내려온 듯 시를 주고받으며 서로 허여한다. '운무가 이루는 깃발 雲旗'은 신선의 신변에 딸린 물건으로, 곧 신선을 가리킨다.

그대야말로 장안의 일대 호걸일세	云是長安一代豪
운무가 감도는 곳에 파도는 잠잠하네	雲旗到處靜波濤
오늘 아침 임을 모셔 신선얘기 듣는데	今朝陪話神仙事
제비는 동풍을 타고 지는 해는 높이 떴네	燕子東風西日高

다시 유희경이 장난삼아 계랑에게 은근히 수작을 걸며 시를 지어 주었다. 봄날도 잠시인데 늙어지면 주름진 얼굴 고치기 어려우니, 애써 독수공방에서 외롭게 지내지말고 운우의 정이나 듬뿍 나누는 게 어떠냐고 넌지시 어르고 있다.

희롱삼아 계랑에게 줌	戱贈桂娘
버들 꽃 붉은 몸매 잠시 동안 봄이라	柳花紅艶暫時春
고운 얼굴 주름지면 고치기 어렵네	撻髓難醫玉頰顰
선녀인들 외롭고 싸늘한 베개 어이 참으리	神女不堪孤枕冷
무산에 운우의 정이야 자주 내리세	巫山雲雨下來頻

한편, 유희경의 매창에 대한 인물평은 허균과는 대조적이다. 유희경은 "선녀가 신선 사는 곳에 내려온 듯 하다"고 했지만, 허균은 그의 '조관기행漕官紀行'에서 "매창의 생김새는 시원치 않다不揚"고 했다.

"23일(임자); 부안扶安에 도착하니 비가 몹시 내려 머물기로 하였다. 고홍달高弘達이 인사를 왔다. 창기倡妓 계생桂生은 이옥여李玉汝(이귀李貴의 자)의 정인情人이다. 거문고를 뜯으며 시를 읊는데 생김새는 시

2. 기생의 시 탐색 65

원치 않으나 재주와 정감이 있어 함께 이야기할 만하여 종일토록 술잔을 놓고 시를 읊으며 서로 화답하였다. 밤에는 계생의 조카를 침소에 들였으니 혐의를 피하기 위해서이다."34)

유희경은 매창이 열여덟 나이인 꽃다운 시기에 만났고, 허균은 스물 아홉인 이제 막 꽃이 시들기 시작할 무렵에 만났으니 달리 생각할 수도 있다. 매창과 유희경의 만남은 짧았다. 임진왜란이 일어나자 유희경은 전쟁터로 떠났다. 짧은 만남이었기에 서로는 더 애틋해 했던 듯하다. 그리움이 넘치면 억장이 무너진다. 거문고를 무릎에 앉히고 가락을 탄다. 달이 매화나무 가지에 걸리더니 어느새 보슬비가 창가에 맺힌 어느 봄날의 풍경이다.

하룻밤 봄바람에 비가 오더니	東風一夜雨
버들이랑 매화랑 봄을 다투네	柳與梅爭春
이 좋은 시절에 차마 못할 건	對此最難堪
잔 잡고 정든 임과 이별이라오	樽前惜別人

매창은 설움이 북받쳐 거문고를 더 이상 이어가지 못하고 그녀의 노래는 피울음 속에 묻혀버린다. 매창은 유희경에 대한 그리움을 넘어서 서러움과 한을 여러 편의 시와 노래를 지어 부르며 달랬음을 알 수 있다. 그 중의 한 편의 시조가 '이화우 흩날릴 제'35)이다.

이화우梨花雨 흩날릴 제 울며 잡고 이별한 임
추풍낙엽에 저도 날 생각하는가

---

34) 허균,『성소부부고』제18권,「조관기행漕官紀行」"壬子. 到扶安. 雨甚留. 高生弘達來見. 倡桂生, 李玉汝情人也. 挾瑟吟詩, 貌雖不揚, 有才情可與語, 終日觴詠相倡和. 夕, 納其姪於寢, 爲遠嫌也."
35)『진본 청구영언』.

천리에 외로운 꿈만 오락가락 하노매

이 시조에 대하여 『가곡원류』는 이렇게 적고 있다.

"계랑은 부안의 이름난 기생이다. 시를 잘 지었으며 매창집이 있다. 촌은 유희경의 애인이었는데 촌은이 서울로 돌아간 뒤에 소식이 없었으므로 이 노래를 지어 부르고 절개를 지켰다."

등잔불 그무러 갈 제 창에 짚고 드는 임과
오경종五更鍾 나리올 제 다시 안고 눕는 임을
백골白骨이 진토塵土된 들 잊은 줄이 있으랴

매창은 그리움이 병이 되었다. 오로지 문을 닫고 자폐自閉의 감옥에서 노래한다. 기생의 정한을 상징할 때, 눈물과 비는 대개 겹친다. 눈물 짓다가, 시를 읊고 또 눈물짓기를 하루 같이 되풀이한다. 그만큼 기생의 시에는 유독 구질게 비 내리는 흐린 날이 많다. 어느 주둔지 군영에 계시는지 기다려보지만, 살구꽃 피는 마을에는 무심한 고깃배만 온다고 하여, 허망한 기다림을 노래하였다.

이별 하도 서러워 문 닫고 누웠으니	離懷消消掩中門
옷자락 하염없이 눈물에 젖네	羅袖無香滴淚痕
홀로 누운 잠자리 한없이 외로운데	獨處深閨人寂寂
보슬비 부슬부슬 날이 저무네	一庭微雨鎖黃昏
먼 산은 하늘가 푸르게 솟고	遠山浮翠色
버드나무 강가에는 안개가 자욱	柳岸暗煙霞
내 임은 어느 군영에 계신지	何處靑旗在
살구꽃 핀 마을에 고깃배만 떠오네	漁舟近杏花

청기青旗는 푸른 빛깔의 기로 군영에 세우던 깃발이다. 여기서는 유희경이 의병으로 나가있던 군사 주둔지를 가리킨다. 송백 같은 시들지 않는 맹세도 사랑이 너무 깊어 남은 애마저 절어 밤을 지새운다.

송백같이 굳은 맹세하던 그 날	松栢芳盟日
사랑이 너무 깊어 바다 같아라	恩情與海深
한번 가신 그 임은 소식이 없어	江南靑鳥斷
한밤 중 나 홀로 애를 태우네	中夜獨傷心

유희경 역시 매창을 그리워하기는 마찬가지였다. 부안과 서울의 물리적 거리보다 그리움은 더욱 사무쳐 오동나무 잎에 비 뿌릴 때면 가슴이 미어진다고 고백한다.

계랑을 생각하며	懷癸娘
그대의 집은 부안에 있고	娘家在浪州
나의 집은 서울에 있네	我家住京口
그리움 사무쳐도 서로 못보고	相思不相見
오동나무에 비뿌릴 젠 애가 끊겨라	腸斷梧桐雨

이에 화답하여 매창 또한 그리움을 시로 달랜다. 깊은 규방에 홀로 적막한 밤을 견디는 여인의 정한이 무르녹아 있다. 특히 두 번째 작품의 감각과 상상은 뛰어나다. 시름겨워 하루 밤새 머리칼은 반백이나 되고 상사병으로 가락지도 손가락에 헐겁다고 엄살을 부린다. 이쯤 되면 만사내도 무너지지 않고 어찌 배기랴.

여인의 원망 　　　　　　　　　　　　　　　　　閨怨

　　쓰린 이별 한스러워 안방 문 닫으니　　　　離恨悄悄掩中門
　　비단 소매엔 향기없어 눈물 얼룩뿐이네　　羅袖無香滴淚痕
　　홀로 있는 깊은 방엔 적막하기만 하여　　　獨處深閨人寂寂
　　마당 가득 내리는 보슬비 황혼조차 가리네　一庭微雨鎖黃昏

　　그리는 생각이야 말로는 다 못하여　　　　相思都在不言裏
　　하룻밤 시름으로 머리칼 반이나 세었어라　一夜心懷髮半綠
　　이 첩의 그리는 괴로움 알고 싶거든　　　　要知是妾相思苦
　　금 가락지도 헐거운 야윈 손가락을 보소서　須試金環減舊圍

　의병을 이끌고 동분서주하던 유희경을 만나기 위해 찾아 나섰다가 허탕을 치고 울며 돌아온 계량은 또 이렇게 읊었다.

　　기러기 산채로 잡아 정들이고 길들여서
　　임의 집 가는 길을 역력히 가르쳐 두고
　　밤중만 임 생각 날 제면 소식 전케 하리라

　한편 이귀의 자는 옥여玉汝, 호는 묵재默齋인데, 이이李珥와 성혼成渾의 문인으로 임진왜란 때 삼도소모관三道召募官, 선유관宣諭官이 되어 군사와 군량을 모집하여, 도체찰사 유성룡의 종사관이 되어 군세를 회복하는데 크게 기여하고 뒤에 장성 현감이 된다. 그가 김제 군수로 있을 때 부안 군수가 베푸는 연회에서 매창을 처음 만났다. 이즈음 매창은 임란의 소용돌이에서 유희경과 헤어진 뒤, 긴 외로움에 못이겨 이귀를 만나게 되자, 한때 정인이 되기도 하였다. 그런데 매창과 유희경과의 재회는 시간적 공백이 꽤 길었던 것 같다. 서로 애타게 그리워하던 두 사람의 재회는 첫 만남 십오 년 뒤인 1607년에야 이루어진 듯 하다.

| 길을 가다 계랑을 생각하며 | 途中憶癸娘 |

아득한 남쪽에서 가인과 한번 헤어져	一別佳人隔楚雲
나그네 신세로 온갖 마음 흔들리는데	客中心緒轉紛紛
파랑새는 오지 않아 소식 끊기고	靑鳥不來音信斷
벽오동에 싸늘한 빗소리 차마 못듣겠네	碧梧凉雨不堪聞

전란 중에 이리저리 떠밀리며 군중을 떠도니 나그네 길은 임 생각에 가는 걸음마다 발부리에 채였을지 모른다. 때로는 남쪽에 두고 온 계랑을 생각하며 그리워했을 것이다. 좋은 기별을 물고 온다는 파랑새는 오지 않고 벽오동 푸른 잎에 하염없이 떨어지는 빗소리는 시인의 가슴을 끊임없이 두드리고 있다.

| 다시 계랑을 만나서 | 重逢癸娘 |

예로부터 임 찾는 건 때가 있다 했는데	從古尋芳自有時
낭군께선 무슨 일로 이리도 늦으셨는지	樊川何事太遲遲
내 온 것은 임 찾으려는 뜻만이 아니라	吾行不爲尋芳意
시론 펴자는 열흘 기약 있었기 때문이오	唯趁論詩十日期

번천樊川은 중국 당唐 나라 시인인 두목杜牧의 호인데, 여기서는 시인인 유희경 자신을 지칭한 것이다. 대화체의 이 시는 앞의 첫째와 둘째 구는 매창의 물음이고, 뒤의 셋째와 넷째 구는 유희경이 답하는 연구시聯句詩 형식을 취하고 있다. 유희경은 "내가 전주에 갔을 때 매창이 날더러 열흘만 묵으면서 시를 논했으면 좋겠다고 했길래, 이렇게 쓴 것이다"[36]고 덧붙여놓았다. 계랑은 촌은을 기다리다가 마지막 육필시를 남기고 눈을 감았다. '회포를 적으며寫懷'란 제목으로 알려져 있다.

---

36) "在完山時, 娘謂余曰, 願爲十日論詩故云."

무릉도원 신선과 언약을 맺을 때는	結約桃園洞裏仙
오늘처럼 처량할 줄 그 누가 알았으랴	豈知今日事棲然
그윽한 회포를 거문고에 실어볼까	幽懷暗恨五絃曲
실타래처럼 얽힌 사연 시로나 달래볼까	萬意千思賦一篇

풍진 세상 고해에는 시비도 많아	塵世是非多苦海
깊은 규방의 밤은 길어서 일 년 같아라	深閨永夜苦如年
남교에서 날 저물어 또 다시 돌아보아도	藍橋欲暮重回首
구름 속 첩첩 청산은 눈앞을 가리네	靑疊雲山隔眼前

　남교藍橋는 사랑하는 두 남녀의 결합을 의미하는 공간적 장치이다. 당나라 시인 배항裴航이 남교를 지나다가 목이 말라서 한 노파에게 물을 청하니 딸에게 물을 갖다 주게 하였는데, 딸 운영雲英을 만나 경장瓊漿37)을 얻어마셨다. 이에 첫 눈에 반해 청혼을 하였다. 노파가 예물로 옥저玉杵, 곧 옥으로 만든 절구공이를 원하니 힘겹게 그걸 구해주고 결혼하였다. 둘은 나중에 신선이 되었다.38) 계랑은 정인과 만나길 손꼽아 기다리며 사랑의 장소로써 남교를 상상하여 저물도록 서성거린다. 그리움은 첩첩 산과 아득한 구름으로 가리고 기약은 보이질 않는다.

　계랑의 마지막 절필시는 마치 자신의 죽음을 내다본 듯 한 참시讖詩이다. 그간의 이승에서의 모든 시비를 뒤로 하고, 덧없이 서산으로 지는 해를 말하면서, 자신의 죽음을 예견한다. 또 구름 첩첩 낀 청산은 기다려도 오지 않는 임을 상징한다. 촌은을 애타게 그리다가 죽어 간 여인의 피맺힌 응어리가 애처롭다. 부안 관아에서 삼 마장 쯤 남쪽으로 가면, 오리정 지나 봉덕리, '봉두뫼'라는 양지바른 언덕에 그녀는 거문고와 함께 묻혔다. "계향은 거문고와 시를 좋아해, 죽어서 장사할 때도 거문고

---

37) 원래 미주美酒, 곧 맛 좋은 술을 말하나 여기서는 물을 가리킴.
38) 『태평광기太平廣記』, '배항裴航' 참고.

를 함께 무덤에 넣어주었다"39)고 『지봉유설』은 기록하였다. 뒤에 사람들은 이곳을 '매창뜸'이라 불렀다. 시조시인 가람 이병기는 매창뜸을 시조로 풀어 그녀의 넋을 기렸다.

매창뜸

돌비는 낡아지고 금잔디 새로워라
덧없이 비와 바람 오고가고 하지마는
한 줌의 향기로운 이 흙 헐리지를 않는다

이화우梨花雨 부르다가 거문고 비껴두고
등 아래 홀로 앉아 누구를 생각하는지
두 뺨에 젖은 눈물이 흐르는 듯 하구나

나삼상羅衫裳 손에 잡혀 몇 번이나 찢었으리
그리던 운우雲雨도 스러진 꿈이 되고
그 고운 금발 그대로 정은 살아남았다

매창은 유희경에게 자신의 죽음이 알려지는 것을 원치 않았다. 그것이 유희경에 대한 그녀의 마지막 배려와 사랑이었다. 매창이 세상을 뜬 지 삼 년 뒤 유희경은 그녀의 무덤을 찾아 생전에 다하지 못했던 정인으로서의 미안함과 애달픔에 애통해 하면서 한 잔의 술, 시 한 수로 그녀의 영혼을 위로한다. 1610년 여름, 매창의 죽음을 전해들은 촌은은 아래의 시를 지어 슬픔을 달랬다.

임정자 운에 차운하여 옥진을 애도하다 　　　　次任正字悼玉眞韻

---

39) "娘平日喜琴與詩, 死以琴殉葬云."

"맑은 눈 하얀 이 푸른 눈썹 계랑이여 　　　　明眸皓齒翠眉娘
홀연히 구름 따라 간 곳 아득하구나 　　　　忽然浮雲入鄕茫
꽃다운 혼 죽어 저승으로 돌아가면 　　　　終是芳魂歸浿邑
누가 그대 옥골 고향 땅에 묻어주리 　　　　誰將玉骨葬家鄕
마지막 저승길에 슬픔이 새로운데 　　　　更無旅櫬新交呂
남은 고운 모습에 옛향기 그윽하다 　　　　只有粧臉舊日香
정미년에 다행히도 서로 만났지만 　　　　丁未年間行相遇
옷깃을 적시는 슬픈 눈물 견딜 수 없네 　　　不堪哀淚混衣裳"40)

　유희경이 지은 시를 보면, 두 사람의 재회는 정미년(1607)에 이루어졌을 것으로 추정된다. 매창이 서른여덟 살의 젊은 나이로 죽을 때까지 가슴 안에 간직한 정인情人은 오직 유희경뿐이었다. 유희경 또한 평생토록 매창을 사모하고 그리워했다. 나이를 초월하여 시로 사귀고 정을 나눈 아름다운 사랑이다. 아마도 두 사람은 천출賤出로서의 인간적 공감과 정의가 통하여 더욱 깊은 사랑을 하였을 것으로 추정할 수 있다.
　허균은 유희경에 대하여, 「성수시화惺叟詩話」에 다음과 같은 기록을 남겼다. 비록 그가 천민 출신이지만, 사람이 맑고 시에 능하다고 하였다.

　　"유희경이란 자는 천한 노비이다. 사람됨이 청수하고 신중하며 충심으로 주인을 섬기고 효성으로 어버이를 섬기니 사대부들이 그를 사랑하는 이가 많았으며 시에 능해 매우 순숙純熟했다. 젊었을 때 갈천葛川 임훈林薰을 따라 광주光州에 있으면서 석천41)의 별장에 올라 그 누각

---

40) 유희경,『촌은집村隱集』제1권, '차임정자도옥진운次任正字悼玉眞韻' 참조.
41) 임억령의 호. *임억령林億齡(1496~1568); 조선중기의 문신. 본관 선산善山, 자 대수大樹, 호 석천石川. 박상朴祥의 문인. 명종 즉위년(1545) 을사사화 때 금산 군수로 있었는데 동생 백령百齡이 소윤 일파에 가담하여 대윤의 많은 선비를 추방하자, 자책을 느끼고 벼슬을 물러났다. 그 뒤 백령이 원종공신原從功臣의 녹권錄券을 보내오자 분격하여 불태우고 해남에 은거하였다. 천성적으로 도량이 넓고 청렴결백하며, 시문을 좋아하고 사장詞章에 탁월하여 당시 어진 사람들이 존경

에 옛 사람이 써 놓은 '성星' 자 운에 차하여,

| 댓잎은 아침에 이슬을 따르고 | 竹葉朝傾露 |
| 솔가지엔 새벽에 별이 걸렸네 | 松梢曉掛星 |

라 하니 양송천42)이 이를 보고 극찬하였다."43)

한편 허균의 문집,『성소부부고』에는 계랑이 죽기 한 해 전에 보냈던 짤막한 편지가 한 통이 실려 있고, 또한 이듬해 그녀의 죽음을 애도한 글이 율시와 함께 남아 있다.

■ 계랑에게 보냄. 기유년(1609) 1월

"낭자는 보름날 저녁에 비파를 타며 산자고山鷓鴣를 읊었다는데, 왜 한가하고 은밀한 곳에서 하지 않고, 바로 윤공의 비석 앞에서 하여 남의 허물 잡는 사람에게 들키고, 거사비去思碑를 시로 더럽히게 하였는가. 그것은 낭자의 잘못인데, 비방이 내게로 돌아오니 억울하오. 요즘도 참선參禪을 하는가. 그리운 정이 간절하구려."44)

윤공의 비에 대한 시비의 전말은 허균의 「성수시화惺叟詩話」에 더욱 구체적으로 드러나 있다. 두 기록을 이어서 읽어보면 사건의 맥락이 눈에 뛰어든다.

했으나 이직吏職에는 적합하지 않은 것으로 사신史臣이 평하였다. 전남 동복 도원서원道源書院, 해남 석천사石川祠에 제향. 저서『석천집石川集』.
42) 양응정의 호. *양응정梁應鼎(1519~1581); 조선전기의 문신. 본관 제주濟州, 자 공섭公燮, 호 송천松川. 시문에 능래 선조 때 팔 문장의 한 사람으로 뽑혔으며 효행으로 정문이 세워졌다. 저서『송천집松川集』,『용성창수록龍城唱酬錄』.
43) 허균,『성소부부고』제25권,「성수시화惺叟詩話」.
44) 허균, 같은 책 제21권,「문부文部」, '척독尺牘'.

"부안의 창기 계생은 시에 솜씨가 있고 노래와 거문고에도 뛰어났다. 어떤 태수가 그녀와 가깝게 지냈다. 나중 그 태수가 떠난 뒤에 읍인들이 그를 사모하여 비를 세웠는데 계생이 달밤에 그 비석 위에서 거문고를 타고 하소연하며 길게 노래했다. 이원형이라는 자가 지나다가 이를 보고 시를 짓기를,

거문고 한 곡 타며 자고새를 원망하니	一曲瑤琴怨鷓鴣
거친 비석은 말없고 달마저 외로워라	荒碑無語月輪孤
옛날 현산에 있던 양호45)의 비석에도	峴山當日征南石
눈물 떨어뜨린 가인이 또 있었던가	亦有佳人墮淚無

라고 하니, 당시 사람들이 이를 절창이라 했다. 이원형은 우리 집에 드나드는 관객館客이었다. 어릴 적부터 나와 이여인李汝仁46)과 함께

---

45) 양호羊祜(221~278); 중국 진나라의 명장이며 자는 숙자叔子이다. 진나라 무제 때 상서尙書 우복야右僕射를 지내고, 형주荊州 군사 도독으로 강한江漢의 인심을 얻었는데 오뭇를 덕으로 회유하다가 두예를 자기 대신에 천거하고 죽었다. 남방에서 그의 죽음을 듣고 울지 않는 사람이 없고 오나라 변방 장수들도 울었다 한다. *현산峴山의 비석은 중국 진晉나라 양호가 양양襄陽 수령으로 있을 때 백성들에게 선정을 베풀었는데, 그가 죽은 뒤에 그 지방 백성들은 평소 그가 노닐던 현산에 비석을 세워 공을 기렸는데, 비를 보는 사람마다 눈물을 흘리므로 두예杜預가 타루비墮淚碑라고 이름을 지었다는 고사가 있다.『진서晉書』권34,「양호열전羊祜列傳」.
46) 이재영李再榮의 자. *이재영; 본관 영천, 자 여인汝仁, 부친 선選은 판서였으나, 모친은 사비私婢로 그는 서얼 출신이다. 괴제魁第로 발탁되었으나 삭과削科되었다. 말년에 허균과 이이첨과 관련하여 탄핵되었고, 과거부정 사건으로 1623년 고문을 받던 중 죽었다. 허균의 문집에는 그에게 보낸 간찰, '여이여인與李汝仁'이 실려 있다. 다음 글은 허균이 1608년 1월에 공주목사로 부임한 뒤에 절친한 벗에게 모친과 함께 다녀가도록 부탁하며 부친 편지다. "나는 큰 고을의 원님이 되었네. 마침 그대가 사는 곳과 가까우니 어머니를 모시고 이곳으로 오시게. 내가 응당 봉급의 절반을 들어 그대를 대접할 것이니, 양식이 떨어지는 경우는 결코 없을 것일세. 자네와 난 서로 처지야 다르지만 취향이 같고, 자네의 재주는 나보다 열 배는 뛰어날 것이네. 그러나 세상에서 버림받기는 나보다도 더 심하니,

지냈던 까닭에 시를 할 줄 알았다. 다른 작품도 좋은 것이 있으며, 석주
石洲 권필權韠이 그를 좋아하고 칭찬했다."47)

거사비는 감사나 수령이 갈려 간 뒤에 그 선정善政을 사모하여 고을 주민들이 세운 비석을 말하는데, 그 비석의 주인공이 윤공이란 벼슬아치이다. '산자고'는 옛날 중국 민간에 불리어지던 악부시다. 자고鷓鴣는 '뜸부기'인데, 그리움을 나타내고자 한 것이다. 야심한 때 공공연히 산자고란 곡을 비파에 실어 노래하여 사람들에게 흠을 잡히자, 허균이 짐짓 이를 나무라며, 편지의 말미에 와서는 은근히 정을 비추어 속내를 드러낸다. 옛날 선인들의 간찰에는 말을 에둘러 빙빙 돌아 대개 맨 끝머리에 와서야 정작 말하고 싶은 속내를 드러내곤 하였는데, 허균도 그러하다. 허균은 뜬소문으로 한때 구설에 오른 듯 했으나 매창에 대한 그리움은 여전하다. 그는 당시에 공무가 바빠 부안에 다시 돌아온다고 한 약속을 지키지 못해 슬쩍 웃음으로 넘긴다. 매창에게 보낸 다음의 편지에 허균의 마음이 오롯이 담겨져 있다. 그런데 이원형이 지은 시가 매창이 지은 것으로 잘못 알려져 있었는데 허균의 「성수시화」를 통해 이를 바로 잡을 수 있다.

■ 계랑에게, 기유년(1609) 9월

"봉래산蓬萊山에 가을이 한창 무르익으니, 돌아가려는 흥취가 도도

이걸 난 늘 기막히게 생각하고 있다네. 내 비록 운수가 기박해도 여러 번 고을 원님이 되어 자급자족할 수 있지만, 자네는 입에 풀칠하는 것조차 면하기 어렵겠네. 세상의 불우한 사람은 다 우리들의 책임일 것이라 여기네. 나는 밥상을 대할 때마다 몹시 부끄러워 음식을 먹어도 목에 넘어가지 않으니 빨리 오시게나. 오기만 한다면 비록 이 일로 내가 비방을 받는다 해도 나는 전혀 개의치 않을 것이네." ㅡ '여이여인與李汝仁'.
47) 허균, 같은 책 제25권, 「설부說部」, '성수시화惺叟詩話'.

하오. 그대는 반드시 성성옹惺惺翁48)이 시골로 돌아오겠다는 약속을 어겼다고 웃을 걸세. 그 시절에 만약 한 생각이 잘못됐더라면, 나와 그대의 사귐이 어떻게 십 년 동안이나 그토록 다정할 수 있었겠는가. 이제 와서야 풍류객 진회해秦淮海49)는 진정한 사내가 아니고 망상을 끊는 것이 몸과 마음에 유익한 줄을 알았을 것이오. 어느 때나 만나서 하고픈 말을 다할는지, 종이를 대하니 마음이 서글프오."50)

한 때 계랑이 촌은을 저버리고 허균과 가까워졌다는 풍문이 퍼졌다. 그래서 이를 뜬소문임을 해명하고자, 계랑은 다음과 같이 안타까운 마음을 시로 풀어냈다.

떠도는 풍문에 대하여	浮風說
잘못은 없다 해도 풍설이 도니	誤被浮虛說
이래 저래 말썽은 더욱 많구나	還爲衆口喧
뜬 시름 갖은 원한 버릴 길 없어	空將愁與恨
사립 닫고 병을 핑계 삼아 누웠노라	抱病掩柴門

---

48) 허균 자신을 가리킴.
49) 진관秦觀을 말함. 진관秦觀(1049~1100); 중국 북송 완약파婉約派의 대표적 작가. 자 소유少游, 태허太虛, 호 회해거사淮海居士. 강소성江蘇省 고우高郵 출신. 황정견黃庭堅, 장뢰張耒, 조보지晁補之와 더불어 '소문사학사蘇門四學士'라고 불렸다. 소동파蘇東坡가 천거하여 비서성정자秘書省正字 겸 국사원편수國史院編修로 일했다. 후에 신법당新法黨에게 배척당하여 말년을 어렵게 보냈다. 그의 사詞는 애정묘사와 신세에 대한 감회를 많이 담고 있다. 감정표현은 진지하고, 정서는 우아하고 아름다우며, 어휘는 전아하고, 필법은 세밀하다. 후기 작품은 더 감동적이다. 대표작으로 7월 칠석 견우, 직녀의 만남을 묘사하여 변하지 않는 진지한 사랑을 노래한 '작교선鵲橋仙'이 있고, "안개는 누대를 감추고, 달은 나루터에 어른거리네. 霧失樓臺,月迷津渡"라고 시작되는 '답사행踏莎行'은 쓸쓸한 경치로 감상적인 정서를 표현하고 있다. 저서『회해집淮海集』.
50) 허균,『성소부부고』제21권,『문부文部』18, '척독尺牘' 참조.

부안으로 다시 돌아오겠다던 허균의 약속은 한 해를 또 넘기고 만다. 그러던 중 1610년 어느 여름 날, 허균은 매창이 죽었다는 소식을 전해 듣는다. 그는 시 두 편을 지어 슬픔을 달랜다.『성소부부고』,「병한잡술病閑雜述」에는 계랑의 죽음을 슬퍼하는 글이 시와 함께 다음 같이 실려 있다.

"계랑의 죽음을 슬퍼하다. 계생은 부안 기생인데, 시에 능하고 글도 이해하며 또 노래와 거문고도 잘했다. 그러나 천성이 고고하고 개결하여 음탕한 것을 좋아하지 않았다. 나는 그 재주를 사랑하여 교분이 막역하였으며 비록 담소하고 가까이 지냈지만 어지러운 지경에는 미치지 않았기 때문에 오래가도 변하지 않았다. 지금 그 죽음을 듣고 한 차례 눈물을 뿌리고서 율시 두 수를 지어 슬퍼한다.

신묘한 글귀는 비단을 펼쳐 놓은 듯	妙句堪擒錦
청아한 노래는 머무는 구름도 멈추네	淸歌解駐雲
복숭아를 훔친 죄로 인간에 귀양 와	偸桃51)來下界
선약을 훔쳤던가 이승을 떠나다니	竊藥去人群
부용의 장막에 등불은 어둑하고	燈暗芙蓉帳
비취색 치마에 향내는 남았구려	香殘翡翠裙
내년에 복사꽃 방긋방긋 피어나거든	明年小桃發
설도의 무덤을 어느 뉘 찾을는지	誰過薛濤52)墳

---

51) 서왕모西王母가 선도仙桃 일곱 개를 가지고 와서 한 무제漢武帝에게 다섯 개를 주고 두 개는 자기가 먹었는데, 한 무제가 그 씨를 심으려 하자, 서왕모가 "이 복숭아 나무는 삼천 년에 한 번 꽃이 피고 삼천 년 만에야 열매가 맺는다. 이제 이 복숭아 나무가 세 번 열매를 맺었는데, 동방삭東方朔이 이미 세 개를 훔쳐갔다" 하였다. 「한무고사漢武故事」 또, '예'라는 사람이 서왕모로 부터 불사약을 얻어 미처 먹지도 못하고 집에 둔 걸 그의 처 항아姮娥가 훔쳐 먹고 신선이 되어 달로 달아나 월정月精이 되었다.『회남자淮南子』,「람명훈覽冥訓」.
52) 설도薛濤는 당 나라 중기의 명기로 음률과 시에 능했는데, 계생桂生을 이에 비유

처절한 반첩여의 부채요	凄絶班姬扇53)
슬픈 탁문군의 거문고로다	悲涼卓女琴54)
나는 꽃은 속절없이 한을 쌓아라	飄花空積恨
시든 난초 다만 마음 상할 뿐	衰蕙只傷心

봉래섬에 구름은 자취가 없고	蓬島雲無迹
한바다에 달은 이미 잠기었네	滄溟月已沈
다른 해 봄이 와도 소소의 집엔	他年蘇小55)宅
낡은 버들 그늘을 이루지 못하네	殘柳不成陰"56)

허균의 애도시에는 전고典故가 많은 게 흠이다. 당시의 사회상으로 볼 때 기녀에게 애도시를 바치는 일은 그리 흔한 일은 아니다. 그러기에 그윽한 속내를 고사에서 끌어와 이를 대변하고 있다. 송수권은 현대시로서 이매창의 넋을 기리며 부안의 바닷가를 서성거리고 있다.

이매창의 무덤 앞에서57)

이 세상 뜻있는 남자라면 변산에 와서
하룻밤 유숙하고 갈 만하다

한 것이다.
53) 반첩여는 한나라 성제成帝 때 궁녀로 황제의 총애를 받았는데, 조비연趙飛燕으로 사랑이 옮겨가자 참소당하여 장신궁長信宮으로 물러가 태후를 모시게 되었다. 이때 자신의 신세를 버림받아 소용없는 가을 부채秋扇에 비겨 원가행怨歌行을 지었다. 『한서漢書』 卷97, 「열녀전列女傳」.
54) 탁문군卓文君은 한 나라 때 탁왕손卓王孫의 딸로, 과부로 있을 때 사마상여司馬相如의 거문고 소리에 반해 그의 아내가 되었는데 후에 상여가 무릉茂陵의 여자를 첩으로 삼자 백두음白頭吟을 지어 자기의 신세를 슬퍼하였다.
55) 소소蘇小는 남제南齊 때 전당錢塘의 명기名妓인데, 대개 기생을 두루 말할 때 자주 쓰임.
56) 허균, 『성소부부고』 제2권, 「시부」, '병한잡술病閑雜述'.
57) 송수권, 『격포에 오면 이별이 있다』, 문학의 전당, 2008.

허름한 민박집도 많지만
　　　그러나 정작 들러야 할 민박집은 한 군데
　　　지금도 가얏고 소리 끊이지 않고 큰머리 옥비녀를 꽂았는데
　　　머리 풀기를 기다리는 여인
　　　서해 뻘밭을 끓이는 아아 후끈 이는 갯내음
　　　변산 해수욕장을 조금만 비껴 오르면
　　　부안읍 서림공원 그 아랫마을 공동묘지
　　　바다우렁이 속 같은 고동껍질 속에
　　　한숨 같은 그녀의 등불이 걸려 있다
　　　온몸의 근질근질한 피는 서해 노을 속에 뿌리고
　　　서너 물발 간드러진 물살에 창창하게 피는 낚싯줄
　　　이 세상 남자라면 변산에 와서
　　　하룻밤 그녀의 집에 들러 불 끄고 갈 만하다
　　　'이화우 흩날릴 제 울며 잡고 이별하던 님'
　　　뻘 속에 코를 처박고 싶은 여름날
　　　아아,
　　　이 후끈 이는 갯내음.

　또 부안이 낳은 시인, 김민성58)은 '매창묘에서'란 시에서 매창을 기리고 있다.

　　　매창묘에서

　　　봉두뫼 매창뜸에

---

58) 김민성金民星(1927~2003); 전북 부안 출생, 호 범영帆影, 동국대 국문과 졸업, 1960년 신석정 시인 추천으로『자유문학』등단. 시집『파도가 밀려 간 뒤』(1986년) 외 6권, 수필집『음악같은 마음이 흐르고』등 4권. 노산문학상, 전북문학상, 목정문학상, 황희 문학상 등 수상. 그의 시는 끊임없는 자기 성찰로 내면의 심연을 바라보면서 생의 무상無常과 고독을 노래하는 감성적인 순정, 그러면서도 대자연이라고 하는 절대적 존재 앞에서 서 있는 자신의 왜소한 존재에 대한 골똘한 인식으로 구도자적인 자세를 보이고 있다.

흰점 구름 가쁜 듯 머무르고
가던 바람 도사리는 양지바른 유택幽宅
가랑잎 임자 없이 뒹구는 잔디밭에
약주 한 잔 붓고
지그시 눈감고 엎드리면
들릴 듯 말 듯 한 거문고 소리 소리

아주 먼 곳 사람인 것 같고
아침 저녁으로 친해온 얼굴인 것 같고
혹은 할머니 같고, 누님같은
달빛으로 살으신 님
한 서린 사랑의 불씨를 묻고 간 이 강산에
지금은 이화우梨花雨 대신 낙엽이 한창이오.

또한 『기문奇聞』에는, "한 기생이 선비들의 시를 비평"한 '기평시율妓評詩律'이란 제목의 일화가 전한다. 일화 속의 유柳라는 선비는 아마도 유劉희경을 지칭한 듯하다. 음은 같으나 한자로 성씨는 달리하여 요즘으로 말하면, 가십거리로 '기문'이라 하여 떠도는 얘기로 익명을 치부한 것이리라. 대개 조선시대 야담류의 서술태도로 볼 때, 모인某人이라는 미지칭未知稱으로 익명을 즐겨 쓰는 이유가 당시에 구설口舌을 피하고, 체면을 유지하려는 뜻이 다분히 내포되었다고 짐작할 수 있다. 그러나 그 익명성의 실루엣을 한 꺼풀 벗기고 보면 훨씬 더 텍스트의 심층을 읽어내는데 흥미로운 단서를 발견하는 즐거움을 얻을 수 있다.

"부안 기생 계월桂月이 시를 잘 읊고 노래와 거문고에 능하였다. 스스로 매창이라 호를 짓고 뽑혀 서울로 올라오게 되었다. 수재와 귀공자들이 모두 다투어 먼저 맞이하여 시를 짓고 읊으며 논평하였다.
어느 날이었다. 유柳라는 선비가 그를 찾았을 때, 김金, 최崔 두 사람이 먼저 자리에 앉았는데 둘은 모두 광협狂俠으로 자부하였다. 계월이 술자리를 벌여 그들을 접대하였다. 술이 반쯤 취하자 셋이 서로 계월을 독점하려는 기색이 역력하다. 계월은 웃으면서,

"당신들이 각기 풍류장시風流場詩를 외어 한 차례 기쁨을 뽑는 것이 어떨까요. 만일에 제 마음에 드는 아름다운 글귀가 있다면 오늘 저녁에 모시기로 하리다. 먼저 천기賤妓들이 전송傳誦하는 시를 외어 드리리다."

하고 다음과 같은 두 절의 시를 읊었다.

옥도곤 흰 팔은 여러 사내 베개요
붉은 그 입술은 여러 손님 맛 보았소.
네 몸이 보아하니 서릿날이 아니거늘
어이하여 나의 애를 끊고 가는 것인가.

삼경 밝은 달엔 발굽이 춤을 추고
일진一陣 바람결에 이불이 펄렁이네.
이 때를 당하여 무한한 그 맛은
오직 두 사람만이 함께 누릴 것이오.

그들 세 사람은 모두 응낙하였다. 김이 먼저 칠언절구 한 수를 읊었다.

창 밖 삼경에 가는 비 내릴 때
두 사람 그 마음을 둘이서만 아오리다.
새 정이 흡족하잖아 날이 장차 새려 하니
다시금 소매 잡아 뒷 기약을 물었소.

최가 그 뒤를 이어서 불렀다.

껴안고 사창紗窓을 향해 쉬지 못할 그 일에
반은 교태 머금은 채 반은 부끄럼을 타는구나.
낮은 소리 물어 오되 나를 생각하려나요
금채金釵[59]를 다시 꽂고 웃으며 머리 끄덕이네.

---

59) 금채金釵; 금비녀.

계월은 웃으면서 비평하기를,
"앞의 것은 너무나 옹졸하고, 뒤의 것은 약간 묘하긴 하나, 수법이 모두 낮으니 족히 들을 게 없겠소. 대체 칠언절구는 비교적 쉽지마는 율시는 더욱 어려우니, 저는 그 어려운 것을 취하려 합니다."
하니 김이 먼저 읊었다.

아리따운 그 아가씨 나이 겨우 열 다섯에
온 서울에 이름 가득 노래 불러 제일이라.
오입장이 맺은 정은 바다보다 깊어 가득 있고
화관花官의 엄한 영은 서리처럼 싸늘하네.
난초 창 따사로워 아침 단장 재촉하고
솔고개 바람 높자 저녁 걸음 바빴네.
이별할 땐 많건마는 만나기 어려우니
양대의 비구름이 초양왕楚襄王을 괴롭히네.

이 시를 본 최는,
"이 시가 비록 아름답다 하나, 보다 더 아름다운 것이 없지 않아."
하고,

강머리에 말 세운 채 이별 짐짓 더디어라.
버드나무 가장 긴 가지가 나는 몹시 밉구나.
가인은 인연 엷어 새 교태 머금고
오입장이 정이 많아 뒷 기약을 묻는구나.
도리꽃이 떨어지니 한식절이 다가오고
자고새 날아가니 석양이 비낄 때라.
남포에 풀이 많고 봄 물결이 넓을 때
마름꽃을 캐려다가 생각한 바 있었다네.

라고 읊었다. 이 시를 보고 계월은,
"이 시는 약간의 맑은 운치가 있으나, 족히 사람을 움직일 수 없겠소."
하고는 유를 돌아보면서 이르기를,

2. 기생의 시 탐색 83

"당신은 홀로 시를 읊을 줄 모르시오?"
"난 애초부터 글이 짧고 옛날 양구가 크기로 이름 높던 오독의 수레바퀴를 꿰던 재주가 있을 뿐이오."
하는 것이었다. 계월은 웃으면서 답하지 않았다. 최가 화를 내면서 이르기를,
"오늘엔 의당 시의 잘잘못을 논할 것이 아니야!"
하므로, 이 말을 들은 김은 자부하는 빛이 있어 읊기를,

가을 밤 새기 쉬우니 길다는 말 하지 마오.
등불 앞에 다가앉아 비단 치마 풀어 보렴.
외눈이 열리니 감은 눈동자 반짝이고
두 가슴 합해지니 땀 냄새도 향기로워.
다리는 청구머리 물결에 헤엄치고
허리는 잠자리라 물에 바삐 잠기더군.
강건하기 짝이 없음 마음에 자부하여
사랑이 뿌리 깊고 얕음을 임에게 묻노라.

계월이 이 시를 듣고는 잘되었음을 칭찬하였다. 그제야 유는 계월로 하여금 운자를 부르라 하고 운자가 떨어지자 다음과 같이 읊었다.

봄빛 찾은 호탕한 선비 기운도 높으시네
비취 이불 속에 아름다운 인연 있어.
옥 팔뚝을 버티니 두 다리가 우뚝하고
붉은 구멍 꿰뚫으니 두 줄이 둥글구나.
눈매를 처음 볼 때 아득하기 안개같고
장천을 쳐다보니 돈보다 작아지네.
그 속에 별재미를 만약에 논하려면
하룻밤 높은 값이 천금이 되오리라.
계월이, 이 시를 듣고 나서 탄식하기를,

"이는 운자가 떨어지자 곧 부른 것이었으나 침석枕席 사이의 정태를

잘 형용하였을 뿐 아니라, 글이 극도로 호방하고 웅건하니, 반드시 범상한 재주가 아니오니 원컨대 존함60)을 듣고자 합니다."
하는 것이었다. 유는,
"나는 곧 유모柳某라는 선비요."
하고 대답을 하였더니 계월은,
"존공尊公께서 이런 누추한 곳에 왕림하실 줄을 몰랐소이다. 이제 다행히 만나 뵈는군요."
하고 이내 잔을 드리고 웃으면서 이르기를,
"만일에 온 하늘로 하여금 작은 돈짝과 같이 한다면 그 값이 다만 천금에 그칠 것입니까?"
하고 또 두 선비를 향하여 이르기를,
"당신들이 읊은 바는 한 잔의 시원한 물만도 못하오."
하고 핀잔을 주는 것이다. 최와 김은 모두 묵묵히 물러가 버렸다. 유는 드디어 뜻을 얻어 함께 밤을 새웠다."61)

다시 매창이 지은 다음의 시를 차례로 살펴보자.

스스로 한탄하며　　　　　　　　　　　　　　　　　　自恨

봄이 추워 차가운 옷을 깁는데　　　　　　　春冷補寒衣
사창에 햇살이 들이치고 있네　　　　　　　紗窓日照時
머리 숙여 바느질 하다말고　　　　　　　　低頭信手處
구슬 같은 눈물이 실과 바늘을 적시네　　　珠淚滴針絲

'자한自恨'이란 시에서는 이른 봄날 한기寒氣가 들이치는 사창가에 앉아 옷을 깁는 여심이 그려진다. 바느질 하다말고 문득 아롱져 떨어지는 눈물 한 방울, 바늘귀에 꿰어 임의 옷을 깁고자 하는가. 외로움이 넘쳐

---

60) 존함尊銜; 남의 이름을 높여 이르는 말.
61) 『기문奇聞』, '기평시율妓評詩律'.

고개마저 떨구니 햇살에 반짝이는 눈물이 너무 영롱하다. 여인의 한이 홀로 투명하여 고요하기 그지없다. 빈 방에 홀로 떨구는 한 방울 눈물, 그 우레같은 소리가 들리는가.

| 스스로 서러워서 | 自傷 |

꿈깨고 보니 비바람 근심스러워	夢罷愁風雨
나지막히 행로난을 읊노라	沈吟行路難
은근하구나 들보 위의 제비여	慇懃梁上燕
어느 날에야 임 불러 돌아오게 하려나	何日喚人還

한 조각 이는 꽃구름 같은 꿈	一片彩雲夢
깨어나면 허망도하여라	覺來萬念差
임과 정을 나눌 곳은 그 어딘지	陽臺何處是
날 저물어 어둑한데 수심만 짙어지네	日暮暗愁多

'스스로 서러워서自傷'란 시에서 '행로난行路難'이란 시어는 시안詩眼[62]에 해당한다. 곧 시의 눈이다. 세상에서 살아가는 길이 험하고도 어려움을 나타내는 이 말은 꿈같은 세월에 비바람은 더불어 수심을 불러온다. 언제 강남땅에서 돌아온 제비처럼 아득한 임을 불러오게 할까, 하고 자문한다. 이어서 임과 만나 운우의 정을 풀어볼 날이 어딘지, 저물녘 수심은 더욱 무겁게 깔리고 있다.

한편, 한치 앞을 알 수 없는 망망대해와 같은 인생 길. 매창이 부른 '행로난'은 여성적이며 섬세하나, 이백李白의 '행로난'은 툭 트여 광활하여 거칠 게 없다. 인생살이 어려워라. 갈림길은 많기만한데 지금 발을

---

[62] 시안詩眼은 시를 이해하는 안목. 한시漢詩의 교졸巧拙을 결정하는 중요한 하나의 글자. 오언시의 셋째 자, 칠언시의 다섯째 자가 이에 해당한다.

딛고 선 곳은 어디인가. 이백은, "구름에 돛을 달고 푸른 바다를 건너가 리라" 노래한다. 백절불굴의 정신이다. 이백의 흉금胸襟을 펼쳐보자.

금 술잔에 맑은 술은 만 말이고	金樽淸酒斗十千
옥쟁반의 진수성찬도 만 냥이라네	玉盤珍羞值萬錢
잔 멈추고 젓가락 던지며 마시지 못하니	停杯投箸不能食
칼 뽑아 사방을 보니 마음만 아득해라	拔劍四顧心茫然
황하를 건너려 하니 얼음이 가로막고	欲渡黃河氷塞川
태항산에 오르려니 산에 눈이 가득하네	將登太行雪滿山
한가로이 푸른 시냇가에 낚시 드리우니	閑來垂釣碧溪上
홀연히 배에 올라 해 가까이 가는 꿈꿀까	忽復乘舟夢日邊
인생살이 어려워라 인생살이 어려워라	行路難 行路難
갈림길은 많은데 지금 어디쯤인지	多岐路 今安在
큰바람에 물결치는 때가 오리니	長風破浪會有時
마침 구름에 돛 달고 푸른 바다 건너리라	直掛雲帆濟滄海

매창의 시 '병상에서 읊다'는 춘병春病, 곧 봄을 타는 상사병을 그리고 있다. 멀리 떠난 임을 보고 싶어도 볼 수 없기에, 화창한 봄날 마음 다독일 길 없어 차마 누워버렸다.

병상에서 읊다 　　　　　　　　　　　　　　　病床吟63)

1.
봄을 타서 아파 누운 게 아니라	不是傷春病
떠나신 임 그리워 그렇네요	只因憶玉郞
티끌 가득한 세상 괴로움도 많아	塵寰多苦累
외로운 학 펴지 못하는 정이어	孤鶴未歸情

---

63) 제목이 '병중病中'이라 되어 있는 곳도 있다.

2.
잘못은 없는데 뜬 소문 도니   誤被浮虛說
여러 사람 구설수 무섭기도 해라   還爲衆口喧
괜스레 근심과 한스러움 느끼니   空將愁與恨
병난 채 사립문 닫아두네   抱病掩柴門

'봄앓이'라니, 병 아닌 병이다. 티끌 가득한 고단한 한 세상, 임마저 멀리 있으니, 춘정春情을 이기지 못하여 홀로 외로운 학이 되어 목을 빼고 기다린다. 다 펴지 못하는 정이 너무 아파 처연하다. 헛소문으로 구설에 올라 괴로울 때 지은 시로 보인다. 차라리 병을 핑계로 문을 걸고 바깥 출입을 하지 않겠단다. 여기 나오는 뜬소문은 허균의 문집, 『성소부부고』에서 계랑이 죽기 한 해 전에 보냈던 짤막한 편지 한 통에서 그 사연을 살펴볼 수 있다. 즉 앞에서 이미 인용한 바와 같이 '계랑에게 보냄, 기유년(1609) 1월'에서 매창이 외진 곳에서 거문고를 타며 산자고 노래를 부르지 않고, 하필 윤공의 공덕비 앞에서 그 일을 벌여 괜히 남의 구설을 받고 오해를 불러일으켰는지 나무라고 있는 것이다.

제목 없음   無題

봄이 와도 임은 먼 곳에 있어   春來人在遠
그 모습 그려도 생각이 나질 않네   對影意難平
거울 보며 아침에 화장도 그만두니 鸞鏡朝粧歇
거문고 소리만 달 아래 흐르고 있네 瑤琴月下鳴

마지막 시 '무제'는 봄날에 그리는 임을 두고 읊었다. 임은 멀리 있고 그 모습을 아무리 그려볼래야 그려볼 수가 없다. 그래서 아침에 화장대를 펴놓고 단장을 하려해도 보아줄 내 임이 없으니 그것조차 부질없는 일이다. 그래서 그만두기로 한다. 하루해도 그렇게 기다림에 지쳐 고즈넉하게 흘러간다. 시간의 경과가 경쾌하다. 교교하게 흐르는 달빛 아래, 가야금 소리만 여울져 흐르고, 또 부질없이 하루가 흐른다. 아침에서 밤으로 건너뛰는 시의 행간, 그 보폭이 경쾌하다. 외로움과 별리의 아픔이 하나의 시공간에서 큰 진폭으로 울린다. 매창은 시조도 잘 지었다. 다음에 보이는 작품은 시각이 매우 독창적이면서도 괴기스럽다. 한 남자를 죽도록 사랑한 여자의 내면이 섬뜩하다.

  내 가슴 흐르는 피로 임의 얼굴 그려내어
  내 자는 방안에 족자 삼아 걸어두고
  살뜰히 임 생각날 제면 족자나 볼까 하노라.

그야말로 '피를 토하며 부른 노래吐血之詞'라 할 만하다. 보기 드문 수작秀作이다.

  봄을 원망하며   春怨

  대숲에 봄 깊으니 새소리 요란한데   竹園春深鳥語多
  쇠잔한 몸, 눈물 머금고 주렴을 올리네   殘粧含淚捲窓紗
  거문고 줄 골라 상사곡을 마치니   瑤琴彈罷相思曲
  동풍에 꽃 지고 제비만 나네   花落東風燕子斜

시를 평하길, "표현이 침착하고 운율이 맞지 않은 것은 아니나, 마치 우리나라 속요俗謠인 육자배기와 같아서 투박한 느낌이 든다"라고 『조선해어화사』는 적고 있다.

거문고를 타며   彈琴

몇 해나 비바람 소리로 울었던가	幾歲鳴風雨
지금까지 지녀온 작은 거문고	今來一短琴
외로운 난새의 가락은 타지 말 것을	莫彈孤鸞[64]曲
마침내 스스로 백두음 지어서 타네	終作白頭吟[65]

매창에게 있어 시와 거문고는 하나이다. 거문고의 명인으로 그 줄풍류에 노래를 실었을 것이다. 매화가 분분히 지는 창가, 차마 끊지 못할 정은 마치 비바람이 휘몰아치듯 거문고 가락을 타고 어지럽다. 짝 잃은 난새의 곡이야 그만 두고 싶어도 기생이란 게 어차피 그런 걸 용납하지 않는 숙세의 운명이라 자임한다. 백두음을 지어 가락을 얹었다.

매창은 죽기 전에 도가道家에 상당히 경도된 것으로 보인다. 신선을 그리워하며, 현실의 아픈 벽을 초월하고자 이승에서 풀지 못할 근심과 통한을 이상향에서 노니는 무위자연을 상상하며 이를 노래하였다.

신선계에 노닐며   仙遊

1.

천년 동안 이름난 도솔사	千載名兜率
올라보니 하늘과 통하네	登臨上界通
환한 빛 지는 해에 일어나니	晴光生落日
빼어난 산에 연꽃 흐드러졌네	秀嶽散芙蓉

---

[64] 난조鸞鳥, 난새. 전설에 나오는 봉황鳳凰과 비슷하게 생긴 새로 제 짝이 있어야 기뻐하는데 짝 잃은 난새가 거울을 보고 제 짝인 줄 안다고 한다.
[65] '백두음'은 전한前漢 사마상여司馬相如의 아내 탁문군卓文君이 지은 오언시로, 상여가 무릉茂陵 여인을 집으로 데려오려고 하자, 탁문군이 상여와는 백발이 되도록 정분을 잊지 못할 것을 내용으로 하여 지었는데, 두터운 정분을 가까이에서 계속 이어 갈 수 없게 된 안타까움을 읊은 시이다.

용은 깊은 못에 숨고	龍隱宜深澤
학은 늙은 솔에 깃들었네	鶴巢便老松
생황소리 산골짝에 울리니	笙歌窮峽夜
새벽종 울리는 줄 몰랐네	不覺響晨鍾

2.

삼신산은 신선이 사는 곳	三山仙境裡
절은 은은한 푸른 빛에 쌓였네	蘭若66)翠微中
구름 자욱한 숲에 학은 울고	鶴唳雲深樹
눈 덮인 봉우리에 원숭이도 우네	猿啼雪壓峰
안개 빛은 새벽달에 어스름하고	霞光迷曉月
상서로운 기운은 하늘에 비치네	瑞氣映盤空
푸른 소 타고 세상 등진 나그네	世外靑牛67)客
적송자에게 절한들 어떠하랴	何妨禮赤松68)

3.

서로 만나 술잔 나누니	樽酒相逢處
봄바람에 경치는 좋아라	東風物色華
못가에 버들은 푸르게 드리우고	綠垂池畔柳
난간머리 꽃은 붉게 흩어지네	紅綻檻前花
외로운 학은 긴 물가로 돌아오니	孤鶴歸長浦
저물녘 모래톱엔 노을이 지고	殘霞落晚沙

---

66) 사원寺院, 아란야阿蘭若. 불교 용어로 정숙하여 수행하기에 알맞은 한적한 숲 속이나 넓은 들 등을 가리키는 말.
67) 함곡관函谷關을 다스리던 윤회尹喜가 그 위에 자줏빛 서기가 서려 있는 것을 관측했는데, 이윽고 노자老子가 푸른 소를 타고 그곳을 지나가므로 그에게 부탁하여『도덕경道德經』오천언五千言을 받았다는 고사가 있다.『열선전列仙傳』.
68) 적송赤松은 신선神仙인 적송자赤松子를 말하는데, 장량張良이 한漢 고조高祖를 도와서 천하를 통일한 뒤에 말하기를, "이제는 인간세상 일을 모두 버리고 적송자나 따라서 노닐고 싶다" 말하고, 이에 벽곡辟穀, 도인道引 등의 선술仙術을 배웠다는 데서 온 말이다.

술잔 잡고 도로 마음 오가는데　　　　　　臨盃還脈脈
날 밝으면 제 따로 하늘가 닿으리　　　　　明日各天涯

성천成川의 운초雲楚 김부용69)은 조선시대를 통틀어 송도의 황진이, 부안의 매창과 더불어 시를 잘 짓고 노래를 잘하는 조선의 삼대 시기詩妓로 불리운다. 그녀의 시명詩名은 운초, 이름은 김부용이다. 그녀는 평남 성천군 삼덕면 대동리 현봉고을에서 무산巫山 십이봉의 정기를 받고 무남독녀로 태어났다. '운초'란 호는 무산 십이봉이 초나라 무산巫山에 있는 십이 봉과 같이 아름답다고 하여 초나라 이름을 따서 지은 것이다. 네 살 때 글을 배우기 시작하여 열 살 무렵 이미 당시唐詩와 경서에 통하여 일찍이 문학적 재능이 드러났다. 열 살 때 아버지를 여의고 이듬해 어머니마저 잃고, 퇴기의 수양딸로 들어가 기생의 길을 걷게 되어, 열두 살에 기적妓籍에 올랐다.

　　"뜻이 같고 마음이 통한다면 나이가 무슨 상관이겠습니까?"
　　"세상에는 삼십객노인三十客老人이 있는 반면 팔십객청춘八十客靑
　　春도 있는 법입니다."

이는 운초 김부용이 남긴 유명한 일화 속에 나오는 말이다. 김부용의 삶에는 김이양70)을 빼고 말할 수 없다. 그녀의 나이 열아홉 살이 되었을

---

69) 김부용金芙蓉(1820?~1869); 평안도 성천 출신의 기녀. 양반인 선고先考는 당호가 추당秋堂인데 그녀는 무남독녀로 태어나 네 살 때 글을 배우기 시작하여 열 살 때 당시唐詩와 사서삼경에 통하였다. 열 살 때 부친을 여의고 깊은 학식을 갖춘 중부仲父 밑에서 자상한 가르침을 받았다. 그 다음해 어머니마저 잃고 퇴기의 수양딸로 들어가 기생의 길을 걸었다. 시명詩名은 운초雲楚, 초당마마, 별호 추수, 추낭, 부용당芙蓉堂. 작품 '억가형憶家兄', '오강루소집五江樓小集', '대황강노인待黃岡老人', 저서『운초집雲楚集』.
70) 김이양金履陽(1755~1845); 조선 후기의 문신. 본관 안동, 자 명여命汝, 호 연천淵

때 성천에 신임 사또인 유관준劉寬埈이 부임해 왔다. 그는 명관名官으로 운초의 빼어난 재색을 아껴 스승인 평양감사 김이양에게 그녀를 소개하였다. 김이양은 호가 연천淵泉으로, 풍채가 뛰어나고 시문에 능하였으며, 예조 판서를 거쳐 평양감사를 역임하고 있었다. 그 당시 평양감사로 있던 김이양은 자기 관하로 부임한 유관준을 반기는 축하 편지를 보내면서, 말미에 "그곳에 시재가 뛰어난 동기童妓가 있다고 들었다면서 잘 돌보아주라"는 당부와 함께 그 동기가 지은 시라는 오언시 한 수가 적혀 있었다.

| 부용당에서 비 소리를 들으며 | 芙蓉堂聽雨 |

일천 말의 옥구슬	明珠一千斛
유리 쟁반에 쏟아지니	遞量琉璃盤
알알이 동글 동글	箇箇團圓樣
신선의 환약인가	水仙九轉丹

이러한 인연으로 성천부사로 부임해온 유관준이 운초를 데리고 평양으로 인사차 김이양을 찾아갔다. 아끼는 제자가 오자, 김이양은 대동강가 연광정에서 연회를 베풀었다. 이때 김이양의 나이는 이미 일흔일곱 살이었고, 부용의 나이는 겨우 열아홉 살이었다. 『성수패설』71)에 시화가 전한다.

泉, 아버지는 헌행憲行, 초명이 이영리永이었으나 예종을 피휘避諱해 이양이라 개명. 1819년 홍문관제학이 되고, 이듬해 판의금부사를 거쳐 좌참찬에 올랐다. 헌종10년(1844)에는 아흔 살이 되어 궤장几杖을 하사받고, 그 이듬해 봉조하奉朝賀로 있다가 죽었다. 영중추부사領中樞府事에 추증되었다.

71) 『성수패설醒睡稗說』은 조선 후기에 편찬된 편자 미상의 한문 소화집笑話集. 편자, 편찬연대 미상, 필사본 『임장군경업전林將軍慶業傳』에 부록으로 붙은 내용은 단편적 소화뿐만 아니라 일반 민담도 다수 포함되어 있고, 음설담에 속할 만한 것이 약 스물다섯 편 가량 된다. 대부분 이름 없는 하천민들이 주인공으로 등장한다. 중국 고사도 섞여 있어, 중국설화의 차용이 상당수 있다.

"어느 날 연회석상에서 김이양이 부용에게, '노랑유부老郎幼婦'라는 시를 아느냐'고 물었다. 부용은, '성수패설'에 나오는 '노랑유부'라는 시라면 일찌기 접해 본 바가 있습니다'라고 아뢰고서 낭랑한 목소리로 서슴없이 읊조린다.

| 늙은 신랑과 어린 신부 | 老郎幼婦 |

열여섯 아리따운 신부에 신랑은 일흔둘	二八佳人八九郎
호호백발과 붉은 단장 마주했네	蕭蕭白髮對紅粧
홀연히 한 밤에 봄바람 일어나니	忽然一夜春風起
하얀 배꽃 날아와 붉은 해당화 눌렀네	吹送梨花壓海棠

노대감은 허공을 보고 허탈하게 웃으며 '나는 '팔구랑'보다도 다섯 살이나 더 많으니라' 한다. 이에 부용은 '소첩도 '이팔가인'보다 세 살이 많사옵니다' 하면서 다시 '붉은 꽃이나 흰 꽃이나 봄을 맞아 새롭게 피는 꽃은 다 같은 꽃이옵니다' 하는 것이 아닌가. 이렇게 해서 일흔일곱 살의 노랑과 열아홉 살의 유부는 드디어 원앙금침에 들었다."

시문을 통해 일찍이 김이양의 인품을 흠모해 온 부용은 평양에 머물면서 감사를 정성껏 수발해드리라는 신관사또의 부탁에 기쁜 마음으로 따르고자 했는데, 김이양이 한 마디로 거절하였다. 그러자 부용이 말하길, "뜻이 같고 마음이 통한다면 연세가 무슨 상관이겠습니까? 세상에는 삼십객 노인이 있는 반면 팔십객 청춘도 있는 법입니다"라고 하자 기꺼이 부용을 거두게 되었다. 김이양은 총명하고 아름다운 부용을 사랑하였고, 부용 역시 늙은 감사의 봉양에 정성을 다하였다. 나이를 잊은 뜨거운 사랑도 그리 오래 가지 못하였다. 갑자기 김이양이 호조 판서가 되어 한양으로 체직하게 되어 어쩔 수 없이 이별하게 되자, 부용을 기적妓籍에서 빼내 양인의 신분으로 만들었다. 그리고 부실副室로 삼아 뒷날을 기약하며 홀로 한양으로 부임하였다. 생이별을 한 운초는 다시 만날 날만 목을 빼고 기다리며 외로움과 그리움에 겨워 나날을 보내었다. 몇 달이 가도 소식이 없자 원망도 많이 하였다. 멀리 있는 임을 생각하니 때로는 보고도 싶고, 때론 잊지나 않았나 의심도 하고, 때론 걷잡을 수 없는 이별의 슬픔으로 뜬 눈으로 밤을 새우기도 하였다. 부용은 피를 토하고 애간장을 찢는 듯 애절한 시를 써서 인편으로 보냈다. 그때 지었다는 시가 부용이 남긴 가장 아름다운 '부용상사곡芙蓉相思曲'이라는 보탑시寶塔詩이다.

"이별"

그리워
길은 멀고
편지 더딥니다
생각은 임께 있으나
몸은 이곳에 머무네요
비단 수건 눈물에 젖지만
가까이 모실 날 기약이 없어요
향각서 종소리 들려오는 이 밤
연광정에서 달이 떠오르는 이 때
쓸쓸한 베갯머리 못다꾼 꿈에 놀라 깨어
돌아오는 구름 바라니 멀리 떨어져 슬퍼요
만날 날 근심겨워 날마다 손꼽아 기다리며
새벽애 정다운 글 펴 들고서 턱을 괴고 울어요
용모는 파리해져 거울만 바라보니 눈물만 주르륵
목소리 흐느끼니 임 기다리기가 이다지도 슬픈지요
은장도로 애를 끊어 죽는 일은 그리 어렵지 않사오나
비단신 끌며 먼 하늘 바라보니 이런저런 생각도 많아요
어제도 안오고 오늘도 안오시니 임은 어찌 믿음이 없나요
아침저녁으로 멀리 바라보고 저 홀로 속고있는 건 아닌지요
대동강이 말라 평평한 땅이 된 뒤에 말을 몰고 오시려는지요
울창한 숲이 바다로 변한 뒤 노 저어 배를 타고 오시려는지요
이별은 많고 만남은 적으니 세상 일이야 누가 헤아릴 수 있으며
나쁜 인연은 길고 좋은 인연은 짧으니 하늘 뜻 누가 알 수 있나요
운우 무산에 자취가 끊기니 어느 여자와 선녀의 꿈을 즐기고 있나요
월하봉대에 피리소리 끊기었으니 어떤 여자와 농옥의 정 나누고있나요
애써 잊으려하여도 잊기 어려워 부러 부벽루에 오르니 홍안만 늙어가고
생각말자 해도 저절로 생각나 모란봉에 의지하니 슬퍼라 검은 머리 세고
홀로 빈 방에 누우니 눈물 쏟아져 삼생의 가약이야 어찌 변할 수 있으랴
홀로 잠자리에 드나 검은 머리 파뿌리 된들 백년 정을 어찌 바꿀 수 있으랴
낮잠 깨 창 열고 화류소년 맞아들여 즐기기도 했으나 모두 정 없는 나그네뿐
베개 밀고 향기로운 옷 입고 춤추어보았으나 모두가 가증스러운 사내뿐이어요
천리에 임 기다리기가 이토록 어려워 군자의 박한 정이 어찌 이다지도 심한지요
세번이나 문 나가 멀리 바라보고 또 보니 괴로운 저의 마음 과연 어떠하겠습니까
바라오니 너그러운 대장부께서 강 건너와 오랜 인연의 촛불 아래 어여삐 대하셔서
연약한 아녀자로 슬픈 황천객 되어 외로운 혼 달 가운데서 길이 울지 않게 해주세요

"別"

思
路遠 信遲
念在彼 身留玆
紗巾有淚 雁書無期
香閣鍾鳴夜 鍊亭月上時
依孤枕驚殘夢 望歸雲悵遠離
日待佳期愁屈指晨開情札泣支
容貌憔悴把鏡下淚 歌聲嗚咽對人含悲
銀刀斷弱腸非難事 珠履送遠眸更多疑
朝遠望暮遠望郎何無信 昨不來今不來妾獨見欺
浿江成平陸後鞭馬 過否 長林變大海初乘船欲渡之
見時少別時多世情無人可測 好緣短惡緣長天意有誰能知
一片香雲楚臺夜神女之夢在某 數聲良甥柰樓月弄玉之情屬誰
欲忘難忘强登浮碧樓可惜紅顔老 不思自思乍倚牡丹峯每歎綠髮衰
獨宿空房下淚如雨三生佳約寧有變 孤處香閨頭雖欲雪百年貞心自不移
罷春夢開竹窓迎花柳少年總是無情客 推玉枕攬香衣送歌舞者莫非可憎兒
千里待人難待人難甚矣君子薄情豈如是 三時出門望出門望悲哉賤妾苦懷果何其
惟願寬仁大丈夫決意渡江舊緣燭下欣相對 勿使軟弱兒女子含淚歸泉哀魂月中泣相隨

　시의 형식으로 볼 때, 시각적 효과가 마치 높은 탑처럼 어구가 충충이 쌓인 모습을 취하여 보탑시라 부르는데, 혹자는 충시層詩, 혹은 점층시 漸層詩라고도 부른다. 부용상사곡은 멀리 떠난 임을 그리는 여인의 마음이 매우 사실적으로 섬세하게 잘 그려져 있다. 그 뒤 부용상사곡은 국문 고전소설로도 작품이 만들어졌다. 작자와 발간 연대는 알 수 없으나 여주인공 부용이 연인 김유성金有聲과 이별하면서 지은 '상사별곡相思別曲'이 그대로 작품명이 되어 정착되었다.

　한편, 김이양은 부용을 서울로 불러올렸다. 한양 남산 중턱에 자리잡은 집은 단출하지만 숲이 우거져 온갖 꽃과 풀로 정원을 꾸며 '녹천당祿泉堂'이라 이름하였다. 이곳을 찾은 연천 대감의 지인들은 부용을 모두 '초당草堂마마'라고 불렀다. 연천이 여든세 살로 벼슬에서 물러나자 '봉조하

奉朝賀'라는 벼슬을 제수하였다. 종신토록 품격에 맞는 녹봉을 받으며, 의식이 있을 때는 조복을 입고 참여하는 특별한 예우를 받는 직함이다.

　이유원의 『임하필기』에 따르면, "김이양은 여든일곱 살에 세 여인을 데리고 소일하였다. 운초는 이름이 부용으로 성도 사람이고, 경산瓊山은 이름이 낙선洛仙으로 벽성碧城 사람이고, 금원교서錦園校書는 이름이 금앵錦鶯으로 섬강蟾江 사람이다. 이들은 얼마 가지 않아 모두 흩어졌다. 금원은 시랑侍郎 김덕희金德喜에게 시집갔는데, 시와 문이 다 화려하였다. 나는 그녀의 작품을 김시랑이 의주義州에 있을 때 보았다. 그리고 또 김시랑을 애도한 그녀의 제문을 서울에서 보았는데, 여사의 작품에 비할 것이 아니었다. 내가 양산楊山에서 노닐 때 금원 여사의 '채란선彩蘭善' 시를 보았는데 그 작품은 뒤에 규재圭齋[72] 남상서南尙書의 연자루燕子樓 속의 물건이 되었다.

　벽성碧城의 소선蕭仙은 신자하가 상산象山의 고을 원으로 있을 때 대나무 그리기를 배웠다. 내가 삼십 년 전에 경산 여사와 함께 벽성의 소선이 대나무를 그리는 것을 보았다. 그때 경산 여사는 그 그림에 시를 썼다. 그 뒤 소선은 벽성에서 다시 보았으나 경산 여사는 이미 북망산으로 돌아갔다.

　패성浿城(평양) 여사 낭간琅玕은 이름이 죽향竹香으로 대나무를 잘 그

---

[72] 남병철의 호. *남병철南秉哲(1817~1863); 조선 후기의 문신, 대표적인 천문학자, 수학자. 본관 의령宜寧, 자 자명字明, 원명元明, 강설絳雪, 구당鷗堂, 계당桂堂, 호 규재圭齋. 박학다식하고 문장에 능하였을 뿐 아니라 수학과 천문학에 뛰어나 관상감제조觀象監提造를 겸하면서 수륜지구의水輪地球儀와 사시의四時儀를 제작하였다. 철종2년(1851)에 승지가 되고 이어서 예조판서, 대제학에 올랐으며, 관상감제조도 겸하였다. 철종의 총애를 받았으며 안동김씨의 세도정치에 분격하여, 그 일파를 눌러보았으나 도리어 그들에게 억압당하여 나중에는 글씨와 그림 및 성색聲色으로 소일하고 지냈다. 시호 문정文貞, 저서 『해경세초해海鏡細草解』, 『의기집설儀器輯說』, 『성요星要』, 『추보속해推步續解』, 『규재유고圭齋遺稿』.

렸는데, 이두포李荳圃의 애인이 되었다. 그 그림에는 중원中原의 죽계竹溪 여원余垣이 시구를 썼으니, 이를 힘입어 또한 족히 세상에 전할 만하다"73)라 하였다. 이를 미루어 보면 김이양은 여든이 넘은 고령임에도 세 여인과 더불어 노년을 화려하게 소일하며 지낸 것으로 보인다.

또 여든아홉 살에는 과거에 급제한지 육십 년이 되는 해에 여는 회방回榜 잔치가 열리자, 연천은 부용을 데리고 천안에 있는 선산을 참배하기도 하였다. 1845년 이른 봄 연천은 아흔두 살의 천수를 누리고 세상을 떠났는데, 이때 부용의 나이 겨우 서른세 살이었다. 김이양이 늙어서 세상을 떠나자, 부용은 이승에서 임을 보내는 마지막 이별의 시를 지었다.

연천 노야를 곡함	哭淵泉老爺74)
풍류와 기개는 높아 충청지방 으뜸이고	風流氣槪湖山主
경술과 문장은 빛나 재상의 재목이었네	經術文章宰相材
십오 년을 함께 살다 오늘에야 눈물지니	十五年來今日淚
갈라진 산과 바다 뉘가 다시 이어주리	峨洋一斷復誰裁
인연 아닌 인연 오래도록 맺었으니	都是非緣是夙緣
피치 못할 인연이거든 젊어서나 만나지	旣緣何不趁衰前
꿈속에서 꿈을 꾸니 진실은 어디 있나	夢猶說夢眞安在
살아도 산 게 아니고 진실로 죽은 것을	生亦無生死固然
달 밝은 물가에 배는 둥실 떠 있고	水樹月明舟泛泛
술 익은 산방에 새는 지저귀는데	山房酒宿鳥綿綿
누각에서 남몰래 홀로 우는 이 슬픔	誰知燕子樓中淚
방울방울 지는 눈물 두견화로 피어나리	洒遍庭花作杜鵑

---

73) 이유원, 『임하필기』 제33권, 「화동옥삼편華東玉糝編」.
74) 노야老爺는 나이가 들어 벼슬을 버린 것을 치사致仕라 하는데, 이를 높인 말.

부용은 남은 세월 동안 고인과의 인연을 회상하며, 십육 년을 더 살다가 녹천당에서 눈을 감았다. 부용은 어느 날 꿈에서 그리운 임을 만나 다정한 시간을 보낸 후 시를 읊었다.

이십 년이나 그리던 임 이제야 꿈에 뵈니	二十年前夢裡人
서로 마주보니 흰 머리칼 새로 돋았네	海天相對白頭新
이제라도 헤어져도 그냥 서러워 마시고	從此無心傷歲暮
잔 들어 담소하며 봄을 보내시기를	一樽談笑別生春

부용은 연천의 삼년상을 정성껏 치른 뒤에 자신의 몸과 마음을 더욱 깨끗이 지켰다. 세월이 흘러 죽을 때가 된 그녀는 가까운 사람을 불러서 유언을 남겼다. "내가 죽거든 천안 태화산에 묻어 달라." 광덕사廣德寺를 끼고 들어가면 김부용 시비가 서 있고, 거기서 더 산으로 올라가면 부용의 무덤이 있다. 김이양의 묘 옆에 묻히고 싶어 이곳까지 찾아와 죽었지만 끝내 그 옆에는 묻히지 못하고 같은 산자락인 이곳에 누웠다는 애틋한 사연이 전한다. 그래서 사람들은 그 절개를 기려 그의 묘를 '초당마마 묘'라고 불러온다. 나이를 뛰어넘은 정신적 사랑으로 두 사람은 죽어서도 같은 산자락을 베고 가까이 누웠다. 부용이 임을 그리며 쓴 '보탑시'의 형식을 한 상사곡은 한 편이 더 있다.

층시

수건과 빗 눈물 젖고
부채와 팔찌도 기약없네
향기로운 누각 종 울리는 밤
연정에 두둥실 달이 떠오를 때
외로운 개 베고 남은 꿈에 놀라
흐르는 구름 보니 이별도 서러워라
매일 만날 날 기다리며 서러워 손가락 꼽아
새벽에는 정겨운 편지를 펴서 턱 괴고 눈물 짓네

層詩

巾櫛有漏
扇環無期
香閣鐘鳴夜
練亭月上時
倚孤枕驚殘夢
望歸雲恨遠離
日待佳期愁屈指
晨開情札泣支頤

한편, 운초는 시집으로 『운초당시고雲楚堂詩稿』를 남겼다. 필사본 한 책으로 전하는데, 『부용집芙蓉集』이라고도 한다. 시집은 표제 뒤에 『조선성천여사운초저朝鮮成川女史雲楚著』라 하여, 목차 없이 시를 싣고 있다. 춘소春宵, 도영헌倒影軒, 행화촌杏花村 등 백삼십여 수가 실려 있다. 여기에 실린 시 가운데는 신분이 미천하여 겪는 갈등과 자조自嘲 등 자신의 처지에 대한 감상적인 시가 많으며, 소실로 있으면서 김이양에게 준 시나 화답한 시가 많다. 또한, 우리나라 최초의 여성 시단이라 일컬어지는 삼호정시단三湖亭詩壇 동인으로 경산瓊山에게 준 시도 많다. 삼호정시단은 원주 사람인 금원김씨錦園金氏(1817~?)가 1847년에 서울 용산에 있는 김덕희의 별장인 삼호정에 살면서 같은 처지의 여류들과 어울려 시문을 짓고 시단을 형성하였다. 이때의 동인들이 김운초, 경산, 박죽서朴竹西, 경춘瓊春 등이다. 그 뒤 일제강점기에 들어 필사본으로 전하던 것을 성천사람 김호신金鎬信이『부용집』이란 이름으로 출판하였고, 김안서金岸曙는 자신의 소장본에서 열여덟 수를 뽑아 '꽃다발(1944)'에, 또 '금잔디(1947)'에는 서른 수를 번역하여 여류시번역집을 내었다. 1950년 민병도閔丙燾가『조선역대여류문집朝鮮歷代女流文集』에 시 이백삼십오 편을 수록하였다.

채소염蔡小琰은 본명이 소염素簾인데 성천기생이다. 다음의 시, '정인에게 줌贈情人'75)이란 시를 살펴보자.

봄 바람 홀연히 화창하더니	春風忽駘蕩
산에는 또 하루 해가 지네	山日又黃昏
오늘도 찾아오는 이 아무도 없어	亦知終無至
빗장 걸고 스스로 서러워하네	猶自惜關門

하루 종일 봄바람이 불어와 마음을 휘저어놓더니, 어느새 산 그림자 지고 저녁놀이 물드는 봄 저녁. 하루가 또 가고 있다. 역시 오늘도 기다리는 그 사람은 오지 않고, 문을 향하여 앉은 마음만 공허하여 산중에는 아무도 없다. 차라리 문빗장 걸어놓고 스스로 아쉬워하기로 한다. 기다리는 정인은 이렇듯 무심하다. 그리움과 기다림은 그래서 아프고 쓸쓸하다. 춘정과 황혼이 시간을 뛰어넘는 그 지점에 작자의 슬픔이 오롯이

---

75) 이 시는 『풍요속선風謠續選』에서는 작자미상失名妓으로 제목과 본문에 착간이 있다. '待情郎', "春風忽駘蕩, 明月又黃昏. 亦知終不至, 猶自惜關門."

녹아 있다. 체념도 이쯤 되면 서러움조차 미학으로 승화될만 하다.

 진주 기생 계향桂香은 난향蘭香으로도 부른다. 어느 시대의 사람인지 생몰년대조차 알 수 없다. 그녀가 남긴 한시는 황진이와 매창에 버금가는 주옥같은 작품으로 알려져 있다. '기원인寄遠人', '수사愁思', '조구배인嘲龜背人' 세 편의 시가 전한다. 그 중에서 '기원인'이 압권이다. 그녀가 지은 '멀리 있는 임에게 부치며寄遠人'란 다음의 시를 보자.

헤어진 뒤 운산에 막혀 아득하여라	別後雲山隔渺茫
꿈속에서나 임의 곁에서 웃어보네요	夢中歡笑在君傍
깨고 나면 베갯머리 그림자도 볼 수 없어	覺來半枕虛無影
뒤척이니 등잔불만 쓸쓸히 가물거리네	側向殘燈冷落光
어느 날 천리 길 달려 임 만나볼까	何日喜逢千里面
지금도 구곡간장 끊어질 듯 하네요	此時空斷九廻腸
창 앞 오동나무에 또 비가 내리는데	窓前更有梧桐雨
그리움에 겨워 눈물 주루룩 흘러요	添得相思淚幾行

 『조선해어화사』에서 평하기를, "삼와양사三瓦兩舍에서 이같이 운치 있는 작품이 나왔다는 것은 실로 기발한 일이다"라고 하였다 '삼와양사'는 기생집인 '기루妓樓'를 말하는데『수호전』에 나온다. 구름에 가려 아득한 저 산 너머 임 계신 곳은 멀고도 이득하다. 현실에서는 만날 수 없어 꿈속에서 만나 운우雲雨의 정을 나누려하지만, 밤새 뒤척이며 잠 못 이룬다. '반베개半枕'는 둘이서 한 베개를 베는 베게의 반을 뜻한다. 등잔에 어리는 차가운 불빛은 작자의 속내를 그대로 드러내고 있다. 천리 밖과 구곡간장은 대구를 이루며 부재의 아픔이 그만큼 깊음을 표현하고 있다. 오동잎에 지는 비가 눈물과 알레고리를 이루며 슬픔을 극적으로 병치시키고 있다. 대구를 절묘하게 구사한 한 편의 칠언율시이다.

 이능화의『조선해어화사』에 보면, "지방에 따라 기생도 특색이 있었는데 평양기생이 그 숫자나 기예에서 가장 으뜸이었다"고 하였다. 특히 평양 기생은 유별난 데가 있었다. 사내를 홀리는 재주가 어지간히 뛰어났던 모양이다. 고전소설,「배비장전裵裨將傳」이나「이춘풍전李春風傳」도 같은 맥락으로 읽힌다. 먼저 '배비장전'은 작자와 제작 연대가 알려져 있지 않은 조선 시대의 대표적인 풍자소설이다. 이 이야기는 영조와 정조 시대에 걸쳐 이미 판소리로 발표되었다. '배비장전'은 일패 기생 애랑愛娘이 양반을 갖고 노는 이야기다. 애교와 의기가 있으며 재주가 뛰어나고, 미모도 있는 애랑이와 애랑의 꾀에 빠진 배비장에 대한 풍자가 주된 이야기로 전개된다. 당시 지배층인 양반들의 위선을 폭로함으로써 서민들의 양반에 대한 보복심리를 잘 묘사하였다. 줄거리의 전개는 다음과 같다.

제주 기생 애랑은 여러 모로 빼어난데, 배비장은 제주목사로 부임하는 김경金卿을 따라온 평범한 인물이다. 이러한 설정은 배비장에 대한 애랑의 우위를 예견하게 한다. 작품 첫머리에는 제주목사로 부임하는 김경 일행이 풍랑을 만나 갖은 고생을 겪은 뒤에 제주도에 도착하는 사건이 묘사되었다. 이 부분에는 비장들의 스스로 탄식하는 사설이 끼어 있는데, 이는 '적벽가赤壁歌'에 나오는 군사들의 자탄사설과 비교될 수 있을 것이다.

이어 애랑과 정비장의 이별장면이 벌어진다. 이 장면은 그 자체가 희극적이지만, 동시에 애랑과 배비장 사이에 벌어질 사건을 암시하는 구실도 하고 있다. 정비장이 애랑에게 창고에 넣어둔 자신의 짐을 모두 내어주고 이별하려 할 때, 애랑은 정비장의 몸에 지닌 것을 남김없이 얻어내고는 끝내 그의 이빨까지 빼게 만들었다.

서울을 떠날 때 어머니와 부인 앞에 여자를 가까이하지 않겠다는 맹세를 하고 떠났던 배비장은 이 장면을 보고 정비장을 비웃다가 애랑을 두고 방자와 내기를 걸게 되었다. 기생과 술자리를 멀리하면서 홀로 깨끗한 체하는 배비장을 유혹하기 위해서 방자와 애랑은 계교를 꾸몄다. 이러한 계획은 목사가 지시한 일이었다. 목사는 계교의 실행을 돕기 위하여 야외에서 봄놀이판을 벌였다. 목사 일행을 따라나와 따로 자리잡은 배비장을 유혹하려고 애랑은 수풀 속 시냇가에서 온갖 교태를 부리며 노닐었다. 이에 크게 마음이 움직인 배비장은 배가 아프다는 핑계를 대고 뒤처졌다. 이 부분에 금옥金玉 사설이 끼어 있는바, 이는 앞 부분에 끼어 있는 기생 점고點考와 함께 '춘향전'에 나오는 금옥사설, 기생 점고 부분과 비교될 만하다.

배비장은 방자를 사이에 넣어 애랑이 차려주는 음식상을 받아 먹고서, 애랑을 잊지 못하여 마음의 병이 들게 되었다. 배비장은 방자를 매수하여 애랑과 편지를 주고받으며 만날 기약을 얻어냈다. 배비장은 방자가 지정하는 개가죽 옷을 입고 애랑의 집을 찾아갔다.

배비장은 애랑의 집, 담 구멍을 간신히 통과하여 애랑을 만나게 되었는데 한밤중에 방자가 애랑의 남편 행세를 하며 들이닥치자, 황급해진 배비장은 자루 속에 들어갔다. 방자가 술을 사러 간다고 틈을 내준 사이에 배비장은 피나무궤에 들어가서 몸을 숨겼다. 방자는 배비장이 숨어 들어가 있는 피나무궤를 불을 질러 버리겠다고 위협을 하다가, 다시 톱으로 켜는 흉내를 하면서 궤 속에 든 배비장의 혼을 뽑아버렸다.

배비장이 든 피나무궤는 목사와 육방六房 아전들 및 군졸들이 지켜보는 가운데 동헌東軒으로 운반되었다. 바다 위에 던져진 줄 안 배비장이 궤 속에서 도움을 청하자, 뱃사공으로 가장한 사령들이 궤문을 열어주었다. 배비장은 알몸으로 허우적거리며 동헌 대청에 머리를 부딪쳐 온갖 망신을 다 당하였다.

한편, 「이춘풍전」에서는 색향色鄕인 평양에 당도한 이춘풍이 평양 기생 '추월秋月'에게 홀려 장사 밑천을 다 날릴 뿐 아니라, 온갖 요구에 땡전 고린 돈 한 닢 없는 알거지 신세로 전락한다.

> "통한단 쌍문초 도리桃李 불수佛手 능라단綾羅緞, 초록 저고리감 날 사 주오. 으죽절76) 금봉채77) 갖은 노리개 날 해주오. 두리소반, 주전자, 화로, 양푼, 대야 날 사주오. 동래반상東萊飯床, 안성유기安城鍮器, 구첩반상, 실굽다리78) 날 사주오. 요강, 타구,79) 새옹 남비, 청동화로 날 사 주오. 백통대, 은대, 금대, 수북 담뱃대 날 사주오. 문어, 전복, 편포 안주하게 날 사주오. 연안延安 백천白川 상상미上上米로 밥쌀하게 팔아 주오. 동래 울산 장곽長藿80) 해의海衣81) 날 사주오."

조선 팔도에는 어느 곳이나 기생이 있었다. 기생을 차지하는 부류는 공경대부나 조정 벼슬아치, 사신과 사대부, 선비들인데, 장사치가 기생을 끼고 노는 일은 극히 드물다. 남도에서 생강을 배에다 가득 싣고 평양에 갔다가 기생에게 홀려 생강을 몽땅 날리고 쫓겨난 어느 상인의 일화는 기생에게 홀린 허랑한 사내의 종말이 어떠한가를 재미있게 보여준다. 이빨까지 빼주고 급기야 기생집에서 머슴 노릇까지 하는 처량한 신세가 되다니. 정신을 차리고 보니, 이런 허망할 데가 있나. 그 심정을 시로 읊었다.

멀리서 보니 말 눈깔 같고	遠看似馬目
가까이서 보니 고름 주머니 같네	近視如濃瘡

---

76) 으죽절; 죽절竹節비녀. 곧 대로 만든 값싼 비녀.
77) 금봉채金鳳釵; 머리 부분에 봉황의 모양을 새겨서 만든 금비녀.
78) 실처럼 가는 굽을 달고 있는 그릇.
79) 타구唾具; 가래나 침을 뱉는 그릇. 사기나 놋쇠 따위로 만드는데 여러 가지 모양이 있음.
80) 장곽長藿; 넓고 길쭉한 미역.
81) 해의海衣; 김. 해태海苔라고도 부름.

| 두 볼에는 이빨 하나도 없는데 | 兩頰無一齒 |
| 배 한 척 실은 생강 몽땅 먹어치웠네 | 能食一船薑 |

이건 육담肉談 수준의 해학이 질펀한, 쓰라린 자조自嘲의 시다. 한편 한 장사치는 생강장수 꼴이 되어 다 털린 채 오도가도 못하고 그 기생이 딴 놈과 원앙금침에서 노닥거릴 때 방에 군불이나 지펴주고 식은 밥덩이나 얻어먹는 가련한 처지가 되고 말았다. 그런데 하루는 딴 장사치가 그 집에 와서 기생을 끼고 노는 걸 보고 혀를 끌끌 차며 손가락질하며 말했다. "불 땔 놈이 또 왔군."

또한 17세기 초기의 야담집인 『어우야담』에는 '올공금팔자兀孔金八字'라는 속담이 전한다. 올공금은 장고를 받치는 용구철龍駒鐵을 말한다.

"옛날 전주에서 생강을 가득 싣고 관서지방에 온 한 상인이 평양의 이름난 기생에게 몽땅 털리고, 마침내 기생집에 빌붙어 누더기 옷에 식은 밥을 얻어먹으며 고용살이를 하게 되었다. 딴 사내놈과 금침에서 뒹굴며 회희낙락하는 꼴을 견디기 어려워 기생에게 작별을 고하고 돌아가는데 기생이 아까워서 노자로 줄 게 아무리 둘러보아도 없다. 쌀이나 포布를 주자니 아까웠다. 그래서 낡고 쓸모없어 보이는 장고 올공금 열여섯 개를 던져주며, "옛다, 이걸로 양식이나 사서 먹어라"고 했다. 울면서 오다가 길 위에서 그걸 닦아 보니 윤이 나서 볼만하여 팔려고 황강黃岡 장에 내보니 무려 백만에 이르렀다. 어떤 이가 "이건 오금烏金이다. 황금보다 값이 열배나 된다" 하지 않는가. 전주에 이르러 백만금에 그걸 팔고 졸지에 갑부가 되었다. 사람들이 '오금장자烏金長者'라 불렀다."82)

---

82) 『계압만록鷄鴨漫錄』에도 실려 있다. 이 책은 조선시대 유명, 무명 인물의 일화를 수록한 편자 미상의 필사본 야담집으로 양반 계층의 사대부 일화가 다수를 차지한다, 그 중 몇 편은 약간의 글자 출입을 제외하고 『어우야담』과 거의 같이 수록되어 있다. 뱀의 뿔을 팔아 경성 갑부가 된 천인 신석산申石山, 죽은 생명을 살려내는 청석靑石, 들쥐의 혼인, 올공금팔자兀孔金八字 등의 이야기가 그것인데, 17

기생에 관한 이런 소담笑談과 일화는 야사에서 꽤나 많이 전하는 편이다. 평양이나 서울 기생 못지않게 지방에 소속된 향기鄕妓도 유별나기는 마찬가지였다. 어느 시골 기생도 보통내기가 아니었던 듯 하다. '지방기생에게 이빨을 뺏긴 서울 양반' 이야기가 『태평한화골계전太平閑話滑稽傳』에 우스개로 전한다. 기생의 사랑은 얼마나 거짓인가.

"서울에서 내려간 어느 양반의 한 자제가 계림83)의 한 아리따운 기생에게 반해서 넋을 빼앗기고 사귀었다. 그러다가 아버지가 서울로 벼슬이 갈려 오게 되자 헤어지게 되었다. 기생이 눈물을 흘리자, 얼간이 같은 샌님은 귀중품을 모두 털어 주었다. 그런데도 기녀는 정표로 몸에 달린 것을 달라고 한다. 그래서 샌님은 자기의 은밀한 부분에서 털을 하나 뽑아 주었다. 그랬더니 기생은 좀더 절실한 것을 달라고 졸랐다. 이에 생이빨 하나를 뽑아 주었다. 그리고 두 사람은 뒷날을 굳게 기약했다. 서울로 올라 온지 며칠이 지나, 그 기생이 벌써 딴 놈과 놀아난다는 소문을 듣고는, 뽑아준 이빨을 돌려 달라고 하인을 보냈다. 그러자 기녀는 이빨이 가득한 자루를 내던져 주며 쏘아붙였다.

'옛다, 이 가운데서 찾아가거라. 이빨을 뽑아 준 놈이 너의 상전 놈뿐이더냐? 도살장에서 죽이는 짓을 경계하고 기생집에서 예를 나무라는 것은 어리석음이 아니면 망령이로다'라고 했다. 이에 한 사람이 나무라는 시를 지어 전한다.

여기 은정을 박하다고 하지 말아라	莫言這物恩情薄
머리털 없고 이빨이 빠져도 수壽는 얻는 걸	齒豁豆童得壽徵"

위와 비슷한 설화가 또 있다. 한 기생에게 혹한 남자가 사랑의 맹서로 혈서를 써주고 집에 갔다가 다시 와서 보니 그 기생은 벌써 다른 남자의

세기 초기의 야담집인 『어우야담』은 19세기말까지 문헌으로 전승되어 야담의 쇠퇴기에도 지속되었다.
83) 계림鷄林은 경주의 옛 이름.

품에 안겨 희희낙락하지 않는가. 그래서 화를 참지 못해 항의를 하니까, 혈서 한 보따리를 보여 주며 찾아가라고 하였다. 혈서와 발치는 남자가 기생에게 줄 수 있는 최고이자, 최후의 성의 표시였다. 그러나 기생이 볼 때는 최고의 어리석음이요, 남자에게는 개망신이다. 이 설화의 수용자가 볼 때는 부디 여색을 조심하여 패가망신하지 말라는 교훈이 된다.

한편, 이규경李圭景은 '중국과 우리나라 기생의 근원에 대한 변증설'에서 기생에 빠진 사내들의 사례를 들어 이를 경계하고 있다.

"야사에 이르기를, '우리나라 유柳 아무개가 항상 청루靑樓에서 묵다가,

십년 동안 기생집에 묵고 나니	十年娼家食
황혼 길에 백마가 또 그곳으로 가네	白馬又黃昏

하는 시구를 남겼는데, 유도柳塗가 희롱하여 짓기를,

십년 동안 기생집에 묵다보니	十年靑樓食
비방하는 소리 온 세상에 가득한데	薰天積謗喧
그래도 미친 마음 가라앉지 않아	狂心猶未已
황혼 길에 백마가 또 그곳으로 가네	白馬又黃昏

라고 했다' 하였다. 신라사新羅史에 의하면, '김유신金庾信은 신라 소판蘇判 서현舒玄의 아들이다. 그의 어머니는 신라 종실宗室 여자인 만명萬明으로, 그를 임신한지 24개월 만에 낳았다. 그가 열다섯 살에 화랑이 되었는데, 세상에서 용화향도龍華香徒라 호칭하였다. 그는 태종太宗을 도와 소정방蘇定方과 함께 백제, 고구려를 멸망시켰고, 문무왕文武王 12년(임신년)에 일흔아홉 살로 졸하였다. 그가 병석에 누워 있을 때는 왕이 직접 찾아가서 문병하였고 그가 죽었을 때는 군악을 울리며 장사지낸 다음, 비석을 세워 그의 공훈을 새겼으며, 홍덕왕興德王 때

에는 그를 흥무대왕興武大王으로 추봉追封하였다. 그가 젊었을 때, 창녀娼女인 천관天官의 집에 자주 가서 놀곤 하였다. 그 어머니가 울면서 경계하므로, 어머니 앞에서 다시는 천관의 집에 가지 않기로 맹세하였다. 어느 날 그가 술에 취하여 돌아오는데, 말[馬]이 이전에 익히 다니던 길을 따라 잘못 그 창녀의 집으로 들어가니, 창녀는 반갑고도 원망스러워 어쩔 줄 모르면서 눈물로 그를 맞이하였으나, 그는 그 자리에서 자기가 탔던 말을 베어 죽이고 집으로 곧장 돌아와 버렸다. 그가 다섯 조정을 섬기면서 닦아 놓은 공업功業은 사책史策에 밝게 드러나 고금에 찬란하다' 하였다."84)

평양 기생 다음으로 진주 기생이 유명한데, 의기義妓 논개 외에도 승이교勝二喬, 계향桂香(혹은 난향蘭香), 매화梅花, 옥선玉仙, 그리고 마산의 유섬섬柳纖纖, 주채희朱彩姬 등도 빼어난 명기들이다"라고 하였다. 예로부터 진주의 논개, 평양의 계월향으로 인해 '남 진주, 북 평양'란 말이 회자될 정도로 진주의 풍류와 멋은 그 명성이 높았다. 그리하여 조선 기녀 하면 "일강계一江界, 이평양二平壤, 삼진주三晋州"라는 말이 자연스럽게 나오게 되었는데 진주 기생은 조선 팔도에서 그 명성이 자자했다. 1910년 1월 7일자 경남일보에 위암 장지연85)은 진주의 정경과 문화를 노래

---

84) 이규경李圭景, 『오주연문장전산고五洲衍文長箋散稿』, 「경사편」 5, 논사論史, '중국과 우리나라 기생의 근원에 대한 변증설'.
85) 장지연張志淵(1864~1921); 조선말기의 언론인, 애국계몽운동가. 본관 인동仁同, 초명 지윤志尹, 자 화명和明, 순소舜韶, 호 위암韋庵, 숭양산인嵩陽山人. 경북 상주 출신. 장석봉張錫鳳의 문인. 1901년 황성신문사 사장에 취임해 1905년 11월 17일 을사조약이 강제로 체결되자 1905년 11월 20일자 신문에 '시일야 방성대곡是日也放聲大哭'이라는 제목으로 국권침탈의 조약을 폭로하고, 일제 침략과 을사오적을 규탄하고, 국민 총궐기를 호소하는 논설을 써서 전국에 배포하였다. 이 일로 체포, 투옥되어 65일 후 석방, 황성신문도 압수 및 정간 처분되었다. 1909년 10월 진주의 경남일보 주필로 초빙되어 언론구국운동을 하였다. 1910년 8월 일제가 나라를 병탄하여 항거하는 선비들이 잇달아 자결하자, 황현黃玹의 절명시絶命詩를 경남일보에 게재해 일제를 규탄하였다. 이로 인해 경남일보가 폐간되

한 '진양잡영晉陽雜詠' 열네 수를 연재하면서 '풍부한 물산(풍산豊産), 아름답고 요염한 기녀(연기娟妓), 무성한 대나무(죽승竹蠅)를 진양삼절晉陽三節'이라고 칭했다. 진주 기생들의 가무는 조선 제일이라고 일컬을 정도로 뛰어났으며 정조가 두텁고 순박함으로 총애를 받아 왕실에서 베풀어지는 잔치에 불려나간 명기들이 많았다고 한다. 또한 영남의 기생은 단가에 능하고, 평양 기생은 악부체 가사인 관산융마關山戎馬를 잘 불렀으며, 제주 기생은 말달리는 재주가 있고 『대학』읽기를 좋아하는 기생이 있었다는 기록도 보인다.

권응인이 승이교를 추켜세우기 위해 언급한 여류시인 옥봉은 선조 때 옥천沃川 군수를 지낸 봉지逢之의 서녀庶女로 조원86)의 소실小室이 되었다. 『명시종明詩綜』, 『열조시집列朝詩集』, 『명원시귀名媛詩歸』 등에 작품이 전해졌고, 한 권의 시집이 있었다고 하나 서른두 편의 시가 수록된 『옥봉집玉峰集』 한 권이 숙종30년(1704)에 조원의 현손인 조정만趙正萬의 손에 의하여, 조원의 유고집인 『가림세고嘉林世稿』의 부록으로 전한다. 승지를 지낸 조원은 진주 금산琴山 사람이다. 옥봉이 사랑하는 이에게 보낸 연정 시는 지금도 많은 사람들에게 회자되고 있다. '몽혼夢魂'이

어 활동 무대를 잃었다. 저서 『증보대한강역고增補大韓彊域考』, 『유교연원儒敎淵源』, 『위암문고韋庵文稿』, 『대한최근사大韓最近史』, 『동국역사東國歷史』, 『대동문수大東文粹』, 『대한신지지大韓新地志』, 『대한기년大韓紀年』, 『일사유사逸事遺事』, 『농정전서農政全書』, 『만국사물기원역사萬國事物紀原歷史』, 『소채재배전서蔬菜栽培全書』, 『화원지花園志』, 『숭산기嵩山記』, 『남귀기행南歸紀行』, 『대동시선大東詩選』.

86) 조원趙瑗(1544~1595); 조선중기의 문신. 본관 임천林川, 자 백옥伯玉, 호 운강雲江. 판서 이준민李俊民의 사위, 조식曺植의 문인으로, 1575년 정언이 되어 당쟁이 시작되자, 탕평의 계책을 상소하여 당파의 수뇌를 파직시킬 것을 주장하였다. 이듬해 이조좌랑, 1583년 삼척부사, 1593년 승지에 올랐다. 효성이 지극하였으며, 또 자손의 교육도 단엄端嚴하였다. 저서 『독서강의讀書講疑』, 『가림세고 嘉林世稿』.

란 시를 보면 그녀의 시재가 얼마나 뛰어났는지 가늠할 수 있다. 원제는 '운강(조원의 호)에게 드림贈雲江'이나, 『가림세고』에는 '스스로 술회함 自述'으로 되어 있다.

요사이 안부를 묻노니 어떠하신지	近來安否問如何
달 비친 사창에 그리움이 사무치네	月到紗窓妾恨多
꿈에라도 넋에게 자취를 남긴다면	若使夢魂行有跡
문 앞에 돌 길 반쯤은 모래가 되었을 걸	門前石路半成沙

이 작품의 결구는 압권이다. 돌길이 반쯤은 모래가 되었으리라, 하여 임에 대한 간절한 그리움을 구체적으로 표현하고 있다. 임을 그리워하여 얼마나 문 앞에 자주 마중을 나갔으면 돌길이 발에 밟혀 모래가 되었겠는가. 옥봉은 여류로서 당대의 평가를 널리 받았다. 신흠申欽은 "근래의 작품 중 승지 조원의 첩 이씨가 제일이다"라고 높이 평가하였다. 또 허균은 "나의 누님 난설헌蘭雪軒과 같은 시기에 이옥봉이라는 여인이 있었는데 바로 백옥伯玉(조원의 자)의 첩이다. 그녀의 시 역시 청장淸壯하여 지분脂粉[87]의 태가 없다"[88]라고 하여, 남성적인 미감으로 아녀자의 화장기가 없는 시를 썼다고 평하였다. 홍만종洪萬宗은 『시평보유詩評補遺』에서, '춘일즉사시春日卽事詩'가 만당晩唐의 조격調格이 있다고 칭찬하였고, 『소화시평小華詩評』에서는 "조원의 첩 옥봉이씨를 조선 제일의 여류시인이라 일컫는다"고 하였다.

한편 이러한 옥봉의 뛰어난 시적 재능을 보여주는 한 일화가 전한다. 어느 날 남편인 조원 집안에 딸린 산지기 아내가 찾아와, 자기 남편이 소도둑 누명을 쓰고 잡혀갔으니 조원과 친분이 두터운 파주목사에게

---

87) 연지臙脂와 백분白粉.
88) "李玉峯詩淸壯; 家妹蘭雪一時, 有李玉峯者, 卽趙伯玉之妾也. 詩亦淸壯, 無脂粉態."

손을 좀 써달라는 하소연을 하였다. 옥봉이 사정을 들어본즉 아전들의 토색질이 분명하므로 거절하지 못하고, 시 한수를 써서 파주목사에게 보냈다.

원통함을 풀어주기 위함　　　　　　　　　　　爲人訟寃

세숫대야 거울 삼아 얼굴을 씻고　　　　　　　洗面盆爲鏡
물을 기름 삼아 머리칼 빗어도　　　　　　　　梳頭水作油
이내 몸이 직녀가 아닐진대　　　　　　　　　　妾身非織女
낭군이 어찌 견우가 되오리까　　　　　　　　　郞豈是牽牛

　산지기 아내가 아무리 곱게 단장하여도 직녀가 아니듯이, 더구나 이렇듯 소박하고 가난한 산골 여자의 남편이 어찌 소를 끌고가는 견우牽牛가 되겠느냐고 반문한다. '견우직녀' 설화를 끌어와 '소牛를, 끌고牽 간 도둑'을 겹쳐 놓은 것이다. 놀라운 재기가 번득인다. 그녀의 시를 보고 크게 감탄한 목사는 산지기 남편을 석방하였다. 그러나 뒤에 이를 안 조원은 화를 크게 내고, 옥봉은 소박을 맞고 말았다. 평생 시를 짓지 않겠다는 약속을 어겼고, 엄중한 관청의 일에 아녀자가 사사로이 간여하였다는 것이다. 눈물을 흘리며 사죄하였지만 조원은 용서하지 않았고, 옥봉이 죽을 때까지 부르지 않았다. 대략 옥봉은 서른 중반의 나이에 죽었다.
　권응인은 승이교의 시가 초나라 시인, 굴원屈原의 이소離騷[89])에 미치는 아취가 있다고 평하였다. '이소'는 웅장한 장편시로, 시인의 자전적 기록이며, 또한 환상성과 낭만주의 색채를 띠고 있어 시의 정서가 사람의 심금을 울린다. 미학적 특징으로 숭고미와 비장미가 두드러진다. 반

---

89) 소騷는 운문韻文의 한 문체로 시가 변하여 소騷로, 소가 변하여 사辭가 되었다. 굴원屈原의 이소離騷가 유명하다. 이소는 삼백칠십삼 구, 이천사백여 자로 이루어진 장편시이다.

고 班固의 '이소찬서'에 따르면, "이離는 맞닥뜨리는 것이고 소騷는 근심이다. 그러므로 스스로 근심을 맞닥뜨림을 밝힌 것이다"90)라고 하였다. 즉 불행을 만나 지었다는 뜻이다.

한편 남명과 퇴계의 양문에 들었던 권응인의 『송계만록』에는 진주 기생 승이교에 관한 기사가 다음과 같이 실려 있다.

> "진성晉城(진주의 옛이름)에 승이교라는 기생이 있다. 어릴 때 이름은 억춘億春이었으며, 마관馬官 찰방察訪 김인갑金仁甲이 사랑하였다. 그녀에게 시를 가르치니, 천성이 매우 영리하여 자못 시어를 이해하였다. 작품도 간혹 맑고 고운 것이 있었으니,
>
> | | |
> |---|---|
> | 강양 관아 안에 서풍이 이니 | 江陽館裏西風起 |
> | 뒷산은 취하려 하고 앞강은 맑았어라 | 後山欲醉前江淸 |
> | 사창에 달은 밝고 온갖 벌레 우짖으니 | 紗窓月白百虫咽 |
> | 홀로 누운 찬 이불에 꿈조차 못이루네 | 孤枕衾寒夢不成 |
>
> 이와 같은 작품은 매우 '이소'의 운치가 있다. 나이 서른이 못 되었으나, 젊고도 총명하고 민첩하였다. 만약 스스로 중단하지 않았더라면 옥봉玉峯과 같은 지경에 이르기는 어렵지 않았을 것이다."91)

위에 인용한 첫 번째 시, 칠언절구는 '가을 밤 느낌이 있어秋夜有感'란 제목의 시이다. 강양江陽은 경남 합천陜川의 옛 이름이다. 승이교의 아명

---

90) 班固云, "離猶遭也, 憂也, 己遭憂作辭也."
91) 권응인權應仁, 『송계만록松溪漫錄』 상권. "晉城有妓勝二喬者。 小名億春。 爲馬官金君仁甲所幸。 誨之以詩。 性甚慧黠。 頗解詩語。 所作間有淸麗。 如曰江陽館裡西風起。 後山欲醉前江淸。 紗窓月白百蟲咽。 孤枕衾寒夢不成。 西風吹衣裳。 衰容傷日月。 蓮堂秋雨疎。 露枝寒蟬咽。 霜鴈墮飛聲。 寂寞過山城。 思君孤夢罷。 秋月照窓明。 觀此等作大有騷韻。 而年未立而。 少且聰敏。 若不自畫。 玉峰不難到也。" *승이교에 관한 기사는 『패림稗林』에도 실려 있다.

兒名은 억춘이며, 찰방 김인갑의 애첩으로 그로부터 시를 배웠다. 시 짓는 재주가 빼어나, 감상적이면서도 맑고도 화려한 시풍을 보였다. 승이교의 시는 지금 두 수가 전한다. 그런데 기명妓名인 '승이교'는 『삼국지연의』에서 나온 고사에 따와서 지은 이름이다.

중국 삼국시대 후한 말에 강동의 영웅 오吳나라의 장사長沙 환왕桓王인 손책孫策과 장수인 주유周瑜는 동서지간이다. 이들은 당대 최고의 미인이었던 교공의 두 딸인 대교大喬와 소교小喬를 각각 아내로 맞이했다. 그 용모가 너무 아리따워, '침어낙안沉魚落雁', 곧 여자의 아름다움에 넋이 나가 물고기가 가라앉고 기러기가 내려앉으며, '폐월수화閉月羞花', 곧 여자의 아름다움에 부끄러워 달과 꽃이 숨는다는 미인을 지칭하는 고사성어가 생겼을 정도다. 손책의 부인이 대교이고 주유의 부인이 소교였다. 『삼국지연의』에서, 적벽대전赤壁大戰이 발발하기 전, 제갈량諸葛亮이 손권의 참전을 유도하고자 주유의 분노를 사기 위해 조조曹操가 지은 동작대부銅雀臺賦에, 조조가 대교와 소교를 탐하고 싶다는 내용을 집어넣어서 불렀다. 즉, "동쪽과 남쪽에 두 교씨를 두고서 아침저녁으로 즐기려 하네"92)라는 내용인데, 두 교씨가 들어가는 내용은 원래 시에는 없던 것을 공명이 주유를 격동시키기 위해 임의로 집어넣은 것이다.

어쨌든 승이교는 대교와 소교, 즉 '이교를 능가한다'는 자부自負의 뜻을 부친 것이다. 승이교의 정인은 마관 벼슬을 하고 있던 김인갑이다. 마관은 찰방 벼슬로 조선시대 각 도의 역참을 관리하던 종6품의 외관직이다. 승이교는 김인갑과 사랑을 나누며 시를 배웠다. 타고난 자질이 총명하여 시 짓는 법을 터득하여, 작품이 담박하다는 평을 들었다.

다른 시 한 편을 보자. '추회秋懷'란 제목의 시이다.

---

92) "攬二喬於東南兮. 樂朝夕之與共."

가을바람 불어 옷깃을 스치고	西風吹衣裳
야윈 얼굴 가는 세월이 서럽네	衰容傷日月
연당에는 가을비 부슬부슬	蓮堂秋雨疎
이슬 머금은 가지엔 매미소리 목메네	露枝寒蟬咽
서리 친 기러기 낮게 나는 소리	霜雁墜飛聲
적막하게 산성을 넘어가는구나	寂寞過山城
임 그리는 꿈 홀로 깨어나 보니	思君孤夢罷
가을 달빛이 창으로 들이치네	秋月照窓明

가을 날 부슬부슬 비가 내리고 있다. 찬 서리와 이슬은 가을의 심상을 그리는 제재로 도입되어 쓸쓸하고 적막한 마음의 풍경을 그대로 드러낸다. 임을 그리는 꿈을 깨고 보니 가을 달빛만 외로운 창가에 가득 들이치고 있다. 들이치는 정한을 무얼로 달랠까. 아무래도 매미 울음에 마음 한 자락 투명한 날개에 얹어 서풍에 부쳐 보면 어떨까.

또 권응인이 지은 『송계만록』에는 성주기생 영산홍暎山紅이 '남성의 등급을 매긴 이야기'가 있다. 영산홍을 사랑한 조정의 관원 김홍도[93])가 그녀에게 마음에 두고 있던 남성들에 대해 등급을 매기게 하고 자신이 직접 붓을 잡았다. 그녀가 말하였다. "처음에 이 아무개를, 그 다음은 아무개요. 또 그 다음은 아무개입니다." 그러자 그 선비가 말하였다. "나는 이 반열에 끼지도 못하는가?" 다시 그녀가 말하였다. "낭군의 어깨와 목이 아무개와 비슷하므로 마지막에 들만 합니다." 그러자 그는 붓을 던지고 손바닥만 어루만졌다고 한다. 이렇게 그녀는 수재秀才 이계열李

---

93) 김홍도金弘度(1524~1557); 조선초기의 선비화가. 본관 안동安東, 자 중원重遠, 호 남봉南峯, 내봉萊峯, 1548년 문과에 장원하고 경연관을 거쳐 전한典翰으로 있을 때, 소윤이었던 윤원형尹元衡에 의하여 갑산으로 유배되었다가 죽었다. 할아버지와 아버지를 이어 글씨를 잘 썼고, 또 그림에도 능했다고 하지만 유작은 없다. 영의정에 추증되었다.

繼悅을 제일로 치고, 남봉南峯 김홍도를 최하로 품평하였는데, 그 이야기로 영산홍은 유명해졌다.

남취선南翠仙은 호는 설죽雪竹, 혹은 취죽翠竹이라 하기도 하는데, 안동 권씨 댁에 딸린 여종이라는 설이 있으나, 뒤에 기첩으로 살다갔다고도 하나 구체적 생애는 알 수 없다. 다만 김철손金哲孫의 소실小室로 알려져 있다. 한편으로『조선해어화사』에서는 경성기생으로 최판서의 부실副室이었다고 하는데, 최판서의 이름은 전해지지 않는다. 그런데, 유몽인의『어우야담』에 '전주의 바둑고수 김철손' 이야기가 전한다. 동일 인물인지는 알 수 없지만 잠깐 보기로 하자.

"바둑은 작은 재주지만 잘 두는 사람은 하루에도 천금을 번다. 전주 사람 김철손이 있는데 바둑으로 최고였다. 그에게 아름다운 첩이 있는데 일본의 상인이 흑심을 품고 김철손에게 접근을 했다. 일본의 상인 또한 바둑의 고수였다. 그들은 바둑으로 금방 친해져 서슴없이 내기 바둑을 두었는데 처음에는 해와 달이 그려진 고급 말안장을 따며 기세를 올리던 김철손이 끝내는 패해서 첩을 빼앗기는 지경에 이르렀다. 일본 상인을 따라 일본에 간 첩은 김철손에게 원망의 노래를 지어 편지로 보냈는데 내용은 이렇다.

전주에 사는 김철손	全州住之金哲孫
바둑으로 당할 자 없더니	與人奕睹莫爲先
천금의 여자를 왜놈의 배에 태웠네	天金美姬載倭船
해와 별 그려진 말 안장 바라보며	畫日畫星一鎧鞍
첩의 얼굴 떠올리고 있겠네	須替妾顏看"

남취선은 세 편의 시가 전하는데, '백마강회고白馬江懷古', '춘사春思', '추사秋思'가 그것이다. '춘사'란 제목의 시를 보자.

봄 단장 바삐 마치고 거문고 타노라면	春粧催罷倚焦桐
진주 발 은은하게 햇살 붉게 비치네	珠箔輕盈日上紅
향기로운 밤 안개 아침 아지랑이 두터워	香霧夜沽朝靄重
작은 동쪽 담 해당화는 이슬을 머금었네	海棠花泣小墻東

　기방의 풍경 속으로 뛰어드는 햇살 한 줌은 이미 찰랑대는 진주 빛 주렴을 통과한다. 이윽고 나지막한 동쪽 담장 밑에 이슬을 머금은 해당화를 바라본다. 간밤에 짙은 안개가 아침 햇살에 번득인다. 게다가 더욱 짙게 깔린 아지랑이를 적시고 있다. 봄날 아침의 풍정風情이 은은하고도 향기롭다. 다음으로 '가을 생각秋思'이라는 시를 보자.

선경은 물처럼 맑고 달빛도 푸르른데	洞天如水月蒼蒼
나뭇잎 우수수 밤 서리가 반짝이네	樹葉蕭蕭夜有霜
열두 폭 발 드리우고 홀로 드는 잠	十二湘簾人獨宿
병풍에 수놓은 원앙새 부럽기만 하네	玉屛還羨繡鴛鴦

　동천은 산천으로 둘러싸인 경치 좋은 곳으로 동학洞壑이라고도 한다. 아무리 좋은 곳에 있어도 홀로 지새는 밤이라면 임이 없기에 너무 처량하다. 열두 발 주렴과 옥병풍의 원앙수도 단지 그림 속일뿐. 꿈속으로 들어가는 독수공방이 펼친 이부자리가 허전하기는 매 한가지다. 그래서 '화중지앙畵中之鴦'이 더욱 부럽다는 뜻을 부쳤다. '병풍 속의 원앙'도 임이 없으면 그 병풍조차 한갓 쓸모없는 물건이다. 병풍 속 원앙마저 지척이라도 너무 멀다.
　다음에 보이는 작자 미상인 사설시조에서도 독수공방하는 여인의 외로움과 한이 절절하다. 조선 여인의 정한은 한 가지로 읽힌다. 『조선해어화사』에서, 평하기를, "절묘한 시다. 이 시는 앞의 시보다 뛰어나다"고 하였다.

밤은 깁허 삼경三更에 니르럿고 구진 비난 오동梧桐에 훗날닐 졔 니리 궁굴 져리 궁굴 져리 궁굴 두로 생각다가 잠못 니루웨라. 동방洞房에 실솔성蟋蟀聲과 청천靑天에 뜬 기러기 소래 사람의 무궁한 심화를 짝지어 울고 가난 저 기력아. 갓득에 다 석어스러진 구븨간장이 이 밤 새우기 어려워라.

요즘 말로 풀면 다음과 같다.

밤은 깊어 한밤중에 이르렀고, 궂은 비는 오동나무에 흩날릴 때 이리 뒹굴고 저리 뒹굴고 여러 가지 생각을 하다가 잠 못 이루는구나. 아무도 없는 빈방에서 귀뚜라미 우는 소리와 하늘에 뜬 기러기 소리가 사람의 허전한 마음을 짝지어서 울고 가는 저 기러기야. 가뜩이나 다 썩어 문드러진 내 속마음에 이 밤 지새우기가 어렵구나.

궂은 비 내리는 삼경, 밤새 뒤척이며 잠들지 못한다. 방 안으로 귀뚜라미 울음소리와 기러기 소리가 어지럽게 들린다. 화자의 심회는 더 고통스러워 애간장이 썩어문드러진다.
강강월康江月은 맹산孟山 기생인데, 자는 천심天心이다. 홀로 밤을 지새는 여자의 정조情調가 잘 드러나 있다.

기러기 우는 밤에 내 홀노 잠이 업셔
잔등殘燈 도도 혀고 전전불매轉輾不寐하는 차에
창窓 밧긔 굵은 비 소래에 더욱 망연茫然하여라.

'기러기 우는 밤에 나 홀로 잠이 없어, 꺼져가는 등잔불을 돋우고 잠 못들어 뒤척이던 차에, 창 밖에 내리는 굵은 빗소리에 소식 더욱 아득하여라' 하였는데, 대개 앞의 두 편의 시와 그 뜻은 방불하다.
명옥明玉은 화성 기생으로 연대 미상이다. 그녀가 지은 평시조 한 수가

『청구영언』에 전하는데, 임을 향한 그리움을 나타낸 연정가戀情歌이다.

꿈에 뵈는 님이 신의信義 업다 하것마난
탐탐貪貪이 그리올 졔 꿈 아니면 어이 보리
져 님아 꿈이라 말고 자로자로 뵈시쇼

꿈에 보이는 임은 신의가 없다고 하지만, 참으로 그리울 때는 꿈에서 아니면 어떻게 보겠는가. 저 임이시여, 꿈이라고 생각하지 말고 자주자주 보이소서. 이 시조에서 꿈은 임과 화자 사이의 거리를 의미하며 그리움을 연결하여 주는 매개체이다. 현실에서 이룰 수 없는 임을 만날 수 있는 유일한 장치로, 꿈이라는 무한하고 신비한 세계를 제시하고 있다.

매학梅鶴은 영조 때 화산花山 기생이다. 생애는 알 수 없다.

금대에게 주다	贈錦帶
찬 창에 베개 베니 시름에 잠 못이뤄	敧枕寒窓睡思遲
깜빡이는 등잔불은 두 눈썹을 비치네	一燈明滅照雙眉
참 인연 양대의 꿈만으로 이루어지랴	眞緣不必陽臺夢
비단 띠에 학사의 시를 두고서 보네	錦帶留看學士詩

양대는 원래 햇살이 잘 비치는 대를 말하나, 여기서는 남녀의 '정교情交'를 뜻한다. 굳이 참된 인연이야 꼭 정교만이 아니라, 비단 띠에다 손수 임이 남긴 한 줄의 시로도 충분하다고 한다. 작자는 금대錦帶라는 학사가 비단 띠에 남긴 시를 보며, 잠 못 드는 밤의 쓸쓸함을 스스로 위로하고, 그 회포를 시로 적어 보낸 것이다. 그런데 금대는 이가환[94]의 호이다. 그는 조선 후기의 학자이며 가톨릭교도로 아버지는 진사 용휴用

---

94) 이가환李家煥(1742~1801); 자는 정조廷藻. 호는 금대錦帶, 정헌貞軒.

休이며, 이익李瀷의 종손으로 안정복, 정약용 등과 교유하며 학문 연구에 힘썼으며 가톨릭교에 흥미를 갖고 그 교리를 연구하였으나, 신해사옥 때는 광주 부윤으로서 가톨릭교를 탄압하였다. 그 후 벼슬에서 물러난 후 가톨릭교 신자가 되어 신유사옥 때 순교하였다. 문장과 글씨에 뛰어났으며, 저서에 기자정전箕子井田과 관련된 사실을 모은 책인『기전고箕田攷』를 이의준95)과 함께 펴냈다.

능운凌雲은 생애를 알 수 없다. 기생으로 알려져 있으나 일설에는 비구니比丘尼 신분의 여류시인으로 알려진 곳도 있다. 다음 시를 살펴보자.

| 낭군을 기다리며 | 待郞 |

임이 가실 때 달이 떠오더니   郞去月出來
달이 떠도 임은 왜 아니 오실까   月出郞不來
임이 계신 곳과 서로 응하여   相應君在處
산이 높아 달도 더디 떠오르는가   山高月出來

달과 임을 하나로 엮어내는 알레고리를 통해, 그리움의 정한은 산을 넘고 하늘가의 달에까지 밀어올렸다. 매우 예사롭고 소박한 어조로도 이처럼 시적 효과를 극대화시키는 놀라운 솜씨가 경탄을 자아낸다. 임이 가고 옴이 마치 달이 뜨고 지는 것과 같다. 순환하며 교차하는 반복적 효과를 통해, 달과 임을 한 고리로 엮어 기다리는 절절한 마음을 나타냈다. 나날이 상사의 병을 앓는 애틋함을 그려내고 있다.

---

95) 이의준李義駿(1738~1798); 조선후기의 문신. 본관 전주全州, 자 중명仲命. 저서 1796년에 교정한『장릉지莊陵誌』, 정조의 명을 받아 편수한『존주휘편尊周彙編』, 이가환李家煥과 함께 한백겸韓白謙의『기전설箕田說』, 유근柳根의『기전도설후어箕田圖說後語』, 허잠許箴의『기전도설설후箕田圖說說後』, 이익李瀷의『기전속설箕田續說』등을 모아 편집한『기전고箕田攷』와 성대중成大中과 같이 펴낸『진양충의세편晉陽忠義世編』이 있음.

천금千錦은 조선시대 기생인데, 생애는 알 수 없다. 다음 시조를 보자.

> 산촌에 밤이 되니 먼곳의 개 짖어운다
> 사립을 열고 보니 하늘은 차고 달이 떠 있도다
> 저 개야 빈 산 잠든 달을 향해 짖어 무엇 하리요

이 시조의 겉은 한적한 산촌의 밤이다. 그러나 속을 들여다보면 오지 않는 임을 기다리는 정한이 절절하다. 한 폭의 산수화에 깃든 속내가 가슴을 시리게 한다. 직설이 아닌 빙 둘러 내면의 정서를 승화시키는 탁월한 품새가 넉넉하여 좋다. 먼 데 개가 짖는다는 것은 인기척이 있다는 말이다. 그래서 사립문을 열고 보니, 빈 산에 달만 떠 있다. 기다림과 허전함을 개 짖는 소리, 찬 하늘, 빈 산, 잠든 달을 통하여 겹쳐놓았다. 너무 적막하여 컹컹 개 짖는 소리만큼, 그리움 뒤에 남는 울림이 더 크다.

옥섬玉蟾은 나주 기생이다. 18세기 후반의 인물로 추정된다. 다음 한시는 옥섬이 한 관리를 보고 한 눈에 반하여, 너무 적극적으로 사랑을 구하는 모습을 그렸다.

맑은 거동 한 눈에 티끌이 씻기고	淸儀一見滌襟塵
인연 맺는데 어찌 낯설다 말하리까	交契何論面日新
끝없이 넓은 바다 빨리 건너오세요	萬里滄波須早渡
나주에 돌아오길 기다리는 임이 있어요	金城自有待歸人

이면항李勉恒이 금오랑金吾郎벼슬로 있을 때, 기거하는 방 둘레에 탱자나무 가시를 둘러 안치시키는 천극荐棘이란 형벌을 받은 한 죄수를 제주로 압송하다가 나주를 지나게 되었다. 이때 옥섬이 시를 지어 주었는데, 면항이 염병이라는 전염병에 걸려죽게 되었다. 당시 사람들은 이를 두고 '동티가 났다' 라는 소문이 났다.96)

다음에 보이는 시는 이름이 알려지지 않은 기생의 시로 정든 사람과 헤어지면서 제 집 위치를 구체적으로 가르쳐주며 찾아오라고 한다.

정인과 헤어지면서 別情人97)

홍인문 밖 이름 없는 골목　　　　　　　　興仁門外無名巷
한 줄로 늘어선 냇가 다섯 그루 버드나무　一帶沙川五柳斜
담 북쪽과 남쪽에 꽃길이 있는 곳　　　　　墻北墻南花下路
앞에 셋 뒤로 일곱째 집 바로 내 집이네　　前三後七是吾家

무명씨의 '채련곡採蓮曲'은 교방 출신의 어느 재치 있는 여인의 손에서 나온 것이다.『조선해어화사』에서 비평하길, "어떤 이는 이 시를 두고 방탕에 가깝다고 말하나, 오히려 인정에 가까운 것이다"라고 하였다. 물이 막혀있는 연못 한가운데 배를 매었으니, 주위에 신경을 쓸 게 없다 여겼는데, 그만 들키고만 것이다. 남녀의 상열지사를 읊었는데, 결구에서 딴 사람에게 들키고서 하루 종일 수줍어하였다는 뜻은 오히려 정숙한 여인으로 흠될 게 없다. 여기서 '연밥을 던지다'는 뜻은 유혹의 눈길을 보내 구애求愛하는 일을 상징한다.

---

96)『조선해어화사』및 윤기尹愭,『무명자집無名子集』제12권,「정상한화井上閒話」, '술지혹잡술지혹雜術之惑' "勉恒爲金吾郞, 押時偉荐棘濟州, 仍染癘而死" 참조. 동티는 언참言讖이라고 한다.
97)『풍요속선風謠續選』제7권, 아세아문화사亞細亞文化社, 영인본影印本, 1983년 참조.『풍요속선』은 1737년(영조13)에 간행된『소대풍요昭代風謠』이후, 육십년간의 위항시인委巷詩人 삼백세 수의 시를 모아 엮은 한문 시집으로 1797년(정조21)에 간행되었다. 조선시대 위항시인들이 공동으로 출판한 시집으로『소대풍요』에 이어 두 번째 간행되었다. 영조13~정조21년(1737~1797)까지의 시 칠백여 수를 시인별로 수록한 것이다. 조선시대 위항문학 이해에 귀중한 자료이다.

| 연을 따는 노래 | 採蓮曲 |

맑은 가을 호수 푸른 물빛 구슬같아　　　秋淨長湖碧玉流
연꽃 깊은 곳에 아름다운 배를 매었네　　荷花深處繫蘭舟
임을 만나 물 막혀도 연밥을 던졌는데　　逢郎隔水投蓮子
사람에게 들키고서 종일토록 수줍었네　　又被人知半日羞

2) 회고시

　회고시는 회고심懷古心을 드러낸 시를 말한다. 옛 자취를 돌이켜 생각하고 그것을 그리는 마음으로, 회고懷古란 지나간 옛 일을 회상한다는 뜻이다. 회고시는 대개 개인사로서 과거의 회상이나 규방의 원망, 신세나 처지의 한탄을 말하는 것이나, 더러는 바깥나들이 도중의 경승景勝이나 고적을 탐방하면서 느낀 감회를 읊은 것이 많다. 옛 터를 둘러보고 역사를 회고하며 영고성쇠가 덧없음을 한탄한 내용이 많은데, 외부의 물상物象에다 자신의 처지를 겹쳐 그 통한을 풀어내기에 적절한 주제가 되었다. 천한 신분인 기녀의 삶은 태생적으로 종속될 수밖에 없었기에 주체적인 삶의 주인공이 될 수 없었다. 그래서 많은 기생들의 한시에는 회한과 회고의 정을 노래한 시가 다수 보인다. 특히 노년에 이르러 퇴기退妓가 되면 더욱 을씨년스러운 내면 풍경이 자주 눈에 띈다. 그리고 역사적 경승이나 장소에 자주 유람하였던 관계로, 양반사대부들의 연회가 열리던 현장에서 읊은 한시가 많다. 대개가 스러지고 몰락한 역사의 현장에서 자신의 신세를 이입하여 회포를 그린 작품이 많은 것은 그녀들이 처한 곤고한 삶의 조건과 환경이 중첩되어 드러난 탓으로 볼 수 있다. 그런데 유섬섬柳纖纖, 현계옥玄桂玉, 금사錦史와 같은 기생 작가들이 남긴 극히 일부의 작품에서는 비장한 역사 인식에 바탕을 두고 있다. 기생으로서는 보기 드물게 매우 웅혼하고 기개가 높은 역사성이 농후한 작품을 남긴 점은 눈여겨볼만 하다. 먼저 황진이가 읊은 '만월대를 생각하며滿月臺懷古'란 제목의 시를 보기로 하자.

옛 절은 쓸쓸히 궁궐 개울가를 흘러	古寺蕭然傍御溝
저녁 해 교목에 비치니 쓸쓸하구나	夕陽喬木使人愁
노을은 스러지고 중의 꿈만 남았는데	煙霞冷落殘僧夢
세월만 첩첩이 깨진 탑머리에 어렸네	歲月殘嶸破塔頭
봉황은 어디가고 참새만 날아들어	黃鳳羽歸飛鳥雀
두견화 핀 성터에 소와 양이 풀을 뜯네	杜鵑花發牧羊牛
송악의 번화하던 날 생각해보니	神松憶得繁華日
어찌 봄이 온들 가을 같을 줄 알았으랴	豈意如今春似秋

이 시의 제목을 '송악의 옛 절松嶽古寺'이라고 한 데도 눈에 띈다. 어구御溝는 대궐 안에서 흘러나오는 개천이다. 고려의 옛 궁궐터에 난 물길 옆에 있던 절터에서 읊었다. 연하煙霞는 원래 안개와 노을을 말하는데, 여기서는 고요한 산수의 경치나 태평한 시대를 말하면서 지금은 중의 꿈속에 희미하게 남아있다고 한다. 세월이 켜켜이 쌓여 허물어진 탑 머리처럼 그리 긴 세월이 흐르지도 않았지만, 왕조는 망하여 참새 떼가 엉기고 가축만 풀을 뜯고 있다. 무상無常한 자리가 중첩되어 대비된다. 옛 길을 더듬자니, 봄이 와도 가을 같을 줄이야. 세월의 무상함이 극명하게 그려지고 있다. 이어서 '송도를 노래함松都'이란 시를 보자.

눈 속에 옛 고려의 빛 떠돌고	雪中前朝色
차디찬 종소리 옛 나라의 소리라네	寒鐘故國聲
남루에 올라 수심 겨워 홀로 섰노라니	南樓愁獨立
남은 성터에 저녁 연기 피어오르네	殘廓暮烟香

황진이는 옛 고려의 수도인 송도에서 태어나 평생 이곳을 근거지로 살았다. 남아 있는 근소한 황진이의 시 중에 두 편이 송도를 노래한 것이다. 멸망한 고려가 눈 속에 파묻히고 차디찬 종소리는 지난 왕조의 소리인 듯 하다. 누각에 오르니 서늘한 수심이 멀리 저녁밥 짓는 연기인 듯 피어오른다. 왕조의 얼어붙은 꿈이 찬 겨울 풍경에 판화처럼 견고하게 굳어 그대로 한 폭의 수묵화를 이루었다. 황진이가 지은 다음에 보이는 시는 지나간 사랑에 대한 감회를 읊은 것이다. 세월이 흐른 뒤, 조그만 잣나무 배를 자신에 상정하여 건너편으로 건너간 옛사랑을 회상한다.

잣나무 배	小栢舟
저 강 가운데 떠 있는 작은 잣나무 배	汎彼中流小柏舟
몇 해나 물가에 한가로이 매였던가	幾年閑繫碧波頭
뒷사람이 누가 먼저 건넜느냐 묻거던	後人若問誰先渡
문무를 모두 갖춘 만호후라 하리라	文武兼全萬戶侯

한편, 황진이는 죽어서도 당대 문인들의 술잔을 받았다. 백호白湖 임제[98]가 평안도사가 되어 송도를 지날 때 황진이를 찾았더니 벌써 죽었

---

[98] 임제林悌(1549~1587); 조선전기의 문인. 본관 나주羅州, 자 자순子順, 호 백호白湖, 풍강楓江, 벽산碧山, 소치嘯癡, 겸재謙齋. 성운成運의 문인. 스승이 죽자 세상과 인연을 끊고 전국을 방랑했는데 남으로 탐라, 광한루에서 북으로 의주 용만, 부벽루에 이르렀다. 죽을 때 자식들에게 "사해제국四海諸國이 다 황제라 일컫는데 우리만 그럴 수 없다. 이런 미천한 나라에 태어나 어찌 죽음을 애석해 하겠느냐"며 곡을 하지 말라 유언했다. 기풍이 호방하고 재기가 넘쳐 많은 일화가 전한다. 특히 기생이나 여인과의 일화가 많은데, 당시 평양에서 제일가는 기생 일지매一枝梅가 전국을 다녀도 마음에 드는 이가 없던 차에 마침 밤에 어물상으로 변장하고 정원에 들어온 그의 화답시和答詩에 감동되어 인연을 맺은 일, 영남 어느 지방에서 화전놀이 나온 부인들에게 육담肉談적인 시를 지어주어 음식을 제공받고 종일 더불어 논 일, 박팽년 사당에 짚신을 신고 가서 알현한 일 등은 유명하

다는 말을 듣고 장단에 있는 그녀의 무덤을 찾아가 읊었다는 시 '송도 명기 황진이 무덤을 보고 노래를 지어 조문하다'99)란 기록이 『해동가요』 에 실려 있다. 잡초만 우거진 황진이의 무덤을 찾아 몸소 제문을 짓고 술잔을 올리며 시조 한 수를 읊은 일이 빌미가 되어 당시 양반의 체통을 떨어뜨렸다하여 임제는 파직당하고 말았다. 죽은 황진이가 살아있는 임제의 옷을 벗긴 셈이 되었다.

　　청초靑草 우거진 골에 자는다 누웠는다
　　홍안紅顔은 어디 두고 백골만 묻혔는다
　　잔 잡아 권할 이 없으니 그를 설워하노라.

유몽인의 『어우야담』에는 백호가 황진이의 무덤에서 치제致祭100)할 때 부른 노래란 기록이 이렇게 전한다.

　　"지금 송도 큰 길 가에 진이의 무덤이 있는데, 임자순(임제의 자)이
　　평안 평사가 되어, 진이에게 제문을 지어 치제 하였는데, 마침내 조정
　　의 비방을 받게 되었다."101)

다. 황진이의 무덤을 지나며 읊은 "청초 우거진 골에……"로 시작되는 시조를 포함해 기생 한우寒雨와 화답하는 시조 등 사랑과 풍류를 다룬 시조 네 수를 남겼다. 칠백여 수가 넘는 한시 중 전국을 누비며 방랑의 서정을 담은 서정시가 많다. 절과 승려에 관한 시, 기생과의 사랑을 읊은 시가 많은 것도 특색이다. 꿈의 세계를 통해 세조의 왕위찬탈이란 정치권력의 모순을 풍자한 '원생몽유록元生夢游錄', 인간의 심성을 의인화한 '수성지愁城誌', 그리고 식물세계를 통해 인간 역사를 풍자한 '화사花史' 등 한문소설도 남겼다. 저서 『백호집白湖集』.
99) "見松都名妓, 黃眞伊塚上, 作詞弔之."
100) 치제致祭는 윗사람이 제물과 제문을 내리어 죽은 아랫사람을 제사하는 일을 말함.
101) "今松都大路邊, 有眞伊塚, 林子順, 爲平安評事, 爲文祭眞伊, 卒被朝評."

임제는 젊을 때부터 고고한 사람이었다. 또 자유분방하고 호탕한 사람이었다. 한 번은 임제가 술에 취해 말을 타려하는데 하인이 말했다. "대감님 취하셨습니다. 신발짝이 맞지 않습니다. 한 쪽은 갓신이고 다른 쪽은 짚신입니다." 그러자 임제는, "오른쪽에서 보는 사람은 내가 갓신을 신었다 할 것이고, 왼쪽에서 보는 사람은 짚신을 신었다 할 것인데, 무슨 탈이 되겠느냐"면서 꾸짖었다. 또, 임제가 어느 문벌가의 늙은 선비의 허세를 두고 희롱한 시가 『한중기문閒中記聞』에 전한다. 그 사람은 지체 높은 사대부 가문의 자손으로 천리天理가 이러하고, 인욕人慾이 저러하다며 집안 자랑을 하거나 알량한 학문을 떠벌리며 소일하는 늙은이였다. 오봉산 아래 도학자인 체 하며 세상 사람을 속이고 도인인 양 세월만 축내는 몰락한 부유腐儒였다.

가련하네 문벌은 다 좋은 집안인데　　　可憐門閥皆佳族
티끌 같은 세상 헛되이 늙어 홀로 슬퍼라　虛老風塵獨可悲
오로봉 아래 이치 논하며 앉았으니　　　五老峯下論理坐
세상 사람들 모두 도를 안다 일컫네　　　世人皆稱道也知

그런데, 이 시는 각 구의 끝 세 자 씩을 한글 독음으로 읽어야만 본 뜻이 선명하게 드러난다. 직설적으로 퍼붓기가 뭣해서 은근 슬쩍 음차音借하여 돌려친 것이다.

슬프다 문벌은 다 개가죽이요　　　　可憐門閥개가죽(皆佳族)
세월에 헛되이 늙은 도깨비로다　　　虛老風塵도깨비(獨可悲)
오로봉 아래 노루가 앉았는데　　　　五老峯下노루坐(論理坐)
세상 사람들 모두 도야지라 일컫네　　世人皆稱도야지(道也知)

'모두 좋은 집안'은 '개가죽皆佳族'이 되고, '홀로 슬프다'는 독가비, 곧

'도깨비獨可悲'가 되었다. '이치를 논함'은 논리, 곧 '노루論理'가 되고, '도를 안다'는 '도야지道也知'가 되었다. 욕지거리로 거침없이 한 방 먹인 것이다. 임제는 서른일곱 살에 요절했다. 임종을 앞둔 자리에서도, "사해 제국에 모두 황제가 있는데 우리나라만 없다. 황제도 없는 조그만 나라에서 살다가 죽는 것이 무엇이 애석해 그리 우느냐" 했다고 한다.

임제와 기생 일지매一枝梅와의 사랑은 유명하다. 일지매는 색향色鄕으로 이름난 평양의 명기였다. 그녀는 용모와 문장, 가무가 뛰어났는데 매우 도도했다. 누구도 쉽사리 마음을 얻을 수 없었다. 그녀는 시에 빼어났는데 마음에 드는 남자가 없다며 늘 한탄하였다. 심지어 감사의 수청도 거절하였으나, 다음에 보이는 임제의 시에 반해 정분을 나누게 되었다.

엄동에 부채를 주는 걸 괴이하다 말게	莫怪隆冬贈扇枝
자네 아직 나이 어려 그 뜻을 어찌 알리	爾今年少豈能知
그리움에 깊은 밤 가슴에 불 일거든	相思半夜胸生火
오뉴월 복더위 찌는 불길 부채로 식히게	獨勝炎蒸六月時

임제는 겨울에 쓸모없는 부채를 선물하며, 아마 부채에다 이 시를 써서 주었을 것이다. 엄동설한에 부채를 보내는 심사가 한편으로 괴이하고 심술궂지만, 반전의 묘미를 획득한 역설의 여백이 충만하다. 여자의 마음을 얻는 기량이 절묘하다. 오늘날 정녕 그리운 모습이다. 허둥대며 살기 바쁜 오늘, 우리가 잃어버린 여백이 여기 있다. 때로 여름 화로와 겨울 부채, 곧 하로동선夏爐冬扇의 우직함이 오히려 필요한 시대인 것 같다. 여름의 화로와 겨울의 부채는 당장에 아무 소용이 없을지라도, 두고 보면 나중에 다 쓸 데가 있는 법. 느긋하고, 느리게, 그 안에 반전의 싹수가 있기에 아낄만 하지 않을까.

한편 부채에 관한 기생 대가기待佳期의 일화가 있다.

조선 중기의 문신인 이자견102)이 강원감사에 제수되어 갈 때, 기생이 한 쪽이 떨어진 부채를 선물로 주었다. 일 년이 되어 돌아오는데, 다른 부채로 바꾸지 않고 부채 살만 두어 개 붙은 채로 너덜거리니 다들 웃었다. 이에 공이 듣고 말하길, "다들 웃지 마시게, 이것이 진실로 중용中庸의 도道에 능한 것일세" 하니, 사람들이 "어째서 그런가" 하고 물었다. 공이 말하길, "하루 한 번이라도 선善을 얻자면 몸에서 떼지 않고 정성스럽게 해야 잃어버리지 않는 법일세"라고 대답하였다. 대개 부채의 '선扇'이 착할 '선善'과 음이 같기에 끌어다 말한 것이다. 듣는 사람들이 모두 웃다가 까무러쳤다.103)

매창은 부안기생이다. 부안의 명승에서 읊은 회고시 한 수가 전한다.

어수대에 올라서	登御水臺
천년 왕업 옛 절터에	王在千年寺
쓸쓸히 어수대만 남았구나	空餘御水臺
지난 일이야 누구에게 물으랴	往事憑誰問
바람결에 학이나 불러볼까나	臨風喚鶴來

어수대에 올라 지난 신라 왕조를 회고하며, 세월의 무상함을 노래한다. 전북 부안군 내변산 상서면에 위치한 우슬재 위에는 바위들이 병풍처럼 펼쳐진 어수대御水臺라는 명소가 있다. 어수대 위쪽에는 왕등암王䓁菴이라는 봉우리가 있고, 여기서 오른쪽 계곡으로 내려가면 왕재암,

---

102) 이자견李自堅(1454~1529); 조선중기의 문신. 본관 성주星州, 자 자고子固. 1503년 대사간이 되고, 강원도관찰사로 나갔다가 이듬해 갑자사화로 경상도 함창에 유배되었다. 1506년 중종반정으로 풀려났다.
103) 김정국金正國, 『사재척언思齋摭言』.

석재암이라 불리는 암자 터가 있는데, 지금은 이름만 전해진다. 반대편 새재 [조령鳥嶺] 아래쪽에는 왕재사王在寺라는 절도 있었다. 부안에 대한 『동국여지승람』의 기록을 보자.

"왕재암, 석재암 둘 다 변산 옥순봉 동쪽에 있다. 주위 석벽이 가파르고 높은데, 위쪽은 후미지고 평평하여 그야말로 하늘의 조화라 할 만하다. 그 안에 암자가 있으며, 두 절이 서로 잇닿아 있다. 그 동남쪽에 어수대가 있고, 서남쪽에 왕등암이 있는데, 모두 천길 낭떠러지여서 사람이 오를 수가 없다. 절에는 다음과 같은 기문이 있다. '신라왕이 서쪽으로 순행하여 이곳에 이르러 즐기며 돌아가기를 잊었다. 이에 왕재, 석재, 어수 등의 이름이 있게 되었다. 낭떠러지 돌계단이 주위의 구름 걸린 산에 에워싸여 있다. 실로 지장의 별세계요, 하늘이 열린 듯한 뛰어난 경치로 복 받은 곳이다.'"104)

이어서 매창이 부여 백마강가에서 유람하며 읊은 시를 보자.

| 부여 백마강에서 노닐며 | 遊扶餘白馬江 |

강 마을 사립문에 찾아드니　　　　　　水村來訪小柴門
연꽃 진 못은 차고 국화는 화분에 시들어　荷落寒塘菊老盆
석양에 갈까마귀는 고목에서 울고　　　　鴉帶夕陽啼古木
가을을 머금은 기러기는 강을 건너네　　　雁含秋氣渡江雲

누가 서울 인심 자주 변한다 했나　　　　誰云洛下是多變
나는 세상사 듣는 걸 원하지 않네　　　　我願人間事不聞
술동이 앞에 두고 취한다 사양마오　　　　莫向樽前辭一醉
호기로운 신릉군도 무덤에 묻힌 걸　　　　信陵105)豪氣草中墳

---

104) 『동국여지승람東國輿地勝覽』, '부안현' 조.
105) 신릉군信陵君(?~B.C. 244); 중국 전국 시대 위魏나라의 정치가로 이름은 무기

앞의 시도 역시 세상 부귀영화의 덧없음을 비유하고 있다. 신릉군은 위魏 소왕昭王의 아들로서 식객食客을 삼천 명이나 거느리고 위엄과 명망이 천하에 떨쳤다고 한다.

천층암에 올라서	登千層菴
천층 산 위에 그윽이 천년사 서있어	千層隱佇千年寺
상서로운 구름 속 돌길이 나있구나	瑞氣祥雲石逕生
풍경소리 맑게 울리고 별과 달빛도 밝은데	淸磬響沈星明白
온산은 울긋불긋 가을소리 가득해라	萬山楓葉鬧秋聲

천층암은 1990년 전라북도에서 발행한 『사찰지寺刹誌』에 따르면, 변산면 도청리 수전동에 있었던 절이라고 기록하고 있다. 『동국여지승람』 '부안현扶安縣' 조에서 천층암을 찾을 수 있는데, 기록을 보자.

> "청림사淸臨寺는 변산 청연동靑淵洞에 있다. 절 뒤 산 위에 또 청연굴 淸淵窟, 천층암千層庵이 있는데, 암자는 절벽에 붙어 있다. 바위가 갈라지고 돌이 포개져서 나무사다리를 타고 올라갈 수밖에 없는데, 그 위와 아래가 헤아릴 수 없이 깊은 산골짜기이다. 또 본래의 청림사가 있는데, 옛날에 큰 절이었으나 지금은 없어져서 그 터만 남아 있다."106)

기생은 삼십대 후반이면 끝물에 가깝다. 매창이 보여주는 말년의 시세계는 도가道家 사상에 매우 근접함을 알 수 있다. '벗에게 줌贈友人'이라는 시에서 매창은 허망한 이승의 생활에 집착하지 않고 초월적인 선계仙界를 지향하는 태도를 보여준다. 다음의 두 편을 살펴보면, 도교의

無忌인데, 문하에 식객을 삼천 명이나 거느렸다. 전국戰國 말기의 사군四君으로 꼽힌다. 『사기史記』 제77권 참조.
106) 『동국여지승람』, '부안현扶安縣' 조.

시어들이 등장하기 시작한다. 예컨대, 상제, 옥황, 곤륜산, 삼청, 낭풍, 구령, 구고 등의 시어는 다분히 도가적인 풍격을 드러내는데 이것을 보면 티끌 가득한 세상을 바라보는 시인의 눈이 점점 초탈한 선계로 나아감을 보여준다.

| 벗에게 주다 | 贈友人 |

일찍이 동해에 시선이 내렸다는데 曾聞東海降詩仙
이제 옥 같은 글 읽으니 그 뜻 서러워라 今見瓊詞意悵然
구령선인 노닐던 곳 얼마나 생각했는지 緱嶺遊蹤思幾許
삼청세계 심사를 길게도 지었네 三淸心事是長篇
술병 속에 세월은 차고 기울지 않지만 壺中歲月無盈缺
속세에 청춘은 젊음도 잠시일 뿐 塵世靑春負少年
언젠가 상제에게 돌아가거든 他日若爲歸紫府
옥황 앞에 맹세하고 그대와 살리라 請君謨我玉皇前

시의 행간을 읽어보면, 아마 동해 쪽에 떨어져 있는 정인이 시를 한 바리 부쳐왔기에 그걸 읽고 화답하여 준 시로 추정된다. 현실은 팍팍해 그대도 선계를 그리는 듯 긴 시를 지어 구절구절 엮어 보냈다. 술병 속에 세월은 차고 이울어져 우리의 청춘은 벌써 다 가고 말았으니 옥황상제 계시는 그곳에 돌아가서 그대와 함께 하리라는 절절한 사연이다.

| 조롱 속에 갇힌 학 | 籠鶴 |

새장에 갇힌 뒤로 돌아갈 길이 막혀 一鎖樊籠歸路隔
곤륜산 어느 곳에 낭풍이 솟았나 崑崙何處閬風[107]高
푸른 들에 해 지고 푸른 하늘 끊어진 곳 靑田日暮蒼空斷

---

107) 신선이 산다는 곤륜산崑崙山의 꼭대기.

구령 밝은 달은 꿈속에도 괴로워라	緱嶺108)月明魂夢勞
짝 없이 수척한 그림자만 시름겨워 서있고	瘦影無儔愁獨立
저물녘 갈가마귀만 숲 가득 지저귀네	昏鴉自得滿林噪
긴 털 병든 날개 죽음을 재촉하니	長毛病翼催零盡
해마다 슬피 눈물지며 구고를 생각하네	哀唳年年憶九皐109)

 기생은 종종 조롱 속에 갇힌 새에 비유된다. 꿈꾸는 세상은 언제나 이승 너머에 아득하다. 그래서 신선세계를 찾는다. 초월의 의지를 드러내는 한 방편일 것이다. 그리운 사람은 여기 없고 수척한 그림자만 우두커니 기다리며 서있는 내면의 풍경이 잠시 출렁인다. 까악까악 울부짖는 갈까마귀 떼는 불길한 징험을 예견한다. 긴 털과 병든 날개는 죽음을 재촉하고, 온통 검은 빛깔의 슬픔이 가득하다. 그러나 결구의 끝자락은 우뚝하다. 구고九皐는 그걸 상징한다. 비록 숨어 기죽어 지내는 기생이지만 학의 울음 너머 덕과 이름은 널리 퍼져나갈 것이라 한다. 긍정으로의 반전이 놀랍다. 다음에 보이는 시는 매창이 지난 봄날을 회상하며 그리워하는 시이다.

| 봄날에 시름을 풀며 | 春愁 |

1.

긴 뚝 길에 봄 풀빛 너무 쓸쓸해	長堤春草色凄凄
옛님이 오시다 길 잃으시겠네	舊客還來思欲迷
꽃 만발한 옛 동산은 같이 즐기던 곳	故國繁華同樂處

---

108) 중국 주周나라 영왕靈王의 태자 진晉이 피리를 잘 불어 봉의 울음 소리를 냈는데, 뒤에 구령緱嶺에서 신선이 되어 백학白鶴을 타고 갔다 함. 『열선전列仙傳』.
109) 『시경詩經』, 「소아小雅」, '학명장鶴鳴章'에서, "학이 구고九皐에서 우니, 그 소리가 하늘에 들린다鶴鳴于九皐, 聲聞于天" 하였다. 구고는 구불구불한 깊고 먼 늪인데 은자가 숨어살아도 그 덕과 이름이 널로 퍼진다.

온 산에 달은 밝아 두견새 우네	滿山明月杜鵑啼

2.

지난해 이 저녁 요지의 잔치에서	曾年此夕瑤池110)會
나는 술잔 앞에 춤도 추었지요	我是樽前歌舞人
선성의 옛님은 지금 어디 계신지	宣城111)舊主今安在
남은 꽃잎 그 봄인 양 섬돌에 깔렸네	一砌殘花昔日春

오늘 봄을 보고 지난 봄을 회고하고 있다. 임이 함께 계시지 않는 봄날은 풀빛조차 쓸쓸하여, 그리운 임이 오시다가 혹여 길이라도 잊을까 근심한다. 지난 이맘때 어느 봄날 저녁연회에서 춤추며 노래 불렀는데, 옛날의 그리운 임은 어디서 뭘 하시는지, 꽃잎만 섬돌 위에 분분히 날린다고 하여, 갈피를 잡을 수 없는 심정을 드러내고 있다. 매창의 다음 시는 스스로 마음 상해서 과거에 대한 회한을 드러낸 작품이다.

스스로 마음 상해서	自傷

1.

삼년이나 서울을 꿈꾸었지만	京洛三年夢
호남에 또 봄이 왔네	湖南又一春
황금에 옛 뜻을 저버리니	黃金移古意
한밤중 홀로 마음 상해라	中夜獨傷神

---

110) 요지瑤池는 선녀인 서왕모西王母가 거주하는 곤륜산崑崙山의 선경인데, 목천자穆天子가 서왕모를 찾아가 요지 가에서 함께 연회했던 것을 말한다.『열자』「주목왕周穆王」에 "마침내 서왕모의 빈이 되어 요지 가에서 연회를 가졌다. 遂賓于西王母, 觴于瑤池之上"라고 하였다.
111) 중국 남조南朝의 시인 사조謝朓가 선성태수宣城太守로 있었는데, 이 시에서는 원주原州를 말함.

2.
서울에서 온 풍류객	洛下風流客
맑은 얘기 오래 주고 받았네	淸談交契長
오늘 마음 변해 헤어지자니	今日飜成別
헤어지는 술잔에 애가 끊기네	離盃暗斷腸

3.
한 조각 무지개 빛 꿈	一片彩雲夢
깨고 보니 온갖 생각뿐	覺來萬念差
즐겁던 양대는 그 어딘지	陽臺112)何處是
날 저물어 수심만 가득해라	日暮暗愁多

4.
한바탕 꿈 놀라 깨니	驚覺夢邯鄲113)
행로난 나직히 읊조리네	沈吟行路難114)
내 집 처마에 든 제비	我家樑上燕
낭군님 돌아올 날 알려주려나	應喚主人還

규중에서 한스러워   閨中恨

1.

---

112) 남녀의 정교情交를 의미함.
113) 중국 당唐 나라 때 노생盧生이 일찍이 한단邯鄲에서 도사道士 여옹呂翁의 베개를 베고 잠이 들었는데, 노란메조黃粱로 밥을 한 번 짓는 동안에 세상의 부귀공명富貴功名을 다 누린 꿈을 꾸었다는 고사에서 온 말로, 전하여 부귀공명이 덧없음을 의미한다.
114) 악부樂府의 잡곡雜曲으로, 세상살이의 어려움과 이별의 정을 담고 있다. 원래는 민간의 가요였는데, 문인들이 이 곡에 비겨 시를 지음으로 인하여 악부에 수록되었다. 그중에 남송 포조鮑照의 '의행로난擬行路難' 열아홉 수와 이백李白의 '행로난' 세 수가 유명하다.

배꽃 만발한 꽃밭에 두견새 우니　　　　　　　　瓊苑梨花杜宇啼
뜨락 가득 달빛 비춰 더 서러워라　　　　　　　滿庭蟾影115)更凄凄
꿈길로나 만날까 잠은 오지 않고　　　　　　　　相思欲夢還無寐
일어나 매화 핀 창가 기대니 새벽 닭 우네　　　起倚梅窓聽五鷄116)

2.
대숲에 봄 깊어 날 더디 새는데　　　　　　　　竹院春深曙色遲
사람 없는 작은 뜰에 꽃잎만 나네　　　　　　　小庭人寂落花飛
거문고 비껴 안고 강남곡 타니　　　　　　　　瑤箏彈罷江南曲117)
가득한 시름에 한 조각 시가 되었네　　　　　　萬斛愁懷一片詩

시름에 겨워　　　　　　　　　　　　　　　　　　愁思

1.
비갠 뒤 서늘한 바람 대자리에 부니　　　　　　雨後凉風玉簟秋
밝고 둥근 달은 다락 끝에 걸렸네　　　　　　　一輪明月掛樓頭
외로운 방에 밤 지새니 귀뚜라미 울어　　　　　洞房終夜寒蛩響
마음 짓이겨 온갖 시름 쌓이네　　　　　　　　擣盡中腸萬斛愁

2.
떠돌며 밥 먹기 평생 부끄럽게 여겨　　　　　　平生恥學食東家
찬 매화 비추는 달빛 홀로 사랑하였지　　　　　獨愛寒梅映月斜
세상사람은 고요히 사는 뜻이야 알지 못해　　　時人不識幽閑意
제 맘대로 손가락질하며 잘못알고 있더라　　　指點行人枉自多

---

115) 섬영蟾影의 본래 뜻은 '달 속의 두꺼비'란 의미인데, 이 시에서는 달그림자, 월광月光을 말함.
116) 새벽닭으로 오경에 맞추어 울음을 운다고 하여 '오경계五更鷄'라 함. 곽헌郭憲의 『동명기洞冥記』에 나옴.
117) 강남곡은 '강남채련곡江南採蓮曲'으로, 벗끼리 서로 화답하는 악부의 곡명.

매창은 임진, 계사년에 전장에 나가있는 유희경을 잊을 수 없어, 옛날을 떠올리며 이별의 아픔을 노래한다.

옛날을 생각하며   憶昔

임진 계사년 왜적들이 쳐들어 왔을 때   謫下[118]當時壬癸辰
이 몸 시름과 한 뉘와 더불어 풀었으리   此生愁恨與誰伸
홀로 거문고 끼고 고란곡을 뜯으며   謠琴獨彈孤鸞曲
서글피 삼청 세계 계시는 그대를 그려보네   悵望三淸[119]憶玉人[120]

어느 가을 매창은 병들어 몸져눕고 말았다. 서른여덟 살에 세상을 떴으므로 아마 마지막 가을쯤으로 보인다. 스스로 진술하기를, 굶주림과 추위로 고달픈 '사십년'이라 말한 걸 보면, 지나온 날을 더듬는 이승의 마지막 고백이라 보여진다.

가을에 병들어   病中秋思

텅 빈 규방에 외로이 병든 몸   空閨養拙病餘身
굶고 떤 사십년 길기도 하네   長任飢寒四十春
묻노니 인생 살아야 얼마나 사는가   借問人生能幾許
수건 마를 날 없는 가슴 속 회포여   胸懷無日不沾巾

소홍小紅은 영조 때 평양기생이다. 다음의 절구 한 편을 보자.

---

118) 적하謫下는 원래 귀양가는 것을 말하나, 이 시에서는 티끌같은 세상에 귀양와서 고초를 겪는 것을 말한 것이다.
119) 삼청三淸은 도가道家에서 말하는 신선이 사는 곳이라고 하는 옥청玉淸, 상청上淸, 태청太淸의 삼부三府를 말함.
120) 옥인玉人은 옥같이 마음이 아름다운 사람. 곧, 정인情人을 말함.

북풍은 눈을 몰고 와 주렴을 치는데　　　　北風吹雪打簾波
　　잠 못 이루는 긴 밤은 정녕 어이하리　　　　永夜無眠正若何
　　훗날 내 무덤엔 찾아오는 이도 없을 터　　　塚上他年人不到
　　가련하여라 이 세상에 한 가지 꽃이로다　　　可憐今世一枝花

일지화一枝花는 한 송이 꽃으로, 여성의 아름다움을 비유한 것이다. 여기서는 소홍 자신을 가탁假託한 것이다. 시의 분위기는 냉랭하여 한기가 감돈다. 불면의 밤을 하얗게 지새고 나면 죽음의 그림자가 여린 한 가지 위에 꽃 한 떨기로 북풍에 얼어 떨어질 찰나이다. 심상心象은 자신의 가련한 처지를 극적으로 한 가지 꽃 위에 살포시 얹어, 참으로 위태롭다.

　이어서 평양기생인 무명無名의 기생이 지은 시를 보자. 제목을 알 수 없다.

　　첩은 본디 천상에 월랑이었다가　　　　　　妾曾天上月中娘
　　세상에 귀양 와 으뜸가는 창기 되었네　　　謫下人間第一娼
　　만약 고소대 위에 서게 하였다면　　　　　　若使姑蘇臺上立
　　서자가 오왕을 취하게 하지는 않았으리　　　不敎西子醉吳王

　고소대姑蘇臺는 중국 춘추시대의 오나라 왕 부차夫差가 월越나라 왕 구천句踐을 쳐서 항복시키고 얻은 미인 서시西施를 위해 고소산姑蘇山 위에 쌓은 누대의 이름이다. 오왕 부차는 서시와 천여 명의 궁녀를 거느리고 이곳 고소대에 노닐며 영화를 한껏 누렸다. 그가 전쟁에서 승리하여 얻게 된 서시는 중국 춘추시대 월나라의 미인인데, 구천이 오나라에게 패한 뒤에 미인계美人計로 서시를 부차에게 보냈다. 부차는 서시에게 미혹되어 고소대를 짓고 정사를 돌보지 아니하여, 드디어 와신상담하던 구천과 범려121)의 침공을 받아 망하고 말았다.

이름이 알려지지 않은 어느 못생긴 기생이 스스로 평양감사 박엽朴燁을 곁에서 모시기를 청하자, 감사가 화를 내며, '네가 무슨 재주가 있느냐' 하고 힐난하였다. 기생이 대답하기를, '시를 잘 지을 줄 알아, 미모를 대신할 수 있습니다'라고 하였다. 이에 박엽이 운을 떼자, 기생이 즉석에서 이 시를 읊었다고 한다. 자신이 서시와 같은 미인은 비록 아니지만, 글 짓는 재주가 있기에 오왕을 취하게 만들어 나라를 망치게 하지는 않으리라는 뜻으로 은근히 풍간諷諫하고 있다. 이쯤 되면 박색薄色도 미색도 거기가 거기, 다 제 뜻대로 제 몫이 나름 있다고 은근슬쩍 자부하고 있다. 기지奇智가 놀랍다.

유섬섬柳纖纖은 전주全州기생이다. 생애는 알 길이 없다. 다만 시 한 수가 전한다. 진주 남강南江 깎아지른 암벽 위 촉석루矗石樓 옆에 세워진 의기사義妓祠에서 논개論介의 제사를 지내며 읊은 것이다.

의로운 기생의 혼백을 부르며	招魂義妓
가련하다 가련하다	可憐佗可憐佗
의로운 기생 가련하다	義妓先生可憐佗
한 구절 황량한 제문에	一片荒詞
식어빠진 제기에 이 빠진 술잔 가련하다	冷豆殘盃可憐佗
선생께서 만약 남자 몸으로 태어났더라면	先生若爲男子身
충렬사에 혈식 받는 분 되었으리라	忠烈祠中血食人

---

121) 범려范蠡; 생몰년대 미상. 중국 춘추전국시대 월나라의 정치 군사 경제학자. 자 소백少伯. 전하기를 초나라 평왕 20년(B.C. 517) 출생이라고도 한다. 춘추전국시대 초나라 완지(지금의 하남성 남양)사람으로 회계會稽에서 패한 구천句踐을 도와 오왕吳王 부차夫差를 멸망시키고 뒤에 산둥山東의 도陶에 가서 도주공陶朱公이라고 자칭하고 큰 부富를 쌓았다. 월왕 구천을 섬기고 구천을 춘추오패에 설 수 있게 기여한 공로가 크다.

논개(?~1593)는 전북 장수 출신으로 성은 주朱씨인데, 진주목晉州牧의 관기로 선조26년(1593) 임진왜란 중 진주성이 일본군에게 함락될 때 촉석루에서 벌인 주연에 기녀로서 참석하여 술에 만취한 왜장 '게야무라 로쿠스케毛谷村六助'를 의암義巖으로 유인하여 왜장을 껴안고 남강에 뛰어들어 순국한 의로운 기생이다. 사회의 멸시를 받던 기녀의 몸으로 나라를 위하여 자신의 목숨을 바친 충성심에 감동한 유몽인이 뒤에 『어우야담』에 채록하여 널리 알려졌다. 계사년 오월, 왜군에게 진주성이 함락되었다. 그 뒤 해마다 진주 촉석루와 충렬사, 그리고 논개의 넋을 기리는 의기사에서는 제사를 올려 전몰한 영령을 기렸다. 이때 진주 기생이 다른 고을 기생에 비해 뽐내는 기색이 두드러져 유섬섬이 말하길, "내가 듣기로는 의기 논개는 본래 전라도 장수 태생이다"라고 하였다. 그러자 진주 기생들이 감히 항변하지 못하였다. 그때 김진사가 좋은 말로 서로의 마음을 풀어주었다. 이에 유섬섬이 장고를 치며 육자배기로 이 노래를 불렀는데, 어양漁陽에서 비고鼙鼓를 두드리는 것 같아 모두 혀를 내둘렀다. 안지정安之亭이 말하기를, "후배가 선배를 선생이라고 하는데, 논개를 선생이라고 부르는 것은 노래의 특색이며, 또 의기 논개에게 감복하고 있다. 충렬사와 대등하게 보지 않는 것 또한 갸륵하다" 하였다. 이 사실은 『조선해어화사』에 보인다. 안지정은 구한말 사람으로 이름이 왕거往居, 초명은 택중宅重, 본관은 광주廣州로 김해에서 살았다. 『신해음사시집』과 고금의 조선 여인이 지은 규방의 시가를 모아 만든 문집인 『열상규조』를 펴냈다.

백거이의 장한가長恨歌에 "어양비고동지래漁陽鼙鼓動地來 곧, 어양 땅에서 전쟁의 북소리가 땅을 울리며 들려오고"란 구절이 있다. 혈식血食은 나라에서 경비를 조달하여 피 묻은 산짐승을 잡아서, 국전國典으로

치르는 제사를 말한다. 한편, 다산茶山 정약용은 '진주의기사기晉州義妓
祠記'를 썼는데, 의기 논개의 전말을 상세히 기록하고 있다.

"부녀자들의 성품은 죽음을 가볍게 여긴다. 그러나 하품인 사람은
분독忿毒을 이기지 못하여 울적하여 죽고 상품인 사람은 의로워서 그
몸이 더럽혀지고 욕을 당하는 것을 참지 못하여 죽는다. 그가 죽었을
때 모두들 절개가 바르다고 한다. 그러나 대개의 경우 자기 혼자 죽는
데 그친다. 창기娼妓와 같은 부류는 말할 나위도 없다. 어려서부터 풍
류스럽고 음탕한 일과 정을 옮기고 바꾸는 일에 길들여졌으므로, 그들
의 성품은 흘러다니고 한 군데 머물러 있지 않는다. 그들의 마음 또한
남자들은 모두 남편이라고 생각한다. 부부의 예에서도 오히려 그러한
데, 하물며 군신의 의리를 조금이라도 아는 이가 있겠는가. 그러므로
예로부터 전쟁터에서 멋대로 미녀를 약탈한 경우가 이루 헤아릴 수 없
지만 죽어서 절개를 세웠다는 말을 들어본 적이 없다. 옛날에 왜구가
진주를 함락하였을 때 의로운 기생이 있었으니, 그녀는 왜장을 꾀어 강
가운데 있는 돌 위에서 마주 춤을 추다가 춤이 한창 무르익어 갈 즈음
에 그를 껴안고 강에 몸을 던져 죽었는데, 이곳이 그녀의 의로운 절개
를 기리는 사당이다. 아, 어찌 열렬한 현부인이 아니랴. 지금 생각해 볼
때, 왜장 한 명을 죽인 것이 삼장사三壯士122)의 치욕을 씻기에는 부족
하다고 하겠으나, 성이 함락되려고 할 때 이웃 고을에서는 병사를 풀어
서 구원해 주지 아니하고, 조정에서는 공적을 시기하여서 패하기만 고
대하였다. 그리하여 견고한 성의 연못을 적군의 손아귀에 떨어뜨려 충
신과 지사의 분노와 한탄이 이 일보다 심한 적이 없었는데, 보잘것없는
한 여자가 적장을 죽여 보국하였으니 군신간의 의리가 환히 하늘과 땅
사이에 빛나서, 한 성에서의 패배가 문제되지 아니했다. 이 어찌 통쾌
한 일이 아닌가. 사당이 오래도록 수리를 하지 못하여 비바람이 새었는

---

122) 삼장사三壯士; 임진왜란 때 진주의 촉석루에 올라 통탄痛歎하며 죽기로 맹세하
고 나라에 충성을 다할 것을 다짐한 세 장사로, 김성일金誠一, 조종도趙宗道, 이
로李魯를 말하는데, 혹은 진주성이 함락될 때 투신 자결했던 김천일金千鎰, 최
경회崔慶會, 고종후高從厚를 삼장사라고 일컫기도 한다.

데, 지금의 절도사 홍공洪公이 부서진 것을 고치고 새롭게 단청을 칠한 다음 나에게 그 일을 기록하게 하고, 자신은 절구 한 수를 지어 촉석루 위에 걸었다."[123]

　논개는 진주병사 최경회崔慶會의 첩으로 사랑을 받았는데, 1593년 5월 4일 제3차 진주성전투에서 왜군 육만 명을 맞아 싸우던 수많은 군관민이 전사 또는 자결하고 마침내 성이 함락되자, 왜장들은 촉석루에서 주연을 벌였다. 논개는 울분을 참지 못하고 전사한 장군의 원한을 풀어주고자 열 손가락 마디마디에 반지를 끼고 술에 취한 왜장 게야무라 로쿠스케를 꾀어 푸른 강물 가운데 있는 바위에 올라 껴안고 남강에 떨어져 함께 죽었다. 뒤에 이 바위를 의암이라 불렀으며, 경종1년(1721) 진주성민의 요청을 받은 경상우병사 최진한崔鎭漢은 기녀의 신분으로 대의를 위하여 목숨을 바친 논개의 의열에 대한 국가의 포상을 비변사에 건의하고 관민 합동으로 의암사적비를 건립하였다. 또 영조16년(1739)에는 경상우병사 남덕하南德夏의 노력으로 의기사가 의암 부근에 세워지고 논개에 대한 추모제가 매년 치러지게 되었다. 또한 헌종12년(1846)에는 당시 현감 정주석鄭冑錫이 장수군 장수면 장수리에 논개가 자란 고장임을 기념하기 위하여 논개생향비論介生鄕碑를 건립하기도 하였다.
　위당 정인보[124]는 시조 두 수를 남겼다. 진주 의기사 논개 추모제에 참례했을 때 지은 작품이다.

---

123) 정약용, 『다산시문집茶山詩文集』 제13권, '진주의기사기晉州義妓祠記' 참조.
124) 정인보鄭寅普(1893~1950); 한학자, 교육자. 본관 동래東萊, 어릴 때 이름은 경시景施. 자 경업經業, 호 담원薝園, 미소산인薇蘇山人, 아호 위당爲堂, 서울 출신. 저서 『조선사연구』, 『양명학연론』, 『담원시조집薝園時調集』, 『담원문록薝園文錄』, 『담원국학산고薝園國學散藁』.

진주의기사영송신곡晋州義妓祠迎送神曲125)

계실 젠 진주기생 떨어지니 나라 넋이
남강물 푸른빛이 그제부터 더 짙어라
오실 제 길 묻지 마소 핏줄 절로 당기리

예 맞고 문 닫으니 물 넘어는 산들이다
이 강산 못잇기야 죽어살어 다르리까
돛단배 어이 섰는고 님이신 듯 하여라

또한 수주 변영로126)는 현대시로써 논개의 넋을 달랬다.

논개127)

거룩한 분노는
종교보다도 깊고
불붙는 정열은
사랑보다도 강하다

---

125) 정인보, 『담원시조집』, 을유문화사, 1948.
126) 변영로卞榮魯(1897~1961) 호는 수주樹州. 경기도 부천 출생. 1920년 『폐허』 동인으로 문단 데뷔, 1922년 이후 『개벽』지를 통해 해학이 넘치는 수필과 발자크의 작품을 번역 발표. 1924년 일제하의 민족적 울분을 노래한 시집 『조선의 마음』 출간, 1933년 미국 캘리포니아주 산호세대학 수료, 1935년 동아일보사 입사, 『신가정新家庭』 편집장. 그는 『신가정』 표지에 손기정 선수의 다리만을 게재하고 '조선의 건각'이라고 제목을 붙이는 등 일본 총독부의 비위를 건드려 압력을 받아 회사를 그만두기도 하였다. 1927년 '우리의 것'을 알아보기 위해 백두산에 올라가 '두만강 상류를 끼고 가며' '정계비定界碑' '천지天池 가에 누워' 등 십여 편의 시를 발표. 수필집 『명정酩酊 40년』, 1981년 3월 20주기에 『수주 변영로 문선집樹州卞榮魯文選集』 출간.
127) 『신생활』, 1923.

아! 강낭콩꽃보다도 더 푸른
그 물결 위에
양귀비꽃보다도 더 붉은
그 마음 흘러라.

아리땁던 그 아미蛾眉
높게 흔들리우며
그 석류 속 같은 입술
죽음을 입맞추었네!

아! 강낭콩꽃보다도 더 푸른
그 물결 위에
양귀비꽃보다도 더 붉은
그 마음 흘러라.

흐르는 강물은
길이길이 푸르리니
그대의 꽃다운 혼
어이 아니 붉으랴

아! 강낭콩꽃보다도 더 푸른
그 물결 위에
양귀비꽃보다도 더 붉은
그 마음 흘러라.

  나말 여초에 살았던 경주 기생 전화앵轉花鶯(900~1100?)은 망국의 설움과 의리를 한 몸에 지고 간 충절의 명기였다. 경남 울주군 두서면 활천리 산 57번지, 양지바른 야트막한 산기슭에 고려 때 동도東都의 명기로 이름났던 전화앵의 무덤이 있다. 전화앵은 조선 성종 12년에 편찬된 지리지인 『신증동국여지승람』에 최초로 등장한다. 그 후 경주읍지인

『동경통지東京通志』(1933) 등 지방 역사서에 기록이 있다. '열박령은 경주 남쪽 삼십 리에 있고, 동도의 기녀 전화앵이 묻힌 곳'128)라고 기록하고, 고려 명종 때의 문인 김극기129)의 한시를 함께 실어놓았다. 김극기의 시에서 전화앵을 재색과 충절을 갖춘 기녀로 묘사했다. 전화앵의 역사적 기록은 그것이 전부다. 전화앵이 묻힌 곳이 경주 남쪽 삼십 리라고 씌어 있을 뿐이나 전화앵의 명성은 당시 고려에 널리 알려져 있었던 것 같다. 그녀에 관한『동국여지승람』내용은 다음과 같다.

열박령은 경주부의 남쪽 삼십 리에 있는데 동도 명기 전화앵이 묻힌 곳이다. 이를 읊은 김극기의 시가 있다.

옥 같은 모습 혼 재촉해 저 세상 가니	玉貌催魂隔世
헛되이 하늘가 바위벽만 바라볼 뿐	空端只見層巔
신녀가 비를 모아 무협에 뿌리는데	神女雨收巫峽
아름다운 이, 바람은 낙천에 끊겼네	麗人風斷洛川
운학무를 추던 소매 땅에 끌리고	雲學舞衫曳地
월투가 부르며 흔들던 부채 하늘에 닿는데	月偸歌扇當天
지나는 길손 그 아름다움에 마음 상하여	行客幾傷芳性
붉은 눈물에 손수건 촉촉히 젖는구나	滿布紅淚泫然

김극기는 젊어서부터 문명이 높았고 문과에 급제했으나 관직에 뜻이

---

128) 『신증동국여지승람』권21, 「경주부」, 고적, '열박령', "悅朴嶺在府南三十里, 東都名技口轉花鶯所埋之地."
129) 김극기金克己(1379~1463); 고려 말 조선 초의 학자이자 문신. 본관 광산光山, 자 예근禮謹, 호 지월당池月堂. 어려서 총명하여 열 살에 시를 짓고, 특히 이숭인李崇仁의 총애를 받았다. 고려가 망한 뒤 세상을 등지고 과거를 폐하고 산수를 찾아 시를 지으며 소일하였다. 평장동平章洞에 정자를 짓고 '지월池月'이란 편액을 달고 자연과 벗하며 시로써 일생을 보냈다.『동국여지승람』에 실린 그의 시는 백 편이 넘는다. 삼현사三賢祠에 봉안, 저서『지월당유고』.

없어서 청풍명월을 벗 삼아 초야에 묻혀 시를 즐기며 살았다. 명종 때 학행으로 한림원에 보직되었으나 얼마 후에 죽었는데 문집이 백오십 권이나 된다. 이현희 교수의 『조선명기열전』에는 전화앵은 나라에 대한 충절이 뛰어난 기생으로 다루어졌다. 전화앵은 고려에 의해 신라가 패망하자 신라의 고관대신들이 경순왕과 함께 개경으로 옮겨가면서 그들이 아끼던 전화앵에게 개경으로 갈 것을 권유하지만 전화앵은 "대감들이나 개경에 가서 잘 사시오. 나는 여기서 영원히 신라를 지키겠소" 하며 서라벌을 떠나 열박령에 들어가서 신라의 화려했던 영화를 회고하며 쓸쓸히 살다가 죽었다고 한다. 전화앵은 죽은 뒤에도 열박령의 신모神母가 되어 열박령을 넘는 나그네들을 지켰다고 전한다.

초월楚月(1832~?)은 조선 헌종조에 참관과 대사간을 지낸 동암桐庵 심희순130)의 첩실로 한때 용천 기생이었다. 그녀는 열다섯 살 때 임금에게 무려 이만여 자에 달하는 상소를 올렸다. 개화기에 영의정을 지내고 일제강점기에 중추원 의장을 지낸 용암蓉庵 김병시131)의 안동 김씨

---

130) 심희순沈熙淳(1819~1864); 본관 청송靑松. 자 호경皞卿, 호 동암桐庵. 삼사三司의 여러 관직을 거쳐 철종7년(1856) 이조참의, 1857년 대사성에 올랐다. 마흔다섯 살의 젊은 나이에 생을 마감했다. 추사秋史에게 그 재능을 크게 인정받았으나 서예가로서 후세에 명성을 떨치지는 못했다. 추사와 연령 차이는 서른셋 아래이다. 그는 당시 최고의 지식인 추사 김정희金正喜(1786~1856)의 말년 애제자였다. 그런데 초월이 자신의 남편인 심희순을 깎아내리는 걸 보면 서슬이 시퍼렇다. 추사가 심희순을 칭찬한 편지와 곁들여 읽으면 매우 흥미롭다. "제자(심희순)가 보내 주신 대련 글씨는 결코 압록강 동쪽의 기운과 품격이 아닙니다. 청나라의 김농이나 정섭처럼 하늘의 기세가 흘러 꿈틀거리며 매우 교묘한 솜씨라 할지라도 이를 넘어설 수 없으니, 나(추사) 같은 사람은 육십 년 동안 전력해서 한두 가지는 얻은 것이 있다고 생각했는데도 이것을 보니 얼마나 뒤떨어졌는지 알 수 없구려." 실로 대단한 칭찬인데 노경에 이른 추사가 얼마나 심희순의 재능을 높이 보는지 짐작하는 데 어려움이 없다. 그런데 그의 첩인 초월은 일 년도 채 같이 살아보지 않았는데 어떻게 알았는지 심희순의 다른 면을 적나라하게 까발린다.

집안에서 소장한 초월의 상소문 초고 필사본이 발견되었다. 선비들과 벼슬아치들만 상소를 올린 것이 아니라 미천한 평양 용천 기생으로 양반의 첩이 된 초월이 헌종 12년 상소를 올려 자신에게 내려진 '숙부인'이라는 직첩을 자진하여 거두어 달라고 간청했다. 비록 벼슬아치 심희순의 첩이 되었지만 본디 천한 창기의 신분으로 숙부인이라는 직첩은 과하다고 하고, 또한 남편의 죄목을 샅샅이 들먹이며 죽어 마땅한 인물인 만큼, 삭탈관직 하라고 호소했다. 그리고 조선말기 헌종 당시 사회체제의 붕괴, 세도정치의 폐해, 관리의 부정부패, 민생의 어려움, 전하의 부적절한 처신 등을 세세하게 적시하고 있다. 자신의 미욱한 남편에서 시작하여 '번드르한 얼굴을 한 대도大盜'인 벼슬아치의 부패상, 권세가의 살찌는 곳간, 갓난아이에게까지 물리는 과도한 군역, 걸주桀紂을 닮아가는 임금의 주색酒色에 이르기까지 직소하고 "엎드려 원하오니 신의 죄를 살피시어 타당하다면 네 수레에 팔다리를 매어 찢어 죽이는 차열車裂형에 처하고, 종로 큰길 위에 조리돌린 연후 서소문 밖에서 능지처참하여 만 사람의 혼이 돌아보지 않게 하소서"로 끝맺고 있다. 이는 실제로 『헌종실록』에 실린 글은 아니고, 1979년 편찬된 평안북도 도지에 적힌 내용이다. 여전히 고증이 더 필요하지만, 조선조에 임금에게 올린 가장 격렬하고 용기 있는 상소문 초고 가운데 하나일 것이다. 상소문 초고의 일부 내용을 살펴보자.

"고대광실에서 살게 되고, 붉은 난간과 그림 같은 누각 속에 노닐며,

---

131) 김병시金炳始(1832~1898); 조선후기의 문신. 자 성초聖初, 호 용암蓉庵, 본관 안동安東. 철종13년(1862) 총융사摠戎使, 어영대장御營大將, 무영도통사武營都統使 등 무관직 역임, 고종7년(1870) 충청도관찰사. 이조・호조판서, 임오군란壬午軍亂으로 대원군이 잠시 재집정했을 때 지삼군부사知三軍府事. 저서『용암집蓉庵集』, 시호 충문忠文.

비단 옷과 장식을 온몸에 감고, 바다와 땅의 맛있는 음식을 먹으며, 거처와 잠자리와 출입이 뜻대로 되지 않는 것이 없었습니다……법전에는 사족士族의 딸에게만 내릴 수 있는 부인 직첩을 천출인 제게 내린 것은 천 번 만 번 부당하고 불가한 일입니다. 저는 서울에서 멀리 떨어진 곳에서 노는 계집이었고, 나라에 한 치의 공도 없는데 직첩을 내려주시니 어찌 감당하오리까? 전하께서 재삼 생각하시어 이것을 거두어주소서……

 제 남편 희순의 죄를 아뢰겠습니다. 재상의 손자이고 선비의 아들인 그는 사람됨이 미욱하여 가난한 사람을 업신여기고 무단히 타인을 냉대하는 태도가 있습니다. 옛 글을 배우는 데도 힘쓰지 않아 보리와 콩을 구분하지 못하는 숙맥이요, 고기 어魚자와 노나라 노魯자도 헷갈릴 만큼 무식합니다. 지각이 없고 소견이 좁아 말이 통하지 않으니, 밥통이나 다름없습니다. 그릇에 담긴 밥이 높으면 생일인 줄 겨우 알고, 동녘에 해가 뜨면 날이 가는 줄 겨우 알 뿐입니다……이 같은 위인이 마음 둔 데는 높아 겨우 이십여 세에 과거의 등용문에 오르고 백 일도 못 차 대간과 옥당에 올라 천은이 망극함에도 다만 국록만 탐내고 부모가 길러준 은혜는 돌보지 않으면서 축첩만 일삼아 집안에 음률이 그치지 않고 건달가객과 벗삼아 낭자하게 술판을 벌여 밤낮을 가릴 줄 모릅니다. 콧방귀나 텅텅 뀌고 팔뚝을 쏙쏙 내밀며 큰소리나 치는 호기만 드높아, 옆에는 보이는 사람이 없고, 술잔이나 들면 방자하여 망측하기 이를 데 없습니다. 나들이에는 준마를 타고, 가벼운 비단옷을 들쳐 입어 행색이 휘황찬란하니 거리의 시정배와 천한 백성, 가난한 선비들이 부러워 입을 다물지 못하면서도 한편으로는 손가락질하며 어찌 저럴 수 있느냐고 합니다. 재상 심상규의 손자로 벼슬이 하늘처럼 높으니, 아무도 감히 당해낼 수야 없지만, 나라가 위태로운데 세간의 병으로 인한 고통도 도무지 모르고, 크고 작고 무겁고 가벼운 일과, 옳고 그르고 길고 짧고 모나고 둥글고 굽고 곧고 먼저 해야 할 일에 대해 전혀 몰지각하니 국록을 축내는 큰 도적이 비단 이 한 사람이 아니고 온 조정이 다 이와 같으니 누가 착하고 누가 악하겠습니까? …저의 남편이 임금을 속인 죄는 하늘과 땅 사이에 하도 커 어떻게 처치해야 할지 알지 못해서, 천 번 죽어도 오히려 가볍고 만 번 죽어도 아깝지 않으며, 천 번 칼로 찌르고

만 번 귀양 보내도 다하지 못할 듯 하온데 어찌하오리까? 전하께서 부처님 같은 은혜로 지아비의 죄를 용서하신다 하더라도 삭탈관직하여 시골로 내쳐 십년을 두문불출하게 하여 부지런히 성현의 글을 읽고 스스로 몸을 닦게 하는 것이 평생 소원이옵니다.....

백성은 주리고 목마른 것이 뼈에 사무쳐 얼굴이 퉁퉁 붓고 가죽이 누렇게 들며 염치불구하고 문전걸식해도 제대로 얻어먹을 수 없습니다. 길에는 굶어 죽은 주검이 엎어져 있고, 들과 구렁에는 송장이 널린 것을 보았습니다. 그래도 그때는 간혹 인심이 순박하고 두터운 곳이 많았는데 요즘은 풍년을 당해도 세태가 각박합니다......

전하께서는 밤늦게 술을 마셔 눈이 게슴츠레하고 옷고름을 매지 못할 만큼 몸을 가누지 못하면서 익선관도 벗어버리고 왼손으로 창녀의 치맛자락을, 오른손으로 지팡이를 짚고 난간에 기대서서 '사대부집 조선 대사마 대장군 여기 있다'고 노래를 부르시니 전하의 출신이 사대부 집안에서 난 분보다 못해 하시는 말씀입니까.....남자는 장가들고 여자는 시집가 정답게 사는 것이 군자나 소인이나 마찬가지인데, 전하께서는 중전中殿을 죄 없이 홀대하니 까닭을 모르겠습니다. 중전은 덕행이 주나라 문왕의 어머니 임사와 같고, 친정 부모를 떠나 깊은 궁궐로 들어와 전하를 섬기고 아랫사람을 거느림에 예절을 다 갖추는데 무슨 까닭으로 멀리 하십니까? …중전은 식음을 전폐하고 어두운 방에 길게 누워 스스로 죽으려 하나 죽지도 못하고 있사옵니다. 부부인(중전의 친정 어머니) 안씨가 천지신명과 부처님 전에 전하와 중전이 화합해 동궁 세자를 탄생하게 되면 당장 죽어도 여한이 없다면서 비는 판이니 어찌 뼛속에 사무치지 않습니까?....몰지각하고 분별없는 풋나기들을 총위영 교졸로 뽑아 한 달에 대여섯 번씩 진 치는 놀이를 하십니다. 전하께서 스스로 대장이 되고 서의순을 부장으로 삼고 이홍식으로 중군을 맡게 해서 깃발과 창검이 휘황찬란하게 번쩍이고 말 달리는 소리와 다투는 소리가 궐문 밖까지 들립니다......그런데 백성들이 뭐라고 하시는지 아십니까? '이번에는 전하께서 이기셨다는군. 그런데 무슨 전쟁을 한 거지? 병자호란이야, 아니면 임진왜란이야?......그런데 남대문 밖 한림원에 두 처녀가 사는데, 언니는 마흔이나 되고 동생은 서른이라고 합니다. 이들은 대신 김 아무개의 현손녀로 조실부모하고 남자 형제나 일가친척, 외가의 겨레붙이도 없어 무너진

세 칸 초가집에서 비바람도 가리지 못한 채 사는데 시집도 가지 못했다고 합니다. 전하께서 혼처를 주선하게 해주시면 혼수는 신이 마련해 보겠습니다……
　　엎드려 원하노니 신의 죄를 결정지어 네 수레에 팔다리를 매어 찢어 죽이는 형벌을 내려 종로 큰길 위에 조리를 돌려 만 사람이 한마디로 죽여 마땅하다는 소리를 하지 않는 사람이 없도록 한 뒤 서소문 밖에서 능지처참하여 만 사람의 칼머리 아래 놀란 혼이 돌아보지 않게 하소서."132)

진옥수陳玉樹는 본명이 진옥섬陳玉蟾인데, 중국 진陳나라 후주後主의 '옥수정화玉樹庭花'에서 뜻을 딴 것이다. 그녀는 금릉133) 기생이다. 생몰년대는 알 길이 없으나 원래 서울 광교에 살았으며 노래와 춤으로 궁중진연進宴에 뽑혀 이름을 떨쳤다고 한다. 이 작품이 다른 사람의 차자借作이라는 설도 있다. 다음의 시를 살펴보자.

　　상원 밤에 느낌이 있어　　　　　　　　　　　上元夜有感

　　우리 집 일찍이 광통교에 있어　　　　　　　儂家曾住廣通橋
　　달구경 꽃구경 쓸쓸함을 몰랐지　　　　　　賞月看花不寂廖
　　임 오실까 신발 소리에 귀 기울이고　　　　有感待人聞響履
　　정다운 벗과 함께 퉁소를 배웠지　　　　　　盡情求伴學吹簫
　　지난일 추억하면 나도 이제 늙었고　　　　　秋思往昔蟾應老
　　흥망을 말하자면 계수도 이젠 시들었네　　略說興亡桂亦凋
　　그 옛날 궁궐에서 가무하던 곳 생각하니　　回首舊宮歌舞地
　　상원 밤에 등불만 가물거리네　　　　　　　　漆燈明滅上元宵

상원上元은 음력 정월 대보름날을 말한다. 광통교는 원래 흙으로 만든 다리였는데 뒤에 돌다리로 만들었다. 삼각동에서 관철동으로 이어

---

132) 이전문 역, 『상소』, 도서출판 세기, 1997 참조.
133) 금릉金陵은 경남 김해金海의 옛 이름.

지는 광교 사거리의 북동쪽에 위치하고 있다. 광통교134)의 이름은 광통 방廣通坊에 위치해서 붙여진 이름이며 광교라고도 불렸다. 대보름날, 두 둥실 뜬 달을 구경하던 옛날을 추억하며 그 시절을 그리고 있다. 지금은 아마도 노기老妓가 된 듯하다. 기생인 작가 자신인 '섬'과 벗인 '계'도 이젠 시들어 예전 궁궐에서 벌어졌던 연회에서 춤추고 노래하던 청춘의 푸릇한 그 시절이 마치 등불처럼 가물거린다. 맨 끝 구의 상원 밤에 뜬 달과 등불은 극명한 대비를 이루어 절정을 이룬다. 세월에 따라 조락하는 인간사의 부질없음이 그대로 큰 울림이 되어 다가온다.『조선해어화사』에서 평하기를, "뜻이 깊고 말이 절실하다. 화류계에서 이같이 훌륭한 작품이 나올 줄 몰랐다. 마땅히 일등을 차지할 것이다"라고 하였다.

임진왜란과 구한말 일제 식민지의 과도기에는 의로운 충절의 명기가 더러 있었다. 기생조합이 일본식 이름으로 바뀐 것은 1914년 무렵이다. 권번은 조선시대 기생을 총괄하던 교방청의 후신이었는데, 당시 서울에는 한성권번, 대동권번, 한남권번, 조선권번, 평양에는 기성권번 등이 있었고, 그 밖에 진주, 부산, 대구, 광주, 남원, 개성, 함흥 등에도 각각 권번들이 조직되었다. 당시 기생 백여 명과 견습생 오륙십 명으로 학부를 설치해서 오전과 오후 두 번에 걸쳐 가무, 음곡, 산수, 국어, 예법을 교육하여 약 삼 년의 수업 연한을 거쳐 고전, 시조, 가야금, 무곡, 유행가, 서화, 국어, 예법 등 과정을 더해 졸업자에 한해 기생자격을 부여하였다. 진주 권번은 1915년 진주경찰서 경무부장 전전승前田勝이 설립하였다. 진주 기생조합이 경영난으로 문을 닫은 걸 애석하게 여겨, 경찰서에 함께 근무하던 경부인 최지환에게 은밀하게 재조직을 지시하였는데, 이때 금향을 비롯한 고참 기생들이 '진주기생조합'을 만들어 얼마 후 부채를 청산하고 재정이 건실한 진주권번으로 발전하여 기생들이

---

134) 대광통교大廣通橋, 북광통교北廣通橋, 대광교大廣橋라고도 함.

독자적으로 운영했다. 1939년 11월 2일 자본금 오만 원을 최지환 등 여덟 명이 평등하게 출자해 주식회사 '진주예기권번'을 창립했는데, 전통적 진주 기생의 풍류와 멋을 복원하려는 취지로 만들었다. 당시 기생들은 허가제라 권번에 적을 두고 세금을 바쳤는데 이들 권번기생은 다른 기생들과는 엄격하게 구분되었다. 한편 "일제 강점기에 일본인들은 당시 서울과 평양 등에서 인기가 높았던 기생들의 화보집과 엽서를 만들어 판매하기도 하였다. 화보와 엽서에 등장하는 기생들은 하나같이 조선의 전통 복장을 입은 소녀의 모습으로 나오는데, 기생 연구가 가와무라 미나토135)는 이것을 도상학적으로 분석해 볼 때, 점령국 남성이 식민지 여성을 도구화하는 전형적인 제국주의적 시선을 따르고 있다고 하였다."136)

현계옥玄桂玉(1897~?)은 자는 섬가蟾柯인데 달성기생으로 구한말에 살았다. 계옥은 어려서부터 총명하였는데 아비는 악공樂工이었다. 진주의 논개 사당과 평양의 계월향桂月香 사당이 퇴락하였음을 듣고 비녀와 가락지 등을 팔아 이를 중수重修했다가, 이 일로 왜경에게 잡혀가 고문을 당했다고 한다. 그런데, 진주 기생 논개는 왜란 때 진주성이 함락되자 전승 축하연에 참석하여 왜장을 껴안고 의암에서 춤을 추며 남강에 몸을 던져 순절하였다. 또 평양 기생 계월향은 본명은 월선月仙인데 임진왜란 당시 '고니시 유키나가小西行長' 휘하의 부장 '고니시 히小西飛'에게 사로잡힌 몸이 되어 수청을 들게 되었지만, 계교를 꾸며 순안조방장順安助防將 김경서金景瑞(1564~1624)를 왜군 진지로 불러들여 왜장의 목을 베고는 탈출케 하였다. 그리고 자신은 왜놈의 씨를 잉태한 자기 배에

---

135) 가와무라 미나토川村湊; 평론가, 호세法政대학교 국제문화부 교수, 문예가협회 이사. 1951년 홋카이도 출생. 호세대 법학부 졸업. 1982년부터 3년에 걸쳐 부산의 동아대학 일어일문학과 조교수. 『말하는 꽃 기생』, 소담출판사, 2002.
136) 위키백과, '기생' 참조.

칼을 꽂아 자결한 의기였다. 논개와 계월향은 조선 기생의 충절을 상징한다. 시기詩妓로는 '남 매창, 북 황진이'요, 의기로는 '남 논개, 북 계월향'이다. 최근 계월향의 초상화가 발견되었다. 조선시대에 초상화는 아무나 그릴 수 없었는데, 천민에 속한 기생의 초상화가 남아 있다는 것은 대단한 일이다. 의기 계월향의 초상화 상단에는 일본 장수 '소서비小西飛'라는 이름이 적혀 있다. 일본 말로는 '고니시 히'가 된다. 초상화 상단에 쓰인 기록에 의하면, 당시 일본 용장이었던 '소서비'는 김경서 장군과 계월향에 의해 평양성에서 목이 잘려 죽은 것으로 되어 있다.

또한 만해 한용운은 계월향을 위한 헌시를 짓기도 하였다.

    계월향에게

    계월향이여, 그대는 아리따웁고 무서운 최후의 미소를 거두지 아니한 채로 대지의 침대에 잠들었습니다.
    나는 그대의 다정을 슬퍼하고, 그대의 무정을 사랑합니다.

    대동강에 낚시질하는 사람은 그대의 노래를 듣고, 모란봉에 밤놀이하는 사람은 그대의 얼굴을 봅니다.
    아이들은 그대의 산 이름을 외우고, 시인은 그대의 죽은 그림자를 노래합니다.
    사람은 반드시 다하지 못한 한을 끼치고 가게 되는 것이다.
    그대는 남은 한이 있는가 없는가, 있다면 그 한은 무엇인가.
    그대는 하고 싶은 말을 하지 않습니다.

    그대의 붉은 한은 현란한 저녁놀이 되어서, 하늘 길을 가로막고 황량한 떨어지는 날을 돌이키고자 합니다.
    그대의 푸른 근심은 드리고 드린 버들실이 되어서, 꽃다운 무리를 뒤에 두고 운명의 길을 떠나는 저문 봄을 잡아매려 합니다.

나는 황금의 소반에 아침 볕을 받치고 매화 가지에 새 봄을 걸어서,
그대의 잠자는 곁에 가만히 놓아드리겠습니다.
　자 그러면 속하면 하룻밤, 더디면 한겨울, 사랑하는 계월향이여.

　현계옥은 왜경에게 풀려난 뒤, 동지들과 극단을 조직하여 압록강을 건너서 상해 임시정부를 찾아가 군자금을 희사하였다는 일화가 전한다. 남장을 하고 출정을 하였다는 기록도 있다. 기생으로서는 드물게 웅혼하고 기백이 당당한 시를 지었다. 다음의 시는 그 대표작이다.

　　목란화병　　　　　　　　　　　　　　　　　　　　木蘭火兵137)

　　마자강 머리에는 구름이 가이 없고　　　　　馬訾江138)邊雲漠漠
　　만주의 모래 위에 북풍이 거세구나　　　　　滿珠139)沙上朔風驚
　　목란이 이미 길쌈을 그만 두고　　　　　　　木蘭已謝當窓織140)
　　군영으로 가서 대병이 되었네　　　　　　　好向營中作火兵

　원래 목란木蘭은 여자 이름인데, 가없이 펼쳐진 초원에서 말을 달리던 중국 여인이다. 그녀는 원정군의 일원으로 참여하라는 군첩軍帖을 받은 병약한 아버지 대신 남장을 하고 십이 년 동안 치열한 전투에 참여해 큰 공훈을 세우고 개선하였다. 그 뒤 상서랑尙書郞이라는 고관의 벼슬도 버리고 고향으로 돌아와 마침내 여염집의 여자로 돌아갔다. 혹설에 의하

---

137) 화병火兵은 화반火伴이라고도 하며 동반同伴을 말한다. 일찍이 이익李瀷은 "행려行旅로서 함께 식사하는 자도 화반이다"고 하였다. 즉 초원을 달리며 같이 먹고 싸우던 한 무리의 군병을 말한다. 『성호사설星湖僿說』,「유선류선類選」, '논문문論文門'.
138) 마자강馬訾江은 압록강鴨綠江의 옛 이름.
139) 만주滿珠는 만주滿州를 말함.
140) 당창직當窓織은 『목란사木蘭詞』의 "즉즉 또 즉즉, 창가에는 베 짜는 소리唧唧復唧唧, 木蘭當窓織"라는 데서 나온 말이다. 즉 창가에서 길쌈을 한다는 뜻이다.

면 목란이 여자라는 사실을 안 군주가 수청을 강요했으나 죽음으로써 거절했다고 한다. 이것이 천년이나 중국인의 입에 회자되는 '목란시'이다. '목란사'라고도 하는데, 중국 북조北朝의 민간 서사시로 목란의 이야기를 시로 푼 것이다. 시 전체에 걸쳐 북방 여자들의 활달한 기개와 질박한 성품이 잘 표현되어 있고, 내용에 희극성이 풍부하며, 전기적인 색채가 농후하다. 이 시는 현계옥이 자신을 중국의 역사인물인 목란이란 여걸에 비겨서 일제에 항거하고자 하는 자신의 포부와 기개를 드러낸 것이다. 비록 가녀린 한 여자로서 또 기녀란 천한 신분이지만, 길쌈을 그만두고 군영에 들어가 북풍이 휘몰아치는 만주벌판을 달리고자 하는 의병의 혼이 서린 작품이다.

현계옥의 일대기는 상당히 구체적으로 유포되어 전한다. 다음에 보이는 두 자료를 살펴보자. 중첩되는 부분이 다소 있으나, 일제치하에 사상적으로 무장하고 독립운동에 가담하여 기생의 몸으로 일생을 바친 그녀의 삶을 살펴보면 매우 극적이라 말할 수 있다.

"1919년 봄, 소리와 산조 잘 하기로 유명하고 춤과 가야금에는 대적이 없다고 하여 당시의 풍류랑의 애간장을 녹이던 당대의 명기 현계옥이 하룻밤 사이에 경성의 화류계에서 그림자를 감추었다. 현계옥을 잃어버린 화류사회의 놀라움도 물론이거니와 평소부터 그의 행동에 주목을 아끼지 않던 경찰에서도 크게 낭패하여 당시 그가 소속되어 있던 한남권번을 수색하는 한편으로 국경 각지에 전보를 하여 그의 체포를 의뢰하게 된다. 그때 그녀는 어린 두 동생을 데리고 사랑하는 사람을 만나기 위하여 안동현을 거쳐 간신히 봉천까지는 갔으나, 일본관헌의 탐지한 바가 된 줄을 알고 중국옷으로 변장을 하고 귀를 뚫어 간신히 잡히기를 면하였다. 그것으로 현계옥은 기생으로서의 화려한 삶을 접고, 만주벌판과 상해 등지로 돌아다니면서 가지각색의 고생을 하기 위한 여정으로 접어 든 것이었다.

현계옥은 경상북도 대구 태생으로 어릴 때부터 가세가 어려웠고 일찍 부모를 여읜 까닭에 열일곱 살 되던 해에 대구 조합에 기적을 올리게 된다. 그러나 그녀는 타고난 미모와 재주가 많아 풍류가무에 남다른 재주를 보였으며, 한문에 특출하였고 가곡, 정재무, 승무를 비롯하여 가야금이 절묘하였다고 한다. 당시 대구 전체를 살펴보아도 소리와 산조 그리고 춤과 가야금에는 그녀와 필적할만한 상대가 없을 정도였으니 얼마 되지 아니하여 대구의 명기라는 이름을 얻게 되었다. 그리하여 그녀는 풍류를 아는 남정네들의 사랑을 독차지 하였던 것이다.

그런 그녀가 현정건玄鼎建을 만남으로 인하여 삶의 전환점을 맞이하게 된다. 현정건은 소설 「운수 좋은날」, 「빈처」, 「술권하는 사회」로 유명한 현진건의 형이다. 그는 대구의 유력한 집안의 자제로 일찍이 경성, 중국 등지로 돌아다니면서 유학을 하던 중 고향으로 돌아왔던 틈에 여러 친구와 어울려서 대구에서 가장 유명하다는 기생의 집을 한 번 찾아갔는데, 그곳에서 현계옥을 만나게 된다. 그날 밤 첫 눈에 두 사람은 서로를 알아보았다. 이후로부터 현계옥의 가슴에는 오로지 현정건만이 존재할 뿐이었다. 그를 위해서 자신이 이 세상에 존재한다고 믿게 되었고 그와 함께 하기 위해선 무엇이든 할 수 있다는 절실함으로 가득했다.

그러나 현정건은 조국이 일제치하에 있음을 한탄하여 고국에 있지 못하고, 중국으로 혹은 러시아로 혹은 일본으로 흘러다니는 생활을 하게 된다. 현정건에 대한 그리움으로 견딜 수 없었던 그녀는 현정건을 좀더 쉽게 만날 수 있으리라는 희망을 가지고 열아홉 살 되던 늦은 봄, 사고무친한 서울로 이사를 하여 한남권번에 이름을 올리게 된다. 그녀가 남보다 재주가 많은 만큼 그의 정열 또한 그러하였던 듯하다. 그녀는 현정건의 성姓이 자기의 성과 같이 현가이므로 님이라 하지 못하고 오빠라고 부를 수밖에 없었으나, 현정건 역시 그녀를 사랑하였으므로 오빠라고 부르지 말라하며 연인으로서의 애틋한 정을 나누었다. 그러나 현정건의 가정에서는 기생과 관계를 가지는 것에 못마땅하게 여겨 현정건의 행동을 엄중히 감시하고, 현계옥의 가정에서는 돈 없는 현정건과 가까이할 필요가 무엇이냐고 야단을 하였다.

그러나 젊은 남녀의 사이에 타오르는 사랑의 불꽃은 완고한 부모의 몇 마디 책망이나 노여움 따위로 꺼질 바가 아니었다. 오히려 주위의 반대는 두 사람의 사랑에 더욱 불을 지필뿐으로 아무런 장애도 되지 않았다. 현계옥은 기생생활을 저주하며 자기의 박명을 한탄하던 나머지 신경쇠약에 걸려 밤잠을 못자고 신음하는 몸이 되었다. 두 사람은 부모와 세상의 이목이 두려워서 그녀의 집에서 십리나 되는 영찬 못이라 곳에서 밤마다 시간을 정하여 두고 만나면서 사랑을 키워갔다. 그렇게 애절하던 두 사람사이에 이별이 찾아들었다. 현정건이 중국 상해로 들어가서 이태리신문의 기자로 일하게 된 까닭이다. 두 사람은 '날 데려가오', '잠깐만 더 기다리오' 라는 내용의 편지를 넓은 황해바다를 덮을 만큼 주고받으며 두 사람은 연인에서 부부사이로 관계를 형성해가고 있었던 것이다.

그러는 동안 서울에서 기생생활을 하는 그녀의 집에는 날마다 풍류 많은 남자들이 모여들었다. 그 중에는 당시 재산 많고 돈 잘 쓰기로 유명하던 전라북도 옥구군 전모田某라는 청년이 있었는데, 한계옥에게 마음을 두기 시작하여 같이 한 번 살아 보았으면 죽어도 원한이 없겠다고 애원을 하며 매달리는 실정이었다. 그러나 현계옥은 멀리 있는 사랑하는 남편인 현정건을 잊지 못하여 항상 그의 간청을 거절할 수밖에 없었다, 이에 실망하던 전모는 같은 현玄가끼리 살면 자玆가가 된다고 비꼬기까지 하였다는데 이에 대하여 구변 좋은 그녀는 현玄가와 전田가가 같이 살면 축畜가가 된다고 거절하였다는 일화는 너무도 유명하다. 이렇게 주야로 그리운 애인의 반가운 소식만 손꼽아 기다리고 있던 현계옥에게 한편으로는 여러 풍류남아들이 돈으로, 말로, 편지로 갖은 수단을 다하여 그녀에게 구애를 하였다. 취할 수없는 것에는 욕망이 더욱 심한지라 사람들은 이 값비싼 기생의 마음을 따보려고 서로 경쟁 삼아 갖은 희활극을 연출한 일도 많았다고 전해진다.

어렵고 힘든 기생생활을 하며 그저 멀리 있는 남편의 성공만 바라고 있던 중에 간혹 자기 남편의 소식을 가지고 압록강을 건너오는 청년이 있으면 힘과 정성을 다하여 그들을 섬기며 위로하였다. 그리하여 현계옥은 중국을 오고가던 활발하고 말 잘하는 청년들과 자주 사귀게 되었다. 현계옥이 청년들에게 중국의 사정과 형편을 묻던 중에 중국 제2혁명 시대에 유명한 쾌남아 황흥黃興씨의 사적을 알게 되고, 천진기루天津妓樓에서 그 당시 기생으로 여자혁명 결사대를 통솔하여 이름을 일세에 떨치던 '정추진' 여사의 용장한 행적을 듣게 되었다. 그녀는 은근히 자기의 처지와 정여사의 과거를 비교해 보면서 새로운 결심을 하기에 이르게 된다. 그녀가 뒤에 모든 것을 헌신짝같이 던져버리고 여자로서는 감당하기 어려운 험난한 만주벌판을 향하여 표연히 떠날 수 있었던 결심은 실로 이때에 한 것이다.

그녀의 나이 이십 세가 되던 해 일각이 여삼추로 기다리고 있던 남편 현정건이 친구 박세봉과 같이 독립자금을 모으기 위하여 몰래 서울로 잠입하게 되었다. 일본 경찰의 눈을 피하여 숨어 다니는 몸이었는지라 서울에 온지 사오 일 만에야 현계옥의 집 문을 두드렸다. 애타게 그리던 남편을 만난 현계옥은 그 남편의 계획을 알고자 주야로 졸랐으나 조심스러움이 많았던 현정건은 여러 동지와 계획하고 있는 중대한 경영을 아무리 사랑하는 여자라 하더라도 알게 할 수 없다 하며 끝끝내 비밀을 지키는 것이었다. 이러한 현정건의 태도를 보고서 그녀는 비로소 사랑하는 남편에게 자신이 계획하고 있는 것에 대하여 말하는 동시에 그 결심을 실행하기 위하여 하여오던 모든 준비를 고백하게 된다. 그리고는 자신을 다만 애인으로 혹은 한 여자로만 사랑하지 말고 같은 동지로 생각하여 달라고 애원하였다. 현계옥의 제안은 놀랍기도 했고 기쁘기도 하였다. 뿐만 아니라 그의 여러 동지들도 이 색다른 일꾼을 새롭게 얻은 것을 매우 기꺼워하여 장차 올 시국의 변동을 서로 이야기하기에는 사람이 많이 다니는 기생집에 오히려 경찰의 주목이 적다하여 당시 인사동에 있던 현계옥의 집에 모여 모든 것을 의논하게 되었던 것이다. 따라서 인사동 거리에는 젊은 청년의 내왕이 빈번하게 되었다.

그녀가 이렇게 남모르게 남편 현정건의 일을 돕고 있을 때에도 현계옥의 집에는 소위 '지휘'라는 것이 삼사 일 전부터 와서 싸일 정도로 그녀를 애타게 찾고 있는 남정네들이 많았다. 그러나 그는 자기 남편이 중국 길림吉林에 근거를 둔 비밀결사대의 단장인 것을 알고 난 뒤론 자기의 몸 역시 이제부터는 돈에 팔려 다니는 기생 몸이 아니라 생각하여, 여러 가지 핑계를 대며 요리집에 나아가질 않았다. 따라서 노래에는 거칠 것이 없고 일흔 두 가지 춤을 출 줄 안다고 하며, 한문 알고 글씨 잘 쓰기로도 당시의 기생 중에 대적이 없었다는 특히 말 잘 타기로 유명한 이 기생을 아무리 애를 써도 보지 못하게 되자 풍류객의 애가 탈대로 타서 심지어 황금정 승마구락부에서 남자처럼 승마복을 입고 말 타는 그녀를 찾아다닌 일까지 있었다고 한다. 그녀가 남복을 입고 모자를 둘러쓰고 키보다 높은 말 위에 앉아 살같이 달리는 늠름한 모양은 완연히 여장군의 풍도가 있었다고 전해진다.

이듬해 그가 스물한 살 기미년 2월에 남몰래 가산을 정리하여 길 떠날 준비를 마친 현계옥은 그 동생 계향, 월향과 그 오라비 현수명 내외를 데리고 정든 고향을 떠나고자 하던 중에 같이 가려던 참에 남편 현정건이 경찰에 잡혀 유폐의 몸이 되고 말았다. 잡혀갔던 현정건이 얼마 되지 않아 무사히 나오게 된 것은, 조선 민족 모두가 독립만세들을 부르고 경찰서로, 감옥으로 잡혀가던 3월 중순경이었다. 그녀는 밤을 새워 남편과 잡히지 않고 교묘히 강을 건널 방법과 함께 중국에서 다시 만날 약속을 한 후, 남편이 지시해준 이모李某란 청년 뒤를 따라 일행 다섯 사람이 정든 고국을 등지고 낯선 남의 땅으로 발을 옮겼다. 안동현에서 이틀 밤을 자고 봉천에 이르러 황사후루皇寺後樓라는 곳에서 보름 동안이나 있다가 일본 관헌의 주목이 심하고 그를 알지 못하는 여러 청년들이 그의 행색을 의심하기 시작하는 눈치를 알고 북류어화원이라는 곳에 옮겨서 남편이 찾아오기를 기다렸다

애인이며 동지였던 현계옥을 친구에게 부탁하여 먼저 떠나보낸 현정건은 독립운동 자금을 다소간이라도 만들어가지고 뒤를 따라 곧 떠나고자 하였으나 여의치 않게 되고, 그에게 오만원의 독립운동자금을 제공하겠다고 하던 모 부호에게서는 손모孫某라는 청년이 먼저 삼만 원을 받아 가지고 가버렸다는 소식을 듣고 실망이 극도에 달하였다. 그러나 그대로 앉아있을 처지도 아니고, 독립운동을 빙자하고 삼만 원이란 거액을 가지고 간 손모의 행동도 감시를 해야 되겠다 하는 생각이 들었으므로, 그는 그의 친구인 박세봉과 같이 조선을 벗어나서 길림으로 가게 된다. 그리하여 봉천에 있는 현계옥에게 오라고 통지를 하였다.

그 당시 길림에는 기미년 전에 조선을 떠나 중국으로 들어간 김원봉, 김좌진, 홍범도 등이 의열단義烈團, 광복단光復團을 조직하고 각종 기관을 만들어 내외의 연락을 도모하고 동지를 모집하여 무기를 구입하는 등 과격한 운동을 하던 중이었다. 남편의 부름을 받아 만주벌판에서 가장 산수가 아름답다는 길림에 이른 현계옥은 『비전혁명전기秘傳

革命傳記』중에서나 보던 인물들과 서로 만나게 되자 지금까지 사귀던 값없는 사나이들과는 비길 바가 아니었으므로 힘껏 그들의 일을 도왔다. 그리고 한편으로 사랑하는 남편 현정건과 단란한 가정을 이루어 지내보고자 하였다. 그러나 의심 많은 세상과 시기 많은 사람들은 그녀의 진실을 알아주지 못하였다. 그리하여 부모처자를 이별하고 정든 고토를 떠나서 오직 조국의 독립을 위해 활동하던 많은 청년들이 그녀가 과거 기생이었다는 사실만을 듣고는 요망한 여자를 거저 들일 수 없다 하여 집을 습격까지 한 일이 있었다. 그러나 그녀는 오히려 이에 더욱 자극을 받아서 여러 가지 방법으로 자기의 결심을 드러내려 노력하였고, 타국에서 외로움에 절은 이들 청년의 고달픈 심령을 위로하고자 하여 조국에서 가지고 갔던 가야금을 송화강변에서 타기도 하였다. 그녀의 노력은 헛되지 않아 시간이 흐르자 만주 사회에서도 차차 그녀의 정성을 알게 되고 그녀의 활동하는 범위도 점점 넓어져 갔다.

 새로운 인생의 희열을 맛보며 독립지사로서의 생애에 들어가게 되었을 때 그녀는 데리고 갔던 올케가 아이를 낳게 되어 조선으로 내보내고, 월향은 머리를 깎이고 중국옷을 입혀 계향과 같이 데리고 장춘長春으로 나오게 되었다. 그녀에게 있어 이때 장춘 생활이 가장 곤란하였고 비참하였다. 이 곤란한 생활 중에도 현계옥은 의열단에 가입할 결심을 하고 그 단장 김원봉을 만나보려고 많은 애를 썼다. 왜냐하면 그녀는 의열단 중 오직 한 사람의 여자가 되어 남자에게 지지 않는 활동을 하고 싶었기 때문이었다. 혹독한 추위와 굶주림이 창자를 마르게 하던 장춘생활을 뒤로하고 이듬해 봄에 상해로 떠났다. 운동의 중심이 차차 상해로 몰리고 큰돈을 횡령하여 달아났다는 손모의 자취가 천진, 상해 등지에 있다는 소식을 듣고 남편 현정건과 함께 새로운 일을 시작하고자 찾아간 것이다. 번화한 세계요 화려한 도시인 상해에 오자 그녀는 자기가 희망하는 일을 하기위하여 먼저 배워야 되겠다는 생각으로 원래 영어를 잘 하는 남편에게 영어공부를 시작하는 한편 때때로 열리는 거류동포의 음악회에 출연하여 가야금을 타서 비분을 품은 여러 동지의 수심 많은 심령을 위로하기도 하였다.

 현계옥이 그처럼 만나고자 열망하였던 김원봉을 다시 만나게 되자, 그녀는 의열단의 한 분자로 일을 시켜달라고 간청하였으나 그는 들은 척도 하지 않았다. 그러나 그녀의 요청이 여자의 한때 허영심에서 나온 것이 아님을 차차 알게 되자 폭탄을 제조하는 법과 육혈포 놓는 법을 가르쳤다. 상해 신공원 사격장에서 흰옷 입은 그녀가 단총을 들고 열심히 연습하는 모양을 보고는 외국 사람도 놀라지 않은 사람이 없었다. 그의 특출한 재능은 얼마 되지 아니하여 영어도 상당히 알게 되고 사격법도 남에게 지지 않을 정도에 이르게 된다.

황포탄黃浦灘[141] 강에서 배를 젓고, 제스필 공원에서 말을 달리는 모습이 얼른 보기에 여자라고는 상상도 못 할 정도로 씩씩하였던 그녀였지만, 때때로 교묘한 꾀를 내기도 하여 의열단의 일을 성사시키는데 큰 공을 세우기도 하였다. 어느 때는 천진에 있는 폭탄을 상해로 가지고 오고자하나 관헌의 주목이 심하여 뜻을 이루지 못하고 초조해하는 것을 보고는 그녀가 양복을 입고 폭탄을 가지고는 단신으로 배를 타고 상해로 돌아가다가 관헌의 취체가 있을 때마다 알지 못하는 서양사람 옆으로 가서 공연한 이야기를 끄집어내어 남이 보기에 부부가 여행하는 모양을 꾸며서 무사히 운반한 일도 있었다.

한계옥은 그 남편과 같이 상해에 있는 불란서 조계지 망지로望志路란 곳에 있으면서 동생 계향과 월향을 조선으로 내보내게 된다. 그 후 계향은 박세봉과 같이 일본에서 공부를 계속하였고, 월향은 청진실업가와 만나 결혼하였다. 그녀의 나이 서른 살 되던 해, 남편 현정건이 1928년 상해 프랑스 조계지에서 일본 총영사관 경찰에 체포되어 신의주 지방법원에서 징역 삼 년형을 선고 받게 된다. 그가 출옥 후 옥고의 후유증으로 병사하자, 현계옥은 시베리아로 망명하여 행동과 사상기생으로서 모진 삶을 살면서도 다시는 조국의 땅을 밟지 않았다. 그녀의 존재의 근거였으며, 전부였던 사랑하는 남편이 없는 곳은, 그녀에게 있어 이미 조국이 아니었을 지도 모르겠다. 그녀의 사망소식조차 들을 수 없었으니 말이다."[142]

---

141) 중국 상해에 있는 강 이름.
142) 다음, 문화원형 백과사전 '현계옥' 참조. 한국콘텐츠진흥원 제공.

현정건이 사랑한 명기 '현계옥'143)

"아무리 곤고할지라도
조선사람 불효자식한테는 술 따라도
왜놈에게는 술 주지 말고 권주가 부르지 말아라
언니 언니 걱정 말아요
우리도 춘삼월 독립군이어요"

― 고은高銀의 시 '기생독립단' 중에서

 "우리말조차 자유로이 쓰지 못하던 시절, 술 팔고 노래하는 기생이라 한들 나라 잃은 설움을 모를까. 그런 만큼 일제강점기에는 유독 나라와 민족을 위하여 의로운 일을 한 의기義妓들이 많았다. 치마 속 쌈 짓돈을 모아 독립협회에 보낸 인천 기생들, 손가락을 깨물어 피로 그린 태극기를 들고 독립만세를 외쳤던 황해도 기생들. 그중에서도 빼어난 미모와 재주를 뒤로 하고 만주로 건너가 의열단 활동을 하며 이름을 떨친 사상기생思想妓生 현계옥을 빼놓을 수 없다.
 현계옥은 경상북도 달성에서 태어났다. 악공으로 일했던 아버지 아래서 그리 넉넉지 못한 어린 시절을 보내다 일찍 부모를 여의고 열일곱 살 때 대구기생조합에 들어가게 된다. 타고난 미모와 재주로 남다른 인기를 누렸던 그녀는 한문에 능하였고 가곡, 정재무, 승무를 비롯하여 가야금 솜씨 또한 절묘하였다.
 특히 말 타기를 즐겼는데, 풍채가 좋고 이목구비가 뚜렷해 남자처럼 승마복을 갖춰 입고 말을 타면 그 늠름한 모습에 지나던 남자들도 주눅이 들 정도였다고 한다. 그런 그녀에게도 한평생 목숨을 바쳐 사랑한 연인이 있었으니 바로 현정건玄鼎健이다. 그는 서울과 중국 등지에서 유학하던 중 잠시 고향에 들러 친구들과 함께 기생집을 찾아간다. 그날 밤 둘은 첫눈에 서로를 알아보았고, 이후 계옥의 가슴에는 오로지 한 사람만이 존재할 뿐이었다. 처음엔 같은 현玄가라 '님'이 아닌 '오라버

---

143) 임혜은, 「기생이야기」, '현정건이 사랑한 명기 현계옥', 여성조선(2010.08.25) 기사 참조.

니'로밖에 부를 수 없었으나, 현정건 역시 그녀를 사랑했으므로 '그리 부르지 말라' 하며 서로 애틋한 정을 나누게 된다.

이후 현정건은 조국이 일제치하에 있음을 한탄하며 고국에 머물지 못하고, 중국이나 러시아로 흘러다니는 생활을 하게 된다. 그에 대한 그리움으로 견딜 수 없었던 계옥은 현정건을 좀 더 쉽게 만날 수 있으리라는 희망을 품고 열아홉 살 되던 해, 서울로 이사하여 한남권번에 이름을 올리게 된다.

독립무장 투쟁단체 의열단義烈團의 1924년 격문檄文 그곳에서도 계옥의 인기는 여전했다. 노래는 물론이요, 일흔두 가지 춤을 출 줄 알며 한문 잘 쓰기로 유명했던지라 그녀의 서울 집에는 날마다 많은 남자들이 모여들었다. 그러나 계옥의 굳은 절개만큼은 결코 무너뜨릴 수 없었다.

그중 재산 많고 돈 잘 쓰기로 유명했던 전모田某라는 청년이 "같은 현玄가끼리 살면 자玆가가 된다"고 둘의 관계를 비꼬자, 계옥은 "현玄가와 전田가가 같이 살면 축畜가가 된다"며 거절했다는 일화는 그녀의 뛰어난 어문 실력을 짐작케 한다.

남편의 소식을 듣기 위해 압록강을 건너오던 청년들과 자주 만나게 된 계옥은 중국 정치사와 함께 정추진 여사의 행적도 듣게 된다. 정추진은 중국 제2혁명 당시 기생 출신으로 여성혁명결사대를 통솔하여 이름을 떨친 여인이다. 이후 그녀는 한낱 여인의 몸이지만 그녀처럼 용맹한 독립투사가 될 것을 다짐한다. 이듬해 남편 현정건이 독립자금을 모으기 위해 몰래 서울로 잠입하자 계옥은 자신의 결심을 고백하기에 이른다. "나를 애인으로 혹은 한 여자로만 보지 말고, 같은 동지로 생각해 달라"는 그녀의 말에 현정건은 놀라기도 하고 기쁘기도 하였다. 그리하여 1919년 봄, 계옥이 스물한 살 되던 해에 가산을 정리하여 중국으로 떠날 채비를 하지만 남편 현정건이 붙잡히고 만다. 이어 온 나라가 만세운동으로 떠들썩하던 3월 중순경 무사히 풀려나자, 둘은 정든 고국을 등지고 각각 만주로 상해로 도주를 꾀한다. 당시 길림에는 김원봉, 김좌진, 홍범도 등이 의열단과 광복단을 조직하여 내외 연락을 도모하고 있었다. 현계옥은 힘껏 그들을 도왔지만, 조직 내 청년들은 그녀가 한때 기생이었다는 사실만으로 "요망한 여자를 거저 들일 수 없다"며 반대했다. 그럴수록 계옥은 여러 방법으로 자신의 결심을 드러냈고, 서서히 그녀의 진심과 노고를 만주사회에서도 인정받게 된다. 간혹 타국생활에 지친 투사들을 위해 송화강 달빛 아래서 가야금을 타면 건장한 사내들도 눈물을 훔치곤 하였다고 전한다.

결국 의열단장 김원봉의 인정을 받아 여성으로는 유일하게 의열단원이 된다. 이후 상해로 건너가 남편에게 영어를, 김원봉에게는 폭탄제조법과 육혈포 쏘는 법을 배워 조직의 비밀활동을 담당하게 된다. 한번은 중국 관헌들의 검문검색을 피해 상해에서 천진까지 폭탄을 나르기 위한 작전에 참여하기도 했다. 계옥은 아리따운 중국 여인으로 분하여, 귀족처럼 차려 입은 서양인 의열단원 마자르와 함께 열차에 올라탄다. 짐꾼들은 모두 의열단원이었으며, 트렁크 속에는 지난 몇 달간 심혈을 기울여 만든 고성능 폭탄이 들어 있었다. 상해에서는 외국인이 하인들을 데리고 여행하는 모습이 흔했기에 의심을 받지 않았지만, 천진에 도착하자 문제가 생겼다. 중국 관헌들은 현계옥 커플은 무사히 통과시켰지만 짐꾼들을 가로막았다. 절체절명의 순간, 마자르가 거세게 항의하는 틈을 타 현계옥은 짐꾼으로 가장한 단원들을 잽싸게 내보낸 후 마자르와 팔짱을 낀 채 유유히 역을 나섰다.

1928년 봄, 그녀 나이 서른이던 해에 현정건이 일본 총영사관 경찰에 체포되어 징역형을 선고받게 된다. 삼 년 만기 출옥하였으나 옥고의 여독과 고문 후유증으로 1932년 12월 병사하자, 계옥은 미련 없이 시베리아로 망명길을 떠난다. 이후 다시는 조국 땅을 밟지 않았기에 사망 소식조차 들을 수 없었지만 '목란화병木蘭火兵'이라는 제목으로 그녀가 직접 지었다는 한시 한 수가 전해 내려온다.

마자강 머리에는 구름이 끝없고
만주의 모래 위에는 북풍이 세차게 부네
목란木蘭이 이미 길쌈을 그만두고
군영으로 가서 대병大兵 되었네

사랑을 넘어선 애국과 헌신으로 한평생을 살다간 섬가蟾柯 현계옥. 그녀는 진주의 논개 사당과 평양에 있는 계월향 사당이 퇴락했음을 듣고 자신의 비녀와 가락지를 팔아 직접 고쳐지었을 정도로 고운 재주와 마음씨를 지닌 여장부였다. 그녀의 절개와 충심 또한 위 시에 나오는 희디흰 목란처럼 크고 아름다웠으리라 생각해 본다."

현계옥과 같은 의로운 기생은 조선의 의기 정신을 본받아, 일제치하에서 도 그 전통이 계승되었다. 일제시대 어느 친일파 인사가 거금을 주고 당시 이름난 요정인 명월관明月館의 진주 기생 산홍山紅을 소실로 삼으려 하였다. 이때 산홍은 이 돈을 홱 뿌리치며 날카롭게 꾸짖었다. "기생에게 줄 돈이 있으면, 나라 위해 피 흘리는 젊은이에게 주라." 그 의기가 참으로 놀랍다. 한편, 기생조합이 참여한 만세운동과 국채보상운동은 항일 독립투쟁사에서 유명한 사건이다. 1919년 서울에서 시작된 3.1운동이 전국으로 확산되자 진주, 수원, 해주, 통영 등지의 기생들은 독자적으로 만세시위를 통한 항일투쟁을 전개하였다. 3월 19일 진주에서는 기생독립단이 태극기를 앞세우고 촉석루를 향하여 행진하며 독립만세를 외쳤다. 이에 일본 경찰은 기생 여섯 명을 붙잡아 구금하였다. 이때 한금화韓錦花는 손가락을 깨물어 흰 명주자락에, "기쁘다, 삼천리 강산에 다시 무궁화 피누나"라는 글을 혈서로 썼다. 당시 진주 기생들의 만세 의거는 매일신보에 실려 있다. 1919년 3월 25일자, '기생이 앞서서 형세 자못 불온'이란 기사가 그것이다.

또 3월 29일에는 수원 기생들이 검진을 위해 자혜병원으로 가다가 경찰서 앞에서 만세를 불렀다. 주모자 김향화金香花는 왜경에 붙잡혀 육개월의 옥고를 치렀다. 고은 시인은 『만인보2』에 '기생독립단'에 대한 시를 남겼다. 여기에 나오는 김향화는 진주 기생이 아니라 수원 기생이다.

기생독립단

평양기생 아미녀가 떨쳤지요

사나이들 뼈깨나 녹았지요
평양하고 비슷한 데가 진주성이지요
대동강하고 남강이 사촌이지요.

진주기생조합 기생 오십 명이 기미년 3월 29일
자혜병원으로 정기검진 받으러 가던 중
경찰서 앞에서 독립만세 외쳤지요
기생 김향화가 앞장서 외쳤지요

병원으로 가서도 검진 거부하고
"만세 만세 만세 만세" 외쳤지요.

만세를 부른 기생들은 다 붙잡혀 가서
김향화는 육개 월 징역 받아 콩밥 먹었지요
기생들은 꽃값을 받아 영치금을 넣었지요

면회 가서 "언니 언니" 하고 위로했지요
그럴 때마다 만세 주동자 김향화 가로되

"아무리 곤궁할지라도
조선 불효자식에겐 술 따라도
왜놈에게는 술따라 주지 말고
권주가 또한 부르지 말아라."

"언니 언니 걱정 말아요.
우리도 춘삼월 독립군이어요."

또한 4월 1일에는 황해도 해주 기생들이 손가락을 깨물어 피로 태극기를 그려 시위를 벌였는데, 군중들이 가세하여 삼천 명이나 되었다. 문월선文月仙 등 여덟 명이 투옥되었지만 꿋꿋하게 절의를 지켰다. 또 4월

2일에는 경남 통영에서 정홍도丁紅桃, 이국희李菊姬 등 기생들이 금반지, 금비녀를 팔아 광목 네 필 반을 구입하여 소복을 만들고 입고 태극기를 흔들며 독립운동을 전개하다 세 명은 육 개월 내지 일 년의 옥고를 치렀다. 평소 설움만 받던 하층민인 기생이 구국 대열에 목숨을 걸고 나섰다는 것은 오늘날에 되새겨보아야 할 대목이다.

산홍山紅은 진주 기생이다. 매천梅泉 황현의 『매천야록』에서 만나 볼 수 있다.

> "진주 기생 산홍은 얼굴이 아름답고 서예도 잘하였다. 이때 이지용 李址鎔이 천금을 가지고 와서 첩이 되어줄 것을 요청하자 산홍이 사양하기를, '세상 사람들이 대감을 오적의 우두머리라고 하는데 첩이 비록 천한 기생이긴 하지만, 사람 구실하고 있는데 어찌 역적의 첩이 되겠습니까'라고 하였다. 이에 이지용이 크게 노하여 산홍을 때렸다."144)

당시 명월관明月館 기생 산홍이 이지용의 첩이 되길 거부한 것은 큰 사건이었다. 이지용145)은 조선 말기 문신으로 1905년 내무대신으로 을사

---

144) 황현黃玹, 『매천야록梅泉野錄』, 광무光武 10년(1906) 조.
145) 이지용(1870~1928); 고종의 종질. 1904년 외부대신 서리로서 '한일의정서' 협정·조인. 1905년 내부대신으로 '을사늑약乙巳勒約' 체결. 1907년 중추원 고문. 1910년 을사오적 가운데 한 사람으로 일제의 훈장을 세 개나 받고 '합병'시 백작을 수여받은 경술국치庚戌國恥 뒤에는 날마다 도박으로 소일하며 날을 보냈다. 1906년 그의 아내 이옥경李玉卿(원래 성은 홍씨)은 친일단체인 한일부인회를 조직하여 부회장을 맡았다. "이옥경은 영리하고 예뻐서 일본인들에게 인기가 있었는데 처음에는 하기와라와 정을 통했다. 또 구니와케와 통하고 뒤에는 하세가와와 정을 통하니 하기와라는 이를 분하게 여겼다. 그는 자신이 일본으로 귀국할 때 이옥경이 전송을 나와 입을 맞추자 그녀의 혀끝을 깨물어 상처를 입혔다. 이옥경은 아픈 것을 참고 돌아왔으나 장안 사람들은 '작설가嚼舌歌'를 지어 그녀를 조소했다. 또한 그녀가 여러 일본인을 바꿔가며 서로 좋아하고 일본인 또한 그것을 질투하는 등의 모습을 그린 그림이 장안에 널리 퍼지기도

조약에 적극 찬성한 을사오적 중 한 사람이다. 흥선대원군의 종손인 이지용은 조약에 조인을 하고 나오면서, "오늘 내가 지천遲川 최명길崔鳴吉의 심정으로 도장을 찍었다"고 장담을 했다. 병자호란 당시 오랑캐에게 포위당한 남한산성 어전회의에서는, 화의하여 왕실을 구제하자는 주화파와 끝까지 싸워 옥쇄를 하자는 척화파가 갈등을 빚고 있었다. 이때 주화문主和文을 척화파가 찢자, 최명길이 찢어버린 종이조각을 주워 모으며, '조정에는 이를 찢는 자가 없어서도 안 되지만, 이를 주워 모으는 자도 없어서는 안 된다'며 당시의 양시론兩是論 고사故事를 억지로 끌어와 자기의 매국행위를 정당화한 인물이다. 그는 1907년에는 중추원 고문에 임명되었으니, 그 권세는 나는 새도 떨어뜨릴 만큼 대단하였다. 이런 이지용이 천금을 가지고 와서 첩이 되어달라고 하는데, 일개 기생의 신분으로 일언지하에 거절하여, 당시 사람들의 입에 회자되었다. 이 일을 들은 어떤 사람이 이지용에게 시를 지어 주면서 희롱하였다고 한다.

온 나라 사람들 다투어 매국노에게 달려가	擧世爭趨賣國人
노복과 여종처럼 굽신거려 날로 분분하네	奴顔婢膝日紛紛
그대 집에 금과 옥이 집보다 높이 쌓여도	君家金玉高於屋
산홍의 일점홍一點紅은 꺾지 못하는구나	難買山紅一點春

매국노에게 당당히 맞선 산홍은 당시 진주 기생의 기개를 만천하에 과시한 셈이 되었다. 이를 들은 매천 황현은 기생의 기개이지만 이를 문집에 남겨 세상에 알린 것이다. 산홍은 선배 기생 논개論介를 추모하는 사당인 '의기사'를 참배하고 시 한 수를 남겼다. 현재 '의기사'라는 현판 좌측에 산홍의 시판이 걸려 있다.

하였다." 황현, 『매천야록』.

의기사에 느낌이 있어 읊음, 본주의 기생 산홍
義妓祠 感吟, 本州妓 山紅

역사에 진주의 의로움 흘러넘쳐라	千秋汾晉義
두 사당에 또 높은 다락이 있네	雙廟又高樓
일 없는 세상에 태어난 게 부끄러워	羞生無事日
피리와 북소리 따라 질펀하게 놀고 있네	笳鼓汗漫遊

그리고 오른쪽에 또 한편의 시가 걸려있는데, 을사조약이 체결되자 절명시를 남기고 스스로 목숨을 끊은 매천 황현의 작품이다.

의기 논개비	義妓論介碑146)
풍천나루 강물 아직도 향기로우니	楓川渡口水猶香
눈썹 씻고 의로운 논개에게 절하노라	濯我須眉拜義娘
아름다운 성품 어이해 적장을 죽였던가	蕙質何由能殺賊
죽음을 각오한 채 거룩한 뜻을 단행했네	藁砧147)已自使編行
장계의 늙은이 고향 사람이라 자랑하고	長溪父老誇鄕産
촉석루에 단청하고 순국에 제사드리네	矗石丹靑祭國殤
선조 당시 왕조 돌아보면 인물 많지만	追想穆陵148)人物盛
오랜 세월 기생 이름 한결같이 빛나리	千秋妓籍一輝光

또한 유학자 양회갑149)은 문집 『정재집正齋集』150)에서, '기녀 산홍이

---

146) 황현,『매천집梅泉集』권3.
147) 고침藁砧은 빨랫돌이나 다듬잇돌을 말함. 옛날 '고침시藁砧詩'에서, "藁砧今何在, 山上復有山. 何當大刀頭, 破鏡飛上天."라고 하였다.
148) 목릉穆陵은 조선 선조宣祖의 능호陵號.
149) 양회갑梁會甲(1884~1961); 본관 제주濟州, 자 원숙元淑, 호 정재正齋, 초명 회을會乙. 1884년 3월 2일 전남 화순군和順郡 이양면梨陽面 초방리草坊里 집에서 연재淵齋 송병준宋秉璿의 문하인 재덕在德의 아들로 태어났다. 여섯 살부터 조부

매국노의 죄를 나무라며 잠자리를 거절하고 스스로 죽다妓山紅數罪賣國
賊不許寢自死'라는 시를 지어 산홍의 절개를 칭찬했다.

촉석루 곁에 의기의 비	矗石樓傍義妓碑
평양성에 충랑의 이름 있으니	箕營城裏忠娘名
산홍이 한 줄기 상여가는 길에	山紅一片柳車路
누가 열녀의 정렬을 일컫지 않으랴	誰不標題烈女旌
어느 역적이 올라 요리상 올리라 하니	某賊登中俾供饌
큰 소리로 도마 치며 문밖으로 나갔네	高聲擊俎出門行
가련하다 그날 여러 역적들 살려두었으나	可憐當日生諸賊
개도 주인 맘 알아 남은 음식 먹지 않았네	狗不食餘識主情

진주 출신 작곡가 이재호(1919~1960)는 노래를 만들어 산홍을 애타게 찾기도 하였다. 1940년 태평레코드사를 통해 발표한 '세세년년'이란 대중가요의 일절이다.

산홍아 너만 가고 나는 혼자 버리기냐
너 없는 내 가슴은 눈 오는 벌판이다
달없는 사막이다 불 꺼진 항구다

조선 순조 때 문인인 조수삼이 지은 『추재기이』에는 금성월錦城月이란 기생에 관한 일화가 실려 있다. 살아서 오직 그녀를 사랑하며 정을 주었던 한 남자가 형벌을 받아 죽자, 의리를 지키고자 스스로 죽음을 선

호묵虎默(호 소암嘯巖)에게 수학하여 이때『천자문』을 읽었다. 1905년 송병준宋秉璿에게서 수학하려 하였으나 그가 죽자 정일신鄭日新, 정월파鄭月坡 등에게서 배웠다. 1961년 7월 17일 일흔여덟 살로 졸하였다.
150) 양회갑의 문집. 16권 7책. 연활자본, 1965년 정재의 동문과 문생들이 그 유고를 산정刪整하고 장자 찬승燦承이 후손들과 함께 간행한 것이다.

택한 기생을 두고, 조수삼은 시를 덧붙여 그녀를 기렸다.

"금성월은 재능이 뛰어나 경성지색傾城之色이라 그 이름이 한 시대에 으뜸이었다. 아무개의 아들이 그녀를 사랑해서 데리고 산 지가 여러 해가 되었는데, 그 사람이 죄를 지어서 곧 법에 따라 죽게 되자 금성월이 탄식하면서 말하였다. '낭군이 나를 사랑한 것이 천하에 짝할 사람이 없는데 이 몸도 낭군께 보답하는 것이 마땅히 천하에 짝할 사람이 없게 하리라.' 이윽고 정인보다 앞서 스스로 칼로 찔러 죽고 말았다. 당시 사람들이 모두 열녀라고 말하였다.

구슬치마 쪽진 머리 천금으로 팔고	珠裳寶髻賣千金
바다 메운 외로운 새 그저 마음 괴롭네	塡海孤禽只苦心
나라보다 사랑으로 먼저 죽었으니	寃債先於公債了
향기로운 매운 피를 원앙금침에 뿌렸네	香生烈血灑鴛衾"151)

도성을 위태롭게 할 정도로 미색인 금성월에 대하여 사대부 양반가의 열행烈行 못지않게 한 기생의 정열을 기려 조수삼은 시 한 수를 지어 그녀의 원혼을 달랜 것이다. 이렇듯 조선의 기생에게도 의리와 열행이 있었는데, 그런 일화는 곳곳에서 확인된다. 그런데 유재건의 『이향견문록』에는 금성월이 면성월綿城月로 착간되어 전한다. 아마도 금錦 자를 면綿 자로 잘못 읽어 채록한 것이라 추정된다.

"면성월은 무안기생이다. 뽑혀 올라와 내의원에 소속되어 미모와 재예才藝가 일시에 유명하였다. 뒤에 기적妓籍에서 빠져나와 아무개에게 시집갔는데, 그가 중죄를 지어 사형을 당하자 면성월은 드디어 스스로 목을 베어 죽었다. 서화방書畵舫 노씨盧氏가 시를 써서 그녀를 애도하였다.

---

151) 조수삼趙秀三, 『추재기이秋齋紀異』.

교방에서 둘도 없는 예쁜 나이 자랑했는데	曲院無雙擅妙齡
부호가 재산 부어 예쁜 모습 독차지했네	豪家傾産貯娉婷
천금으로 즐기다 머리칼 서리처럼 흰데	千金行樂頭霜白
한 칼에 은혜 갚아 목의 피가 푸르렀네	一劍酬恩頸血靑
다만 첩의 몸으로 대의를 지킬 뿐	只顧妾身存大義
남편이 형벌 받는 걸 어찌 관여할까	何關夫婿被常刑
꽃다운 이름 가을 하늘에 달과 걸리니	芳名竝掛秋天月
부정한 만남에 노니는 남녀들 꿈 깨워주네	留照桑間喚夢醒"152)

조선시대에 의리를 지킨 기생은 종종 기록으로 전한다. 성대중成大中(1732~1809)이 지은 『청성잡기靑城雜記』에 다음과 같은 일화가 전한다. '성언'은 사람을 '깨우치는 말'이란 뜻으로, 모두 세 권에 인물평 및 일화, 사론史論, 필기筆記, 한문단편 등 다양한 이야기들이 수록되어 있다. 취섬翠蟾이란 기생과 어느 기생 첩妾, 두 명에 대한 일화이다.

"취섬은 함양咸陽 출신 기생이다. 일찍이 서울로 뽑혀 왔는데, 미모와 재주가 당시에 으뜸이었다. 지체 높은 재상이 많은 돈을 주고 불러서 음식, 의복, 가마 등의 대접을 그녀의 주인집보다 더 융숭히 해 주었지만 취섬은 달갑게 여기지 않았다. 그래서 돈과 의복을 사절하여 보내고 거들떠보지도 않았다. 그녀가 서울에서 지낸 지 몇 년 만에 협객과 한량들 간에는 취섬이 사는 골목을 모르는 것을 수치스럽게 여길 정도였다.

취섬이 서울 생활을 마치고 함양에 돌아오자 그때 심약153)이라는 사람이 이웃 고을 수령으로 있었는데 그녀를 총애하여 소실로 삼았다. 얼마 뒤 심약이 그의 형 '심약'이 역모에 연루되어 먼 북쪽 변방으로 귀양

---

152) 유재건의 『이향견문록』, 「범곡기문凡谷記聞」.
153) 심약沈鑰; 자 언로彦魯, 호 동리東里, 본관 청송靑松. 영조31년(1755)에 나주괘서羅州掛書 사건을 처리한 뒤 특별히 베푼 과거 시험에서 나타난 변서變書로 인하여 소론을 숙청할 때 대역죄로 처형되었다.

을 가니, 취섬도 모든 재산을 처분하고 따라가서 정성을 다해 봉양하였다. 심약이 또 남해南海로 옮겨가 유배당하자 취섬은 따라가서 허름한 옷에 맨발로 진흙을 밟으면서 물을 길러 다녔다.

어느 날 서울에서 온 상인이 지나다가 취섬을 알아보고는 손을 잡고 울면서 말했다. '너는 취섬이가 아니냐? 어째서 이렇게 힘들게 사느냐? 나를 따라가기만 하면 좋은 옷과 음식이 끊이지 않을 것이다.' 취섬은 흐느끼면서 말하였다. '당신의 지극한 뜻은 감사하지만, 제가 정말 떠나려고 마음먹었다면 지금까지 기다릴 필요가 있었겠습니까. 다만 곤경에 처한 임을 따르다가 내가 힘들다고 중간에 배반할 수 없기 때문입니다.' 상인은 한참 동안을 탄식하다가 비단 몇 필을 주고는 떠나갔다. 상인도 의리를 아는 사람이었다."154)

"그와 같은 시기에 유동원155)이라는 사람이 있었는데, 그에게는 북쪽 지역 출신의 첩이 있었다. 그 첩은 유동원이 북쪽에서 고을 수령 생활을 할 적에 그를 모시던 기생이었다. 얼마 뒤에 유동원이 집안 사람의 잘못에 연루되어 영변寧邊으로 귀양가게 되었다. 기생은 그 소식을 듣고는 남편도 있고 자식도 있었지만 버려두고 서울로 가서 의금부義禁府의 관리 집에서 품팔이를 하며 옥사獄事의 조사 내용을 자세히 알아보았다. 그랬더니 유동원은 죄 없이 연루되었을 뿐이었다. 이에 영변으로 따라가서 동원을 죽을 때까지 섬겼다.

그런데 그 기생은 온갖 재주가 있었던지라 유동원에게 말하기를, '제가 밖에 나가서 하는 일에 대해서는 묻지 마십시오' 하고는, 활쏘기, 노름 등 내기하는 곳마다 찾아가서 돈을 많이 따 왔는데 유동원이 이 덕분에 살 수 있었다. 영변의 호방한 젊은이들의 모임에 이 기생이 없으면 즐겁지 않았지만 감히 딴마음을 품는 자는 없었다.

유동원이 죽자 기생은 고향으로 옮겨서 장사 지낼 방법을 생각하여 관청으로 찾아가 사정하였는데, 애처롭게 사정하는 그녀의 모습은 보는 이들의 눈시울을 붉히게 했다. 관청에서는 즉시 넉넉히 재물을 부조

---

154) 성대중成大中, 『청성잡기靑城雜記』 제3권, 「성언醒言」.
155) 유동원柳東垣; 본관 진주晉州, 거주지는 알 수 없다. 영조 때 급제하여, 생원生員을 지내고 판결사判決事를 역임하였다.

해 주고, 온 고을 사람들이 상여 운반을 도와주어 천 리 먼 길 고향으로 옮겨올 수 있었다. 장례를 마치고 떠나려 하니, 유씨 집안 사람들이 울면서 만류하였다.

　기생이 말하기를, '저는 영공令公께서 저를 돌보아 주신 은혜를 저버리고 싶지 않아서 이제까지 모셨습니다. 그렇지만 이제 제가 할 수 있는 일은 다하였습니다. 그러니 저를 더 이상 붙잡지 마십시오' 하고는 신을 신고 문을 나섰다. 늙은 종이 뒤를 따라가자 기생은 돌아보면서 말하였다. '동문東門 밖에 나의 종과 말들이 많이 있으니 염려 말고 돌아가라.' 그리고는 손을 내저으며 물리치고 돌아갔다. 북쪽에 가서는 일 년에 한 번 유동원의 제사 때가 되면 꼭 편지를 보내어 문안하였다. 이 기생의 이름은 복덕福德이고, 경성鏡城 출신이었다."156)

　또한 유재건의 『이향견문록』에는 기생 연홍蓮紅이 의리를 지켜 계월향의 사당에 배향된 사실을 다음과 같이 전한다.

　　"연홍의 처음 이름은 운랑雲娘인데 가산嘉山기생이다. 가경嘉慶 신미년(1811) 겨울에 토구 홍경래가 군사를 일으켜 가산에 쳐들어왔는데 군수 정시鄭蓍가 붙잡혔으나 굴복하지 않고 죽었다. 군수 아버지와 아우 신蓋도 함께 해를 입었다. 이때 연홍이 군수에게 사랑을 받고 있었는데 적이 온다는 소식을 듣고 맨 먼저 관아에 알렸다. 이날 밤 적이 함부로 들이닥쳐 흉포한 칼날을 맘대로 휘둘렀다. 연홍이 관아와 울타리 하나를 사이에 두고 살아남았는데 밤이 깊어 적이 흩어지자, 군수의 아우가 아직 죽지 않고 상처를 입었기에 집으로 업어다 보살펴 살려냈다. 또 아객商客 박생朴生과 가재를 기울여 죽음을 두려워하지 않는 장사를 모집해 군수 부자의 시신을 거두어 염습하고 빈소를 차렸다. (중략) 도광道光 병오년(1846), 연홍이 늙어 죽으니 평양의 부로와 기생 삼앵三鶯 등이 말하였다. '연홍이 난리중에 능히 의리를 판단하였으니 마땅히 포상하여 남다르게 해야 할 것이다.' 그리하여 그 초상화를 그려 의열사義烈祠에 배향하게 하였다. 의열사는 곧 계월향桂月香을 받들어

---

156) 성대중, 같은 책.

제사지내는 곳이다. 임진년 난리에 왜장 소서비小西飛가 평양을 점거했는데 평양 기생 계월향이 몰래 양의공襄義公 김응서金應瑞를 성안에 들여 소서비를 베어죽이게 하였다."157)

매화梅花는 영조 말엽의 황해도 곡산谷山의 동기童妓이다. 흔히 두 번 결혼한 열녀라는 뜻으로 재가열녀再嫁烈女라고 불렀다. 당시 매화는 나이가 열여섯 살인데, 미모와 가무가 모두 뛰어났다. 매화는 '절기節妓'라 할만하다. 그 일화가 전한다.

"어느 날 돈 많은 한량이 술자리에서 매화를 어르고 있었다. "내가 너의 머리를 얹어주기 위해 마누라를 친정에 보내고 달려 왔느니라. 오늘은 내가 너의 머리를 꼭 얹어주고 싶구나." "고마운 말씀입니다. 저를 그토록 생각해 주시다니요." "그럼 허락하겠단 말이지?" "아닙니다. 아직 그런 말씀드린 적 없습니다." "그럼 내가 돈이 없을 것 같아 보여 그러느냐? 이래뵈도 해주 만석꾼이니라. 평생 호의호식하게 해주마." "제가 옛사람의 시조 한 수를 올리겠습니다." "그래라, 나를 위해 노래를 한다니 얼마나 기쁜 일이냐, 어서 불러보아라."
　세상 부귀인富貴人들아 빈한사貧寒士를 웃지마라
　석숭만재石崇萬財 필부匹夫에 그치고 안빈일표安貧一瓢도 성현에 이르나니
　내 몸이 빈한貧寒하다만 내 길 닦으면 남의 부귀 부러우랴

세상 부자들아, 돈 없는 사람 괄시하지 말아라. 수만금 가진 졸장부도 있고 표주박하나만 있어도 남부럽지 않은 어진 사람도 있는 것인데, 내가 지금 비록 가난하지만, 노력만 한다면 당신 돈 따위를 부러워하겠느냐, 고 매화는 어림없다는 뜻을 내비쳤다.
　한량은 기가 막혔다. 이어 매화가 말하길, 옛 어른들께서 말씀하시기를, "조강치처糟糠之妻, 곧 결혼 초기에 먹을 것이 없어 지게미와 쌀

---

157) 유재건의 『이향견문록』, 「침우담초」.

겨를 먹고 견딘 아내는 불하당不下堂, 곧 집에서 내보낼 수 없다고 했습니다. 방금 당신께서 하신 말씀대로, 나를 위해 처를 친정에 보냈다면, 장차 다른 여인을 위해 나를 버리실 것 아닙니까" 하였다."

뒤에 여항시인 김우규158)는 초장이 거의 같은 시조를 썼다. 중인으로서 신분적 한계를 느끼고 자신을 돌 속에 든 옥으로 의탁하여 그 억울함을 풀고 있다.

세상世上 부귀인富貴人들아 빈천을 웃지마라
기식어표모寄食於漂母홀 쩨 설단배장設壇拜將을 뉘 아든야
두어라 돌 속에 든 옥玉은 박물군자博物君子 알리라.

다음은 김부용당金芙蓉堂의 '오빠 생각懷家兄'이란 작품이다. 앞에서도 언급했듯이 운초 김부용은 조선 순조 때 성천 기생인데, 평양감사이던 김이양의 소실로서 '초당마마'라고도 불렸다. 조선시대 삼대 여류시인의 한 사람이다.

누대에 달 비치고 밤은 더욱 차가워	月正當樓夜更寒
그리운 고향 생각 구름 끝에 머무네	古園秋思在雲端
갈대는 푸르고 강물은 너른데 소식끊겨	蒼葭水闊音書斷
홀로 난간에 기댄 채 날은 밝아오네	直到天明獨倚欄

고향과 피붙이를 그리고 있다. 동시에 달밤에 오른 누대의 정경이 잘 묘사되어 고향으로 가는 마음의 행로가 엿보인다. 구름 끝에 맴도는 향

---

158) 김우규金友奎(1691~?); 자 성백聖伯, 호 백도伯道, 본관 미상未詳, 조선 영조 때의 가객. 김수장과 친분이 두터워 그가 경영하던 노가재老歌齋에 자주 드나들며, 여러 가우들과 풍류를 즐긴 당대의 명창이었다.

수가 푸른 갈대와 벙벙한 물길과 함께 어우러져 한 폭의 산수화와 방불하다. 홀로 기댄 난간이 무척 외로워 보인다. 난간에 그대로 내리 비치는 달빛은 너무 예리하다. 소식은 끊기고 시리도록 아픈 달빛이 시의 긴장감을 고조시키고 있다. 다음의 시도 유감없이 김부용당의 면모를 잘 보여주는 가작이다.

추억을 더듬으며	追懷
갈밭에 바람이니 이슬은 새롭고	簾葭風起露華新
넓은 들판 가없는 생각 사람을 죽이네	平楚無邊思殺人
흐르는 물 어찌 잠시라도 감당할까	逝水那堪如寸咎
봄 꽃피고 가을 낙엽지니 신세 처량하구나	春花秋葉可憐身

가을이 깊다. 이슬은 영락한 기운을 암시하며 가이없는 생각을 불러 일으킨다. 이것이 바로 사람을 못견디게 만든다. '평초平楚'는 평야나 평지에 있는 숲을 말한다. 촌구寸晷는 촌음寸陰과 같은 뜻으로, 매우 짧은 동안의 시간을 말한다. 흘러가는 물, 곧 '서수逝水'는 한 번 가면 다시 돌아오지 않는 일을 비유한 말이다. '서천逝川'이라고도 하며 『논어論語』에서 유래되었다. 공자孔子가 늙어서 어느 날 개울가를 거닐고 있을 때, 끊임없이 흐르는 시냇물에 마음이 끌리어 조락凋落의 날이 머지않은 자신의 인생을 돌아보며 무언가 생각에 잠기었다. 그러자 뒤따르던 제자들에게 다음과 같이 말하였다. "가는 것이 이 물과 같구나. 밤낮으로 멈추지 않는구나."¹⁵⁹⁾ 시냇물처럼 밤낮 없이 세월은 흘러 이제 나도 늙었구나, 라고 탄식하는 공자의 이 말을 제자들은 들은 것이다. 무상한 인생은 자연 앞에서 그 무궁함과 영원불변함에 고개를 숙이지 않을 수 없

---

159) "逝者如斯夫, 不舍晝夜." 『논어論語』, 「자한子罕」.

다. 봄에 꽃이 피더니 금방 어느새 가을이 와서 잎이 떨어진다. 어김이라곤 한 치도 없는 엄연한 시간의 질서 앞에, 작자는 가련한 자신의 신세를 되돌아 본 것이다.

금홍錦紅은 어디 출신인지 알 수 없다.『조선해어화사』에 시 한 수가 전한다. 같은 기생인 옥화와 옥엽에게 부친 시인데, 기생으로 살아가며 느끼는 동병상린同病相隣과 상사의 정을 토로하고 있다.

기생 옥화와 옥엽에게 부치는 시	寄妓玉花玉葉詩
글 쓰려니 만 가지 회포 움직이고	數疊詞濃萬疊思
시 읊자니 애끊는 시 뿐이네	吟詩知是斷腸詩
원한은 두견새 울음에 맺히고	怨如蜀魄空啼血
정은 봄 누에가 실 토하듯 끝이 없네	情似春蠶謾吐絲
무협의 운우를 보지 못하고	巫峽雨雲曾不見
요대의 모임도 기한 어겼네	瑤臺星月又差期
세간에는 애정을 탐하는 이 많지만	世間貪愛應無數
그대 마음 아는 이 또 누가 있을까	能解伊音復有誰

이 시의 경련에서 '무협우운巫峽雨雲'은 남녀의 정사를 뜻한다. 전국시대 초楚 양왕襄王이 고당高唐에서 놀다가 낮잠을 자는데, 꿈에 한 여인이 와서 '저는 무산巫山의 여자로 임금이 여기에 계신다는 소문을 듣고 왔으니, 침석枕席을 저와 같이 하시기 바랍니다' 하므로, 양왕이 하룻밤을 같이 지낸 뒤 다음날 아침에 여인이 떠나면서, '저는 무산의 양지바른 언덕에 사는데, 언제나 아침이면 구름이 되고 저녁에는 비가 됩니다' 한 데서 온 말이다. 그리고 '요대瑤臺'는 옥으로 만든 훌륭한 궁전을 말한다. 옛날 상商 나라의 주紂가 사치가 심하여 처음으로 옥으로 만든 잔(옥배玉杯)과 상아 젓가락(상저象箸)을 만드니, 기자箕子가 탄식하기를, '장

차 경궁瓊宮과 요대瑤臺를 지어 사치가 한이 없을 징조다'라고 하였다. 금홍이 두 기생 동무에게 하소연하기를, 남녀의 정도 통하지 못하고, 사치스런 연회에서 서로 만나지도 못함을 말하며, 남녀의 정情만 정이 아니라 동성인 기녀끼리의 정도 서로 탐하는 바가 있다고 말한다.

    채금홍蔡錦紅은 구한말과 일제시대 대정大正(1912~1926)년간에 살았던 기생이다. 평양은 물론이고 경성을 비롯한 각 도시에서 모르는 이가 없었다. 그녀는 일찍이 아버지를 여의고 편모슬하에서 보통학교를 졸업하고 집이 가난하여 평양 기생양성소에 입학해 기생의 길로 들어섰다. 금홍은 인물이 절색일 뿐 아니라 가무에 능했으며 많은 서적을 섭렵하여 현대적 학문과 사상에 눈을 뜬 재원이기도 하였다. 학문적인 소양이 깊었던 그녀는 평남平南 한학계의 거두인 최재학崔在學을 선생으로 모시고 한시를 공부하고 사서삼경을 익혔다. 특히 타고난 시의 재능이 있어 재기발랄한 작품을 많이 남긴 뛰어난 시인이기도 하였다. 예로부터 평양은 색향이라 불리며 많은 명기를 배출하였는데, 의기義妓 계월향, 시기詩妓 김부용과 더불어 구한말 채금홍 또한 평양기생으로 유명하다. 계월향은 임진왜란 때 왜장 고니시 유키나가小西行長의 부장에게 잡힌 몸이 되었다가 김응서와 짜고 부장을 죽인 후 자신은 자결하고 김응서를 탈출시켜 왜란을 평정하는데 지대한 공헌을 한 의기이다. 그 뒤로 계월향이 살던 마을 사람들은 계월향의 충심을 기려 마을 이름을 '월향동'이라 하였다고 한다. 평양에서는 계월향의 넋을 기리기 위하여 사당을 짓고 매년 봄과 가을에 두 번 추모 봉제奉祭를 지냈는데 이곳이 바로 의열사이다. 1919년 3월에는 조선독립만세운동이 일어났는데, 계월향을 추종하던 금홍은 독립만세로 천하가 소요하자 의열사를 참배하고 추모시를 지었다.

슬프다 조선의 명기 계월향이여　　　嗟歎前朝桂月香
꽃다운 혼 어디서 홀로 상심하는지　　芳魂何處獨悽傷
연광정 붉은 난간 바스라지고　　　　練光亭上朱欄朽
의열사 앞뜰에 잡초만 무성하네　　　義烈祠前蔓草長

　금홍이 지은 시를 보고서 한시를 가르친 최재학은 감개한 나머지 무릎을 치며 눈물까지 흘렸다고 전해진다. 이 시는 널리 퍼져 많은 사람이 애송하게 되고 이를 탐지한 평양경찰서의 고등계형사 나카무라 신자부로中村眞三郞는 금홍의 사상을 의심하여 혹독한 취조를 했다. 그리고 열흘 동안 구류처분에 처하니 그때 금홍의 나이 겨우 스무 살이었다. 하루는 서울에서 내려온 춘원 이광수, 천풍 심우섭이 금홍과 함께 대동강에서 뱃놀이를 즐기게 되었다. 천풍은 금홍이 지었다는 의열사義烈詞 추모시를 보고는 놀라 믿지를 않았다. 천풍은 필경 금홍이 남의 시를 차작借作한 것으로 의심하고 우리가 이렇게 함께 놀다가 내가 먼저 죽었다고 가정하고 추모시를 한 수 지어보라고 하자, 금홍은 즉석에서 다음과 같이 읊었다.

홀로 부벽루 난간에 기대니　　　　　獨依浮碧樓
대동강 물은 근심을 두른 채 흐르네　 浿水帶愁流
함께 탔던 사람은 어디에 있는가　　　同乘人何處
헛되이 석양의 쪽배만 바라보네　　　空見夕陽舟

　이를 보고 천풍은 옛날 부용을 만나지 못한 걸 한탄할 게 없다며 금홍이 있는데 더 무얼 바라겠느냐며 찬탄하였다. 그날을 기념해 금홍이 시조 한 수를 지었다.

　　대동강大同江 푸른 물결 서해西海갔다 다시 오며

> 능라도綾羅島 성성한 버들 가는 춘풍春風 잡아매자
> 청춘靑春을 허송虛送치 말고 삼춘행락三春行樂 하리라

조국독립에 대한 사랑과 염원이 담긴 일화가 또 하나 있다. 금홍은 순종께서 승하하여 국상이 나자 서울로 올라왔다. 창덕궁 앞에서 인산인해를 이루며 통곡하는 남녀노소의 광경을 목도하고 순종의 죽음을 조선왕조가 망하는 국가의 운명으로 보고 애통해 하는 내용의 시조를 지었다.

> 창덕궁昌德宮 바라보며 통곡하는 노소남녀老少男女
> 신민臣民된 의義가 중重해 애도哀悼하는 심정心情이랴
> 순종純宗이 한말韓末이기에 그를 슲어 하리라

그녀의 시재詩才에 얽힌 이야기 중 평양의 기자림 뒤 아미산娥眉山 공동묘지를 보고 쓴 시조가 있다.

> 아미산娥眉山 공동묘지 높고 낮은 저 무덤엔
> 주문朱門 백옥白屋160) 구별없고 양반상놈 차별없다
> 가련타 인간공도人間公道를 여기서만 보노라

죽음을 통하여 인간의 공평한 도를 읽는 통찰력이 보인다. 즉 공동묘지에서 비로소 부귀와 빈천을 차별없이 하나로 볼 수 있다는 그녀의 한탄이 그대로 드러나고 있다. 또한 황학루黃鶴樓에 얽힌 이야기도 있다. 금홍이 어느 날 최재학을 비롯한 여러 시인묵객과 평양의 황학루에 올랐다. 원래 황학루란 중국의 양자강에 있는 정자다. 이백이 무한武漢에 놀러 갔을 때 이 시구를 읊으려 하였으나 그 곳에 올라 현판을 둘러보다

---

160) 주문朱門은 부가富家를 말하고, 백옥白屋은 빈가貧家를 말한다.

가 최호崔顥의 '황학루'라는 시가 너무 이름이 났는데 이를 보고는 그만 기가 죽어 시를 짓지 못하고 결국엔 금릉에 있는 봉황대로 가서 '등금릉봉황대'라는 시를 지었다는 고사가 있다.

금릉봉황대에 올라	登金陵鳳凰臺
봉황대 위에 봉황이 노닐다가	鳳凰臺上鳳凰遊
봉황 떠나니 누대는 비어 강물만 흐르네	鳳去臺空江自流
오나라 궁궐 화초는 그윽한 길에 묻히고	吳宮花草埋幽徑
진나라 고관들 낡은 무덤을 이루었네	晉代衣冠成古丘
삼산의 봉우리 푸른 하늘 밖에 반쯤 솟아	三山半落靑天外
두 강물은 나뉘어 백로주로 흐른다	二水中分白鷺洲161)
하늘에 떠도는 구름은 해를 가리고	總爲浮雲能蔽日
서울 장안 뵈지 않으니 근심하게 하네	長安不見使人愁

이백은 봉황대 전설에 얽힌 고사를 회고하며 부질없는 권력 다툼과 자신의 억울한 희생을 말하면서 현실적이고 인간적인 원망과 슬픔을 드러내고 있다. 대동강의 동쪽에도 절경 삼십추동천三十秋同天의 삼등 누각이 있는데 이 누각이 바로 황학루이다. 금홍이 이 누대에 올라 명사들을 통해 황학루에 대한 고사를 듣고는 즉석에서 한 수 읊었다.

최호가 처음으로 황학루에 오르고	崔顥初登黃鶴樓
이백이 다음으로 황학루에 올랐지	李白再登黃鶴樓
평양의 미희와 재자가 모여서	柳京佳人與才子
오늘은 세 번째로 황학루에 올랐네	今日三登黃鶴樓

---

161) 이수二水는 진수秦水와 회수淮水를 뜻하고, 백로주白鷺洲는 이수의 한 갈래가 이룬 섬이다.

유경柳京은 평양을, 가인佳人은 채금홍 자신, 재자才子는 최재학을 비롯한 평양의 여러 시인묵객을 말하는 것이니 최호崔顥와 이백李白을 대등한 위치에 놓아 노래한 것이 된다. 실로 그녀의 시재에 놀란 그들은 당시 강동군수江東郡守 김수철金壽哲의 발의로 금홍의 시를 새긴 편액을 만들어 황학루에 걸어놓았다. 천한 신분이었던 기녀의 시가 이곳을 거쳐간 내노라하는 명사들의 시와 함께 나란히 겨루게 되었으니 대단한 사건이었다. 금홍은 이재理財에도 밝았다. 자기 형제를 모두 일본유학을 시킬 만큼 재물을 끌어 모았으며, 야망도 큰 여자였다. 금홍의 도움으로 큰 오빠는 와세다早稻田대학, 작은 오빠는 메이지明治대학, 막내동생은 오사카상선大阪上船학교를 졸업할 수 있었다. 그러한 그녀에게 사랑의 시련이 찾아온다. 스물네 살이 되던 해에 한 청년 문사와 열렬한 연애에 빠져 기생 노릇을 그만두려고 하였다. 그러나 금홍의 어미가 이를 못마땅하게 여겨 그 청년과 만나지 못하게 하자 고통을 이기지 못한 금홍은 긴 머리를 잘라버려 당시 사회에 일대 파문을 일으켜, 매일신보에 실화소설로 다섯 회에 걸쳐 연재되기도 하였으나 끝내 세상을 비관하고 서른 살이 되기 전 스스로 목숨을 끊고 만다.

하늘 가 의탁할 데 없는 나그네 신세	天下無依客
세상에 버림받는 삭발한 여인이네	江湖斷髮嬪
가련하네 나와 함께 눈물 흘린 이	憐我同垂淚
거울속의 한 사람 그 뿐이로다	只有鏡中人

절세의 미인으로 태어나 기생으로서의 가무에도 평양 제일이었고, 문학적 재능과 시에도 뛰어난 재능을 보여주었던 그녀였으나 사랑을 얻지 못한 슬픔을 견디지 못하고 짧은 생을 마감하고야 말았다. 가히 가인박명佳人薄命이라 함이 이를 두고 하는 말일 것이다.

기생의 삶은 숙명적으로 비극일 수밖에 없다. 그래서 종종 원혼이 되어 한을 품고 저승에 가지 못해 이승을 서성인다. 이런 억울한 사연은 기생의 죽음과 관련하여 전설로 고착되어 구비문학으로 전승되기도 하였다. 울산광역시 남구 여천동, 울산항과 태화강의 하류가 만나는 지점에 울산의 안산案山인 돗질산, 한자어로 도두산猪頭山이라 부르는 아담한 봉우리가 다음과 같은 전설을 전해주고 있다.

■ **돗질산 도깨비**[162]

옛날 이 고을 관기 초선이의 딸 월앵月鶯이라는 미모의 동기童妓가 있었다. 월앵은 어머니의 신분 때문에 기적妓籍에 올라 기생으로서 갖추어야 할 예능과 예절들을 권번에서 이수했으나 그녀의 부계 혈통은 양반인 정삼품 통정대부 당상관이었다. 그래서 그녀는 아버지의 혈통을 받은 것을 영광과 자랑으로 여기면서 행신범절과 몸가짐을 각별히 조심하면서 처녀로서의 순결을 철저히 지키려고 하였다.

그녀는 과년하면서 그 미모는 마치 달덩이처럼 아름답고 글공부를 열심히 하여 시와 창에도 뛰어났고 가야금이나 거문고를 타는 솜씨가 뛰어나 선배 관기들 사이에서 장차 뛰어난 명기로 이름을 떨칠 것이라고 칭송이 자자하였다. 또한 관가나 풍류남아 사이에서도 월앵은 천재적인 이름난 기생이요 절세미인이라고 소문이 파다하여 젊은 남성들은 군침을 흘리고 있었다.

그러나 월앵은 과다한 소문과는 관계없이 마음속으로 사모하는 총각이 있었다. 그 총각은 어릴 적부터 앞뒷집에 함께 살면서 소꿉장난을 하며 자라난 주호동이라는 청년이었다. 그 청년은 양반도 상민도 아닌 양인 계급이었다. 얼굴이 준수하고 총명 영특하여 주위의 칭찬이 자자했으며 글공부에 열심히 정진하고 있었다. 월앵의 마음은 오매불망 호동만을 사모하고 동경했지만 호동은 글공부에만 열중하느라고 미처 월앵의 깊은 마음을 깊이 이해하지 못하고, 다만 앞뒷집에서 자라난 소꿉친구 이

---

162) 『울산의 전설과 민요』, 울산문화원.

상으로는 생각지 않고 월앵의 요구에 따라 간혹 은밀한 밀회가 있었다.
　월앵은 물레방아간에서 은밀히 호동을 만나 속삭이면서 백년가약을 꿈꾸며 호동을 유혹하고 설득하였다. 적극적인 월앵의 간곡한 애정 표현에 호동은 그러마고 하여, 공부를 끝내고 과거에 급제하는 날 부부가 되자고 언약을 하였다. 그러나 월앵은 권번의 이수과정도 끝나고 관기로서의 의무를 기피할 수가 없었다. 권주가를 부르고 가야금이나 거문고 연주를 하며 시조를 읊조려야 했다.
　그런데 주기가 도도해지면 풍류남아 벼슬아치들은 이성을 잃고 절세미인 천재적인 동기 월앵을 괴롭혔다. 그녀는 그때마다 몸을 도사리고 그것을 거부하였다. 월앵의 마음속에는 "내가 비록 기생의 신분이지만 내 몸에 흐르는 피는 정삼품 당상관인 위대한 것이기 때문에 내 몸을 함부로 허락할 수가 없어, 그 뿐만 아니라 마음속 깊이 사모하는 호동이가 있질 않는가"하고 다짐을 했다.
　그러자 새로 부임해 온 부사가 미리 월앵의 미모와 명성을 듣고는 수청들기를 강요하였다. 그러나 월앵은 단호히 거절을 하고, 부사는 몸이 달아 얼렸다가 달랬다가 해보았지만 허사였다. 그러다가 휘영청 달 밝은 밤에 월앵과 호동이 물레방아간에서 은밀히 만나, 음침한 부사가 수청을 강요한다는 애기를 하자, 호동이 발칵 화를 내며 장차 과거에 급제하여 암행어사가 되어 가렴주구하며 패륜적인 수령방백 놈들을 모조리 주살을 하겠다고 열변을 토하며 월앵을 꼭 껴안았는데, 이때 이 광경을 훔쳐보고 엿들은 이방청 아전놈이 부사에게 샅샅이 고자질을 하고 말았다.
　그 다음날 월앵은 부사의 부름을 받고 동헌으로 나갔더니 부사가 물레방아간에서 속삭인 놈이 누구며 무슨 말을 주고받았느냐고 다그쳤다. 월앵은 억울하다고 변명을 하면서도 그게 사실이던 일이기에 내심 공포에 떨었다. 부사는 월앵을 껴안고 속삭인 놈이 어느 놈인지 당장 이실직고할 것이며 잡아다가 능지처참을 하겠다고 호통을 쳤다.
　월앵은 자신이 당하는 건 이미 각오가 되어 있지만 화가 호동에게 미치게 할 수는 없는 일이기에 호동을 찾아 부사 앞에 대령하겠다고 약속을 하고 퇴청하여 호동을 찾아 멀리 피신하라고 일렀다. 그렇지 않으면 간밤에 물레방아간에서 한 애기를 샅샅이 알고 있는 악질 부사가 그냥 있질 않고 당장 능지처참을 할 것이라 하였다. 호동은 자신이 분개해서 토해 낸 말을 기억하고 있기에 피하지 않을 수가 없었다.

호동은 그 길로 정처없이 길을 떠나 발길이 닿은 곳이 전라도 남원 땅이었다. 그는 거기서 숨어살면서 농악패거리들과 어울려서 꽹과리 치는 법을 배우기 시작하였다. 부사는 월앵을 불러다가 물레방아간에서 껴안고 부사의 험담을 한 그놈을 대령시키지 않는 죄로 월앵을 잡아가두고 말았다. 그리고는 수청들기를 회유하였다. 밤이 야심하기만 하면 옥지기들은 월앵을 데리고 부사의 침실로 가서 밀어넣는다. 부사는 그녀를 달래다가 완력으로서 덤비기 시작하였다. 마치 성난 사자와도 같이. 월앵은 부사의 요구를 끝내 거절하다가 힘이 빠져 당할 것만 같아서 그만 혀를 깨물고 입에 선혈을 토하면서 자결하고 말았다.

월앵은 죽어서 원귀가 되어 돗질산 도깨비들과 어울렸다. 원귀 월앵은 도깨비 두목들에게 못된 부사 놈의 원수를 갚아 달라고 애원을 한다. 도깨비 두목은 원귀 월앵의 하소연을 듣더니 도깨비 무리들을 이끌고 그날 밤 부사청으로 가서 부사를 향해 죄상을 열거하면서 호통을 친 다음 도깨비 방망이로 부사를 쳐 죽이고 말았다. 그 후 도깨비들은 비라도 올려고 찌부등 할랴치면 돗질산에서 어김없이 나타나 풍악을 울리는데 신나게 한바탕 풍악을 울리고 나면 휴식을 하게 되는데 이때 원귀 월앵이 도깨비 두목에게 사랑하는 호동도령님을 만나게 해 달라고 애원을 한다. 이때 도깨비 두목은 월앵의 간청을 받자 그렇지 않아도 풍악을 울릴 때마다 징, 장구며 북은 잘 맞는데 꽹과리가 좀 덜 맞아 아쉬웠는데 마침 월앵이 찾고 사모하는 호동은 지금 전라도 남원 고을에서 호남 제일의 꽹과리 선수로 명성을 날리고 있기에 당장 내일이라도 데려와서 우리와 함께 어울리게 해야겠다고 한다. 도깨비 두목의 말을 듣고는 월앵이 기뻐하며 두목에게 감사의 인사를 드렸다. 마을 머슴들이 비가 올 것 같아서 마당 설거지를 하다가 도깨비들과 원귀 월앵이 주고받는 얘길 듣고는 다음날 돗질산으로 건너는 나루터 주막집에 모여 앉아 거동을 살폈다.

가랑비가 보슬보슬 뿌리는데 늦은 오후가 되자 저만치 들판을 가로질러 허겁지겁 달려오는 젊은이가 나타났다. 상투 쫒은 머리에 쓴 갓은 벗어서 등에 메고 괴나리봇짐을 동여매고 두루마기를 걷어 올려 동여

묶고는 손에 꽹과리를 하나 들고 달려오고 있었다. 젊은이는 나루터에 이르자 나룻배를 탈 생각은 않고 종아리를 둥둥 걷어 부치더니 강물에 뛰어든다. 이때 주막에서 지켜보고 있던 마을 머슴들은 젊은이를 붙잡았다.

"이봐요, 젊은이 이 강물은 수심이 얼마나 깊은지 알기나 하고 뛰어드는 거요? 들어가기만 하면 빠져 죽는단 말이요."

"아! 남이야 빠져 죽거나 말거나 왜 참견이요. 갈 길이 바쁘니 이거 놓으시오."

"못놓아요 안돼!"

하고는 젊은이를 여러 사람이 달려들어 주막집 머릿방에 가두고는 문을 잠궈 놓고 지켰다. 마을사람들은 그냥두면 강물에 빠져 물귀신이 될 터이니 시간만 넘기면 살릴 수가 있다고 믿었다. 방안에 갇힌 젊은이는 방안에서 문을 열어 달라고 소리치며 몸부림치다가 이윽고 잠잠해지더니 "여보시오들, 나 물 한 그릇만 주구려, 목이 타서 죽겠습니다요" 사람들은 물 한 그릇을 떠서 방안으로 들여보냈는데 그 후로 기척이 없이 조용하였다.

웬일일까, 하고 문구멍으로 들여다봤더니 물을 마시지 아니하고 코에 들어부어서 죽고 말았다. 결국 마을 사람들의 생각은 어긋나고 말았다.

그날 밤이었다. 돗질산에서는 또 한바탕 도깨비들이 신나는 풍악을 울리더니 가락을 뚝 멈추고는 두목이 말하기를,

"다들 어떠냐? 이제 전라도 호남 제일의 주꽹과리가 어울리니 꽹과리 가락이 썩 잘 맞아 떨어지지?"

"예! 아주 멋들어지게 잘 치는 군요."

"그리고 월앵낭자 봐요, 이제 사모하는 호동 도련님을 만나게 해 줬으니 여한이 없겠지?"

"예! 두목님! 고맙고 또 고마울 뿐입니다."

"자! 또 한바탕 치고 놀아 보자꾸나. 풍악을 울려라."

하고는 신나게 또 한바탕을 치는 소리가 밤의 적막을 끊어 놓는다. 월앵과 주호동의 이승에서 맺지 못한 연분은 결국 저승에서 맺어지게 된 것이다. 그리고 물에 빠져 죽을 사람은 접시 물에도 빠져 죽는다는 숙명론을 확인시켜 주기도 한다.

금사錦史는 한성기생이다. 『조선해어화사』에 따르면, 금사는 구한말 한성기생으로 일찍이 기적에 올랐다. 학교에 입학하고자 하였으나 뜻대로 되지 않아 이름을 고쳐서 한성여학교에 입학할 수 있었다. 시를 공부하였으나 그 행적이 드러날 것이 두려워, 짐짓 시를 지을 수가 없었는데, '신해음사辛亥吟社'에 보낸 오직 이 한 편의 초고가 실려 전한다. 뒤에 금사는 어느 신사의 집 숙녀가 되었기에 그 이름을 구태여 밝히지 않는다고, 『조선해어화사』에서 말하고 있다.

    장충단 유감   奬忠壇有感

    단 위에 달 밝은 밤   壇上月明夜
    정령이 지난 회포를 말하네   精靈說往情
    진작 오늘의 일 알았더라면   早知今日事
    그날의 죽음도 도리어 가벼웠을 걸   當日死還輕

장충단은 원래 조선 영조 때 도성 남쪽을 수비하던 남소영이 있던 곳이다. 그 뒤 고종황제가 명성황후 시해사건 때 순국한 장병들의 넋을 위로하고자 사당인 장충단을 짓고 비를 세워 매년 봄, 가을에 제를 지냈다. 한일병합 후인 1919년에는 장충단 일대에 벚나무를 심어 일본식 공원이 조성되어 민족의 수난과 회한이 서린 곳이다. 달 밝은 밤, 영욕이 서린 민족의 수난사를 그대로 말해주는 장충단에서 통절痛切한 회한을 읊은 시다. 돌아가신 영령들이 오늘 일 알았다면, 죽음도 오히려 가벼웠을 거라고 말하며, 그 넋을 위로한다.

취련翠蓮은 영조 때 관북 기생이다. 한재락은 『녹파잡기』에서 취련을 다음과 같이 묘사하고 있다. 노기老妓가 되어 은퇴했을 무렵에 그를 보고 기록한 것이다.

"취련은 아주 통통하고 몸집이 크지만, 검무를 출 때는 물 찬 제비처럼 민첩하였다. 이제는 늙어서 연광정練光亭 앞길에서 목로주점을 한다."

취련은 시와 가무에 능하여 판서 서명빈163)이 북평사北評事로 장성長城에 부임하였을 때 만나서 서로 사랑하였다. 뒤에 도성으로 가서 만나려 했으나 끝내 거절당하고 물러와 시를 지었다.

한	恨
삼춘의 절기 맞으니	今節當三春
향수가 날로 간절해지네	鄕愁日日新
학사님은 풍류가 없어	學士風流少
이제 헛되이 돌아간다오	今作空歸人

삼춘三春은 봄의 석 달 동안으로, 즉 맹춘孟春, 중춘仲春, 계춘季春을 말한다. 또는 세 해의 봄을 말하기도 한다. '일별삼춘一別三春'이란 한 번 헤어진 후, 삼 년이 된다는 뜻으로, 보고 싶은 그리운 정을 비유해 이르는 말이다. 취련은 함흥에서 문장이 뛰어난 명기로 널리 알려져 있었다. 서명빈에게 애타는 편지를 보냈으나 그는 답장을 보내오지 않았다. 서명빈이 조선 후기의 문신으로, 자는 질보質甫, 대사헌을 거쳐 판의금부사, 한성부판윤, 좌참찬을 역임하였다. 취련은 답장을 기다리다가 지쳐 천릿길을 멀다하지 않고 달려온 것이다. 서명빈이 취련을 집으로 데려가지 못하자, 취련은 울면서 함흥으로 돌아가지 않을 수 없었다. 서명빈은 취련을 함흥으로 떠나보내면서 다시 한 번 거짓 약속을 한다. "내가 반

---

163) 서명빈徐命彬(1692~1763); 조선후기의 문신. 본관 달성達城, 자 질보質甫, 남원부사 정리貞履의 증손, 할아버지는 병조참의 문상文尙, 아버지는 영의정 종태宗泰, 어머니는 이헌李櫶의 딸이다. 시호는 정간靖簡.

드시 너를 데리러 갈 터이니 몸을 함부로 하지 마라." 지키지 않을 약속이지만 여자는 그 말을 천금처럼 믿는다. 믿지 않으면 자신의 신세가 너무나 처량해지기 때문이다. 취련이 한양에서 함흥으로 돌아오는 길은 한없이 쓸쓸하고 비참했다.

남취선南翠仙은 호는 운창雲窓, 설죽雪竹인데, 안동 권씨 집안의 여종으로 남편은 석전石田 성로成輅(1550~1615)라고 한다. 혹은 김철손金哲孫의 소실이라고도 한다. 17세기 전후의 인물로 추정되며, 시문에 능하여 일찍이 백마강白馬江을 건너다가 회고시를 읊었다. 세 편의 한시가 전한다. 그 중 한 편의 회고시를 보자. 그런데, 이 시가 호서 기생인 추향秋香의 작품이라는 설도 있는데, 셋째 구에서, '강江'이 '운雲' 자로 바뀌어 달리 전하고 있다.

백마강 회고 　　　　　　　　　　　　白馬江懷古

저물어 고란사에 배를 대고서 　　　　晚泊皐蘭寺
서풍에 홀로 누대에 기댔구나 　　　　西風獨倚樓
왕조는 망해도 강은 만고에 흐르고 　　龍亡江萬古
꽃은 져도 달은 천추에 밝았구나 　　　花落月千秋

고란사皐蘭寺는 충남 부여군 부소산扶蘇山 북쪽 백마강변에 있는 절인데, 창건에 대한 자세한 기록은 없으나, 백제 때 왕들이 노닐기 위하여 건립한 정자였다는 설과 궁중의 내불전內佛殿이라는 설이 전하며, 백제의 멸망과 함께 소실된 것을 고려시대에 백제의 후예들이 삼천 궁녀를 위로하기 위해서 중창하여 '고란사'라 하였다. 그 뒤 벼랑에 희귀한 고란초가 자생하기 때문에 고란사라 불리게 되었다. 이 작품은 고란사에서 백제의 멸망을 회고한 시이다. 기승전결 구의 만晚, 서西, 망亡, 락落

의 자의字意는 모두 쇠미衰微, 조락凋落한 기운을 함축하는 뜻을 가진다. 이렇듯 시의 분위기는 암울한 비애감을 고취시키며, 시공간에 일관되게 마치 베를 짜듯 시적장치를 탄탄하게 해 놓았다. '용망龍亡'은 왕조의 패망을, '화락花落'은 백마강 절벽에 떨어져 죽은 궁녀들을 가리킨다.

조선후기 문신인 임방164)이 펴낸 시화집, 「수촌만록水村謾錄」에 실려 있는 얼현은 안동 권씨 집의 여종으로 재색이 있고 시를 잘하였는데, 스스로 호를 취죽翠竹이라 하였다. 그녀의 시로 두 수가 수록되어 전하는데, '추사秋思'와 '방석전고거訪石田故居'이다.165)

    가을밤에 생각이 있어   秋思

    하늘은 물과 같이 맑고 달은 창창한데   洞天如水月蒼蒼
    나뭇잎 떨어지고 밤에 서리 내리네   樹葉蕭蕭夜有霜
    열두 겹 주렴 속에 외로이 자니   十二細簾人獨宿
    옥병풍 좋지마는 원앙이불 부럽구나   玉屛還羨畵鴛鴦

가을 밤 찬 서리 내리는 외로운 밤, 여인의 회한이 낙엽처럼 나뒹굴고 있다. 어느 양반의 눈에 들어 잠깐 노리개가 되었을까. 원앙이불은 홀로 덮고 자기에는 너무 허전하고 호사스럽다. 그래서 열두 겹 주렴 속은 더 슬프다.

    석전의 옛집을 방문하고   訪石田故居

    십년동안 일찍이 석전과 짝해 놀았는데   十年曾伴石田游

---

164) 임방任埅; 현종 4년(1663) 사마시에 일등으로 합격, 1671년 재랑齋郞, 장악원주부, 호조정랑, 기사환국으로 송시열이 유배될 적에 사직하였다가 다시 단양군수, 사옹원첨정 등을 역임.
165) 『해동시화海東詩話』에도 실려 있다.

양자강 어구에 취해 얼마나 머물렀나	楊子江頭醉幾留
오늘 임 떠난 뒤 홀로 찾아와 보니	今日獨尋人去後
가을 물가 흰 개구리밥 붉은 여뀌 가득해라	白蘋紅蓼滿汀秋

가을 강가에 흰 개구리밥과 붉은 여뀌가 어우러져 색채의 조화가 현란하다. 아마도 얽힌 회한의 한 자락도 그러하리라. 십 년 동안 어릴 때 짝해서 노닐던 임의 옛 고향 사람들 다 떠난 뒤 홀로 찾아와 보니, 그저 먹먹할 따름. 그 동안 양자강에서 취한 채 얼마나 머물렀던가. 시공간이 교차하는 시의 정조가 쓸쓸하고 서럽다. 석전石田은 얼현을 비첩婢妾으로 맞아들였는데, 그가 떠난 뒤의 쓸쓸한 내면 풍경이 결구에서 찬란한 채색이 대비되어 매우 절창으로 읽힌다.

홍중인洪重寅이 편찬한 『동국시화휘성東國詩話彙成』166)에서는, "이 두 작품은 『기아箕雅』167)에 같이 실려 있는데, '추사秋思'는 기생 취선의 작품이라 잘못 알려져 있고, '고거故居'는 무명씨 작품이라고 잘못되었는데 세상에서 취죽翠竹의 이름이 전하지 않음이 애석하다"고 기록하였다.168)

그런데 근년에 백운자白雲子 권상원權尙遠(1571~?)의 시문집 목판본인 『백운자시고白雲子詩稿』169)가 발견되었다. 그 말미에 필사된 채 전해

---

166) 단군부터 조선 영조 때까지 인물을 시대별, 신분별로 나누어 인적 사항을 밝히고 그들이 지은 시나 일화를 모아 엮은 책. 22권 7책. 필사본. 편자와 연대는 미상, 지질, 서체로 보아 뒤에 필사한 것으로 보인다. 서문과 발문도 없다. 권1~3은 고조선편 기자, 여옥과, 신라편 유리왕, 박제상 등은 전하는 설화나 후대의 찬시를 수록하고, 권4~9 고려편 가운데 권8은 승류僧類 6인, 권9는 창류娼類 2인이며, 권10~22 조선편 가운데 권18은 종실宗室 4인, 권19는 승류 6인, 권20은 규수閨秀 4인, 권21은 창류 2인 등의 시문이다.
167) 남용익南龍翼(1628~1692)이 엮은 시선집詩選集. 14권 7책.
168) "此兩作, 俱在箕雅, 而秋思, 誤屬妓翠仙, 故居, 誤屬無名氏. 世不傳翠竹名, 可惜."
169) 조선 중기의 시인 권상원權尙遠의 시집. 저자의 자 원유遠游, 호 백운白雲. 본관 안동安東. 열아홉 살에 이미 시로 이름을 떨쳤는데 당시 지은 시가 삼백여 수가 되어 당인唐人에 필적한다는 평을 들었다. 이 책은 그가 죽은 지 약 백년 뒤인

지는 설죽雪竹은 여종의 신분으로 여성의 정감이 담뿍 담긴 한시를 상당히 많이 창작했다. 설죽의 행적은 『백운자시고』의 말미 「설죽사적雪竹事蹟」에 간략히 정리되어 있는데, 여기에 따르면 그녀의 생몰 연대는 미상이나 이름은 얼현孼玄이며 호는 설죽, 설창雪窓, 월연月蓮, 취선翠仙 등이다. 이로 미루어 보면, 이제까지 전해진 얼현孼玄 이라는 인물이 바로 안동에 거주하던 비녀婢女인 알현關玄과 동일인물인 것을 알 수 있다. 얼현은 신분이 천한 계집종으로 지극히 미천하여 가문에 관한 기록을 전혀 찾아 볼 수 없다. 그녀는 당시의 노비 매매와 상속의 관습과 신분제도 때문에 모진 인생유전을 겪는다. 처음에는 충재冲齋 권벌權橃(1487~1547)의 손자인 석천石泉 권래權來(1562~1617)의 시청비侍廳婢로 출발하여, 나중에 원유遠遊 권상원權尙遠의 시비侍婢가 되었다가, 마침내 석전石田 성로成輅(1550~1615)의 비첩婢妾이 되었다.

실제로 안동권씨 충재종택 삼계서원에는 『백운자시고』 목판이 존재하는데, 이는 조선 중기의 시인 권상원의 시집으로, 불분권 1책의 목판본이다. 이 책은 그가 죽은 지 약 백년 뒤인 영조 26년(1750) 권사협權思浹 등이 편집, 간행하였다. 서문은 없고, 권말에 권사협의 후지後識가 있다. 시 이백여 수와 부록으로 「백운자전」과 제문, 증별시贈別詩, 송서送序 및 서관창수西關唱酬 여덟 수 등이 수록되어 있다. 얼현은 시비侍婢, 성비聲婢, 가비歌婢, 성비性婢, 비첩婢妾 등 인생유전에 따라 다양한 역할을 감수하며 파란만장한 삶을 살았지만,170) 비천한 여인의 숙명적인 삶을

영조26년(1750) 권사협權思浹 등이 편집, 간행하였다. 서문은 없고 책 끝에 권사협의 후지後識가 있다. 시 이백여 수와 부록으로 백운자전白雲子傳과 제문, 증별시 등이 수록되어 있다. 시에는 기행시가 많은데 대표적인 것으로 '부석사종각취음浮石寺鐘閣醉吟'을 들 수 있다. 이 밖에 증별, 차운, 화답류가 많은 것도 특징이다. 부록의 증별시는 이식李植이 지은 것이 많다. 불분권 1책. 목판본. 연세대학교도서관 소장.

170) 조평환 교수는 얼현의 삶을 세 시기로 나누었다. 충재冲齋 권벌權橃(1487~1547)

스스로 극복하고, 천부적인 문학의 재능을 발휘하여, 모두 오언절구 서
른일곱 수, 오언율시 다섯 수, 칠언절구 백이십육 수 등 모두 백육십팔
수에 달하는 많은 한시를 남겼다. 이 시들은 당시 '유곡삼절酉谷三絶'로
일컬어졌던 권상원의 시문집인 『백운자시고』의 말미에 필사되어 전하
고 있다.

  얼현의 생애를 앞의 「설죽사적」을 통해 개략적으로 재구성해보면 다
음과 같이 추론할 수 있다. 그녀의 이름은 월연 또는 알현, 얼현이며, 자
호는 설죽, 설창, 취선으로 불리었다.171) 이름이나 자호가 그만큼 많은
것은 그녀의 살아온 궤적이 파란만장하여 다양한 인생 편력을 거쳐 온
탓이라 생각된다. 얼현은 신분이 시중을 드는 여종으로 어린 나이에 관
아에 딸렸다가, 다시 남자 주인에 딸린 시비侍婢가 된다. 주인의 제반 시
중을 드는 것은 물론 진악奏樂 가무 등 그의 정서적 충족을 위해 봉사하
는 성비聲婢 역할을 수행하거나, 주인의 비첩婢妾이 되어 성적性的 노리
개가 되기도 하였다. 따라서 남자 주인에 딸린 시비들은 주인에게 환락
및 유흥의 도구로 강요되기도 하였다. 얼현은 처음에는 관아에 소속된
관비官婢로 석천 권래의 시중을 들며 상전으로 모시고 있었는데, 어려
서부터 영리하여 늘 창이나 벽을 사이에 두고 손님들이 시문을 읊는 것
을 엿듣고는 그 문장과 시구를 이해하였다. 차츰 그녀는 시에 능하여 당

  의 손자인 석천石泉 권래權來의 시청비侍廳婢(성장기임과 동시에 귀 동량으로 한
  문을 배웠던 시기)로 출발하여, 원유遠遊 권상원權尙遠의 시비侍婢(성숙기임과
  동시에 어깨 너머로 한시의 기법을 익혔던 시기) 그리고 석전石田 성로成輅의 비
  첩婢妾(여성으로서 원숙미를 갖춘 시기임과 동시에 한시를 지어 그 재능을 발
  휘한 시기) 등을 거치면서, 본주를 시봉하고 함께 명산대천을 유람하며 자연스
  럽게 상면하게 되어 인연을 맺고 시로 교유하며 지냈던 시기로 나누었다. 조평
  환, '朝鮮中期 婢女 月蓮의 漢詩硏究'『온지논총』제21집, 72쪽 참조.
171) 권상원, 『백운자시고白雲子詩稿』, 「설죽사적雪竹事蹟」, "又號雪窓 名闕玄 又月
    蓮 又翠仙, 翠仙 一名月蓮,……自號雪窓 又曰雪竹."

시 사람들이 중국 후한의 학자였던 강성康成 정현鄭玄의 비녀婢女에 버금간다고 찬탄할 정도였다.172) 그 뒤에 그녀는 다시 사가私家에 딸린 사비私婢가 되어 권상원을 모시게 되었다. 그리고 마지막으로 그녀는 아마도 노비 매매로 인하여 석전 성로의 집으로 가게 되었던 것 같다. 그녀는 진사인 성로의 비첩婢妾이 되어 모진 종살이를 그만두고 첩실로 들어앉아 그와 인연을 맺고 사랑을 나누었다. 실제로 얼현의 한시 여러 곳에는 석전을 사모하는 마음을 표현한 시들이 많다. 석전과 화답한 시를 이십여 편이나 되는데, 석전은 한 때 그녀와의 정분을 끊지 못해 큰 벼슬길에 나가지 못했다는 소문까지 나돌았다고 한다.173) 당시에 석전이 봉화 유곡에 있는 청정암에 당도하여 그녀와 더불어 유흥을 즐기고자 하자, 좌객들이 그녀로 하여금 희롱삼아 살아있는 석전의 생전 만시輓詩를 짓게 하였다. 이에 그녀는 즉석에서 만시를 지어 석전을 비롯한 좌객들의 눈시울을 적시게 하였다고 한다. 이로 인해 그녀의 시에 관한 명성이 세상에 널리 알려지게 되었다고 한다. 그녀는 석전 외에도 한 때나마 시로 교유하며 지냈던 인물이 적지 않은 것으로 보인다. 그들 중 화답하여 지은 한시를 통해 직접 확인이 가능한 인사들만 열거해 보면, 이덕산李德山, 이상사李上舍, 안배옹安排翁, 서계西溪, 백설비白雪飛, 동양대감東陽大監, 상주태수尙州太守, 심생沈生, 호정주인湖亭主人, 신서호申西

---

172) 권상원, 같은 책, "才調伶俐而超逸, 每於廳壁間, 竊聽課詩之聲, 解其文義. 遂能文而長於詩, 時人比之康成婢." 참고로, 강성康成(정현鄭玄의 자)은 학문을 좋아해서 그에게 딸린 여종들도 모두 독서를 하고 모시에 통달하였다고 한다. 다음의 인용문 참조. "康成學問不但有承先啓後之功, 其好學的影響, 並及於家人奴婢. 據說康成家婢女皆讀書, 尤其通達毛詩, 有一婢觸怒康成, 被罰跪在泥地上. 另一婢嘲笑說: '胡爲乎泥中' 跪婢回答: '薄言徒愬, 逢彼之怒' 二人都引用詩經語句, 典雅而幽默, 適被康成聽見, 不覺怒氣全消, 饒恕了犯錯的婢女. 這件事流傳到後來, 稱人家婢女常用 '康成文婢' 爲典."
173) 권상원, 같은 책, "嘗曰, 吾上典 若入城, 則小妾 當不知死所矣. 以故石田公仕路蹇滯, 實由於翠仙之所爲云."

湖, 조수재趙秀才, 김도헌金都憲, 김배옹金排翁, 박정랑朴正郎, 윤상사尹上舍, 임정랑林正郎, 심수재沈秀才, 박찰방朴察訪, 고정랑高正郎, 운봉태수雲峰太守, 백악산인白岳山人, 백설산인白雪山人, 이생李生, 안첨지安僉知 등 무려 스물네 명이나 된다. 이들은 대부분 얼현이 주인을 시봉하고 살아가는 과정에서 자연스럽게 상면하게 되어 알게 된 인사들로, 주인과도 무관한 사이가 아니었을 것으로 추정된다. 그리고 후일 얼현이 당대 명사들과 교유하며 지내다가 결국 재상의 비첩이 되었다는 설까지 있는 점으로 미루어 보아, 실제 그녀와 교유하며 지냈던 인사들은 이보다 훨씬 더 많았을 것으로 추정된다.174)

성진사 석전의 죽음을 곡하며	哭挽成進士石田175)
적막한 서호에 초당 문 닫아거니	寂寞西湖鎖草堂
주인 잃은 봄 누각에 벽도향 풍기네	春臺無主碧桃香
푸른 산 어디에 호걸스런 뼈 묻었나	靑山何處埋豪骨
무심한 강물만 말없이 흐르네	唯有江流不語長

얼현은 아마도 호수 근처에 살았던 것 같다. 시의 곳곳에서 호수의 풍광이 다가오는데, 이 시에서도 임이 떠난 쓸쓸한 서호에 초당 문을 닫고 산다고 한다. 덧붙여 봄날에 누각에 올라 벽도향 은은하게 풍겨도 더불어 즐길 임이 없기에 누각마저 주인을 잃었다고 말한다. 벽도화는 봄에 피는 꽃으로 꽃 중의 신선이라 칭한다. 죽음을 넘어 춘대에 그 향기가 물밀 듯 밀려오니 다음 구와 대비되어 절대적 비감을 자아낸다. 사랑하는 임의 백골은 청산 어디엔가 묻히고, 무심한 강물은 심연을 흐르며 시인의 심금을 온통 적시고 있다. 희롱삼아 좌중의 짓궂은 선비들이 살아

---

174) 조평환, '朝鮮中期 漢詩硏究'『온지논총』제21집, 76쪽.
175) 권상원,『백운자시고白雲子詩稿』이하 졸고의 '얼현'의 시는 모두 같은 책.

있는 석전을 거짓 죽여 놓고 만시를 짓게 하였으니, 임을 먼저 저 세상으로 보낸 한 여인의 애잔한 슬픔이 상상 속에 무르녹아 있다.

보성으로 가는 이생을 보내며	送李生之寶城
외기러기 저문 바다 위를 날고	獨雁海天暮
외로운 배 가을 강에 떠 있네요	孤舟江上秋
멀리 남쪽으로 가신다하니	南州地一角
수심만 가득히 밀려만 와요	此去令人愁

이생李生은 누군지 알 수 없다. 다만 시에는 온통 외로움으로 덧칠해 있다. 독獨, 고孤, 일一, 수愁, 모暮, 추秋 따위의 시어는 영락하고 조락한 기운으로 외로움을 드러내는 데 자주 등장하는 시어들이다. 너무 외롭고 수심이 가득하다.

홀로 자며	獨宿
빈 주렴 홀로 자니 밤은 길어	空簾獨宿夜漫漫
바람 부는 높은 누대에 이슬도 차네	風滿危樓白露寒
기러기 울음소리에 잠깨어 일어나니	歸鴈一聲驚夢罷
가을 달이 난간에 내려와 있네	起看秋月下欄干

규방여인의 시에서 독수공방은 늘 주렴 너머 쓸쓸함으로 어른거린다. 가을 밤, 달은 휘영청 밝은데 기러기 날아가고 높다란 누대에는 이슬이 차다. 홀연히 꿈에서 깨고 보니 달은 벌써 난간에 걸쳐있다. 처마 위에 있던 달이 난간 아래에 비껴있으니 그만큼 시간이 경과하였음을 보인다. 여인의 차가운 베갯잇이 쓸쓸한 정조를 드러낸다.

낭군님 가신 뒤　　　　　　　　　　　　　　　　郎君去後

낭군님 가신 뒤 소식마저 끊기니　　　　　　郎君去後音塵絶
봄날 청루에서 홀로 잠드네　　　　　　　　　獨宿靑樓176)芳草節
불 꺼진 창가에서 무한히 울어 예는 달밤　　燭盡紗窓無限啼
두견새 슬피 울고 배꽃은 떨어지네　　　　　杜鵑叫落梨花月

　방초가 손짓하는 봄날에 낭군님이 떠난 뒤 소식이 없다. 청루는 기녀의 집인데, 여기서는 기생과 같이 옮겨 다니는 자신의 신세를 의탁한 것으로 볼 수 있다. 기녀의 삶이 늘 그렇듯, 불 꺼진 적막한 밤에 두견새 울어 예니 배꽃은 분분하다. 원망과 회한, 고독과 그리움이 밀려오는 밤이 마치 결구의 두견새 울음이거나 날리는 배꽃 같아 어지럽다.
　무명無名은 광주 기생이다. 생애는 알 수 없다.

남한산성　　　　　　　　　　　　　　　　　南漢山城

하늘가 아득히 솟은 남한산성　　　　　　　天邊縹渺177)漢南城
꼭대기엔 오직 새가 다니는 길이 있네　　　絶頂唯看鳥道橫
백제의 천년 도읍 옛 일로 사라지고　　　　溫祚178)千年空舊業
오늘 조선에도 병영이 세워졌네　　　　　　聖朝179)今日設行營
높다란 대장기에 병영이 있고　　　　　　　高牙大纛180)將軍府
흰 몽둥이 붉은 옷 갖춘 수어병이 있으니　白梃朱衣守禦兵
요새를 나라의 보배라 말하지 마오　　　　莫說金湯181)爲國寶

---

176) 청루靑樓는 창기의 집을 말하는데, 흔히 주사청루酒肆靑樓, 홍등가紅燈街라 말한다.
177) 표묘縹渺는 끝없이 넓거나 멀어서 있는지 없는지 알 수 없을 만큼 어렴풋한 상태.
178) 온조溫祚(?~28); 위례성慰禮城에 토대를 세운 백제의 건국 시조始祖.
179) 성조聖朝는 어진 임금이 다스리는 조정朝廷.
180) '아牙'는 대장기大將旗를, '독纛'은 소 꼬리 또는 꿩의 꽁지로 장식한 큰 깃발을 말함.

| 병자 정유호란 남은 한에 슬픔에 잠기네 | 丙丁遺恨尙沾纓182) |

앞에 보이는 시는 본래 백제百濟의 왕도가 있던 남한산성에 올라, 패망한 백제 왕조와 당시 조선 왕조에서 병자 정유호란을 겪은 쓰라린 비통함과 여전히 군영을 설치한 시간의 연속성에 대한 세월의 무상함을 읊었다.

계월桂月은 남원 기생이다. 생애는 알 수 없다.

| 광한루시 | 廣寒樓詩 |

베틀에서 잠시 내려와 누대에 오르니	乍擲金梭183)懶上樓
주렴은 높이 걸리고 월계꽃 피는 가을이라	珠簾高掛桂花184)秋
견우님 한 번 떠나가신 뒤 소식이 없어	牛郞185)一去無消息186)
밤마다 오작교에서 시름겨워 하노라	烏鵲橋邊夜夜愁

「견우직녀설화牽牛織女說話」에 따르면, 직녀는 천제天帝의 손녀로 길

---

181) 금탕金湯은 쇠로 만든 성벽과 성호城壕로 둘러싸인 견고한 성. 원래 금성탕지金城湯池의 준말로 '쇠로 만든 성 주위에 끓는 물을 끌어들인 연못'으로 철통같은 방비를 한 난공불락의 요새이다. "전국 시대 위魏 나라 무후武侯가 배를 타고 서하西河의 중류를 내려가다가 오기吳起를 돌아보고는 산천이 험고한 것이 위나라의 보배라고 자랑하자, 오기가 '사람의 덕에 달려 있지 산천의 험고함에 있는 것이 아니다. 만약 통치자가 덕을 닦지 않으면, 이 배 안에 있는 사람들 모두가 적국의 사람이 될 것이다.在德不在險, 若君不修德, 舟中之人盡爲敵國也'라고 대답한 고사가 전한다.『사기史記』제65권,「손자오기열전孫子吳起列傳」.
182) 첨영沾纓은 눈물이 흘러내려 갓끈에 스며드는 것으로 통곡하거나 비통한 마음을 뜻함. 淚水浸濕冠纓, 指痛哭, 悲傷.
183) 사梭는 베를 짤 때 씨올의 실꾸리를 넣는 베틀의 부속품인 북을 말함.
184) 계화桂花는 계수나무 꽃.
185) 우랑牛郞에서 '우牛'는 별 이름으로 견우성牽牛星을 말하고, '랑郞'은 사내나 남편, 혹은 낭군郞君을 뜻한다. 우랑은 견우님이란 뜻이다.
186) 일거무소식一去無消息은 한 번 간 뒤로 소식이 없음을 말함.

쌈을 잘하고 부지런했으므로, 천제가 사랑하여 은하수 건너, 하고河鼓라는 목동인 견우와 혼인하게 했다. 그러나 부부는 신혼에 빠져 게을러졌으므로 천제가 노하여 은하수를 가운데 두고 다시 떨어져 살게 하고, 한 해에 한 번 칠월칠석날만 같이 지내도록 했다. 은하수 때문에 칠월칠석날도 서로 만나지 못하자, 보다 못한 지상의 까치들이 하늘로 올라가 머리를 이어 다리를 놓아 주었다. 그 다리를 까치가 놓은 다리, 즉 오작교烏鵲橋라 하며, 칠석이 지나면 까막까치가 다리를 놓느라고 머리가 모두 벗겨져 돌아온다고 한다. '작교'는 광한루에 있는 돌다리인데,『춘향전春香傳』에 춘향과 이도령의 로맨스를 가져온 다리로 유명하다. 또한, 이날 오는 비를 칠석우七夕雨라 하여, 그들이 너무 기뻐 흘리는 눈물이라고 하며, 그 이튿날 아침에 오는 비는 이별의 눈물이라 전한다. 이 설화는 많은 문인들이 시문의 주제로 삼았다. 고려 때 이인로李仁老의 칠석우, 이제현李齊賢의 칠석, 이곡李穀의 칠석소작小酌, 조선시대 때 정철鄭澈의 차광한루운次廣寒樓韻, 김정희의 칠석칠율七律, 여류 시인들의 것으로 이옥봉李玉峯의 칠석가, 삼의당三宜堂의 칠월칠석, 운초雲楚의 강루江樓칠석, 정일헌貞一軒의 칠석 등을 들 수 있다. 그 밖에 춘향전을 비롯한 여러 고전소설, 규원가閨怨歌, 해조가諧嘲歌, 과부가, 농가월령가, 화조가, 사미인곡과 같은 가사, 또는 시조, 민요들에 이 설화가 주제로 된 것이 많다.

　남원 광한루에 올라 소식이 끊어진 임을 기다리며, 시름에 잠긴 작자의 심정이 잘 드러나 있다. 광한루는 이도령과 춘향의 애틋한 사랑이 스며있는 명승이다. 그리고 견우직녀의 이야기를 끌어와 서로 만나지 못하는 절절한 그리움을 겹쳐 깊은 정한을 드러내고 있다. 견우와 직녀, 오작교는 당시의 기생들이 즐겨 차용하던 시의 소재였다. 상사와 이별의 정한을 표현하는 주요 시안詩眼이 되었다. '시안'은 시의 눈인데, 시의 잘 되고 못 됨을 결정짓는 중요한 글자를 말한다.

담도潭桃는 진남포鎭南浦 기생이다. 찬녹헌餐綠軒 김환익金煥翼의 사랑을 받았는데 『신해음사집』에 실려 있다. 원래의 비평에서는 시상이 '묘절妙絶하다'고 하였다.

세모를 한탄하며	歲暮嘆
창가에 등불은 어찌도 밝은지	窓燈何耿結
창 밖에는 또 눈발이 휘날리고	窓雪又飄旋
매화가 곧 피려는가	梅作將花候
미인은 또 한 해를 보내네	蛾眉又一年

세밑에 또 한 해가 저무는 걸 담담하게 말하고 있다. 창의 안과 밖은 극명하게 짝을 이루어 시각적으로 절묘한 의경意境을 얻고 있다. 안에는 붉게 타오르는 등잔불, 밖에는 하얗게 휘날리는 눈발이 대조를 이루면서 긴장을 불러일으킨다. 안은 정태적이고, 밖은 동태적이다. 정중동靜中動이며 동중정動中靜인 아름다움이 교직하여 한 폭의 비단을 짰다고 할 수 있다. 눈발 섞어치는 창가에 매화가 이윽고 피려한다. 마치 아름다운 미녀가 화장대를 마주 하고 눈썹을 그리고 있는 듯 하다.

이덕무李德懋의 『청장관전서』에는 어떤 평양의 시기詩妓가 지은 '제석시除夕詩'[187] 한 수가 전한다. 그 기생은 필법이 또한 미묘한데 그 이듬해에 죽었다 한다.

저문 해 쓸쓸한 창에 잠 못이루어	歲暮寒窓客不眠
형제들 생각하니 마음 처량하여라	思兄憶弟意凄然
가물대는 등불 아래 수심은 가이 없어	孤燈欲滅愁難歇

---

187) 이덕무李德懋, 『청장관전서』 제51권, 「이목구심서耳目口心書」.

| 거문고 안고 흐느끼며 묵은 해 보내네 | 泣抱朱絃餞舊年 |

한 해를 보내는 마지막 밤, 제석除夕에 고향에 있는 형제를 생각하며 밀려드는 회포를 담담하게 그리고 있다.

온정溫亭은 평양 기생이다. '제목을 잃음失題'이란 시를 살펴보자.

첩의 몸이 윤락하여 창가에 떨어져	妾身倫落屬娼家
어진 낭군 얻어 행복하게 살고 싶어	願得賢郎送歲華
낭군의 마음 반석처럼 굳은 줄 모르고	不識郎心盤石固,
잠시 다른 남자 품에 안겼네	暫時移向別園花
화각 동쪽 머리에 달은 뜨는데	畵角188)東頭月似彎
하룻밤 맺은 언약 만리성을 쌓았고	一宵芳約萬重山
복사꽃 흐르는 물은 무정하게 흘러가니	桃花流水無情去
웃음 띠며 사람보기 부끄러워라	羞向他人帶笑看
제비는 둥지 떠나 서쪽으로 나는데	紫燕辭巢西向飛
바람은 버들잎을 흐린 못에 떨구네	風飄輕絮落汚池
누구와 같이 삼생의 언약 맺을까	阿誰更結三生約
한 치의 꽃다운 마음 지킬 수 없구나	一寸芳心不自持
골 풀과 담장의 꽃 그 모두 애를 끊어	谷草墻花摠斷腸
옥피리 한 소리에 눈물만 주루룩	一聲玉笛淚千行
외로운 난새 꿈을 금병풍이 가리지 못해	金屛不障孤鸞夢
그대에게 어진 여자 있고 첩에겐 낭군있네	君有賢姝妾有郎
임의 편지 받으니 취한 꿈이 가벼워	忽得郎函醉夢輕
귀한 사연 글자마다 눈물이 아롱지네	金牋字字淚交橫
휘영청 밝은 달 그대 없는 밤에	料知明月無人夜
은근히 날 그리는 정 있는걸 알겠네	猶有慇懃戀我情

---

188) 화각畵角은 공예품을 곱게 꾸미기 위해 채화彩畵를 그리고 쇠뿔을 얇게 오려 덧붙인 것이다. 장롱, 베갯모, 참빗, 자 따위에 치장하였다.

시는 작가의 인생유전을 풀어내면서, 남성위주의 모순된 사회를 깨부수어 한 여성으로서 주체적 선언을 하고 있다. 한 남자를 버리고 다른 남자를 찾아 옮아가는 벌에다 자신을 투영하고, 오히려 남자를 꽃에다 비유한다. 이러한 도발적인 발상은 당시로서는 상상하기 힘든 능동적인 여성의 사랑을 보여준다. 마냥 기다리며 그리움에 젖는 수동적 사랑이 아닌 스스로 찾아나서는 사랑을 노래하고 있다. 온정은 요즘말로 팜므파탈[189]이다. 한 때 헌릉獻陵 참봉을 지낸 서세보[190]의 첩으로 알려진 온정은 시문에 뛰어났다. 그러나 처첩 갈등인지는 분명하지 않지만 집안의 갈등 때문에 서세보를 떠난다. "그대에게 어진 여자 있고 첩에겐 낭군있네君有賢姝妾有郎"라는 시의 행간에 미루어 짐작 할 수 있다. 조현설 교수는 "나는 나비, 너는 꽃"이라 글에서 이 시를 다음과 같이 평하였다.

　"서세보가 온정을 잊지 못해 시를 한 수 보내게 되는데, 이 시는 청을 거절하면서 보낸 답시 두 수 가운데 한 수이다. '어진 낭군을 얻어 사는' 행운을 차버린 온정의 결단도 놀랍지만 이 한시에서 더 놀라운 점은 시의 전복성顚覆性이다. 꽃과 나비 혹은 벌을 비유어로 끌어올 때 여성은 꽃, 남성은 벌이나 나비에 견주는 것은 한시의 오래된 관습이다. 그리고 동시에 그것은 남성적 관습이다. 그런데 이 시는 그런 관습적 비유를 뒤집는다. 시의 화자인 기녀가 꽃을 찾아다니는 나비나 벌이 되고, 남성은 꽃에 비유되어 있다. 전복성은 소수자 문학의 주요한 특징 가운데 하나로 알려져 있다. 이 전복성은 사상으로 직접 표현되기도 하

---

189) 팜므 파탈(Femme Fatale)은 '파멸로 이끄는', '불길한', '치명적' 의미를 가진 프랑스어 '파탈'과 '여성'을 의미하는 '팜므'의 합성어이다. 19세기 유럽 문학에서 사용하기 시작하여, 주로 남성을 파멸적인 상황으로 이끄는 매력적인 여자라는 뜻으로 쓰인다.
190) 서세보徐世輔(1790~?); 본관 대구大丘, 자 계현季顯, 음관蔭官, 갑신甲申 6월 헌참獻參, 공조정랑工曹正郞.

고 언어를 통해 간접적으로 드러나기도 하는데 온정의 한시는 후자의 좋은 예라고 할 수 있다. 이런 전복적 시어의 구사는 신분적 소수자였던 기녀가 자아를 자각하지 않고서는 획득할 수 없는 것이다. '나는 가련한 한 줄기 꽃이 아니라 자유로운 나비'라는 자각 말이다. 기녀는 양반 문화의 장신구가 되기 위해 양반들의 언어를 배운 존재들이었다. 하지만 온정의 한시처럼, 기녀들은 문학작품을 통해 양반들의 문학적 관습을 뒤집는 새로운 언어를 구사하기도 했다. 지배자에 대한 모방에서 출발했지만 모방을 넘어 지배자를 전복시키는 역설(paradox)이 바로 여기에 있다. 우리는 이 역설로 인해 우리 고전문학의 숲이 한층 무성해졌다는 점을 기억해야 한다."

이러한 맥락에서 보면, 일제시대를 살다간 화중선花中仙은 기생으로서 일찍이 여성해방에 눈을 뜬 인물이다.

화중선은 1920년대 여자고등학교를 마친 인텔리 여성으로 열아홉 살 되던 해 봄부터 대동권번에 입적해 기생이 되어 홀로 관철동에서 영업을 하고 있었다. 그녀는 당시로서는 획기적인 여성해방을 주장한 페미니스트로 기억된다. 양반가문 출신인 화중선이 현모양처라는 미명 아래 여자를 노예화시키는 당대의 사회제도에 대한 저항하는 동시에 하늘이 내려 준 인간본연의 충동인 사람다운 살림을 살아야 한다는 생각으로 기생이라는 직업을 가졌다. 화중선이 스스로 웃음을 파는 것은 유산계급인 저들이 향락적이고 소유적 충동이 스스로 우러나와 결국 자신의 포로가 되게 하려는 동기라고 고백하는 장면은 21세기인 오늘날에 보아도 실로 선구적이며 놀라운 일이다. 화중선은 '마음'을 파는 신사보다 '살'을 파는 기생이 더 사람다운 살림을 사는 것이라고 주장하는 내용의 글을 「시사평론」 1923년 3월호에 기재함으로써 신여성으로서 비뚤어진 사회에 대한 저항과 자신의 소신을 발현키 위한 당당한 각오의 출사표를 던지게 된다. 「시사평론」에 실린 글의 문맥으로 보면 당시 임화를 비롯한 젊은이들을 사로잡았던 사회주의의 '지도'와 '학습'을 거친 것으로 짐작된다. 당시 조선시국사관이라는 글을 썼던 김 아무개가 기생들을 향하여 매음녀 혹은 매춘부라 하며 사회의 악질적인 요소라고 비판한 것에 대하여 화중선이 대응하고 나선 것이다. 스스로를 화류항花柳巷의 속인, 소위 타락녀의 한 사람이라고 소개하면서, 자신이 감히 느낀 바를 말하고자 당당한 정치 잡지의 귀한 지면을 더럽히려하는 욕망을 아니꼬운 년의 수작이라 하여 웃어버리고 그 날로 불쏘시개로나 쓰지 말고 지면의 한 귀퉁이에 실어달라고 당당히 요구하고 나선 것이다. 자신이 결코 타락하여 매소부賣笑婦(웃음을 파는 여자)가 된 것이 아니라 각오한 바가 있어서 그리한 것이라고 하면서, 세상 사람들이 제각기 제 지체, 제 문벌을 자랑하지 않는 이가 없으므로 자신의 근본에 대한 것을 먼저 언급하므로써 기선을 제압하는 솜씨는 과히 통쾌할 정도이다. 자신은 명문거족의 무남독녀 외딸로 태어나 여덟 살에 아버지를 여의게 되었지만 자신의 맏 종형은 은행 이사로 몇 만을 가진 큰 실업가이고, 둘째 종형은 사무관이며 외숙은 도참여관으로 현재 도지사로 승차가 되었다고 하고, 그 다음 일가 양반들 중에 재종, 삼종들 중에는 판검사, 군수, 은행 취체역들이 그득하여 '왜목낫'으로 수수목 따듯이 그들의 목을 따더라도 한참은 따야 할 것이라며 문벌이나 가문 따위는 자신 앞에서 자랑하지 말라고 일갈하면서, 자신이 만일 당시의 인습의 포로가 되고, 관례의 표본노릇을 하여 시집을 갔더라면 귀부인의 탈을 쓴 산 인형이 되고 말았을 것이라고 말한다. 자신이 학교에서 배운 것은 노예 노릇을 여자의 천직이라고 노도예덕奴道隸德, 곧 노예의 도덕을 가르치는 강화講話뿐이었으며, 수신修身시간에 소위 삼종지도三從之道191)를 지켜야한다고 현모양처의 부덕婦德을 게거품을 흘리며 강연하

---

191) 여자가 따라야 할 세 가지 도리. 여자는 어려서 아버이께 순종順從하고 시집가

는 교장선생을 놈팽이 영감이라고 하며 이십년 동안 선생노릇을 하였다면 천명이라는 여성을 교육기계의 희생자가 되게 만든 장본인으로 비판하고 나선다. 심지어 육군대장의 가슴에서 번쩍거리는 금치훈장이 몇만의 무고민을 죽인 혈정표血情表라더니, 교장선생이 작년에 받은 청람장靑藍章이 내 동무 천명을 죽인 대상으로 받은 혈정표라고 부르짖는다. 그녀가 얼마나 당대의 교육에 대해 비판적이었는가를 알 수 있는 대목이다. 결혼을 택하지 않고 기생의 길을 택한 자신의 생활이 오히려 신성하다고 하면서 그 이유를 러셀의 이론에서 찾고 있다. 모든 사람의 충동과 욕망은 항상 창조적인 것과 소유적인 것이 있는데, 어떤 충동 없는 것을 새로 찾아내는 방면으로 발현하는 충동을 일러 창조적 충동이라 하나니 저 예술가의 충동 따위가 그 대표라 할 것이고, 어떤 충동, 그 있는 것을 지키려고 더 얻으려고 하는 방면으로만 발현하는 충동을 소유적 충동이라 이르나니 사유욕의 충동이 그것이다. 이 창조적 충동이 그 대부분을 차지하고 이 소유적 충동이 소부분을 차지하는 사람이라야 진선, 진미의 살림이고 이런 살림을 살림하도록 된 사회제도라야 이상적 제도라 하며 다음과 같이 말한다.

"⋯⋯그래 현 제도가 어떠하냐? 고찰하건대 온갖 사회는 죄다 특수계급의 지배아래서 자연치 못하고 자유롭지 못한 구속일 뿐이외다. 이렇듯이 자유가 없으니 따라서 책임이 없고, 책임이 없으니 따라서 권리가 빈약하지 아니합니까. 그러므로 우리는 천부한 자유, 완전한 인권을 찾아야할 전적 살림, 곧 본연의 충동인 살림을 살림하게 되겠기 때문에 현 사회의 온갖 제약을 부인하고 혁신하고자 하는 것이 아니오이까⋯⋯ 암만해도 현대의 살림살이 형식에 많아야할 창조 향락은 적고, 적어야 할 소유적 충동이 주되는 이 제도 아래서는 황금만능주의에 형이상의 모든 예술, 문학, 종교까지 정복되어, 학자나 목사나 국무경이나 선생

서는 남편에게 순종하고, 남편이 죽은 뒤에는 아들을 따르는 도리를 말함.

님이나 나나 모두 화폐가치의 계량의 대조물이 되어, 그의 이마에 얼마 간다는 정찰正札의 각인이 찍혀있지 않습니까……그러니까 제가 매소 賣笑함은 아니 매육賣肉함은, 남성들과 같이 완력이 없는 약질로, 저 유산계급들이 저희의 향락적 충동과 소유적 충동을 만족케하자고 우리 여성을 자동차나 술이나 안주나 집과 같이 취급하는 그 아니꼬운 수작을 받기 싫은 나로서 차라리 역습적 행위로 소유적 충동과 추악한 향락적 만족에 광취한 그 사람들, 그 사회들로 하여금 저희들 소유적 충동의, 또 향락적 충동의 발사작용에 겨서 절로 견디지 못하여 나의 '신코'에 입을 맞추고 나의 '발바닥'을 핥아가면서 자진하여 나와 나의 포로물이 되게 하여가지고 나의 성적 충동을 발현하는 어떤 의의가 있는 살림살이를 하랴 함에서 나온 동기였나이다."

위의 주장대로 화중선은 대동권번의 기생이 되어 여성의 적인 남성들을 포로로 만들려는 복수전사의 일원이 되었으며 자신이 의도한대로 실행하였다. 따라서 개성을 전적으로 살리는 점으로 보아 육체를 팔더라도 마음을 파는 신사보다 매음자로서의 자신의 삶이 훨씬 사람다운 살림을 산다고 천명하고 나선 것이다. 명문거족의 딸로서, 인텔리 교육을 받은 신여성으로서 과감하게 인습의 벽을 무너뜨리고, 사람들의 고정관념을 넘어서서 기생이라는 직업을 당당하게 선택하여 자신의 생각을 삶의 방식으로서 실천하였던 화중선에 대하여 자세한 생몰연대를 알 수 없는 점이 실로 안타깝다. 어느 곳에서도 그녀에 대한 자료를 찾을 수가 없으며, 다만 그녀가 일갈하여 놓은 「시사평론」의 글만이 그녀가 이 세상을 살다 간 유일한 자취가 되고 있다.

황진이의 시조 한 수도 기절氣節이 담대함을 보여준다. 비록 천한 기생의 몸일망정 지조와 긍지가 대단하다.

청산靑山은 내 뜻이요 녹수綠水는 님의 정情이
녹수 흘러간들 청산이야 변할 손가

녹수도 청산 못잊어 울어 예어 가는고

변함없는 푸른 산은 나의 뜻이오, 푸른 물은 임의 뜻이라. 푸른 물이 흘러간들 푸른 산이 변할소냐. 흘러가는 푸른 물도 청산을 못 잊어 울며 흘러가는구나. 이렇듯 황진이는 임의 마음을 흘러가는 물에 비기고, 자신의 임을 향한 일편단심을 만고 부동하는 청산에 비김으로써 지조를 과시하고 있다.

홍장紅粧은 생몰년 미상이다. 고려 말에서 조선 초기의 강릉 기생이다. 시조 한 수가 전한다.

한송정寒松亭 달 밝은 밤의 경포대鏡浦臺192)에 물결잔 제
유신有信한 백구는 오락가락하건만은
어떻다 우리의 왕손王孫은 가고 안이 오는이

박신193)이 강원도 안렴사按廉使로 갔을 때 그녀를 사랑하여 깊이 정이 들었는데, 임기가 끝나 서울로 돌아갈 때, 강릉부윤으로 있던 조운홀194)이, "홍장은 이미 죽었다"라고 하여, 그녀를 마치 신선처럼 꾸민 뒤에, 박신을 한송정寒松亭으로 유인하여 놀려주었다는 일화가 『동인시

---

192) 경포대鏡浦臺는 관동팔경의 하나로 강원도 강릉에 있는 누대.
193) 박신朴信(1362~1444); 여말 선초의 문신. 본관은 운봉雲峰, 자는 경부敬夫, 호는 설봉雪峰. 정몽주鄭夢周의 문인, 시호는 혜숙惠肅.
194) 조운홀趙云仡(1332~1404); 여말 선초의 문신, 본관은 풍양豊壤, 평장사 맹孟의 31대손. 저서로 『석간집石磵集』은 현존하지 않는다. 편저로 『삼한시귀감三韓詩龜鑑』은 최해崔瀣의 『동인지문東人之文』 가운데 「오칠五七」을 본떠 만든 것으로 보인다. 최해의 비점批點이 그대로 실려 있다. 현전하는 작품으로는 5수의 칠언절구가 동문선에 보이는데, '제구월산소암題九月山小庵', '송춘일별인送春日別人'의 시편을 살펴보면, 현실참여와 은둔 사이에서 고민하며 이를 자연을 매개로 해결하고자 하는 흔적이 보인다. 현실비판 의식은 눈에 띄지 않지만, 생애가 말해주듯, 여말 전환기에 선 지식인의 고민이 잘 그려진 작품이다.

화東人詩話』에 전하고 있다. 즉 관원 한 명을 가려서 처용처럼 꾸미고, 짐짓 모르게 하여 홍장을 잘 꾸민 화선畵船에 태워 물 위에 떠다니게 하였다. 또한 배 위에는 채색 현판을 달고 그 위에 시를 쓰기를,

  신라 성대의 늙은 안상은   新羅聖代老安詳
  천년의 풍류를 잊지 못하고   千載風流尙未忘
  안렴사가 경포호에 노닌단 말 들었지만 聞說使華遊鏡浦
  홍장은 차마 배에 싣지 못하네   蘭舟不忍載紅粧

라고 하였다. 배가 천천히 한송정에 이르자, 아무 것도 모른 채 박신이 말하길, "이는 신선이 하강한 것이다" 하였다. 그러나 자세히 보니, 바로 홍장이 아닌가. 모두가 박장대소하였다. 뒤에 박신이 관동關東에 부친 시에 이르길,

  젊은 시절 안렴사로 관동에 가서   少年時節按關東
  경포대에 노닐던 일 지금도 꿈을 꾸네   鏡浦淸流入夢中
  경포대 밑에 또 배 띄우고 싶으니   臺下蘭舟思又泛
  기생들이 늙었다고 비웃을까 두렵네   却嫌紅粉笑衰翁

라 하였다. 앞의 시에서, 안상安詳은 영랑永郎, 술랑述郎, 남랑南郎과 더불어 설화에 전하는 신라新羅 사선四仙의 한 명이다. 경포대 호수가에는 방해정放海亭이란 정자가 있는데, 이 정자 옆에 있는 바위를 '홍장암紅粧岩'이라 부른다. 조선 효종 때 신후담195)은 홍장과 박신의 애정고사를

---

195) 신후담愼後聃(1702~1761); 조선 후기의 학자. 본관 거창居昌, 자 이로耳老, 호 하빈河濱, 돈와遯窩. 이익에게 수학, 스물세 살의 젊은 나이에『서학변』을 저술하였는데, 이 책을 저술하기 위하여『영언여작』,『천주실의』,『직방외기』등의 천주서적을 탐독하고 이를 성리학의 견지에서 철저히 비판하였다.

소설화하여 '홍장전紅粧傳'을 지었다. 또 김태준196)은 『조선소설사』에서, 그의 '속열선전續列仙傳' 등 여러 소설작품들과 함께 거론한 바 있다. 홍장이 지은 시조는 한송정 달 밝은 밤에 오락가락하는 갈매기를 바라보며 오지 않는 왕손王孫을 그리는 내용을 담고 있다. 한송정 달 밝은 밤에 경포대의 물결이 잔잔할 때 미더운 갈매기가 오락가락 날고 있는데, 어찌하여 우리 임은 한 번 가고 다시 오지 않는가, 라는 뜻을 노래한 것이다. 작품은 『교주해동가요校注海東歌謠』 등에 전한다. 그런데, 이 시조는 고려 말에서 조선 초기에 지은 것으로 추정된다. 여기에서 지칭하는 '왕손'은 임금이 아니라 임을 지칭하여 연모가戀慕歌로 분류되고 있다. 내용은 경포대의 야경을 묘사하면서, 오지 않는 임을 기다리는 무상함을 노래한 작품이다. 고려의 구전가요인 '한송정'197)의 차작借作이거나 위작僞作이라는 설도 있다. 고려 가요인 '한송정'은 정확한 작자와 시기는 알 수 없으나, 가사는 전하지 않아, 다만 『고려사』에 다음과 같은 일화가 실려 있을 뿐이다.

"일찍이 이 노래가 거문고 밑바닥에 적혀 중국 강남江南 땅까지 흘러간 일이 있는데, 그 곳 사람들이 그 뜻을 몰라 궁금히 생각하고 있다가, 고려 광종 때 그 곳에 사신으로 간 장진공張晉公이 이를 보고, 다음과 같이 한시로 풀이했다 한다. '밝은 달빛은 한송정을 비추고, 가을 경포의 물결은 잔잔하네. 애처롭게 울며 오가니, 좋은 소식이 있으려나 한 마리의 갈매기여.'198)

이는 조선 영조 때 김수장金壽長이 엮은 『해동가요海東歌謠』에 실린 작

---

196) 김태준金台俊(1905~1950) 국문학자이자 사상가. 평안북도 운산출생. 조선어문학회朝鮮語文學會 결성, 저서 『조선소설사』, 『조선한문학사』, 『조선가요집성朝鮮歌謠集成』.
197) 한송정寒松亭은 강원도 강릉에 있는 누정.
198) "月白寒松夜, 波安鏡浦秋, 哀鳴來又去, 有信一沙鷗."

자 미상의 시조, '한송뎡 달 밝은 밤의 경포대예 물결 잔 제199) 유신한200) 백구는 오락가락 하건마난 엇더타 우리의 왕손王孫201)은 가고 아니 오나니'의 원시原詩라 추측된다."202)

'한송정'의 작자는 장연우203)라고 전해진다. 정이품 관직인 좌복야左僕射를 지낸 인물로 무신의 난에 무신들의 노여움을 사서 귀양 갔다. 『고려사』에 전해지는 '장진공'이란 인물과 장연우가 동일한 인물인지 알 수가 없으나 장진공이 해석했다는 글과 장연우의 '한송정' 곡은 정확히 일치한다.

한편, 한송정은 조선 성종 때 서거정에 의해 풍자되어 소화笑話로 수록되었다. 서거정이 지은 패관문학稗官文學으로 양반 계층의 가렴주구苛斂誅求를 풍자한 작품, '돼지가 삼킨 폭포'는 『태평한화골계전』에 실려 있다.

"한 조정의 관리가 일찍이 진양晋陽 고을의 수령이 되었다. 그는 가렴주구가 심하여 비록 산골의 과일과 채소까지라도 그대로 남겨 두지 않았다. 그리하여 절간의 중들도 그 폐해를 입었다. 하루는 한 중이 수령을 찾아가 뵈었더니, 수령이 말하기를, '너의 절의 폭포가 좋다더구나'라고 하였다. 폭포가 무슨 물건인지 모르는 중은 그것도 또 세금으로 거두려고 하는가 두려워하여 대답하기를, '저의 절의 폭포는 금년 여름에 돼지가 다 먹어 버렸습니다'라고 하였다.

---

199) 잔 제; 잔잔한 때에.
200) 유신有信한; 신의가 있는.
201) 왕손王孫은 임금의 후손, 여기서는 귀인이나 사랑하는 임을 가리킴.
202) 『고려사』, 「악지樂志」.
203) 장연우張延祐(?~1015); 고려의 관인. 본관 흥덕興德. 자 우수羽秀, 호 진산晋山. 현종 2년(1011) 거란이 침략하여 현종은 나주로 피난하고 하공진河拱辰이 붙잡혔다는 풍문을 듣고 신료들이 모두 달아났으나 호종한 공으로 중추사中樞使를 거쳐 판어사대사判御史臺事가 되고 1015년 병부상서로 죽은 뒤 상서우복야尙書右僕射로 추증되었다. 시호 충숙忠肅.

강원도 한송정의 산수 경치가 관동 지방에서 으뜸이었으므로 구경꾼이 끊이지 않고 말과 수레가 사방에서 모여들었다. 고을 사람들은 그 접대하는 비용이 적지 않았으므로 항상 푸념하기를 '저 한송정은 어느 때나 호랑이가 물어 갈까'라고 하였다. 어떤 시인이 다음과 같이 두 구의 시를 지었다.

폭포는 옛날에 돼지가 먹어버렸네만	瀑布當年猪喫盡
한송정은 어느 때에 호랑이가 물어갈꼬	寒松何日虎將歸"204)

3) 풍자시

풍자諷刺는 주로 문학에서 개인이나 사회의 악덕, 모순, 비리, 어리석음, 결점 따위를 비웃거나 조롱하여 익살스러운 패러디나 반어법 등의 방법으로 비난하거나 때로는 개선하기 위한 의도로 채용된다. 그러므로 풍자는 즉시성과 현장성을 중시한다. 어리석음을 폭로하거나, 희롱하거나 사악함에 대한 징벌을 주축으로 하는 기지機智나 조롱嘲弄, 반어反語나 비꼼, 냉소冷笑와 조소嘲笑, 심지어 욕설辱說 등 다양한 어조를 포괄한다. 당시에 기생은 하층민으로서 양반사대부의 유흥에 동원되는 일종의 노리개였다. 그러므로 그들이 처한 사회적 모순과 가혹한 조건은 종종 풍자의 정신으로 현실을 초극하려는 적극적인 수단이 되었다. 흔히, 풍자는 해학과 결부시켜 설명된다. 풍자의 웃음이 공격성을 띠는데에 반하여, 해학의 웃음은 연민을 유발한다는 차이점이 있다. 기생계층에서 뿐만 아니라 조선의 문학을 개괄해보면, 풍자문학은 기존의 권위나 윤리의 허위를 폭로하고 진실을 깨우치는 것으로부터 권력의 횡

---

204) 서거정徐居正(1420~1488), 『태평한화골계전太平閑話滑稽傳』, '돼지가 삼킨 폭포猪喫瀑布'.

포를 비판하고 고발하는 데까지 이르는 생생한 삶의 모습을 표상하는 풍간諷諫의 정신 기조 위에 존재해 왔다. 그러므로 풍자의 정신은 은근한 기롱을 통하여 상대를 겨누는 독특한 화법으로 종종 시대상을 반영하기도 하고, 체제비판의 정화작용을 하기도 하였다. 특히 조선후기에 들어오면, 위항인이나 하층민들의 평민문학에서 두루 나타나는 보편적 현상으로 증폭되었다. 기생은 신분제라는 조선의 엄격한 계급제도에 매몰된 사회적 약자였다. 여자이면서 동시에 유흥과 성의 노리개로 한갓 양반의 부속물에 불과 하였기에, 비록 사대부와 교류하였지만 그들은 태생적인 한계로 인하여 곤고한 삶은 좌절과 울분을 안으로 삭일 수밖에 없었다. 그들은 다양한 국면에서 상황과 규범 및 유흥에 알맞은 '농弄'과 '희戲'와 '악樂'으로써 좌중을 부드럽게 하거나, 즐거움을 배가시켰다. 동시에 자신의 내면에 응축한 한을 삭이고 울분을 해소시키는 기제로서 풍자는 하나의 배설구가 되기도 하였다. 이제 이들이 시대의 격랑에 떠밀리며 살아온 풍자시의 내면풍경을 더듬어 가보기로 하자.

매창梅窓은 당대를 풍미한 재색이다. 그러기에 유혹도 많았을 것이다. 별 시덥잖은 건달들이 집적거리는 경우가 많은 듯하다. 다음의 시를 보면 그 상황이 눈에 들어온다.

나그네가 시를 지어 어르기에 계생이 운을 빌려 짓다
有過客以詩挑之, 桂生次韻作云[205]

평생에 동쪽 집에서 먹는 일 배우지 않고	平生不學食東家
매창에 달 그림자 비치는 걸 사랑할 뿐	只愛梅窓月影斜
시인은 여인의 맑은 뜻 알지 못하고	詞人未知幽閑意
부질없이 뜬구름만 잡으려 하네	指點行雲枉自多

---

205) 이수광李睟光, 『지봉유설芝峰類說』 권14, 문장부, 기첩妓妾 조.

계랑桂娘은 조선 중조 때의 기녀로 호는 매창梅窓인데『매창집梅窓集』이 간행될 정도로 시를 잘 하였다. 지나가던 가객이 그 이름을 묻자, 시로서 차운하며 지은 시이다. 비록 기녀의 신세로 '동쪽 집에서 먹고 서쪽 집에서 자는東家宿西家食' 떠도는 몸이지만, 맑은 절조도 아낄 줄 안다고 은근히 비치면서, 퇴짜를 놓는다. 아무리 일개 기녀의 몸이라지만, 맑은 정조가 없을 수 없으니 괜히 허튼 시 나부랭이로 날 꼬일 생각일랑 꿈에도 하지 말고 그만 단념하란다. 뜬구름만 가리키는 나그네, 그 손가락이 가렵다. 꼭 닭 쫓던 개가 되었다. 절로 입가에 미소가 번진다.

매창은 황진이에 버금가는 조선의 명기이다. 홍길동전을 쓴 허균이 그토록 사모해도 마음을 허락하지 않았다. 시 짓는 재주가 워낙 출중했는데 천민 출신이면서도 시문에 필적할 자가 없었던 촌은村隱 유희경劉希慶을 만나 사랑에 빠졌다. 촌은에 대한 단심丹心의 벽을 허균도 못 뚫은 것이다. 그런데 신임 사또 조일철趙一徹이 부임하자마자 매창에게 수청을 들도록 명하였다. 때는 임진왜란으로 온 산천이 갈기갈기 찢어지고, 촌은은 의병을 일으켜 목숨을 걸고 출정한 뒤였다. 매창이 사또의 엄명에 한 달이나 아프다는 핑계로 미적거리다가 결국은 끌려나갔다. 사또 앞에 끌려나온 정자에는 때마침 개구리 소리가 가득하였다. 수청을 거절하는 매창에게 사또는 어려운 시제를 주었다. "낙운성시落韻成詩하라. 옷 의衣, 날 비飛, 고사리 미薇, 세 자를 운으로 삼아, 개구리를 주제로 시를 읊으라고 명령했다."

봄비 내리는 연못에 옷도 없이 서러워	春雨池塘歎無衣
풀섶에 뱀 만나니 날지 못해 한스럽네	草中逢蛇恨不飛
입 봉해 먹지 않는 생애 얻을 수만 있다면	封口生涯人若得
백이숙제도 수양산 고사리 먹지 않았으리	夷齊不食首陽薇

매창 자신의 처지를 극명하게 드러냈다. 옷도 없이 날지도 못하는 개구리를 자신의 처지에, 개구리를 잡아먹으려 넘실거리는 뱀을 사또에 비유하였다. 마지막 구절은 '수양산 바라보며 이제를 한하노라'라는 성삼문의 절개를 읊은 시조를 연상하게 한다. 수양산도 이미 주나라 땅이 되었으니 그 땅의 고사리조차 먹지 않아야 했다는 성삼문의 절개를 여인의 절개에 비유한 것이다. 전통적으로 기녀에게도 절개가 있었다.

고려의 기녀에게도 절기節妓로서 두 마음을 먹지 않는 정렬貞烈을 스스로 읊은 예가 있다. 동인홍動人紅은 고려시대 팽원彭原206) 창기倡妓인데 생몰년은 미상이다. 그녀는 시부에 능하였는데, 최자의 『보한집』207)에 '자서自敍'란 시가 다음과 같이 전한다. 문헌공 최충의 후손인 최자는 이규보李奎報의 추천으로 문한文翰을 맡아 보았다.

"동인홍은 제법 글귀를 알았다. 한 병마사兵馬使가 태수太守와 바둑을 두는데, 어젯밤 마신 술이 덜 깨어 제대로 되지 않았다. 그래서 한 구절을 읊었다.

| 박주 천 잔 술에 병마사가 취해 | 都護博州208)千杯 |
| 동쪽인지 서쪽인지 알지도 못하네 | 酒醉未分東西 |

동인홍이 곁에 있다 따라 읊었다.

| 판 벌린 태수도 술이 덜 깼나 | 太守分營一局 |
| 사는지 죽는지도 알지 못하네 | 棋蒙不知生死 |

---

206) 팽원은 평남 안주군의 옛 이름.
207) 최자崔滋(1186~1260)의 『보한집補閑集』은 이인로李仁老의 『파한집破閑集』을 보충하는 의미로 고종41년(1254) 최이崔怡의 권유로 채집, 간행한 것이다.
208) 박주博州는 평북 박천군의 옛 이름.

일찍이 한 서생에게서 한유韓愈의 문장을 배우는데 서생이 시를 짓지 않으면 안 가르쳐 주겠다고 하여, 마침내 팔 운韻을 지었다.

'술 사느라 비단치마 벗고　　　　　　　　　　買酒羅裳解
임 부르며 여린 손 흔들었네　　　　　　　　　招君玉手搖'

또 조거자趙擧子209)에게 준 시가 있다.

'다행히 진유회를 만나니　　　　　　　　　　幸逢溱洧會210)
작약을 주는 것이 어떠한가　　　　　　　　　芍藥贈如何'

또 일찍이 '자서自敍'라는 시를 썼는데 정렬貞烈의 뜻이 있다.

'창녀와 양갓집 규수　　　　　　　　　　　　倡女與良家
그 마음은 얼마나 다른가　　　　　　　　　　其心間幾何
가련해라 백주의 절개여　　　　　　　　　　可憐柏舟211)節
죽어도 다른 데 가지 않는다 맹세했네　　　　自誓死靡他'212)

이어서 '계생이 세 가지 끊어짐을 걱정하며桂生三恨絶'란 세 수를 차례

---

209) 거자擧子는 과거 시험에 응시한 사람.
210) 진유회溱洧會; 진溱과 유洧는 하남성河南省 개봉부開封府 정현鄭縣에 있는 개울 이름으로 정인鄭人들의 놀이터인데 음란한 시라고 하는 정풍鄭風 가운데 편명篇名이기도 하다. 풍기 문란한 남녀간의 모임을 말하기도 한다.
211) 백주柏舟는 『시경』의 편명으로, 공강共姜이 재가再家를 권하는 것을 거절하고 스스로 맹세하여 읊은 시. 결구에서, 시矢는 맹세함이요, 靡는 없음이다. 이는 '지사미타之死靡他', 곧 '죽음에 이르러도 다른 마음을 갖지 않는다'라는 뜻으로, 남편과 사별한 아내가 정절을 지켜 죽도록 재가하지 않는다는 고사로, 『시경』, '백주柏舟' 시에서 유래한다.
212) 최자崔滋, 『보한집補閑集』, '자서自敍'.

대로 살펴보자. 처음의 시는 매창이 술에 취해서 적삼 자락을 붙들고 잡아끄는 한 취객을 기롱譏弄하며 지은 시다. 주정을 부리는 취객에게 준 것인데, 위기를 시로써 모면하였다. '증취객贈醉客'은 시화詩話에 가장 많이 등장하는 작품이다.

| 취하신 손님에게 | 贈醉客 |

취한 손님이 비단 적삼 끌어당겨　　　　　　　　醉客執羅衫
손길 따라 적삼자락 찢어놓았네　　　　　　　　羅衫隨手裂
적삼 하나야 아깝지 않아도　　　　　　　　　　不惜一羅衫
임의 은정 끊어질까 두려워서네　　　　　　　　但恐恩情絶

적삼자락과 은정恩情은 한 번 끊어지면 다시 이어붙이기가 수고롭다. 그런데 정이야 한 번 끊어지면 정말로 다시 잇기가 힘든다. 그러니 은근하게 적삼 자락이 찢어지는 건 괜찮지만, 그대의 정이 끊길까봐 저어한다고, 은근히 거절하는 품새가 많이 겪어본 기생의 여유가 보인다. 술 취한 손님에게 많이 시달려본 것일까. 절로 입가에 웃음이 번지는 소품이다.

이어서 두 번째 시는 '금칼金刀'에 대한 풍자이다. 정표로 받은 금칼이야 때가 되면 다 닳아 없어지는데, 사귀는 정도 그리될까 저어하는 여인의 마음 한 자락을 살포시 드러내는 맵시가 좋다.

고인이 정표로 금 칼을 주었지요　　　　　　　故人交金刀
금 칼이야 닳으면 없어지게 마련　　　　　　　金刀多敗裂
금 칼이야 없어져도 아깝지 않지만　　　　　　不惜金刀盡
사귄 정이 끊어질까 두려워하지요　　　　　　且恐交情絶

마지막 시는 기방에 출입하면서, 집과 땅을 다 팔아 패가망신하는 패류 사내들에게 은근하게 한 마디로 경책警責하며 기롱하는 내용이다.

   패륜아가 논밭을 파니   悖子賣莊土
   농토가 점차 줄어드는구나   莊土漸次裂
   한 뙈기 농토는 아깝지 않으나   不惜一莊土
   조상의 제사가 끊어질까 두려울 뿐   只恐宗祀絶

 돈으로 기생을 사고, 또 친구를 사서 질탕하게 마시고 노닐다가 가진 재물을 탕진하고서는 마침내 조상 봉제사도 끊기도록 패륜의 끝을 보는 사내들에게 옐로카드를 들이밀고 있다. 매우 흥미로운 시각으로 읽히는데, 이중적인 한의 고리를 드러낸다. 즉 기생으로서 손님을 받아야 먹고 살지만, 한편으로는 패가망신하여 패륜을 방조하는 스스로의 한스러움이 겹친다. 거기에 기생의 이율배반적인 심리상태가 투영되고 있다.
 다음에 보이는 시는 자신에게 독백하듯 자조와 한탄과 위로가 뒤범벅이 된 회한의 고백이다.

   박복한 운명을 스스로 한탄하며   自恨薄命

   세상 사람은 피리 좋아하나 난 거문고 타네 擧世好竽我操瑟
   오늘 세상 길가는 어려움 비로소 알겠네   此日方知行路難
   발 잘려 세 번 치욕 당하고 주인을 못만나   刖足三慙猶未遇
   아직도 옥구슬 붙들고 형산에서 우네   還將璞玉泣荊山213)

---

213) 변화卞和가 다듬지 않은 박옥璞玉을 캐서 초楚나라 여왕厲王에게 바쳤더니 왕이 돌덩이를 옥이라 속인다 하여 변화의 왼쪽 발꿈치를 깎아버렸다. 그 뒤 무왕武王이 즉위하자 또 바쳤더니, 속인다고 하여 이번에는 오른쪽 발꿈치를 깎았다. 그 후 문왕文王이 즉위했는데 변화는 박옥을 안고 형산荊山 밑에서 울고 있었다. 왕이 사람을 시켜 물으니 "보옥寶玉을 돌이라 하고, 정직한 사람을 속인다고 하는 것이 슬프다." 하였다. 왕이 사람을 시켜서 박옥을 다듬었더니 과연

매창은 스스로 자신의 운명을 자조하며 읊었다. 중국 초나라 사람 변화卞和가 초산에서 옥덩이를 주워 바쳤지만 그걸 알아주는 사람이 없어 세 번이나 발이 잘리는 치욕을 받았다. 마치 자신의 운명처럼 낭군을 찾지 못한 걸 겹쳐 말한 것이다.

기생은 기지와 재치, 그리고 '눈'치, '코'치로 먹고 산다는 말이 있다. 비록 이리저리 떠도는 몸으로 사내의 품에 안기지만 기생에게도 절도가 있었다. 태조 이성계李成桂가 고려를 무너뜨리고 조선을 건국했을 때 일화이다.

"궁중에서 베풀어진 주연 석상에서 개국공신 배극렴裵克廉이 미색과 기예와 재치를 고루 갖춘 설중매雪中梅라는 기생에게 농을 걸었다. "듣자하니 너는 아침에는 동쪽 집에서 밥을 먹고 저녁에는 서쪽 집에서 잠을 잔다 하니, 오늘밤은 나와 하루 밤을 지내보자" 라고 하자, 설중매는 눈을 내리깔고 잔잔히 웃으며 "네, 그렇게 하지요. 동쪽에서 밥 먹고 서쪽에서 잠자는 기생이 왕씨도 섬기고 이씨도 섬기는 정승과는 좋은 짝이 아닙니까?" 곁에서 이 말을 듣고 있던 좌중은 이내 웃음바다가 되었고, 배극렴은 얼굴이 홍당무가 되었다." 214)

참으로 재치와 기절이 있는 기생이라 아니할 수 없다. 이 일화는 조선조 인조, 경종 때의 학자인 정재륜215)의 『한거만록閑居漫錄』에 실려 있

좋은 옥이 나왔다. 『한비자韓非子』, 「화씨편和氏篇」.
214) 『대동기문大東奇聞』, "開國後, 賜宰臣宴于政府, 皆前朝宰相入任新朝者也. 妓雪梅, 才貌過人, 喜淫甚. 政丞醉後而戲之曰, '聞女朝食東家, 暮宿西家, 亦爲老夫薦枕?' 雪梅對曰, '卯家食西家宿之賤軀, 得侍事王氏事李氏之政丞, 豈不宜哉耶?' 政丞面赤低頭, 座中噓唏, 惑墮淚."
215) 정재륜鄭載崙(1648~1723); 조선중기의 문신. 본관 동래東萊, 자 수원秀遠, 호 죽헌竹軒. 조선 효종의 부마. 효종의 넷째 딸 숙정공주淑靜公主와 혼인하여 동평위東平尉가 되었다. 1716년 『열성지장통기列聖誌狀通記』 증보 간행. 저서 『공사견문록公私見聞錄』, 『한거만록閑居漫錄』, 시호 익효翼孝.

다. 원래 '동가식서가숙'이란 고사는 중국 송宋나라 때 이방李昉이 지은 『태평어람太平御覽』에서 유래한다.

"옛날 제齊나라에 아름다운 처녀가 있었다. 어느 날 그 처녀에게 두 집에서 청혼이 들어왔다. 그런데 동쪽 집 총각은 인물은 볼 게 없으나 부잣집 아들이었고, 서쪽 집 총각은 인물은 뛰어나지만 집안이 매우 가난하였다. 어느 한쪽을 선택하기 어려워진 처녀의 부모는 본인의 생각을 알아보자며 처녀에게 물었다. "어느 쪽으로 정하기가 쉽지 않구나. 네 뜻은 어떠하냐? 만일 동쪽 집으로 시집가고 싶으면 오른손을 들고, 서쪽 집으로 시집가고 싶으면 왼손을 들어라." 그러자 딸은 망설이지도 않고 두 손을 번쩍 들었다. 깜짝 놀란 부모가 그 이유를 묻자, 딸은 다음과 같이 대답하는 것이었다. "밥은 동쪽 집에서 먹고 잠은 서쪽 집에서 자고 싶어요.""

앞서 말한 것처럼 재치와 기지가 발랄한 기생을 일컫는 '재기才妓'에 관한 일화는 야사에서 심심치 않게 찾아볼 수 있다. 조선후기의 화가 장한종이 편찬한 한문 소화집笑話集『어수록禦睡錄』에는 '기생집의 칭찬과 나무람'이란 우스개가 전한다.

"어느 촌가의 기생이 집으로 찾아오는 나그네를 대접할 때, 대개가 한두 번씩은 상관한 위인들이었다. 한 사람이 먼저 와서 자리에 앉아 있을 때에, 뒤에 연속하여 마침 두 사람이 짝을 지어 들어오는지라,
'마부장馬部長과 우별감禹別監이 오시는군.'
얼마 후에 또 두 사람이 들어온즉 기생이,
'여초관呂哨官과 최서방이 또 오시는구나.'
한데 먼저 온 자가 가만 바라보니, 지금 들어 온 네 사람의 성이 혹은 김씨요, 혹은 이씨로서 마씨니 여씨니 우씨니 최씨니 하는 성은 하나도 없었다. 그래서 네 사람이 각각 돌아간 후에,
'네가 나그네들의 성씨를 그토록 모르느냐?' 하고 나무랐다.

'그 분들이 다 나하고 친한지 오래된 사람들인데 모를 리가 있겠습니까? 마씨, 여씨 등의 성을 붙인 것은 야사포폄夜事褒貶으로서 제가 지은 별호들 입니다.'

하고 이어 해석하는데,

'그중 아무개는 몸과 더불어 양물陽物이 크니, 성이 마馬씨인 것이 분명하고, 아무개는 몸은 작으나 그것은 몹시 크니 성이 여呂씨요, 또 아무개는 한 번 꽂으면 곧 토하니 성이 우牛씨요, 아무개는 위로 오르고 아래로 내렸다 하기를 변화무쌍하니 최崔씨라. 최는 곧 작雀이라. 참새는 아래 위로 잘 오르내리니까'라고 하였다.

그래서, 먼저 와서 앉은 자가,

'그럼 나는 무엇으로 별호를 주겠느냐?' 하니,

'나날이 헛되이 왔다가 헛되이 가서 헛되이 세월만 보내니, 마땅히 허생원許生員으로 제題하는 것이 적격일까 하오.'

하니 재치 넘치는 기생의 면모가 이와 같았다."216)

이제 또 다른 매창의 시 한 편을 살펴보자.

물가 마을 찾아와서 사립문에 드니	水村來訪小紫門
찬 못에 연꽃 지고 화분에 국화가 시드네	荷落寒塘菊老盆
석양에 갈가마귀 고목에서 지저귀고	鴉帶夕陽啼古木
찬 바람 탄 기러기 강 구름을 건너네	雁含秋意渡江雲
서울이 잘 변한다고 말하지 마오	休言洛下時多變
나는 인간사 듣고 싶지 않네	我願人間事不聞
술자리에 나가서 취하기를 사양마오	莫向奠前辭一醉
신릉군의 호기도 무덤 속에 있네	信陵217)豪氣草中墳

---

216) 장한종張漢宗(1768~?), 『어수록禦睡錄』 '기생집의 칭찬과 나무람妓家褒貶' 또 『고금소총』에는 '기생의 손님평가妓家評客'라는 화제로 실려 있다.
217) 신릉군信陵君(?~B.C. 244); 중국 전국시대 위魏나라 소왕의 막내아들로 정치가이며 이름은 무기無忌. 문하에 식객 삼천 명을 거느렸다. 제나라의 맹상군, 초나라의 춘신군, 조趙나라의 평원군平原君과 함께 전국戰國 말기 사군四君의 한 사

이 시는 조선 후기의 문신인 수촌水村 임방이 쓴 시화집인 『수촌만록水村謾錄』 외에도 많은 시화집에 보인다. 임방은 매창을 평하길, "시를 잘 했으며, 『매창집』을 펴냈는데, 이 시는 그 재주를 가이 볼 수 있다"라고 하였다. 신릉군은 중국 전국시대 위魏나라 소왕昭王의 막내아들로 사공자四公子의 한 명으로, 인의를 중시하고 덕을 강조한 인물이다.

> "신릉군이 성문 문지기인 후생侯生이란 노인이 어진 사람이란 말을 듣고, 연회에 초대하기 위하여 친히 영접하러 가서 수레에 태우고 오는데, 도중에 후생이, "내가 친한 사람 주해朱亥라 하는 자가 백정들 가운데 있는데 잠깐 같이 들러서 갑시다" 하니, 신릉군이 수레를 끌고 그리로 갔다. 후생은 그 사람과 일부러 오랫동안 서서 이야기하니 같이 간 하인들이 모두 후생을 욕하였다. 그러나 신릉군은 말고삐를 잡고 더욱 공손하였다. 후일에 마침내 후생과 주해의 도움으로 조趙나라를 구하는 공을 세웠다."

칠언율시의 첫째 구는 쇠락한 풍정風情을 담고 있다. 만물이 시간에 따라 변화하는 무상한 심상을 보여준다. 그리고 두 번째 구는 서울 인심이 부박함을, 또한 인간사의 부질없음을 개의하지 않겠다고 선언하면서 그 옛날 호기롭던 신릉군도 죽어서 한갓 무덤으로 들어간 불귀不歸의 객이 되었으니, 차라리 오늘 이 자리에서는 부디 맘껏 취하여 한 마당 술자리나 질펀하게 펴보리라는 뜻을 부친다.

람으로 불린다. 그는 몸소 수레를 끌고 후생候生이라는 선비를 찾아가 상객으로 모셨다. 진나라가 조나라 한단을 포위하자 위왕이 진비에게 조군을 지원하라 하였으나, 진비가 관망만 하고 있자 위왕의 호부虎符를 훔쳐 군대를 지휘하여 진나라 군사가 포위를 풀고 물러나게 했다. 또한 초, 연, 한. 조와 오국 연합군을 이끌고 함곡관에서 진나라 군대를 무찔러 그 위세를 천하에 떨치기도 하였다. 뒤에 진나라 왕의 모함으로 위왕이 신릉군 대신 다른 사람을 장군으로 삼자. 빈객들과 밤낮 술로 사 년간을 보내다가 죽고 말았다. 『사기史記』, 「열전列傳」.

『청구영언靑丘永言』에 수록된 "청산리 벽계수야"로 시작하는 황진이의 시조는 벽계수를 기롱譏弄하는 시로 흥미롭다. 벽계수는 왕실 종친으로 벽계수碧溪守를 지낸 이창곤李昌坤으로 알려졌는데, 근자에 세종대왕의 증손인 벽계 도정都正을 지낸 이종숙李終叔이라는 새로운 고증이 나왔다. 이 시조는 속뜻을 담고 있어 중의적으로 읽힌다. 그 맛과 멋을 제대로 느낄 수 있는 가품이라 참고로 살펴보기로 한다.

청산리靑山裏 벽계수碧溪水야 수이 감을 자랑 마라
일도 창해一到滄海 하면 다시 오기 어려오니
명월明月이 만공산滿空山 하니 수여간들 엇더리

벽계수는 푸른 시냇물인데, 속뜻은 왕가의 종실宗室인 이종숙을 가리킨다. 겉 뜻으로 읽으면 푸른 시냇물이 한 번 넓은 바다에 다다르면 다시 되돌아오기 어려우니 명월, 곧 황진이 자신을 말하면서 적막한 산에 가득 찬 달을 한껏 즐기며 쉬어가는 게 어떠냐고, 속뜻으로 은근히 부추키는 품새가 예사롭지 않다.

황진이와 벽계수와의 이야기는 서유영의 『금계필담錦溪筆談』에 자세히 전한다. 이 책은 한문필사본으로 전하는 설화집이다. 우리나라의 기록에 빠진 이야기를 모았다는 뜻으로 '좌해일사左海逸事'라는 부제가 붙어있다. 백마흔한 편의 설화가 주인공의 신분과 시대순에 따라 실렸다. 단종부터 순조 때까지 왕, 왕비, 문신, 이인異人, 양반층 여인, 기생, 하층 여인, 무인, 장사壯士의 차례로 이들에 얽힌 이야기를 적고, 풍속에 대한 이야기들을 덧붙였다.

"황진이는 송도의 명기이다. 미모와 기예가 뛰어나서 그 명성이 온 나라에 널리 퍼졌다. 종실 벽계수가 황진이를 만나기 원하였으나 '풍류

명사風流名士'가 아니면 어렵다기에, 손곡蓀谷 이달李達에게 그 방법을 물었다.

　이달이 '그대가 황진이를 만나려면 내 말대로 해야 하는데 따를 수 있겠소?'라고 물으니 벽계수는 '당연히 그대의 말을 따르겠다' 라고 대답했다. 이달이 말하기를, '그대가 어린 동자에게 거문고를 가지고 뒤를 따르게 하여 황진이 집 근처 누대에 올라 술을 마시고 거문고를 타고 있으면 황진이가 나와서 그대 곁에 앉을 것이오. 그때 본체만체하고 일어나 재빨리 말을 타고 가면 황진이가 따라올 것이오. 취적교吹笛橋를 지날 때까지 뒤를 돌아보지 않으면 일은 성사될 것이오, 그렇지 않으면 성공하지 못할 것이오'라고 했다.

　벽계수가 그 말을 듣고 작은 나귀를 타고 소동에게 거문고를 들게 하여 누대에 올랐다. 술을 마시고 거문고를 한 곡 탄 뒤에 일어나 나귀를 타고가니 황진이가 과연 뒤를 쫓았다. 취적교에 이르렀을 때 황진이가 동자에게 그가 벽계수인 지를 묻고, '청산리 벽계수야...' 시조를 읊으니, 벽계수가 그냥 갈 수가 없어서 고개를 돌리다 나귀에서 떨어졌다.

　황진이가 웃으며, '이 사람은 명사가 아니라 단지 풍류랑일 뿐이다' 라며 가버렸다. 벽계수는 매우 부끄럽게 여기고 한스러워했다."[218]

　한편 영조 때 무신인 구수훈[219]은 『이순록二旬錄』에서 약간 달리 적고 있다. 이 책은 전대 야담의 전통을 계승하면서 창작을 가미한 이야기를 많이 수록하고 있다. 구수훈은 무인임에도 문장에 능해서 이 사실을 기록으로 남겼다.

　"종실 벽계수는 평소 결코 황진이의 유혹에 넘어가지 않는다고 말해왔는데, 이 이야기를 들은 황진이가 사람을 시켜 그를 개성으로 유인해왔다. 어느 달이 뜬 저녁, 나귀를 탄 벽계수가 경치에 취해 있을 때 황진이가 나타나, '청산리 벽계수야......' 하는 시조를 읊으니, 벽계수는 밝은 달빛 아

---

[218] 서유영徐有英(1801~1874), 『금계필담錦溪筆談』.
[219] 구수훈具樹勳(1685~1757); 조선후기의 무신. 본관 능성綾城무인이지만 문장에 능했다. 저서『이순록二旬錄』.

래 나타난 고운 음성과 아름다운 자태에 놀라 나귀에서 떨어졌다."220)

구수훈은 문무를 겸비한 특이한 인물이다. 영조 때 좌포도대장을 역임하고 수원부사로 나갔으나, 대흉년으로 굶주린 백성의 구제를 태만히 하였다는 죄로 파직당하였다. 그가 지은 「기문습유記聞拾遺」에 '의로운 환관義宦'이란 소설이 있다. 성불구자인 환관이 오랫동안 동거하던 여인을 위해 길가는 선비를 납치하여 정을 통하게 하고 새 인생을 열어주는 내용이다. 이때 환관이 지은 시가 있다.

"만물이 음양을 갖추었는데
나 홀로 그렇지 못함을 슬퍼하노라
열여섯 춘규春閨의 여자가
석양에 꽃에 대해 눈물을 흘리는구나."

어린 애인에게 남다른 애정을 건네고, 재물을 안겨주지만 만물의 도道인 음양을 베풀지 못함을 한탄하는 환관의 처절한 심사가 눈에 아련하다.

한편 『파수록罷睡錄』에는 '아들이 사랑한 기생첩家兒寵妾'이라는 일화가 실려 있다. 『파수록』은 편자와 편찬 연대를 알 수 없는 한문 소화집笑話集이다. 필사본 『파수록』과 1958년 민속학자료간행회에서 간행한 유인본油印本 『고금소총古今笑叢』에 실려 있는 『파수록』이 널리 알려져 있다. 여기에는 이름을 알 수 없는 한 불우한 기생의 절명시絶命詩가 남아 있다.

낙동강에서 처음 임을 만나서	洛東江上初逢君
보제원 앞에서 임을 이별하는구나	普濟院221)頭又別君

---

220) 구수훈, 『이순록』.
221) 보제원普濟院은 세조 때 세워졌는데, 동대문 밖 3리 지점에 위치하며, 3월 3일

| 복숭아꽃 땅에 지면 꽃은 곧 사라지니 | 桃花落地紅無跡 |
| 언제 어디에선들 임을 생각하지 않으리 | 烟月何時不憶君 |

   어느 재상이 경상도 관찰사를 지내다 돌아왔는데, 돌아온 몇 년 뒤에 그 아들이 그곳 기생을 사랑하여 첩으로 데려왔다. 이에 재상이 아들을 꾸짖고 기생을 돌려보내라 명하였다. 기생을 돌려보내고 온 아들에게 재상이 묻기를, '기생이 무슨 말을 하더냐'고 물었다. 아들은 기생이 시 한 편을 남기더라고 아뢰었다. 이에 재상은 기생이 죽을 것 같아서, 급히 사람을 보내 그녀를 불러오게 하였다. 하지만 때는 이미 늦었다. 기생은 이미 벼랑에 몸을 날려 죽고 말았다. 그 뒤 재상의 아들도 곧 병들어 죽고, 재상도 이 일로 벼슬을 버리고 말았다. 작품 속의 기생은 경상도에서 처음 임을 만나 서울로 올라와 이별당한 자신의 신세를 말하고 있다. 복숭아꽃이 땅에 떨어진 것은 바로 자신의 죽음을 암시한다. '참시讖詩'라고 할만하다.

   소춘풍小春風은 연대 미상의 기생이다. 참고로, 성종때의 영흥 기생인 소춘풍笑春風과는 다른 인물임을 유의해야 한다. 다음은 구한말에 살았던 소춘풍小春風의 시다. 시가 『신해음사』 제1집에 전한다.

옛 뜻	古意
바다 속에서 나온 산호	珊瑚海中出
온통 불꽃처럼 발갛네	全體烘然丹
속까지 붉은지 알고 싶어서	不知紅徹底
칼끝으로 끄트머릴 깎아보네	刀末削其端

   조선 기생들의 시를 모아 엮은 '기생시집'에 수록된 연대미상의 소춘

풍小春風이 지은 한시 '옛 뜻古意'에 대하여, 구한말에 결성된 『신해음사』에서는 이 시를 "사랑하는 남자에게 자신의 뜻을 드러낸 시"라고 평하였다. 겉으로만 아니고 속마음으로도 사랑하는지를 확인해본다는 의미를 담고 있다. 사랑을 상징하는 색깔은 붉다. 바다의 산호를 칼로 긁어보아 그 속내를 들여다보려는 여인의 마음이 애틋하게 그려져 있다.

한편, 소춘풍笑春風은 성종 때 영흥 기생인데, 스물네 살의 나이로 요절하였다. 그녀는 매우 재치가 있었던 것으로 보인다. 그녀의 시조가 『해동가요海東歌謠』에 실려 있다. 성종이 지켜보는 연석에서 문신을 무신보다 높이는 시조를 읊었다가 무신들의 노여움을 사자, 그 자리에서 다시 시조를 지어 무신의 노여움을 풀고 분위기를 부드럽게 했다는 이야기가 전해진다. 또한, 이규경李圭景이 지은 '중국과 우리나라 기생의 근원에 대한 변증설'에도 소춘풍의 일화가 상세하게 전한다.

"오산五山 차천로車天輅의 『설림說林』에 기생 소춘풍의 일이 실려 있는데, 역시 번창하고 태평한 시대의 운치 있는 일이었다. 오산의 설림에 이르기를, '성종成宗이 매양 군신들과 주연을 베풀 때면 반드시 여악을 벌였다. 어느 날 영흥永興의 명기인 소춘풍에게 술을 부으라고 명하니, 준소樽所222)에 나아가 금잔에 술을 부었으나 감히 지존至尊 앞에 나아가 드릴 수 없어, 바로 영상領相 앞에 가서 잔을 들고 노래하기를 '순舜도 계시건만 감히 말할 수 없고, 요堯만이 내 임인가 하노라' 하였다. 이때 무신으로 병조 판서가 된 이가 있어, 이미 상신相臣에게 술을 권했으니, 마땅히 장신將臣에게 술을 권할 것이므로, 다음은 꼭 자기의 차례라고 마음먹고 있었다. 이 자리에는 예조 판서로 대제학을 겸한 이가 있었는데, 소춘풍이 술을 부어 가지고 그 앞으로 가서 노래하기를 '고금을 널리 통달한 명철군자明哲君子를 어찌하여 버려두고 저 무지한 무부武夫에게 갈 수 있으리오' 하므로, 병조 판서가 노기怒氣를 품었다. 이윽고 소춘풍이 다시 그에게로 와서 잔을 권하면서 '앞서 한

---

222) 준소樽所는 제사 때 준상을 차려 놓는 곳.

말은 농담이오, 내 말이 잘못됐소. 규규赳赳²²³⁾한 무부를 어찌 아니 좇
겠소?' 하였는데, 이 세 노래는 모두 속요이므로 이와 같이 뜻으로써 해
석한 것이다.
　이에 성종이 크게 기뻐하여 비단, 명주와 호랑이가죽, 후추 등 매우
많은 상을 하사하였는데, 소춘풍 혼자의 힘으로는 다 운반할 수 없었으
므로, 입시入侍하였던 장사들이 모두 날라다 주었는데, 이로 인하여 소
춘풍의 이름이 온 나라에 퍼졌다' 하였다."²²⁴⁾

　소춘풍이 성종이 베푼 연회에서 읊은 시조를 살펴보자. 차천로는 『오
산설림초고五山說林草藁』에 이를 자세히 기록하였다. 하루는 성종이 군
신에게 잔치를 베풀었다. 소춘풍에게 명하여 군신들에게 왕을 대신하
여 술잔을 따르는 행주行酒를 맡게 하였다. 소춘풍이 임금이 하사하는
금잔을 받고 감히 임금께 나아가지 못하자, 이에 영상이 나아가 잔을 들
고 이렇게 노래하였다.

　　태평성대로다 어즈버 태평성대로다
　　격양가 드높이 울려오니 이 아니 성세인가
　　순군舜君도 계시건만 요堯야 내 님인가 하노라.

---

223) 규규赳赳는 씩씩하고 헌걸찬 모양.
224) 이규경李圭景, 『오주연문장전산고五洲衍文長箋散稿』, 「경사편」, 논사류, '중국
　　과 우리나라 기생의 근원에 대한 변증설' 車五山天輅, 『說林』。載笑春風事。亦
　　盛代韻事。『五山說林』。"成廟每置酒宴群臣必張女樂。一日命笑春風行酒。笑
　　春風者。永興名妓也。因詣樽所。酌金盃。不敢進至尊前。乃就領相前。擧盃歌
　　之。其意曰。舜雖在。而不敢斥言。若堯則正我好逑也云。時有武臣爲兵判者。
　　意謂旣酌相臣。當酌將臣。次必及我。有大宗伯秉文衡者在座。春風酌以前曰。
　　通今博古。明哲君子。豈可遐棄。乃就武夫也。其主兵者方含怒。春風又酌而進
　　曰。前言戲之耳。吾言乃誤也。赳赳武夫。那不可從也。按三歌。皆俗謠。故以
　　意釋之如此。於是。成廟大悅。賞賜錦緞、絹紬及虎豹皮、胡椒甚多。春風力不
　　能獨運。將士入侍者。皆攜持而與之。笑春風。由是名傾一國云。"

홍이 오른 성종이 술잔을 따르는 소춘풍에게 노래를 부르게 하였다. 옛곡을 쓰지 말고 스스로 시를 지어 문사의 명예를 빛나게 하라 하니, 소춘풍이 즉석에서 첫 노래를 부르니 무관들이 다 크게 노하였다. 그런데 문신의 앞 자리에 문형文衡225)이 자리에 있었다. 그 앞으로 다가간 소춘풍이 잔을 올리면서, 다음과 같이 읊었다.

    당우唐虞를 어제 본 듯 한당송漢唐宋을 오늘 본 듯
    통고금通古今 달사리達事理하는 명철사明哲士을 엇더타고
    저 설 띄 역력歷歷히 모르는 무부武夫를 어이 조츠리.

  태평하였던 요순시대이며 문물이 발달했던 한, 당, 송을 보는 듯 고금을 꿰뚫고 사리에 밝은 선비들을 마다하고, 제 설 자리도 분간 못하는 무부를 따르겠느냐는 뜻이다. 이는 무신을 얕보았으니, 발끈한 병조판서에게 태연히 나아간 소춘풍은 잔을 올리면서 이번에는 이런 노래를 불렀다.

    전언前言은 희지이戱之耳라 내 말슴 허물마오
    문무일쳰줄 나도 잠간 아옵거니
    두어라 규규무부赳赳武夫를 아니 좃고 어이라.

  앞서 부른 노래는 실없이 웃고자한 것이니 내 말을 허물마시고, 문신과 무신이 한결같은 줄을 나도 알고 있사오니, 용맹스런 무사를 아니 따르고 어이하리요, 라는 뜻으로 무신을 다독거렸다.
  그랬더니 무신들의 노여움도 봄눈 녹듯 풀리고, 다시 화락한 분위기

---

225) 문형文衡; 조선시대 대제학大提學을 달리 이르는 말.

를 되찾았다. 그러나 문신들이 이번에는 기분이 시큰둥해졌다. 다음의 시조는 악부樂府에 수록된 당시 노래인데, 천의무봉天衣無縫의 경지라 할 만하다. 소춘풍은 고사인 '간어제초間於齊楚'란 말을 끌어와 모든 걸 단번에 무마하고 있다. 실로 뛰어난 기지임에 틀림없다.

제齊도 대국이오 초楚도 역대국이라
됴고만 등국滕國이 간어제초間於齊楚 하여시니
두어라 하사비군何事非君가 사제사초事齊事楚 하리라.

제나라(문신을 비유)와 초나라(무신을 비유)는 모두 큰 나라이고, 등나라(소춘풍 자신을 비유)는 작은 나라이다. 그러면서 어찌 임금을 섬기지 않겠느냐고 하면서 동시에 제나 초를 다 같이 즐거이 섬기겠다는 것이다. '간어제초'란 고사는 『맹자孟子』, 「등문공滕文公」편에 나온다. 제나라와 초나라 사이에 끼어, 즉 약한 사람이 강한 사람의 사이에 끼어 괴로움을 받음을 말한다. 고래싸움에 새우등 터진다는 '경전하사鯨戰鰕死'와 같은 의미이다.

황진이와 소세양226)에 관한 일화가 전한다. 조선 후기의 문신 임방이 지은 『수촌만록水村漫錄』에 실린 시화이다. 소세양은 조선 중기의 문신으로 말년에 익산에 은퇴하였다. 율시에 뛰어났으며, 송설체松雪體를 잘 썼다.

소세양이 매양 색色에 미혹되는 인간은 사나이가 아니라고 말했다. 친구들에게 "송도의 황진이라는 기생이 재주와 인물이 더없이 좋다고 하나, 내가 그 여자와 한 달 동안 동숙하고는 미련 없이 끊고 돌아오겠다. 하루라도 더 머물면 너희는 내가 사람이 아니라고 생각해라." 즉, 약

---

226) 소세양蘇世讓(1486~1562); 본관 진주晋州, 자 언겸彦謙, 호 양곡陽谷, 퇴재退齋, 퇴휴당退休堂, 시호 문정文靖. 익산 화암서원華巖書院에 제향. 문집『양곡집陽谷集』.

속한 기일이 지나면 성을 바꾸겠노라고 호언하고는 송도에 갔다. 황진이와 한 달을 한정하고 사귄 것이다. 그러나 황진이와 함께 노닐다가 이별을 앞두고 다음과 같이 지은 황진이의 "소세양을 보내며奉別蘇陽谷世讓"란 시 한 수에 무참히 그 약속은 깨지고 말았다.

달 아래 뜰에는 오동잎 다 지고	月下庭梧盡
서리 맞은 들국화는 노랗게 피었네	霜中野菊黃
다락 높아 자칫하면 하늘 닿을 듯	樓高天一尺
사람은 천 잔 술에 취해 흥겨워라	人醉酒千觴
흐르는 물 거문고와 어우러져 싸늘하고	流水和琴冷
매화 향기 피리소리에 스며드는구나	梅花入笛香
내일 아침 우리 서로 이별한 뒤	明朝相別後
그리운 정은 푸른 물결에 여울지리라	情意碧波長

소양곡이 얼마를 더 머물렀는지는 알 수 없다. 그러나 두 사람은 끝내는 헤어질 수밖에 없었고, 양곡은 송도를 떠났다. 첫구에서 오동잎이 진다는 것은 임과 인연이 끝났다는 뜻이고, 들국화가 곱게 피었다는 것은 변함없는 애정을 뜻한다. 결구에서는 강물이 쉼 없이 흘러가듯이 임을 보낸 후 그리는 정은 강물처럼 끝이 없다는 뜻을 부친 것이다. 황진이는 '헤어짐에 조금도 슬퍼하는 기색을 보이지 않았다'[227]고 한다. 황진이가 한 때 사랑하였던 소세양에게 동선이를 시켜 시 한 수를 부쳤다.

달 밝은 밤 그대는 누굴 생각하세요	蕭蓼月夜思何事
잠들면 그대는 무슨 꿈 꾸시나요	寢宵轉輾夢似樣
붓 들면 때로는 내 얘기도 쓰시나요	問君有時錄忘言
날 만나 어땠나요 나의 사랑을 믿나요	此世緣分果信良

---

227) "少無悵別之色."

그대 생각 하다보면 모든 게 궁금해요	悠悠憶君疑未盡
하루 종일 내 생각 얼마나 많이 하나요	日日念我幾許量
바쁠 때 날 생각하면 괴롭나요 반갑나요	忙中要顧煩或喜
참새처럼 떠들어도 여전히 정겨운가요	喧喧如雀情如常

그의 마음을 떠보려는 뜻이 짐짓 스며있어 흥미롭다. "쓸쓸하니 달 밝은 밤, 그대는 무슨 생각을 하시는지"228)라는 속뜻을 부쳤다. 한편, 황진이의 시에 대하여 혹평을 한 사람도 있다. 서포西浦 김만중229)이 그러한데, 그는『서포만필』에서, "기녀 황진이의 시가『속청구풍아續青丘風雅』에 실려 있는데 자못 졸렬하다"230)라고 혹평하였다.

백설루白雪樓는 달성기생이다. 구체적인 생애는 알 수 없으나, '금백설今白雪'이란 오언구가 남아있다. "노래를 잘하는 오늘의 백설루, 지난 날에는 현풍에서 헤어졌네"231)라는 행간에 미루어, 그는 옛날에 현풍에 살았던 양가良家의 여자였음을 알 수 있다.『조선해어화사』에는 다음과 같이 적고 있다. 백설루는 원래 진주 출생으로 달성으로 시집을 갔다. 그런데 남편이 둔하여 현풍현 유가사瑜珈寺로 도망와서 비구니가 되려하였는데, 부모가 말려 할 수 없이 기생이 되려고 하였다. 하루 밤을 묵게 되었는데, 이 때 중과 속인 여러 명이 희롱하자, 이 시를 지어 뜻을 보인 것이다. 시의 뜻은 기적妓籍에 이름을 올린 뒤에야 사랑을 요구할 수 있음을 말한 것이다.

---

228) "蕭寥月夜思何事."
229) 김만중金萬重(1637~1692); 조선후기의 문신이자 소설가. 본관 광산光山, 아명 선생船生, 자 중숙重淑, 호 서포西浦, 시호 문효文孝. 1692년 남해 유배지에서 쉰여섯 살에 죽었다. 1698년 관작이 복구되고 1706년에 효행으로 정표旌表가 내려졌다. 장편시 '단천절부시端川節婦詩', 소설 '구운몽', '사씨남정기'가 저서『서포만필西浦漫筆』.
230) "妓女黃眞伊詩, 選入續青丘風雅者, 頗拙."
231) "歌謠今白雪, 離別舊玄風."

| 여인장 | 麗人墻 |

여인장 밑에 심은 복사꽃	麗人墻下種桃花
여인장 밖에는 나비가 나네	麗人墻外胡蝶翅
복사꽃이 담장을 없애길 기다려	會待桃花出墻時
뭇나비 덤벼들어도 금하질 않네	不禁胡蝶來相取

여인麗人은 아름다운 사람, 즉 가인佳人으로 여인장은 기생이 사는 유곽遊廓을 말한다. 기생집의 담장 밑에 심은 복사꽃에 담장 밖의 나비가 날아드는 걸 풍자하고 있다. 복사꽃이 농염해져 담장을 넘어가면 뭇나비 떼가 모여들어도 굳이 마다할 이유가 없다고, 스스로 자부하고 있다. 꽃과 나비는 남녀의 운우雲雨를 상징하는 표상이다. 담장은 금도襟度이면서 동시에 일탈을 상징하는 이중적 장치이다. 그래서 월장越墻은 때로 아슬아슬하면서도 상열지사相悅之事를 꿈꾼다. 그러나 백설루는 아직은 때가 아니라고, 기적에 이름을 올리지 않음으로 자신을 지킬 뜻을 보인 것이다.

진주 기생 계향桂香은 난향蘭香으로도 부른다. 꼽추를 조롱한 시를 지었다. 꼽추를 형용한 솜씨는 매우 공교로우나 뒷맛은 서글프다. 사람이 어찌 겉모습으로 한갓 조롱거리가 될 수 있는가.

| 꼽추를 조롱하며 | 嘲龜背人 |

사람 다 몸 곧은데 그대는 어찌 굽었나	人皆平直爾穹然
입은 가슴에 있고 몸은 어깨에 있네	口在胸中身在肩
누우면 마음 심 자에 점 셋이 없는 듯	臥如心字無三點
앉으면 당긴 활에 시위가 없는 듯	坐似彎弓少一弦
머리 돌리면 겨우 해를 바라볼 뿐	回首僅能看白日
몸을 옆으로 돌려야 해를 볼 수 있네	側身方可見靑天

목수에게 뒷일을 부탁하려거든 　　　　　付託匠工身後事
오동나무 관 석 자에 둥글게 만들게 　　　　桐棺三尺製團圓

　이 시를 두고, 평하기를 "여인은 마땅히 꼽추 비웃는 일을 경계할 것이다"라 하였다.232) 끝 구절은 다른 책과 다르다.

　김섬金蟾은 함흥기생이다. 천곡泉谷 송상현宋象賢의 애첩이던 김섬은 임진왜란 때 동래부사가 된 천곡을 따라가 초가에 거처하며 공청公廳에는 나가지 않았다. 천곡이 왜장 히라요시平義智에게 순절하자, 김섬은 포로가 되어 왜로 끌려갔다. 도요토미 히데요시豊臣秀吉가 그 재색과 문장을 알아보고 초빙하여 여교사로 삼았다. 이에 막부에 딸린 관벌의 자녀들이 두루 찾아와 배웠다. 포로 신세에서 풀려난 김섬이 조선으로 돌아오는 배안에서 천곡이 순절하였다는 소식을 뒤늦게 듣고서, 자신의 처지를 한탄하며 지은 시이다. 『조선해어화사』에서 평하기를, "맑고 그윽한 덕이 문사文辭 위에 넘쳐흐른다. 오랑캐로 하여금 그 위엄있는 거동에 굴복할 만하다"라고 하였다. 다른 책에서는 김섬이 송천곡과 동시에 해를 입었다고도 전한다. 그런데, 왜에 포로로 끌려간 수은睡隱 강항233)과 함께 귀국하는 배를 같이 탔는데, 부산 초량에 배가 닿자, 김섬이 바다에 몸을 던지려는 걸 본 수은이 그녀를 깨우치며 말렸다고 한다. 『간양록』은 정유재란 때 적국에 포로가 되었던 강항이 포로들의 참상과 실정을 기록하고 또 전란에 대비해야할 정책까지 언급한 충절의 기

---

232) 이능화, 『조선해어화사』 참조.
233) 강항姜沆(1567~1618); 조선중기의 문신이자 의병장. 본관 진주晉州, 자 태초太初, 호 수은睡隱, 영광 출신. 좌찬성 희맹希孟의 5대손. 성혼成渾의 문인. 영광 용계사龍溪祠, 내산서원內山書院 제향, 일본의 효고현兵庫縣에 있는 류노龍野 성주 아카마쓰赤松廣通기념비에 이름이 새겨져 있다. 저서 『운제록雲堤錄』, 『강감회요綱鑑會要』, 『좌씨정화左氏精華』, 『간양록看羊錄』, 『문선찬주文選纂註』, 『수은집睡隱集』.

록인데, 종이를 꼬아 노끈삼아 망태기를 만들어 가지고 돌아왔다고 한다. 원래 '죄인'이라는 뜻에서 '건거록巾車錄'이라 했는데, 효종7년(1656) 가을 간행될 때, 제자들이 '간양록'으로 고쳤다. '간양'이란 흉노에 포로로 잡혀갔던 한나라 소무蘇武234)의 충절을 뜻하는 것으로, 강항의 충절을 견주어 말한 것이다.『수은집』의 별책으로 간행되기도 했다.

큰 나무가 쓰러지고 남은 꽃	大樹殘花
큰 나무가 쓰러지던 날	大樹飄零日
못다 핀 꽃 미친바람에 흩날리고	殘花受狂風
그 바람 잠잠해져 누그러졌지만	狂風終自息
꽃은 떨어져 진흙구렁에 묻혔네	落花埋泥中
그 누가 진흙 속의 꽃	誰識泥中花
뭇나비에 짓밟히지 않았음을 알까	不爲蝴蝶嬲
비록 제 뿌리로 돌아간다고 하나	縱然歸根帶
모든 꽃 비웃음만 살 뿐인 걸	徒爲衆芳笑

송상현235)은 조선 중기의 문신으로서 시호는 충렬忠烈이다. 1592년 임진왜란이 일어나, 부산진성을 침범한 왜군이 동래성으로 밀어닥쳤을 때 적군이 남문 밖에 목패木牌를 세우고는, "싸우고 싶으면 싸우고, 싸우고 싶지 않으면 길을 빌려달라"236) 하자 이때 동래부사인 그가 "싸워 죽기는 쉬우나 길을 빌리기는 어렵다"237)고 목패에 글을 써서 항전할

---

234) 소무蘇武; 중국 전한前漢의 충신. 자 자경子卿. 두릉杜陵(지금의 협서성陝西省 서안시西安市)사람. B.C. 100년 한나라 무제 때 중랑장中郞將으로 흉노匈奴에게 사신으로 갔다가 억류된 지 십구 년 만에 귀국했는데 절개를 굳게 지킨 공으로 전속국典屬國에 임명되었다. 친구인 이릉과 함께 오언고시의 창시자로 일컬어짐.
235) 송상현宋象賢(1551~1592); 본관 여산礪山, 자 덕구德求, 호 천곡泉谷, 한천寒泉.
236) "戰則戰矣, 不戰則假道."

뜻을 천명하였다. 시에서 큰 나무(대수大樹)는 송상현을 말하고, 남은 꽃
(잔화殘花)은 김섬 자신을 말한다. 그런데, '대수大樹'는 장군을 말하는
데, 여기에는 고사가 있다.

"한나라 광무제 때의 장군인 풍이馮異238)는 사람됨이 겸손하여 길
을 가다가 다른 장군을 만나면 항상 한쪽 옆으로 피하였으며, 휴식을
취할 때 다른 장수들은 서로 모여 전공에 대해 떠들어 대었으나 풍이만

---

237) "戰死易, 假道難."
238) 풍이馮異; 중국 후한後漢 광무제光武帝 때의 장수. 자 공손公孫, 영천군潁川郡
부성현父城縣 사람. 책읽기를 좋아하여 『좌씨춘추佐氏春秋』, 『손자병법孫子兵
法』에 능통하였다. 「풍이열전馮異列傳」에는 다음과 같이 풍이를 묘사하고 있
다. "동한東漢을 세운 광무제 유수劉秀는 군사를 일으킨 초기에 그 세력이 미약
해 큰 어려움을 겪었다. 그래서 대열을 이탈하는 자가 있었지만, 주부主簿인 풍
이는 흔들리지 않고 전투에 전념하였다. 어느 날 유수는 군사를 이끌고 요양饒
陽의 무위정蕪蔞亭(지금의 하북성)을 지나는데, 군사들은 추위와 굶주림으로
버티지 못하게 되었다. 밤이 되자, 풍이는 큰솥에 콩죽을 쑤어 모두 먹게 하여
추위와 허기를 면하게 하였다. 얼마 후, 남궁현에 이르렀는데, 마침 큰비를 만
나 군사들은 옷이 젖어 추위에 떨게 되었다. 모두 견디기 어렵게 되었을 때, 풍
이는 땔감을 주워다가 옷을 말리고 몸을 따뜻하게 하고 보리밥을 지어 배부르
게 먹도록 해주었다. 어려운 때 풍이가 해낸 두 가지 일은 유수에게 잊기 어려
운 인상을 심어 주었다. 서기 25년, 유수는 황제가 되자, 풍이를 파견하여 관중
關中을 평정하게 했는데 임무를 성공적으로 수행하였다. 당시 어떤 사람이 유
수에게 풍이가 모반하려 한다는 내용의 글을 올렸다. 유수는 이를 믿지 않고 그
글을 풍이에게 보여주며 의심하거나 두려워하지 말라 당부하였다. 서기 30년,
풍이는 광무제를 알현하기 위해 장안에서 도읍인 낙양으로 왔다. 광무제는 그
를 가리키며 조정에 있던 문무백관들에게 말했다. '풍이장군은 짐이 군사를 일
으킬 때 주부를 지냈는데, 일찍이 짐의 대업을 위해 많은 장애를 제거하며, 관
중 땅을 평정하였소. 爲吾披荊斬棘, 定關中.' 조회가 끝나자, 광무제는 풍이에게
많은 재물을 하사하고, 한 통의 서신을 주었다. 광무제는 그 서신에서 이렇게
말했다. '나는 지금도 당시 장군이 무위정에서 나에게 주었던 콩죽과 남궁현에
서 나에게 주었던 보리밥을 생각하오. 그렇지만 이렇게 깊고 두터운 정에 대하
여 나는 아직도 보답을 하지 못하고 있소.'"

은 항상 큰 나무 아래로 가 쉬고 있었다. 이에 군중 사람들이 '대수장군 大樹將軍'이라 부르면서 좋아하였다."239)

'뇨嬲'는 한자의 상형象形 자인데, 두 남자 사이에 한 여자가 끼여 희롱을 당하는 형상을 하고 있다. 희학戲謔질하거나, 사내가 계집을 데리고 희롱하거나 조롱하는 일을 의미한다. 김섬은 왜에 끌려가 마치 미친 바람에 휩쓸리듯 온갖 고초를 겪고난 뒤, 포로의 신세에서 풀려나 돌아오는 배에서 임이 전사하였다는 소식을 듣고, 제 뿌리인 고향으로 돌아가고자 하나 이미 엎지르진 물과 같은 신세. 비록 자신이 진흙구덩이에 묻혔으나, 뭇 나비에게는 결코 짓밟히지 않았음을 말하고 있다. 그래도 다른 기생들의 웃음거리밖에는 되지 않을 걸 자조적으로 노래한다.

조선 기생의 문학 작품에는 이름을 알 수 없는 미상의 작품이 다수 전한다. 한 이름 없는 기생은 괴산기생으로만 전한다. 제목도 떨어져 나갔다.

삼월에 집 떠나 구월에 돌아오니	三月離家九月歸
오산과 초수가 꿈속에 어렴풋해	吳山楚水夢依依
첩의 몸은 기러기와 같아서	妾身猶似隨陽鳥
강남을 다 돌고 또 북쪽으로 날아가네	行盡江南又北飛

부평초같은 기생의 신세를 자조적으로 읊고 있다. '초수오산楚水吳山'은 '초나라의 물과 오나라의 산'이란 뜻으로서, 가는 길이 험난함을 뜻한다. 중국 당唐나라 때 백거이白居易의 시, "강남에서 북쪽으로 떠나는 길손을 보내며 서주에 있는 형제에게 보내는 편지를 부탁하며"240)란 긴 제목의 시에서, "고향을 보고 싶어도 어찌할 수 없는데, 초나라 물길과 오나라 산은 만 리나 막혔네. 오늘 그대 덕에 형제를 대할 수 있게 되

---

239) 『후한서後漢書』 제47권, 「풍이열전馮異列傳」.
240) '江南送北客因憑寄徐州兄牙書'.

니, 한 통의 편지에 몇 줄기 눈물이 흐르네"241)라고 하였다. 양조陽鳥는 오리과의 철새로 기러기를 말한다. 작자는 여섯 달이나 떠돌아다니며 고향을 그리워하고 있다. 마치 기러기가 날아가는 것처럼 자신의 신세도 강남을 거쳐 북쪽으로 간다고 한다. 길 위에 떠도는 유녀遊女의 삶이 매우 애처롭다.

김부용당金芙蓉堂은 풍자시에 있어서도 두드러진다. 풍자시는 특히 재치가 발랄해야 성취할 수 있다. 그런 점에서 부용은 탁월한 재기를 지녔다. 어느 날 부용당에 나아가 시를 짓게 되었다. 사또의 부름을 받고 부용정 둑길을 걸어오는데 선비들이 연꽃이 더 고운지 부용이 더 고운지, 말씨름을 하는 걸 보았다. 연꽃이 곱다고 하면서도 연꽃은 보지 않고, 자기만 훔쳐보던 걸 상기하면서 은근히 자신을 드러내고 싶어 다음과 같은 시를 읊었다. 제목은 연꽃이 자신보다 예쁘다고 겸사謙辭의 뜻으로 달았다. 그러나 속 알맹이는 반전의 묘미가 있다. 부용은 연꽃의 별칭이자 자신의 기생이름이다. 그래서 자신의 아름다움을 연꽃에 비유한 시를 곧잘 읊었다.

첩의 얼굴보다 고움	勝妾容
연꽃이 곱게 피어 못 가득 붉으니	芙蓉花發滿池紅
사람들은 연꽃이 나보다 곱다하네	人道芙蓉勝妾容
오늘 우연히 둑 위를 지나는데	今日遇從堤上過
어이해 사람들 꽃은 안보고 나만 보는지	如何人不看芙蓉

이에 모두 한바탕 웃음이 터진다. 사또 유관준劉寬埈이 흔연히 일어나 그날 잔치이름을 '승첩용연勝妾容宴'이라 하고 연회장소를 경치가 빼어

---

241) "故園望斷欲何如, 楚水吳山萬里餘. 今日因君訪兄弟, 數行鄕淚一封書."

난 강선대로 옮겼다. 성천부사 유관준이 곧장 화답하는 시를 지어 부용을 다음과 같이 묘사하였다.

'승첩용勝妾容' 연회	勝妾容宴
성천의 예쁜 기생 아리따운 비단치마	成都美妓玉羅裳
하늘하늘 봄바람, 걸음걸음 향기로다	幅幅春風步步香
황학무 금사무 어울려 돌아가니	黃鶴金獅迎相舞
강선루 위에는 선녀가 하강한 듯	降仙樓上降仙娘

부용이 일찍이 한 나그네와 함께 해주海州 부용당芙蓉堂에서 노닐었는데, 나그네가 시를 주어주기를,

부용당 위에 부용이 서있어	芙蓉堂上芙蓉立
사람 부용이 꽃 부용을 능가하네	人芙蓉勝花芙蓉

라고 하였다. 나그네의 시가 시골 유생의 고풍에 지나지 않지만 또한 과장하고 있다. 그만큼 부용의 명성이 높았기 때문이다. 다음에 보이는 부용의 '풍시주객諷詩酒客'이란 시는 술손님과 시를 서로 비교하면서 그 둘에 대한 역설, 곧 "가까이 할 수도 없고 멀리 할 수도 없는"[242] 자신의 처지를 중의적으로 드러낸다. 아마도 술에 취해 치근덕거리는 손님에게 준 시라고 보여진다.

주객과 시인을 풍간함	諷詩酒客
술이 지나치면 성품을 해치고	酒過能伐性

---

242) 不可近不可遠.

시가 정교하면 반드시 궁핍해지니	詩巧必窮人
시와 술을 벗 삼을지언정	詩酒雖爲友
버리기도 어렵고 친하기도 어렵다네	不疎亦不親

시의 제목이 '술을 삼가고 시를 삼간다戒酒戒詩'라고 붙인 곳도 있다. 또 평하기를, "이 시 또한 시골 학자의 재담에 불과하다. 그러나 사람에 따라서 재주는 논해야 하기 때문에 여기에 기록한다"라고, 『조선해어화사』에 보인다. 대개 시와 술은 서로 따라다닌다. 조선의 문인들은 시주詩酒로 생애를 보낸 이가 더러 보인다. 세상이 마땅히 나아갈 수 없을 때, 시와 술은 평생의 반려로 위안이 되었을 것이다. 고려말의 문신, 이색243)의 『목은집牧隱集』에도 위와 방불한 '시주가詩酒歌'가 있어 앞부분을 옮겨본다.

술은 하루라도 없어서는 안 되고	酒不可一日無
시는 하루라도 그만둘 수 없어라	詩不可一日輟
어질고 의로운 선비는 본디 고심이 많아	仁人義士心膽苦
쓰려 해도 못 쓰고 끊으려 해도 못 끊네	欲寫未寫絶未絶

다음 시는 김부용당의 '사절정四絶亭'이란 작품이다.

정자 이름 사절은 도리어 의아하니	亭名四絶却然疑
사절은 마땅치 않고 오절이 마땅하네	四絶非宜五絶宜
산, 바람, 물, 달이 서로 어울리는 곳	山風水月相隨處
게다가 세상에 뛰어난 미인이 있도다	更有佳人絶世奇

---

243) 이색李穡(1328~1396); 고려 말기의 문신, 삼은三隱의 한 사람. 자 영숙潁叔, 호 목은牧隱. 시호 문정文靖. 저서 『목은집牧隱集』.

평안도 성천기생, 부용은 관서의 명소인 '사절정'에서 호걸로 자처하는 속된 한 선비를 만난다. 그는 부용의 시 재능을 시험하려는 듯 사절정을 두고 시를 지어보라고 한다. 사절정은 원래 정자 이름인데, 음차音借하여 네 가지 빼어난 절경, 곧 산, 바람, 물, 달의 사절四絶만이 아니라, 거기다가 한 가지를 더한다고 하면서, 뛰어난 미인을 넣어놓았다. 아마도 오절五絶은 자신의 빼어난 자색을 자부하여 이른 것이다. 마치 황진이가 '송도삼절松都三絶'이라 했듯이, 자기도 '성천오절成川五絶'이 아니겠는가, 라는 속뜻을 보인 것이다. 부용의 재기가 뛰어난 일화가 있다. 한 선비가 수작을 걸어 시 나부랭이로 부용을 짐짓 시험하였다.

"나의 평생 일편단심, 은하수를 건너고 싶을 뿐이네."244)

은하수를 건넌다는 속뜻은 마치 견우와 직녀를 비유하여 운우의 정을 풀고자 하는 속내를 노골적으로 드러낸 것이다. 이에 부용은 한 붓에 그를 물리치며, 읊었다.

"은하수는 하늘에 있는 물인데, 속세의 인간이 어찌 건널 수 있으랴."245)

그대 같은 속물이 건널 수 있는 은하수가 아니니 '언감생심焉敢生心'246)이라는 투로 쫓아버린다. 이로써 송도기생 황진이, 부안기생 이매창과 더불어 부용당이 조선의 '삼대시기三大詩妓'로 일컬어졌는지, 결코 허튼 말이 아님을 알겠다.

앵무鸚鵡는 달성기생이다. 숙종 영조 년간에 살았던 것으로 추정된

---

244) "平生一片心, 欲渡銀河水."
245) "銀河天上水, 世人豈能渡."
246) '어찌 감히 그런 마음을 먹을 수 있으랴'의 의미이다.

다. 한때 경상감영 교방의 관기였으나 뒷날 대동권번의 예기藝妓가 되었다.

앵무새 조롱   鸚鵡籠

앵무새가 조롱 속에 갇혀 세월이 흘러   鸚鵡雕籠歲月翻
오래 동안 주인의 은혜를 먹고 살았네   長時飮啄主人恩
주인 한 번 간 뒤론 가을에 곡식이 없어   主人一去秋無粒
능히 말한다고 하여도 말하지 못하네   道是能言不敢言

앵무는 경상감사 이천보247)와 정을 나누었는데, 감사가 그 한문 실력에 감탄했다. 하루는 감사가 어린 기생들을 불러 당나라 시인, 왕발王勃이 지은 등왕각서滕王閣序248)를 외우게 하였다. 그 시 가운데 천보天寶라는 구절에 이르자, 차마 감사의 이름을 부를 수 없어 "사또使道"라고 기휘忌諱하여 고쳐 읽었다. 즉, "물화物華는 천보"란 구절에 이르러 앵무는 느닷없이 "물화는 사또"라고 바꾸어 읽은 것이다. 사또는 백성이 고을

---

247) 이천보李天寶(1698~1761); 본관 연안延安, 자 의숙宜叔, 호 진암晉庵, 시호 문간文簡. 저서『진암집晉庵集』.
248) 왕발(650~676)이 지은 '등왕각서'의 원제는 '추일등홍부등왕각전별서秋日騰洪符滕王閣錢別序'이며, '등왕각시서滕王閣詩序'라고도 한다. 등왕각은 옛터가 오늘날 강서江西 남창시南昌市에 있다. 당 고조高祖의 아들 이원영이 등왕滕王으로 봉하여 홍주 도독으로 있을 때 누각을 지어 등왕각이라 부른다. 당 고종 상원2년(675) 중양절(9월 9일)에 홍주 도독 염공이 등왕각에서 주연을 베풀고 손님을 청했는데, 마침 왕발이 아버지를 뵈러가는 남창을 지나다가 연회에 참석하여 즉석에서 시와 서를 지었다. 전반부는 홍주洪州 일대의 '풍요롭고 번화하며 인물은 뛰어나고 지세는 신령스러운物華天寶, 人桀地靈' 형세와 등왕각의 수려, 웅장한 아름다움과 연회 모습을 그렸다. 후반부는 타향에서 나그네로 지내며 품은 뜻을 펼쳐 볼 수 없음을 탄식하였다. 정경과 서정을 절묘하게 그려냈다. 단숨에 지었는데도 흠잡을 데 없이 매끄럽다. 형식은 사육변려체四六騈儷體이다.

원을 공대하여 일컫던 말로 당시에 곧잘 경상감사를 사또라고 불렀다. 다른 사람들은 앵무가 시를 잘못 외운 것으로 알았으나 감사는 그의 재치와 글재주에 놀라, 앵무를 총애하게 되었다. 그러다가 이천보가 경상감사 벼슬이 갈려 돌아갈 즈음, 기생들이 다투어 이별의 노래로서 전별餞別 곡을 지어 불렀다. 앵무가 자신의 신세를 가탁假託하여 '앵무새 조롱鸚鵡籠'이란 시 한 수를 지어 읊었다. 그동안 주인의 은덕으로 먹고 살았지만, 감사가 떠나면 조롱 속에 갇힌 앵무새는 먹을 게 없다는 뜻을 부치고, 감히 직핍하여 더는 말하지 못함을 넌지시 에둘러댄 것이다. 감사가 이 시를 보고 쌀 백 석을 하사하였다. 이천보는 조선 후기의 문신으로 담론을 잘하여 허식을 차리지 않고 우스개 소리를 즐겼으며, 시에 뛰어난 재질을 보였다.

　한편, 대구에는 구한말에 생존한 같은 이름의 앵무(1889~1946)가 따로 있는데, 그녀는 염농산廉隴山이라는 기명妓名을 썼다. 1996년에 발간된『성주군지星州郡誌』에 '앵무공덕비'와 '앵무빗집'에 얽힌 얘기가 전한다. 기생으로 농업경제를 일으키는 데 공헌한 두리방천 복구사업을 추진한 공덕으로 용암면에는 "염농산제언공덕비廉隴山堤堰功德碑"가 서있다. 이 공덕비는 염농산이 방천을 쌓은 공덕을 기념하는 비인데, 이를 "앵무빗돌"이라고도 했는데, 비각碑閣인 앵무빗집은 남아있지 않다. 그녀는 국채보상운동에 거금을 내놓기도 했고, 독립만세를 외쳤던 기생조합사건에 연루되기도 한 올곧은 기생이었다. 오늘날 대구 사람들은 '대구삼절三絶'로 꼽는다. 첫째 기생 앵무와 비취翡翠, 둘째 시, 글씨, 그림, 문장, 가야금, 바둑, 장기, 의학의 여덟 가지249)에 능해 팔능거사八能居士란 별명이 있는 구한말 영남 제일의 서화가인 석재石齋 서병오徐丙五, 셋째 달성토성達城土城이 그것이다.

---

249) 詩, 書, 畵, 文, 琴, 碁, 博, 醫.

경상감사가 너무 단아하고 청백한 유兪진사라는 한 선비에게, 삼백금三百金을 주면서, "이 돈을 가지고 반드시 기생방에서 다 써 없애야 한다"고 말했다. 이에 여러 기생들이 소문을 듣고 가까이 하려 애를 썼는데, 진사는 앵무를 취하다가, 며칠 뒤에는 금춘錦春을 가까이 하려 하였다. 당시 달성교방에는 월조시단月朝詩壇이 있어서, 기생을 가까이 한 사람의 풍모를 시로써 비평하곤 하였다. 기생 도화桃花가 잠자리를 약속했는데, 한 남자가 바람을 맞혔다. 그래서 월조시단에 읊은 시에서, "나비 왔다가 도로 가버려, 도화가 소리 없이 빈 담에 의지했네"250)라고 노래하였다. 달성기생, 앵무의 시를 보자.

빈 담장에 기대어   倚空墻

달성 삼월은 봄이 비단결 같은데   達成三月春如錦
백마 타고 청삼 입은 저 유야랑   白馬靑衫遊冶郞
취중에 꽃이 제 손에 있는 줄 모르고   醉裏不知花在手
사랑 잃은 계집을 또 꺾으려하네   生心又折倚空墻

풀이하기를, '봄이 비단같다'는 것은 기생 '금춘'을 가리킨 것이고, '유야랑'은 '유진사'를, '손에 꽃이 있다'는 건 이미 '앵무를 사랑한 것'을 각각 말한다. '또 꺾으려 했다'는 것은 '금춘을 가까이 하려는 것'을 말한다. 이에 진사는 이 말을 듣고 이튿날로 행장을 꾸려 도성으로 돌아갔다고 한다. 빈 담장은 써늘한 담장인데 거기에는 기댈 게 없다는 걸 은유적으로 말한 것이다. 곧 '의공장倚空墻'은 교방敎坊에서 쓰던 은어隱語로 남자의 사랑을 잃은 기생이나 실연한 남자를 부르던 말이다. 유야랑遊冶郞은 놀며 돌아다니는 풍류객을 말하는데, 유진사의 유兪와 음이 같

---

250) "胡蝶自來又自去, 桃花無語倚空墻."

다. 시절이 좋은 춘삼월, 호사스런 저 풍류객은 여기 제 손에 든 꽃이 있는 줄도 모르고 또 술 취하여 다른 계집을 희롱한다고 자못 점잖게 토라진 모습이 정겹다. 하필이면 꺾으려는 그 계집이 실연한 처지에 있는데 그것도 모르고 있다고 은근히 나무란다.

그 뒤 경상감사의 청지기인 석石가가 앵무를 헐뜯어 말하길, "앵무가 유진사와 하룻밤 동침한 뒤 삼백금을 모두 삼켜버렸습니다"라고 하였으나 감사가 못들은 체 하였다. 이때부터 앵무는 석가에게 앙심을 품었다. 그 뒤 석가가 동료들과 술자리를 마련하면서 고을 기생 가운데 거문고를 잘 타는 기생을 가려 함께 자리하려 하였다. 녹주綠珠와 옥소玉簫란 두 기생이 거문고를 가장 잘 탔는데, 앵무가 두 기생을 유인하여 절에 데리고 가버렸다. 석가는 두 기생이 오지 않자 화를 내면서 잔치를 파하고 말았다. 앵무가 시 한 수를 지어 시단에 퍼뜨리니, 석가가 창피하게 여겨 직책을 그만 두고 서쪽으로 돌아갔다. 시는 이렇다.

녹주는 상위에서 걷길 싫어하는데	綠珠不喜瑤步床
석씨의 산호는 얼마나 자랐나	石氏珊瑚幾許長
달 밝은 밤 진나라 누각에서는	又是秦樓明月251)夜
옥퉁소 소리 끊어져 빈담에 의지했네	玉簫聲斷倚空墻

옛날 석숭252)은 침향沈香가루를 상 위에 고루 펴고 미인을 가려 그 위

---

251) 진루명월秦樓明月은 『농옥사弄玉史』에 나온다.
252) 석숭石崇(249~300); 자는 계륜季倫, 어릴 때 이름은 제노齊奴, 석포石苞의 막내아들로 지금의 중국 산동성 청주淸州에서 태어났다. 어려서부터 용기가 있었으며 지모가 뛰어났다. 스무 살이 되자 무수령無修令이 되었으며 이어서 산기랑散騎郞, 성양태수城陽太守 등을 지냈다. 뒤에 오나라를 정벌한 공을 세워 안양향후安陽鄕侯에 봉해지고 산기상시散騎常侍, 시중侍中을 지내고 원강元康 원년(291) 다시 중앙부서에 들어가 태복太僕이 되었다가 정로장군征虜將軍으로 출정하여 하비에서 일어난 반란을 진압했다. 석숭은 생전에 여섯 권의 문집을 편

를 걷게 하여 발자취가 없는 자를 뽑았다. 권세와 부유한 자의 호사가 이처럼 지극함을 빗대어 조롱한 뜻이 숨어있다. 앵무의 동무 기생인 녹주가 석가에게 뽑혔는데, 석가의 산호는 얼마나 자랐는가 묻고 있다. 화뿔이 돋은 걸 빗대어 희롱한 것이다. 헛물만 잔뜩 켜고 빈 담장에 기댄 채 오지 않는 기생 옥소을 상징하여 옥퉁소 소리를 처량하게 듣는 바람 맞은 사내의 심정은 어떨까.

석숭은 당시 부패한 지배계층의 생활상을 대표하는 이야기로 전해지고 있다. 그는 중국 서진西晉 때의 문학인으로 형주자사荊州刺史에 임명되었을 때 상인들이나 관하의 관리들을 위협하여 금품을 갈취해 그 돈으로 낙양洛陽에 금곡원金谷園을 지었다. 서진의 외척인 가밀賈謐에게 아첨하고 그를 섬긴 서진 때의 문인들인 '이십사우二十四友' 중의 한 사람이다. 또 외척인 왕개王愷, 양수羊琇 등과 함께 음락과 사치로 세월을 보냈다. 이윽고 가밀이 권력을 잃자 그도 역시 관직에서 파면당했다. 당시 조趙나라 왕 사마윤253)이 전권을 휘두르고 있을 때 석숭에게는 절세가녀에 피리에 능통한 녹주라는 가기歌妓가 있었다. 조왕의 위세를 믿고 권력을 휘두르던 손수孫琇가 녹주를 탐내어 사람을 보내 데려오도록 시켰으나 석숭은 그의 청을 거절했다. 이에 손수가 조왕에게 거짓으로 고하여 조서를 받아내어 석숭을 살해했다. 녹주도 역시 금곡루의 다리 위에서 연못에 몸을 던져 죽었다.

초월初月은 구한말 평양기생이다. 양모를 따라 서울로 내려와 다동에 살고 있었다. 초월은 많은 기생 중에 특히 가무에 뛰어나고 빼어난 미인

찬했으나 현재 전하지 않고 단지 열 수의 시만 남아있다.
253) 사마윤司馬倫(?~301); 자 자이子彝 조왕趙王. 진晉나라 혜제惠帝 때 봉작封爵을 남발하는 바람에 관冠의 장식으로 쓸 담비 꼬리가 부족하자 개 꼬리로 이를 대신했으므로, "담비가 부족하자 개 꼬리로 이었다네. 貂不足, 狗尾續"라는 말이 유행했다고 한다. 『진서晉書』 권59, 「조왕윤열전趙王倫列傳」.

으로 그를 흠모하는 소문이 서울 장안에 자자했다. 나라에서는 궁중연회가 있을 때마다 지방에서 기생을 뽑아 서울로 불러들이곤 했는데 많은 기생들이 연회가 끝난 후 집으로 돌아가지 않고 서울에 눌러앉아 영업을 하는 일이 많았다. 그 중 평양, 해주, 부산, 대구, 진주, 경주 등지에는 기생을 선발하고 교육시키는 기생학교나 기생조합이 있었는데 그곳에서 서화, 예절, 기악, 승무, 검무를 비롯한 각종 가무를 익혔다. 천풍天風 심우섭은 해학과 시가 뛰어난 당대의 풍류객이었다. 육당 최남선은 박식으로, 춘원 이광수는 재예才藝로, 천풍 심우섭은 해학으로 이름이 높았다. 또한「상록수」의 저자 심훈의 형이기도 하였던 천풍은 매일신보의 기자였는데 그 인물과 풍채가 뛰어났다. 1910년대 신문기자는 신소설을 쓰는 작가를 겸하는 경우가 많았는데 천풍도 그러했다. 신문은 당시의 정치기사가 우리나라 독자들의 관심을 끌 수가 없기에 학예면 기사에 중점을 뒀다. 이때는 육당 최남선과 춘원 이광수의 독무대이던 시절이기도 했다. 춘원 이광수는 일본 유학 중에 써놓은「영채」를 다듬어 우리나라 근대 첫 장편소설인「무정」을 1917년 1월 1일부터 6월 14일까지 126회에 걸쳐 연재한다. 이광수는 이 처녀작으로 일약 작가로서 명성을 얻게 되고 이 소설에 기자 '신우선'이 나오는데, 그 호탕한 성격의 남자가 바로 '천풍 심우섭'을 모델로 삼았다는 건 유명한 일화이기도 하다. 그는 춘원과 같은 시기에 매일신보에 장편소설인「산중화山中花」를 1917년 4월 3일부터 9월 19일까지 함께 연재하여 작가로서의 기질을 유감없이 발휘하기도 하였다. 또 당시 최남선이 낸 종합잡지「청춘」은 1914년 10월에 창간해 여러 분야의 작품을 공모하는데 육당과 춘원의 심사평과 함께 적지 않은 상금이 있어 독자들의 호응이 제법 컸다. 이 잡지에 육당, 춘원은 물론이고 현상윤, 진학문, 심우섭 등의 글이 실리면서 잡지「소년」에 이어 신선한 바람을 일으켰는데 1918년 15호로 폐간되고 말았다. 이러한 천풍과 초월, 두 사람은 서로 사랑하여 정이 깊어갔는데, 어느 날부터인지 천풍이 초월의 집을 찾아가도 만나볼 수 없었다. 양모는 매번 요리집에 불려갔다는 핑계를 댈 뿐, 사실을 말해주지 않았다. 신문사에서 퇴근하자마자 초월의 집으로 찾아드는 천풍을 딱하게 여긴 행랑어멈이 "초월은 양모의 강요로 순종임금의 종숙되는 늙은 이李 아무개 고관에게 셋째 첩으로 오천원에 팔려갔다"고 알려주게 된다. 사실을 알게 된 천풍은 실연의 고통 속에 세월을 보내게 되고 '초월이를 잃고 去無情'라는 한시 한 편을 남기게 된다.

달은 갔어도 달은 그대로 있고	月去月猶在
사람이 왔으나 사람은 가고 없네	人來人否存
원컨대 영원토록 그믐밤이 되어	願使天長晦
그대 초월의 흔적조차 보이지 않기를	人月俱無痕

처음에 나오는 월月은 초월初月을 뜻하고, 다음 월은 하늘에 떠 있는 달을 의미한다. 둘째 줄의 첫 인人은 천풍을 의미하고, 둘째 인은 초월初月을 상징한다. 이 시는 1915년 천풍이 스물다섯 살 때 지은 것으로 천풍을 일약 시인으로 명성을 날리게 하였다. 초월 역시 세도가인 이모 씨의 소실에 머물지 않고 천풍과의 사랑으로 서울 장안에 모르는 사람이 없게 되었다. 아무리 가무가 뛰어난 미인이었다 하더라도 당대 제일의 풍류객이었던 심우섭의 시가 아니었더라면 후대에까지 그의 이름을 남기지는 못하였을 것이다. 기생 초월과 가슴 아픈 사랑을 나누었던 천풍의 정확한 생몰生沒 시기는 아직도 알려지지 않고 있다. 다만 천풍은 이십 년대에 매일신보 지방부장을 거쳐서 삼십 년대에 경성방송국으로 자리를 옮기는데 제2방송 과장으로 1937년 2월 19일부터 1939년 8월 30일까지 근무하고 41년 8월부터는 다시 매일신보로 돌아가 편집고문

으로 재직하였다는 기록만이 있을 뿐이다.254)

태일太一은 생애를 알 수 없다. 유랑하는 자신의 신세가 기러기와 같은 신세란 것을 자조적으로 토로하고 있다. 양조陽鳥는 철새인 기러기를 말한다.

<table>
<tr><td>사절정에서 여러 학사들과 만나 읊다</td><td>四絶亭遇諸學士席上口吟</td></tr>
<tr><td>삼월에 집 떠나 구월에 돌아오니</td><td>三月離家九月歸</td></tr>
<tr><td>산 높고 물 깊어 길은 아른아른</td><td>泰山楚水路依依</td></tr>
<tr><td>이 몸은 마치 기러기 신세라</td><td>此身恰似隨陽鳥</td></tr>
<tr><td>강남 왔다가 또 강북으로 날아가네</td><td>行盡江南又北飛</td></tr>
</table>

노화蘆花는 평양기생이다. 노화는 자태가 요염하여 보는 사람이 모두 한 눈에 혹하였다. 한 어사가 그녀를 죽이려 했는데, 노화가 이를 알고 짐짓 술파는 여자로 꾸며서 어사를 유혹하여 팔에다 그 이름을 새겨 넣어 사랑을 서약하였다고 한다.255) 원래 제목은 남아 있지 않다. '노어사에게 줌贈蘆御史'이란 한시는 평양기생 노화가 팔뚝에 노어사 이름을 새기고 사랑을 맹세하는 내용인데, 임을 향한 굳은 마음을 대동강 물에 빗대어 노래하였다.

<table>
<tr><td>노화의 팔에다 누구 이름을 새겼나</td><td>蘆花臂上刻誰名</td></tr>
<tr><td>흰 살에 먹물 입히니 글자가 분명하니</td><td>墨入雪膚字字明</td></tr>
<tr><td>어찌 대동강 물이 마르는 걸 보리오</td><td>寧見大同江水盡</td></tr>
<tr><td>이 마음 첫 맹세 저버리지 않으리라</td><td>此心終不負初盟</td></tr>
</table>

---

254) 다음, 문화원형 백과사전 '심우섭' 참조, 한국콘텐츠진흥원 제공.
255) 이능화, 『조선해어화사』.

사랑의 신표信標로 팔에다가 문신을 새겼다. 팔에 새긴 낭군의 성명이 분명하듯이, 대동강물이 정녕 마를지언정, 첫 맹세도 변하지 않으리라는 걸 우의적으로 말한다. 그런데, 어사도 기질에 따라 기생을 대하는 풍도가 확연하게 다르다. 중종14년(1519) 기묘사화 때 화를 입은 기묘명현인 유운256)이 충청도 어사가 되어 맨 처음 공주로 들어갔다. 그는 성품이 호방하여 자잘한 일에 구애받지 않았다. 그날 밤 유어사는 마음 속으로 천침薦枕을 하려니 하고, 밤이 새도록 기다렸다. 그러나 주관州官이 어사는 다른 사객使客과는 다르다고 생각하고, 서릿발 같은 위엄이 두려워 감히 기생을 들여보내지 못하고 통인通引을 시켜 대청마루 밑에서 밤을 지키게 할 뿐이었다. 이에 밤을 하얗게 샌 어사가 병풍에 시 한 수를 써놓고 가버렸다. 듣는 자가 모두 크게 웃었다.

공산 원님은 서슬 퍼런 위엄이 두려워	公山太守怯威稜
어사의 풍정도 여색을 아는 건 몰랐네	御使風情識未曾
빈 방에 홀로 긴 밤 지새우니	空館無人消永夜
남쪽에서 온 손님 행색이 중보다 처량해	南來行色淡於僧

숙종3년(1677) 대사간大司諫이던 귀암歸巖 이원정257)이 성주 고을에 관

---

256) 유운柳雲(1485~1528); 조선 중종 때의 문인. 자 종룡從龍, 호 항재恒齋, 성醒齋. 1504년에 문과에 급제한 후, 충청도 관찰사, 대사헌을 지냈다. 기묘사화 때 조광조를 돕다가 죄인으로 몰렸다. 편저『진수해범進修楷範』.
257) 이원정李元禎(1622~1680); 조선 후기의 문신이자 학자, 자 사징士徵, 호 귀암歸巖, 본관 광주廣州, 문집『귀암집』,「영남진폐소嶺南陳弊疏」는 당시 흉년이 거듭되는 영남지방 백성들의 어려운 생활을 자세히 설명하고, 가중되는 조세의 감면을 요청한 상소이다. 잡저 가운데「귀신자이기지양능설鬼神者二氣之良能說」은『중용』의 귀신장鬼神章과 송유宋儒의 설을 인용하여 '귀신은 음양 2기氣의 본래 가지고 있는 능력良能일 뿐이다'라고 주장한 논설이다. 1680년 이조판서로 있을 때에 경신대출척으로 초산에 유배가던 도중 불려와 장살당하였다. 9

련된 자료를 모아 서문을 쓴 『경산지京山志』가 편찬되었다. 여기에는 「총담叢談」편이 있는데, '총담'이란 이야기를 모아 놓은 것을 말한다. 특히 승두추勝杜秋, 은대선銀臺仙, 성산월星山月, 의침향倚枕香, 영산홍暎山紅, 승전지勝前枝, 일만홍日晚紅 등 성주기생들의 흥미로운 일화를 수록하고 있다.

성산월은 성주星州 기생이었는데, 한양으로 뽑혀가서 최고의 명기가 되었다. 하루는 이름난 벼슬아치들과 한강에서 뱃놀이를 했는데, 밤이 늦어도 끝나지 않아 술을 피해 돌아오다가 갑자기 쏟아지는 비를 만났다. 간신히 남대문에 이르렀는데 문이 이미 닫힌 뒤였다. 둘러보니 연못 서쪽의 작은 창문에서 불빛이 비치고 안에서 글 읽는 소리가 들렸다. 그녀는 창문을 가볍게 두드리며 하소연하였다. "저는 기녀 성산월입니다. 늦은 밤에 비를 만나 잠잘 곳이 없습니다. 청컨대 책상아래 한 자의 땅을 빌어 밤을 지냈으면 합니다" 선비가 내다보고는 놀라서 "이렇게 아름다운 여인이 어찌 초라한 집에 잠자기를 청하겠는가? 필시 요망한 귀신일 것이다"고 생각하여 문을 굳게 잠그고는 주문을 외우면서 물러가라고 소리치며 끝내 문을 열지 않았다. 그녀는 추녀 밑에서 밤새도록 비를 피하고는 날이 밝자 문을 열고 나오는 선비를 보고 말했다. "그대는 장안의 명기 성산월을 모르는가? 그대같이 궁박한 선비가 청천명월에 나를 만나자고 하면 내가 돌아보기나 하겠는가. 갑자기 비를 만나 애걸하였건만, 둘도 없는 기회를 놓친단 말인가? 그대는 참으로 복이 없는 남자다." 선비는 부끄럽기도 하고 후회스럽기도 하여 감히 바로 보지 못하였다. 이 선비가 바로 문과에 급제하여 첨정僉正을 지낸 김예종金禮宗이었다.

성산월에 대한 재미있는 이야기가 하나 더 있다.

년 뒤인 1689년 신원되었고, 영의정에 추증되었다.

입암立巖 민제인258)은 젊어서부터 재주가 뛰어나 백마강부白馬江賦를 지어 자부하면서 선배에게 품평을 구하였는데, 차중次中으로 매기자 만족하지 않았다. 그는 성을 산책하다 남대문에 올라 백마강부를 읊으니 그 소리가 누각의 들보를 진동시켰다. 그때 마침 성산월이 남대문을 나가려다 그 소리를 듣고 연유를 물었다. 민제인은 "이것은 내가 지은 것으로 마음으로 항상 좋게 여겼다가 선배에게 욕을 당하였기에 이렇게 큰소리로 읊었을 뿐이다"고 말하였다. 그녀는 이 선비와 함께 이야기할 만하다고 여겨 함께 집으로 가서 사흘 동안 머무르게 한 뒤, 백마강부를 한 부 베껴주기를 요청하였다. 나중에 성산월이 그것을 연회자리에서 펼쳐 놓았더니 모든 선비들이 감탄하고 칭찬하며 이런 절창을 어디서 얻었느냐고 물었다. 성산월이 대답하였다. "이것은 첩이 마음속으로 사랑하는 사람이 지은 것입니다." 이로부터 백마강부가 우리나라에 크게 퍼졌다고 한다.

승두추勝杜秋는 성주기생이다. 그녀의 애절한 사랑에 관한 일화가 전한다.

성주에는 세종21년(1439) 건립된 성주사고星州史庫가 있었다. 당시 사고에 보관하던 책을 햇볕이나 바람에 말리는 일이 있었는데, 이를 포쇄

---

258) 민제인閔齊仁(1493~1549); 조선 중기의 문신, 본관 여흥驪興, 자 희중希仲, 호 입암立巖, 중종15년(1520) 문과에 급제, 호당湖堂에서 독서하다가 이듬해 승정원주서로 탁용되었다. 이때 '척간유생도기擲奸儒生到記'를 가필하였다 하여 탄핵을 받아 물러났다. 김안로金安老가 물러난 1525년 춘추관春秋館 기사관記事官에 등용되어 사필史筆에 종사, 1528년 사간원정언을 거쳐, 1531년 이조정랑에 올랐다. 이어 성균관사성으로 승진하였는데, 이때 문신제술시文臣製述試에 수석을 차지하였다. 1548년 윤원형일당은 을사사화를 은폐시키고자 시정기時政記 집필자인 안명세安名世를 죽이고 이를 고치려 하였다. 이에 그 불가함을 역설하다가 간신들에게 미움을 받아 파직되고, 대사간 진복창陳復昌의 탄핵으로 녹훈이 삭제, 공주로 귀양갔다. 적소에서 을사사화에 참여한 것을 후회하고 지내다가 죽었다. 문장과 역사에 능통하였으며, 저술『입암집』6권.

曝曬라고 한다. 조정에서는 역사의 기록을 담당하는 사관史官 벼슬인 한림翰林을 내려 보내어 이 일을 맡게 하였다. 1519년 한림 임진당任眞堂 채세영259)이 책을 말리기 위하여 성주에 왔다. 이때 그는 검열을 거쳐 춘추관기사관이 되었다. 이 해 기묘사화가 일어나던 밤, 가승지假承旨 김근사金謹思가 그의 붓을 빼앗아 조광조趙光祖 등의 죄를 대역죄인으로 고쳐 처벌하려들자, 사필史筆은 아무나 가지는 것이 아니라고 다시 빼앗는 기개를 보여 세상에 명성을 얻었다. 그러나 오히려 이 때문에 파직당한 강직한 인물이다. 그는 자신이 묵는 객관 근처에 여인들이 얼씬도 못하도록 엄하게 당부하였으나, 호걸스런 선비인 성주목사 김우金祐는 기녀 승두추에게 저녁마다 노래를 부르면서 객관 앞을 지나가도록 몰래 명하였다. 며칠이 지나자 채세영이 어린 아전에게 물었다. "어떤 사람이기에 매일 밤 이곳을 지나가는가?" 아전은 "집이 객관 밖에 있는데 교방에 출입하느라 이곳을 지나게 되었습니다"라고 답하였다. 기생이 이 말을 듣고 놀라 달아나는 체 하다가 일부러 넘어졌는데, 그녀의 용모가 아름다운 것을 본 그가 아전을 꾀어 그녀를 안으로 들였다. 이로부터 두 사람은 사랑을 하게 되었다. 채세영이 일을 마치고 돌아가게 되자, 목사는 술자리를 마련하였는데, 목사는 그녀를 그와 마주보게 앉혀두고 술을 데우게 하였다. 그녀는 꼼짝도 않은 채 그를 바라보면서 눈물을 흘렸다. 그도 눈물이 떨어질까 두려워 고개를 점점 들다가 잠깐 숙이면 눈물이 비 오듯이 흘렸다. 목사가 그의 손을 잡고 이렇게 말했다. "내가 이 고을에 부임한지 3년이 되었소. 그러나 아직까지 눈물 굵기가 채포쇄蔡曝曬

---

259) 채세영蔡世英(1490~1568); 조선 전기의 문신, 본관 평강平康, 자 영지英之, 호 임진당任眞堂.『중종실록』편찬에 참여, 천문과 의약에 밝고, 중국어에도 능하여 1548년 이문정시吏文庭試에 장원을 하기도 하였다. 처음에는 기묘사화로 청명淸名을 얻었으나 후일 높은 벼슬에 있으면서 내전에 친하려 든다는 비난을 듣기도 하였다.

와 같은 경우는 보지 못했소." 사랑은 깊고 이별은 슬펐다. 세월은 흘러 그녀의 나이가 여든이 넘은 1582년까지도 기녀 승두추는 이 이야기를 할 적마다 채세영을 그리며 목이 메여 흐느꼈다고 한다.

한편, 선조 때의 전라도 기생 진옥眞玉과 가사문학의 대가 송강松江 정철鄭澈의 일화는 가히 일품이다. 농익은 풀무질 소리가 에로티시즘의 극치를 이루며, 두 사람이 주고받은 시조의 속살에 깊이 녹아있는 은유의 미학은 조선이 남긴 성문학의 절정이라 하여도 좋겠다. 정철은 진한 육담肉談 시조를 지었다.『조선풍류고朝鮮風流攷』,『근화악부槿花樂府』의 육담미학에 그의 시조가 빠질 수 없어 소개한다.

관동의 기녀에게 줌   關東有贈妓

십오 년 전에 언약하기를   十五年前約
감사나 찰방이 된다 하였지   監司察訪間
내 말이 비록 적중했다지만   吾言雖或中
그대와 함께 귀밑머리 반이나 세었네   俱是鬢毛斑

전라도 기녀인 진옥이 술상을 마주하고 앉아서 송강과 주고받은 시조는 근악槿樂에 전한다. 비록 한시는 아니지만, 시조로서 성애性愛를 상징한 절품絶品이기에 졸고에서 소개한다.

진옥이 말없이 거문고의 줄을 고르자, 정철은 목청을 가다듬어 읊는다.

옥玉이 옥이라커늘 반옥만 너겨떠니
이제야 보아하니 진옥眞玉일시 적실的實하다
내게 살 송곳 잇던니 뚜러 볼가 하노라.

정철의 노래가 끝나자 거문고에 손을 올린 채로 진옥이 곧 받아 읊는다.

철鐵이 철이라커늘 섭철만 녀겨떠니
　　이제야 보아하니 정철正鐵일시 분명하다
　　내게 골풀무 잇던니 뇌겨 볼가 하노라.

　진옥이 곧장 화창和唱한 데 대해, 조선 제일의 문장인 정철은 탄복하고 말았다. 두 사람의 은유에 깊이 배인 속살은 눈이 부시도록 에로틱하다. 반옥은 진짜 옥이 아니라 사람이 만든 가짜 옥인데, 진옥眞玉은 진짜 옥을 뜻하면서, 실은 기생 '진옥'의 이름을 가리키는 것이다. 뜻이 겹쳐 읽히면서 점차 풍류는 너울거리며 아슬한 지경에까지 나아간다. 살송곳은 살肉송곳으로 남자의 '성기性器'를 은유하고 있는데, 진옥은 쉽게 그 뜻을 알아챈다. 게다가 능청스럽게도 한 술 더 뜬다. '반옥'에 대해서 '섭철', '진옥'에 대해서 '정철', '살송곳'에 대해서 '골풀무'의 대對는 놀라운 기지와 해학이다. '섭철'은 잡것이 섞인 질이 좋지 않은 쇠를 말하고, '정철正鐵'은 잡것이 섞이지 않은 순수한 쇠를 뜻하면서, '송강 정철鄭澈 자신의 이름'을 가리킨다. '골풀무'는 '불을 피우는데 바람을 불어 넣는 풀무'인데 '남자를 녹여내는 여자의 성기'를 은유하고 있다. 이 시조에서 정철正鐵은 송강을 비유했다는 설이 전한다. 진짜 쇠를 비유하여, 만약 강건한 남성을 만난다면 자신의 골풀무로 녹일 수 있다는 속뜻으로 겹쳐 읽을 수 있다. 누가 이들의 노래를 그냥 속되다고 할 수 있을까. 풍류정신의 여백이 환하여 좋다. 한편 병가瓶歌에는 이와 방불한 다른 시조가 짝이 되어 전하고 있다.

　　옥玉을 옥이라커든 형산백옥荊山白玉만 여겻더니
　　다시 보니 자옥紫玉일시 적실的實하다
　　맛참이 활비비 잇더니 뚜러 볼가 하노라.

　　一옥이玉伊, 병가

철鐵을 철이라커든 무쇠석철錫鐵만 여겻더니
다시보니 정철鄭澈일시 적실的實하다
맛참애 골풀모 잇더니 녹여 볼가 하노라.

―철이鐵伊, 병가

우리의 전통가사를 보면 비교적 성적 담론이 자유로웠던 것 같다. 청산별곡, 동동, 만전춘, 정석가, 정과정곡, 쌍화점, 이상곡 등 어느 하나 남녀의 사랑을 노래하지 않는 가사가 없다. 이름 없는 한 기생이 지은 다음 시조는 노골적인 직설법으로 유혹의 손길을 뻗치고 있다. 조선에서 질펀하게 벌어진 자유로운 성담론은 눈여겨 볼만하다.

칩다 네 품에 드자 벼개 업다 네 팔 베자
입에 바람든다 네 혀 믈고 잠을 드자
밤중만 믈미러 오거든 네 배 탈가 하노라

한편 민중에게 널리 유포된 야담野談이나 패설稗說에는 기생이 자주 등장하는데, 대개 육담肉談이 질펀하여 조선시대에도 공공연히 성적 담론이 자유로이 유통된 것으로 보인다. 다음은 『고금소총古今笑叢』260)에 나오는 '늙은 기생의 명판결老妓明判決'이란 음담패설이다.

"갑과 을이란 두 사람이 어느 날 음양陰陽에 관한 일을 논하였다.

---

260) 조선 후기에 편찬된 편자 미상의 설화집. 1970년 조영암趙靈巖이 '고금소총'이라는 표제로 소화 379편을 번역하고 원문까지 인용하여 명문당明文堂에서 발간. 한문소화笑話로서 수백년 전에 문헌으로 정착되어 한문으로 기록, 수집, 편찬한 책으로 위로는 왕후장상에서 학자, 관료, 양반, 중인, 무당, 판수, 승려, 기생, 노비에 이르는 빈부와 남녀노소가 웃음의 주인공으로 등장한다. 한문소화는 남녀의 육담肉談, 외설담이 우세하고 또 노골적이다. 권계勸戒를 목적으로 교훈적이며, 각 소화 끝에 평까지 부연하여 도덕성을 강조하였다.

'남자의 양물陽物이 크면 여자가 반드시 미혹迷惑된다네.'
을이 대꾸하였다.
'그렇지 않네. 여자가 미혹되는 것은 오로지 잘 애무해 주는 데 있는 것이지 양물의 크고 작음에 있는 것이 아닐세.'
갑과 을은 서로 다투다가 갑이 마침 지나가는 늙은 기녀를 불러들였다.
'그대는 평생 매우 많은 남정네를 겪었을 터이니 판결을 할 수 있겠네 그려.'
갑이 말하며 말다툼하는 자초지종을 들려주니 늙은 기녀가 웃으며 말하였다.
'건장한 양물을 음호陰戶에 심으면 여인의 정은 이미 넘쳐 정신이 아득해집니다. 여인들이 보배로 여기는 남자의 양물은 이렇답니다. 첫째는 높이 솟구칠 것이며(일앙一昂), 둘째는 따뜻할 것이며(이온二溫), 셋째는 머리가 클 것이며(삼두대三頭大), 넷째는 줄기가 길 것이며(사경장四莖長), 다섯째는 굳셀 것이며(오건작五健作), 여섯째는 오래 끌어 더디 끝낼(육지필六遲畢) 것입니다. 진실로 머리가 큰놈을 깊이 심어 놓고서 능히 오랫동안 희롱할 수만 있다면 이는 속말로 일컫는 바, 구천동이 반값이라는 것입니다. 믿지 못하시겠거든 집에 가서서 생선을 사다 드셔보십시오. 커야 그 맛이 은근하게 깊은 것이지요.'
이에 갑은 기세가 등등해졌고, 을은 말이 막혔다. 늙은 기녀는 다시 웃으면서 말하였다.
'소인의 오늘 판결은 아마도 후일 경국대전經國大典을 증보增補할 때 속편續篇에 올려 참고하도록 하여야 할 줄로 아옵니다.'
이윽고 한 자리에 있던 사람들이 모두 허리를 잡고 웃었다."

그런데, 북한 야담에는 '늙은 기생의 판결'이란 같은 내용의 얘기가 다음과 같이 변형되어 전한다.
"밤 재미를 보는데서 여자가 좋아 하는 것이 무엇인가를 놓고 두 남자가 실랑이를 하자, 늙은 기생이 하는 말,
'사내의 굵직한 쟁기가 음문 안에 쑥 들어올라치면 여자의 마음은 벌써 둥둥 뜨기 마련이랍니다. 나리께서는 밤 재미의 여섯 가지 재미를 모르시는가 보죠? 그걸 여자들은 사내의 육보라고 한답니다' 하고는 기

생이 이어 육보를 내리외웠다.
  우로 쳐든 우뚝이 하늘 보기 첫째요.
  화로불에 데웠나 뜨끈이가 둘째고,
  송이버섯 방망이 큰 대가리 셋째면,
  아홉치만 되어라 긴장대기 넷째고,
  보리방아 절구질 힘껏 하기 다섯째,
  겨울밤아 새어라 오래 끌기 여섯째라 하였다."

  그러나, 기생을 사이에 두고 한편으로 엄연한 절제와 규범이 있었던 것 같다. 중국 사절이 왔을 때 그들은 상하의 견제를 통하여 사행使行의 체통을 얻은 일이 있었다. 다른 한편으로는 당시 우리나라에 중국의 춘화가 공연히 돌아다닐 정도로 꽤나 풍기가 문란했던 것으로 보인다.

  "『용재총화慵齋叢話』에 이르기를, '급사중給事中 장영張寧이 우리나라에 사신으로 왔을 때, 부사 무충武忠이 관에서 벌이는 연회에서 기생 자동선紫洞仙에게 자주 눈길을 보내자, 급사중이 관의 관리에게 '무대인武大人은 연燕 나라와 조趙 나라 사이에서 났고 노래 잘 부르는 고장에서 자랐는데, 만 리나 되는 먼 길을 애써 와서 회포를 풀지 못하고 있으니, 위안해 주는 것이 어떠한가?' 하고, 드디어 아리따운 기생 몇 명을 불러 방으로 들여보내어 술상을 베풀고 담소하며 즐기게 하므로, 무충은 좋은 기회를 얻었다고 생각하였는데, 밤이 깊자 급사중이 중문으로 나와 호상胡床에 걸터앉아 기생 이름을 낱낱이 점고點考하여 보낸 다음 문빗장을 걸고 들어오니, 무충은 괴롭고 원망스러움을 견디지 못하였다. 무충은 금대金帶로 직이 높고 급사중은 각대角帶로 직이 낮았으나, 아랫사람으로서 윗사람을 제어하는 것이 이와 같았다' 하였으니, 이는 중국 사신의 체통을 얻은 것이다. 창기 또한 사객使客을 위해서 설치한 것이요, 헛되이 전해온 구실이 아니다.

  박양한261)의 『매옹한록梅翁閑錄』에서, '재상 신식申湜이 기생 상림춘上林春의 문 앞을 지나다가,

다섯째 다리 끝 연기 낀 버들 비꼈는데	第五橋頭煙柳斜
저물녘 풍광이 맑고도 화창하구나	晚來風日轉淸和
고요한 장막 속 옥 같은 얼굴 보고파	緗簾寂寂□如玉
조정 문신은 말 가는 대로 따라가네	靑瑣詞臣信馬過

라는 시를 지었으니, 이야말로 문아 하면서도 해학이 어린 풍류라 이를만하다. 그런데도 이 시로 말미암아 오랫동안 출세 길이 막혔으니, 풍기가 대단히 엄했던 것이다. 지금은 춘화春畫 등속이 북경에서부터 우리나라에 유포되어 사대부들도 흔히 구경하면서 부끄러워할 줄을 모른다. 시 한 수로 인해서 출세 길이 막혔던 당시와 비유한다면, 이를 어떻게 보아야 할 것인가?' 하였다."262)

고려시대 이규보는 기생에게 더러 시를 지어주었는데, 재미난 시가 남아있다. 늙어도 춘정春情이 나면 눈은 힐끗거리니 어쩔 수 없다. 늙고 추한 늙은이가 희롱하여 데리고 노니 기생은 싫기야 하겠지만, 기생 또한 목석은 아니리라 은근히 어르고 있다.

기생에게 희롱하여 줌	戱贈妓263)
서생에게 여색이란 참으로 골칫거리라	書生於色眞膏肓
매양 힐끔거리니 눈이 번번이 고생이라	每一見之目頻役
지금 늙은 몸 탓에 안보는 척 하지만	今因老身佯不看
바람기 옛날보다 줄어든 건 아니라네	非是風情減平昔
술 한 잔 얼큰해지면 춘정이 다시 일어	一杯醺醉情復生

---

261) 박양한朴亮漢(1677~1746); 조선후기의 문신. 본관 고령高靈, 자 사룡士龍, 호 매옹梅翁. 소론의 명문출신으로 저서『매옹한록梅翁閑錄』은 인조 · 효종 · 현종 · 숙종의 시사時事를 기록, 소론파의 사적으로 귀중한 자료이다.
262) 이규경,『오주연문장전산고』,「경사편」5, 논사論史, '중국과 우리나라 기생의 근원에 대한 변증설'.
263) 이규보,『동국이상국후집』제6권, '고율시古律詩'.

다시 부끄러움 잊고 재촉해 불러앉히니	無復慙羞呼促席
너는 내 늙고 추한 얼굴 응당 싫겠지만	汝應憎我老醜顔
나 또한 네가 목석이 아님을 아네	我亦知渠匪金石

앞의 시를 두고, 현대시인 이생진은 이규보의 기생관에 대하여 오늘날 이렇게 시로써 나타냈다.

이규보의 기생관 ─黃眞伊264)

1
백운거사白雲居士
술에 기생까지 데리고 온 친구에게
이렇게 귀엣말을 한다

'내 눈이 술보다 기녀妓女에게 가는 버릇
산에 와서도 버리지 못하니
산이란 구름만도 못한 것 아닌가'

2
산에 묻혀 계곡 물소리 듣다가도
거문고로 그 물소리 지우는 것은
무슨 변덕인고

또 이규보는 박학사란 선비가 칩거하여 두문불출하자, 기생을 집에 들어 앉힌 줄 알고, 시를 지어 그를 기롱하였다.

"이규보李奎報가 어느 해, 유월 칠일 박 학사 박인저朴仁著의 집을 방

---

264) 이생진, 시집 『그 사람 내게로 오네』, "이규보의 기생관 ─黃眞伊 38", 도서출판 우리글, 2003.

문하여 움츠리고 나와 다니지 않음을 시로 조롱하였다

옛 친구 집은 들려야 마땅한데	故人家宅合相過
무슨 일로 깊이 숨어 움츠린 개구리 같나	何事深藏似縮蛙
틀림없이 소만과 번소가 있어서	應有小蠻樊265)素在
아침저녁 유지가를 탐내어 듣는 것이리라	朝昏貪聽柳枝歌266)

집에 기녀 하나를 두고 있어서 이렇게 말한 것이다."267)

또한 이규보는 미인에 관한 시를 지었는데, 다음에 보이는 시는 아마도 기생을 두고 지은 시로 추정된다.

미인의 원망	美人怨
꾀꼬리 우는 봄날 애는 끊어지고	腸斷啼鶯春
떨어진 꽃잎들 땅에 수북하네	落花紅簇地
향긋한 이불 속 새벽잠은 외로워	香衾曉枕孤
옥같은 뺨에 눈물 흘러내리네	玉臉雙流淚
임의 믿음은 뜬 구름 같아서	郎信薄如雲
내 마음은 물처럼 일렁거리네	妾情撓似水
기나긴 하루 뉘와 함께 지내며	長日度與誰
주름으로 수심어린 눈썹 물리쳐볼까	皺却愁眉翠

---

265) 소만小蠻과 번소樊素는 중당中唐 때 시인 백거이白居易의 기생첩으로, 소만은 춤을 잘 추고 번소는 노래를 잘했다. "앵두 같은 번소의 입이요, 버들 같은 소만의 허리로다"라는 백거이 시가 있다.
266) 유지가柳枝歌는 백거이가 노경에 풍만한 소만을 두고 양류지사楊柳枝詞를 지었다.
267) 이규보, 같은 책 제4권, '고율시古律詩'.

꽃을 꺾으며   折花行

모란꽃 이슬 머금어 진주알 같아   牡丹含露眞珠顆
미인이 꺾어서 창 앞을 지나가다   美人折得窓前過
웃음을 머금고 신랑에게 묻기를   含笑問檀郞
꽃이 더 예뻐요 제가 더 예뻐요   花强妾貌强
신랑은 일부러 놀리며   檀郞故相戱
꽃이 더 좋다 억지로 말하니   强道花枝好
미인은 꽃이 더 낫다는 말을 질투해   美人妬花勝
꽃가지 밟아 버리고 말하길   踏破花枝道
꽃이 저보다 더 좋으시면   花若勝於妾
오늘밤은 꽃하고 주무시지요   今宵花同宿

무명無名은 평양 기생인데, 제목이 '철 이른 복숭아를 따며折夭桃'란 시가 있다.

미인이 당 아래로 내려가   美人下堂去
웃음 띠고 철 이른 복숭아를 따네   含笑折夭桃
제 팔이 짧은 줄은 알지 못하고   不知織手短
도로 복숭아나무 가지가 높음만 탓하네   還罵桃枝高

이 시는 열한 살 먹은 어린 평양 기생이 지은 것이다. 봄을 재촉하며 기다리는 마음을 우의적으로 노래하고 있다. 차마 기다리지 못해, 닿지도 못할 철이른 복숭아나무에 손을 뻗어 따보려 하지만, 여의치가 않다. 그래서 가지가 높은 걸 탓할 뿐. 단아한 소품인데, 풍경이 거느리는 배후가 서늘하고 깊다. 마치 이솝우화(Aesop's Fables)에 나오는 '여우와 신 포도(sour grapes)' 이야기와 방불하다. 배고픈 여우가 포도를 발견하고 따먹기 위해 갖은 노력을 다 하지만 결국 헛수고로 끝나자, 저건 '신 포

2. 기생의 시 탐색 263

도'라고 자위하면서 걸음을 돌리고 말았다는 이야기이다.
　초옥楚玉은 의성 기생인데, 시조 속에 비치는 그녀의 콧대는 하늘을 찌르고도 남을만하다. 다음 시를 살펴보자.

　　시골 유생이 얼렀으나 시를 지어 거절하며　　有鄕生挑之 詩以拒之

　　나는 본래 형산서 나는 화씨의 구슬　　我本荊山和氏璧
　　우연히 떠돌다 낙동강변에 떨어졌네　　偶然流落洛江頭
　　진나라 열다섯 성으로도 얻기 어려운 걸　　秦城十五猶難得
　　하물며 시골 한 썩은 선비이랴　　何況鄕關一腐儒

　초옥에게 구애求愛를 한 시골 유생이 보기좋게 퇴짜를 맞는 정경이 환하다. 비록 떠돌다가 낙동강변에서 유녀遊女로 살지만, 열 읍을 다주어도 어림없단다. 한갓 썩어빠진 시골 유생 나부랭이에게는 나를 싸게 팔 수는 더욱 없다고 한다. 자존과 자부가 대단하다. 여자는 튕길수록 더 끌리는 법인데, 아마도 시골샌님 몸이 달아도 한참 달았으리라. 웃음이 슬며시 배어나오는 가품佳品이다. '화씨벽和氏璧'은 천하의 명옥名玉으로 만든 구슬이다.

　　"전국 시대, 초나라에 변화씨卞和氏란 사람이 산 속에서 박옥璞玉, 곧 원석을 발견하자, 이를 여왕厲王에게 바쳤다. 여왕이 옥장玉匠을 불러 감정하고 보니 평범한 돌이라고 하였다. 화가 난 여왕은 변화에게 발뒤꿈치를 자르는 형벌인 월형刖刑에 처하였다. 여왕이 죽은 뒤 변화는 그 옥돌을 무왕武王에게 바쳤으나 결과는 마찬가지였다. 이번에는 왼쪽 발뒤꿈치를 잘리고 말았다. 무왕에 이어 문왕文王이 즉위하자, 변화는 그 옥돌을 끓어 안고 궁궐 문 앞에서 사흘 낮밤을 울었다. 문왕이 그 까닭을 묻고는 옥돌을 장인에게 맡겨 갈고 닦아 보니 천하에 둘도 없는 명옥이 영롱한 모습을 드러냈다. 문왕은 곧 변화에게 많은 상을 내리고 그 이름을 따서 '화씨지벽'이라 부르고 변화의 충정忠貞을 기렸다. 그 후 화씨지벽은 조趙나라 혜문왕惠文王의 손에 들어갔으나 이를 탐내는 진秦나라 소양왕昭襄王이 15개의 성城과 바꾸자는 바람에 두 나라에 긴장이 조성되기도 했다. 이로써 화씨지벽은 '연성지벽連城之璧', 혹은 '화벽和璧'이라고도 불렸다."268)

종종 기생들은 우리말로 시조를 지어 기지와 해학으로 높은 격조를 드러내기도 하였다. 광해군 때 소백주小栢舟란 평양 기생은 '상공을 뵈온 후에'란 시조로 이름을 얻었다.

相公(상공)을 뵈온 후에   (象)
事事(사사)를 믿자오니   (士)
拙直(졸직)한 마음에   (卒)
病(병)들까 염려하니   (兵)
이리(마) 저리(차) 하니   (馬, 車)
백년 同抱(동포) 하리라   (包)

시의 구절마다 장기將棋 판의 말에 비유하여 음보音步를 드러냈는데, 그 재치와 기지가 놀랄 따름이다. 『해동가요海東歌謠』에 의하면, 이 시조는 광해군 때 평양 감사로 있던 박엽269)이 손님과 함께 장기를 두면서, 곁에서 시중을 들던 연인 소백주에게 명하여 짓게 한 작품이다. 이 시조는 대감에 대한 소백주 자신의 연정과 믿음을 장기에 비유하여 노래하였다. 비유와 어휘의 적절한 구사가 매우 뛰어나다. 종장의 결어, '같이 껴안고同抱'라는 구절은 평생을 보내겠다는 충심을 드러낸다. 언어의 유희가 현란하다.

---

268) 『한비자韓非子』, 「변화卞和」편.
269) 박엽朴燁(1570~1623); 조선 중기의 문신. 본관 반남潘南, 자 숙야叔夜, 호 약창藥窓.

그런데 박엽에 대한 인물의 평가는 두 갈래로 엇갈린다. 그는 광해군 때 함경도병마절도사가 되어 광해군의 뜻에 따라 성의 연못을 수축하여 북변지역의 방비를 공고히 하였다. 황해도병마절도사를 거쳐 평안도관찰사가 되어 여섯 해 동안 군율을 확립하여 여진족의 동정을 잘 살펴 국방을 튼튼히 하여 외침을 당하지 않았다. 당시 권신 이이첨李爾瞻을 욕보이고도 무사하리만큼 명망이 있었다. 그러나 광해군5년(1613) 의주부윤으로 있을 때, 형장刑杖을 남용하여 가는 곳마다 사람을 죽이고 백성들의 고혈을 짜내어 벼슬을 받으려 하였으며, 사사로이 관아에 속한 계집종을 범하여 음탕하고 더러운 짓을 마음대로 하였다.270) 같은 해 겨울 호조판서 황신黃愼이 임금께 아뢰어 양전量田 관서를 설치하고 팔도의 좌우균전사左右均田使를 정하였는데, 그는 호남우도의 균전사가 되어 혹독한 형벌로 폐해가 컸다.271) 또한 평안감사 재임 때에는 음탕하고 포학하며 방자하여 거리낌이 없어 새로 관사의 부속채 칠십여 칸을 지어 연달아 장방을 만들고 도내 명창 백여 명을 모아 날마다 함께 거처하며 주야로 오락과 음탕을 일삼았으며, 세금을 배로 늘려 결미結米272)를 독촉하여 이를 어기면 참혹한 형을 가하였다. 그가 처형을 당하자 군중이 모여들어 관을 부수고 시체를 끌어내어 마디마디 끊었다고 한다.273) 그는 마침내 1623년 인조반정 뒤 광해군 때 심하深河의 역役274)에 협력하고, 부인이 세자빈의 인척이었다는 이유로 그를 두려워하는 훈신들에 의하여 학정의 죄로 평양 임지에서 처형되었다.

---

270)『응천일록凝川日錄』.
271) 조경남趙慶男,『속잡록續雜錄』.
272) 결미結米는 조선시대 논밭의 결結 수에 따라 토지세로 내던 쌀.
273)『선조실록宣祖實錄』,『광해군일기光海君日記』,『인조실록仁祖實錄』, 이긍익李肯翊의『연려실기술燃藜室記述』,『국조방목國朝榜目』참조.
274) 조선 광해군 11년(1619) 중국 명나라의 요청으로 출정한 심하深河의 전역戰役에서 강홍립姜弘立이 조선 군대를 이끌고 후금後金에 항복한 일을 말한다.

진주珍珠는 평양平壤 명기名妓이다. '바둑 두기를 청하며請棋'라는 제목의 시에서 매혹적인 눈길을 보내고 있다. 바둑을 두기를 청하는 시를 부침으로써 부러 만남의 빌미를 만드는 유혹의 솜씨가 재미있다.

바둑 두기를 청하며	請棋
온 세상 아는 미인은 시도 잘 지어서	國色詩名世盡知
만날 길은 없어도 그리움은 일렁이네	無由會面浪相思
고운 임의 말 한마디 기쁘고도 못내겨워	一言堪喜還堪限
글 한 줄 우선 써서 바둑 대신 보냅니다	該把文章當奕棋

국색國色은 '모란꽃'을 아름답게 이르는 말인데, 여기서는 한 나라를 통틀어 가장 아름다운 여자인 진주 자신을 가리킨다. 만날 빌미가 없기에 그리움에 사무쳐 짤막한 글 한 줄 지어 바둑이나 두자며 은근히 만날 것을 조르고 있다. 또한, 진주珍珠는 자부심이 대단했다. 다음 시를 보자.

패주 위의 진주 무엇이 능한가	貝上珍珠有何能
노래와 춤, 시에 모두 능하네	能歌能舞詩亦能
능한 가운데 또 한 가지 능한 게 있으니	能之中又一能
그믐밤 삼경에 지아비 희롱하는 게 능하네	無月三更弄夫能

'패성浿城'은 평양을 말하는데, 기생의 이름이 진주이므로 동음同音인 조개 '패貝' 자를 써서 중의적으로 말하고 있다. 즉 자기는 노래, 춤, 시에 능한 삼능三能인데, 여기에 덤으로 삼경에 지아비를 희롱하는弄夫 걸 더하여 사능四能이라고 자부한다. '조개'와 '삼경三更의 희롱'은 성희性戱의 상징이다. 그만큼 자신은 방중술房中術이 절륜하다는 뜻을 은근히 부치고 있다. 당돌하다.

2. 기생의 시 탐색 267

김계향金桂香은 관서지방의 기생이다. 농암 김창협이 관서관찰사로 있을 때 자색이 뛰어난 관기가 많았다. 그는 색을 좋아하지 않았다. 모든 기생이 아무리 유혹을 해보려 하였으나 번번이 이루지 못하였다. 공이 임기를 마치고 떠나갈 때, 계향이 느낀 바를 말하니, 공이 마지못해 손잡는 것을 허락하는데, 그것도 한삼汗衫으로 손을 가리고 내미니, 계향이 문득 시 한 구절을 읊었다.

시심 없는 저 벼슬아치 채색에는 장님이요	無詩使客丹靑瞽
색을 멀리하는 저 남자 부귀한 중이로다	遠色男兒富貴僧

계향은 술로써 한스럽게 전송하고 끝내 뜻을 얻지 못하고 죽었다, 라고 『양강잡화陽江雜話』에 전한다.

한편, 조선 후기의 방랑시인인 김병연275)은 별호는 김삿갓 또는 김립金笠인데 기생과 같이 돌아가며 읊은 '기생과 함께 짓다妓生合作'란 합작시를 남겼는데, 여기서도 '능能' 자를 써서 말장난을 하고 있다. 평양감사가 잔치를 벌이면서, 능할 '능能'자 운을 부르자, 김삿갓이 먼저 한 구절을 짓고 이어서 기생이 이에 화답하였다. 두 사람 이상이 한 구나 연을 돌려가며 짓는 즉흥적 댓구 작법의 시를 '연구시聯句詩'라 한다.

평양 기생은 무엇에 능한가	(笠) 平壤妓生何所能
노래와 춤이 능한데다 시도 능하다오	(妓) 能歌能舞又能詩
능하고 능하다지만 별로 능한 것 없네	(笠) 能能其中別無能

---

275) 김병연金炳淵(1807~1863); 본관 안동安東, 자 성심性深, 호 난고蘭皐, 별명 김립金笠, 김삿갓. 조부인 선천宣川 부사府史 김익순金益淳(?~1812)이 홍경래의 난에 항복하여 가문이 적몰된 것에 굴욕을 느껴, 죽장에 삿갓 차림으로 각지를 방랑했다. 김삿갓은 함경도 단천에서 한 선비의 호의로 서당을 차리고 3년 여를 머무는데 가련은 이때 만난 기생의 딸이다.

삼경 달밤 지아비 부르는 소리도 능하다오 　　　(妓) 月夜三更呼夫能

　가련可憐은 순조 때 함흥 기생이다. 그 어미 또한 기생이다. 정이 많아 홀아비 모두를 지아비로 삼은 그런 여자였다. 가련이 김삿갓과 만나, '함흥 명기 가련'이란 일화를 남겨 지금도 회자된다. 가련은 김삿갓을 만나 그 시 짓는 재능에 홀렸다. 김삿갓은 가련을 만나 딱한 사정을 듣고 즉석에서 시 한 수를 읊었다.

　　가련한 행색이라 가련한 신세　　　　　可憐行色可憐身
　　가련의 문 앞에서 가련을 찾네　　　　　可憐門前訪可憐
　　가련한 이 뜻을 가련이 알게 하니　　　　可憐此意得可憐
　　가련은 능히 가련한 이 마음을 알거야　　可憐能知可憐心

　'가련'이라는 기생의 이름과 '가련'한 사정을 겹쳐놓아 동음이의同音異義의 익살스러운 '말놀이' 시(pun)를 즉석에서 지은 것이다. 가련이 시를 받고 좋아하는 것을 보자, 김삿갓은 가련의 마음을 꿰뚫어 보고 노골적이고도 직설적인 어법으로 가까이 하기를 원했다.

　　젊어 기생을 품으니 천금이 티끌 같고　　　　青春抱妓千金芥
　　오늘밤 술통을 대하니 만사가 구름 같네　　　今夜當樽萬事雲
　　기러기 먼 하늘 날 때 물 따라 가기 쉽지만　 鴻飛遠天易隨水
　　나비가 청산을 날 때 꽃을 피하기 어렵네　　 蝶過青山難避花

　그윽한 연시戀詩를 받은 가련은 김삿갓에게 마음을 열고 말았다. 이어 질탕한 육담肉談을 섞은 시로 운우의 밤을 적셨다.

　　도포 띠 밑 자색 신물이 부어오르니　　　　青袍帶下紫腎怒

붉은 치마 고쟁이 속 백합이 웃는구나	紅裳袴中白蛤笑
뼈 없는 장군이 진격을 명하니	無骨將軍命進擊
옥 같은 골짜기에 조개가 항복을 하구나	玉谷蛤下投白旗

그들의 사랑은 오래가지 못했다. 가련이 김삿갓의 옷을 지으러 나가고 없을 때 방랑벽이 있는 김삿갓은 다음에 찾아오마고 이별의 시를 적어 놓고 떠나버렸다.

| 이별 | 離別 |

가련의 문 앞에서 가련과 이별하려니	可憐門前別可憐
가련한 나그네 행색 더욱 가련하구나	可憐行客尤可憐
가련아, 가련하게 떠남을 슬퍼하지 말라	可憐莫惜可憐去
가련을 잊지 않고 가련에게 다시 오리니	可憐不忘歸可憐

몇 년이 지난 뒤, 김삿갓은 가련을 만날 꿈에 부풀어 함흥으로 갔다. 그러나 가련은 이미 죽어 이승 사람이 아니었다. 김삿갓은 그녀의 무덤에 술을 따르고 시를 지어 슬퍼했다.

그런데, 이유원은 '가련可憐의 묘비'에 대하여 다음과 같이 적고 있다. 김병연이 가련에게 준 시의 첫 구, "가련한 행색이라 가련한 신세可憐行色可憐身"를 말하면서 그녀의 묘소를 직접 찾아본 것이다.

> "관북關北 기생 가련이 세상에 유명하여, '이름이 가련이니 색이 가련하네名是可憐色可憐'라는 시구가 있었다. 내가 일찍이 관북의 성 밖에 아직까지 그의 묘가 있는 것을 보았는데, 묘비에 '관북 명기 가련의 묘關北名妓可憐之墓'라고 씌어 있었다."276)

---

276) 이유원, 『임하필기』 제26권, 「춘명일사春明逸史」 참조.

한편, 기생 한우寒雨와 백호白湖 임제가 주고받은 시조도 매우 뛰어난 절창으로 회자된다. 중의법을 써서, 남녀의 운우지정을 매우 은근하게 노래하고 있다. 먼저 임제가 한우에게 넌지시 연정을 품고 통정通情의 뜻을 보낸다.

> 북천이 맑다커를 우장 업시 길을 나니
> 산에는 눈이 오고 들에는 챤비 온다
> 오늘은 챤비 마자시니 얼어 잘가 하노라.

이에 화답하여, 한우가 '한우가寒雨歌' 한 곡조를 가야금에 실어 마음의 빗장을 풀어 백호에게 내보인다.『해동가요』에 실린 시조인데, 선조 때 시인 백호 임제의 시조에 대한 화답시로 알려져 있다. 그녀의 이름이 한우, 곧 '찬비'라는 걸 은근히 비유하여 정을 나타낸 것이다.

> 어이 얼어 잘이 므스 일 얼어 잘이
> 원앙침 비취금을 어듸 두고 얼어 자리
> 오늘은 찬비 맛자신이 녹아 잘까 하노라.

기생 이름인 한우寒雨는 우리말로 찬비가 된다. 또한 '얼다'는 '교합交合하다' 곧 남녀가 서로 '얼우다'는 뜻의 옛말이다. 따라서 '찬비'는 기생 '한우' 자신이고, '마자시니'는 '비를 맞다'는 뜻도 되지만 '맞이한다迎'는 뜻을 겹친다. '얼어 잘까'는 '임 없이 자는 쓸쓸함'을 암시한다. 이에 한우의 화답은 '무엇 때문에 얼어 자리오'라고 한다. 즉 '찬비를 맞았으니 언 몸을 녹여 자라'고 한다. 두 사람의 뜻이 합한 것이다. 이를 두고,『진본청구영언珍本靑丘永言』에는 다음과 같이 보인다.

"임제는 자를 자순子順, 호는 백호라 하며 금성인錦城人이다. 선조 때에 과거에 급제, 벼슬은 예조정랑에 이르렀다. 시문에 능하고, 거문고를 잘 타며, 노래를 잘 불러 호방한 선비였다. 이름난 기생 한우를 보고 이 노래를 불렀다. 그날 밤 한우와 동침하였다."

한우에 대한 자세한 기록이 없음은 아쉬운 일이다. 『병와가곡집瓶窩歌曲集』에는 '규수閨秀', 『해동가요海東歌謠』에는 '명기구인名妓九人'이라 하여, 이름난 아홉 기생 중에 넣은 것이 전부다.

한편, 임제의 '또 항렴체 절구 한 수를 주다又贈香奩一絶'을 보기로 한다. 누구에게 지어준 증시인지는 분명하지 않다.

겹겹 휘장 드리운 곳 운우의 정 많아	重幃深掩夢雲多
살짝 예쁘게 찡그리니 원망만 샀구나	一半嬌嚬是怨嗟
일찍이 낭군의 사랑 변할 줄 알았지만	早識郞恩難自保
합환 이불 벗어나자 천리 먼 길이구나	合歡衾外卽千涯

죽서竹西는 철종 때 평양 기생이다.

꽃이 지는 날씨 첫 가을과 같아	落花天氣似新秋
밤이 고요해 은하수도 맑게 흐르네	夜靜銀河淡欲流
한 많은 이 몸 기러기만도 못한 신세	却恨此身不如雁
해마다 임 계신 곳에 가지 못하네	年年未得到原州

기생 죽서는 앞서 말한 '삼호정시단'에 속했던 박죽서朴竹西와는 다른 인물이다. 박죽서는 조선 철종 때의 여류시인으로 본관은 반남潘南, 호는 반아당半啞堂, 종언宗彦의 서녀庶女이자 한양의 부사 서기보徐箕輔(1785~1870)의 부실副室이다. 김금원金錦園과 운초雲楚, 경산瓊山, 경춘瓊春과 함께 용산의 삼호정三湖亭에서 시단을 만들어 활동했다. 박죽서는 소

학과 경사를 위시하여 고인들의 시문을 익혔으며, 중국의 한유韓愈와 소동파蘇東坡의 영향을 받았다. 일생동안 병약했던 탓으로 시풍이 감상적이다. '문적聞笛', '술회述懷', '사고향思故鄕', '동야冬夜' 등 백칠십아홉 편의 시가 『죽서시집竹西詩集』에 전한다.

상원 좋은 절기에 모여 시를 읊다	上元佳節會詩
봄 눈 녹지 않고 추위 가시지 않아	春雪未消寒未殘
여러 집 자제들 즐겁게 술 마시네	諸家子弟酒盃寬
그대는 이 밤에 잠자지 말고	知君此夜不須睡
달뜨거든 매화와 함께 즐기게	月上梅花共作歡

상원上元은 음력 정월 보름날이다. 상원이란 중원中元(음력 7월 15일, 백중)과 하원下元(음력 10월 15일)에 대칭되는 말로 도교적 명칭이다. 이날은 세시풍속에서 가장 중요한 날로 설날만큼 비중이 크다. 채 추위가 가시지 않은 계절, 시회가 열린 곳에서 대보름날의 풍류를 은근하게 재촉한다. 잠도 자지 말라고 한다. 게다가 달이 휘영청 떠오르면, 매화와 더불어 즐기라 한다. 이 날은 잠을 자면 눈썹이 센다고 해서 잠안자기 내기를 하는 날이다.

송이松伊에 대한 정확한 기록은 알 수 없다. 다만 『해동가요海東歌謠』에서, 아홉 명의 명기 가운데 한 명으로 전해진다. 그들은 황진이, 홍장, 소춘풍, 소백주, 한우, 구지, 송이, 매화, 다복이다. 그중에서도 송이는 제일 많은 열네 수의 시조를 남겼다. 송이가 강화에 머물고 있을 때, 해주 유생 박준한朴俊漢이 과거를 보러 한양으로 가다가 강화에 머문다. 박준한이 수작을 걸어올 때 자신의 이름인 송이를, 솔(송松)에 비유하여 다음과 같은 시조를 읊으며 거절했다.

솔이 솔이라 하니 무슨 솔만 여기는다
천심절벽千尋絶壁에 낙락장송落落長松 내 그로다
길 아래 초동樵童의 접낫이야 걸어 볼 줄 있으랴.

비록 천기의 몸이지만, 자신의 지조와 정절을 솔에 비유하여 노래한 것이다. 뜻이 겹으로 읽혀 수사와 기지가 뛰어난 작품이다. '심尋'은 8척尺의 길이, 또는 사람의 한 길인데, 여기서는 천 길이나 되는 절벽이다. '접낫'은 작은 낫이다. 풀이하면, "솔을 솔이라 하는데 무슨 솔만 여기느냐. 깎아지른 벼랑 끝에 '가지가 쭉쭉 벋어나며 크게 자란 소나무落落長松', 내가 바로 그것이다. '길 아래 나무하는 아이樵童'의 작은 낫이야 걸어볼 수나 있겠느냐"라는 뜻이다. 낙락장송(송이)과 초동(박준한)을 중의적으로 비유하여, 기롱譏弄하고 있다. 그대 같은 하찮은 유생이야 어림도 없다고 한다. 아무리 천한 기생일지라도 헤픈 정을 주는 그런 여자가 아니라 한다. 단호한 거절이다. 박준한이 다시 강화에 나타난 것은 여섯 달이 지난 어느 초겨울이었다. 진사시에 급제한 박준한은 떳떳한 모습으로 송이 앞에 나타났다. 송이는 임과 보내는 하룻밤을 이렇게 노래하였다.

닭아 우지 마라 일 우노라 자랑 마라
반야半夜 진관奏關에 맹상군孟嘗君 아니로다.277)
오늘은 님 오신 날이니 아니 우다 엇더리

새벽 닭 우는 일 없이 계속 밤은 깊어가고, 새벽이 밝는 일이 없으면 임이 떠날 이별도 없을 텐데, 하는 간절한 바램을 노래로 읊었다. 그 뒤

---

277) 중국 전국시대 제齊나라 맹상군孟嘗君이 진秦나라에서 도망쳐 올 때, 식객食客 한 사람이 닭 울음소리를 잘 흉내 내어 성문을 열게 한 덕분에 무사히 탈출했다는 고사가 있다. 『사기史記』 제75권, 「맹상군열전孟嘗君列傳」 참조.

박준한은 고향으로 돌아가기 위하여 떠나야 했다. 그가 떠날 때 송이는 시조 한 수를 주며 말없이 눈물로 보냈다. 송이의 다음 시조는 단 하나의 사랑만을 노래한다.

  내 사랑思郞 남 주지 말고 남의 사랑 탐치 마라
  우리 두 사랑의 행여 잡雜사랑 섯길셰라
  아마도 우리 사랑은 류가 없는가 하노라
  일생에 이 사랑 가지고 괴야 살녀 하노라.

 비록 천한 기생이지만, 순정純淨한 사랑을 갈구하며 그 규범을 보인다. 당시로서는 매우 드문 시각이라 할만하다. 이리저리 옮겨가는 기생의 사랑을 뒤집어엎은 시선은 참으로 귀하고 드물다. 이 시조는 뒤에 '경기민요'에도 노랫말이 녹아 흘러 들어갔다. 옛말인 '괴다'는 '사랑하고 귀엽게 여기다'는 뜻이다. 따라서 '괴야'는 '사랑하여'란 뜻이다. 한편, 『청구영언』에 실린 무명씨의 사랑노래도 가이 일품이다.

  사랑이 어떻더니 둥글더냐 넓적하더냐
  기더냐 짧으더냐 발을러냐 재겠더냐
  지루하게 진 줄은 모로되 애 그칠 만하더라.

 문향文香은 선조 때 성천 기생인데, 다음의 시조가 전사본傳寫本으로 전한다.『역대시조선』에 실려 있다.

  오냐 말 아니따나 싫거니 아니 말랴
  하늘아래 너뿐이면 아마 내야 하려니와
  하늘이 다 삼겼으니 날 괼 인들 없으랴.

쉽게 오늘 말로 풀면, "오냐, '말라'고 말 아니 하더라도 싫은 것이니 아니 그만 두랴. 하늘 아래 너뿐이라면 아마 '나다' 하고 뽐내려니와, 하늘이 모든 사람을 만들어 내었으니 '나를 사랑해줄 사람'인들 없으랴." 가 된다. 이 시조는 선조37년(1604) 5월, 상사上使로 중국에 사절로 다녀오던 송포松浦 정곡鄭轂을 만나 사랑하였는데, 뒤에 그녀를 버리고 떠나가자 실연당하고 지은 것이다. 비록 천한 기생이지만, 한 사내의 노리개가 아니라고 하는 반격의 기미가 강한 어조로 드러나고 있다. 오기와 자부심이 당당하다. 이런 점은 당시의 여느 기생과는 너무 다르다. 한편『조선왕조실록』에 따르면 광해군 3년, 사간원이 평산 부사의 체차遞差[278]를 청하니 들어주었다는 기록이 있다. 이로 미루어, 정곡은 당시 임무를 상당히 태만히 하였던 것으로 보인다.

"사간원이 아뢰기를, '평산平山 부사 정곡은 임지에 도착한 후로 오직 음주를 일삼아 늘상 취해 관아에 나오지 않으므로 백성은 그의 얼굴을 보기가 드물고 관사는 날로 형편없이 되어가고 있습니다. 서로西路의 긴요하고 중대한 지역이 장차 폐읍이 되려 하니, 정곡을 체차하고, '그 대임자로 근면하고 재주와 명망이 있는 사람을 각별히 뽑아 임명하소서.' 하니 모두 아뢴 대로 하라고 답하였다."[279]

다복多福은 기녀라고만 전할 뿐 아무런 행적을 알 수 없다.『해동가요』에 시조 한 수가 전한다. 다만『해동가요』에서, "아홉 명의 명기 가운데 한 명"[280]으로 전해진다.

---

278) 체차遞差; 관리의 임기가 차거나, 또는 부적당한 때 다른 사람으로 갈아서 임명하는 일.
279)『조선왕조실록』광해군3년 신해(1611), 3월10일(경술) 조.
280) "九名妓之一"『해동가요』의 작가제씨作家諸氏 항에 명기구인名妓九人이라 하여 '진이眞伊, 홍장, 소춘풍, 소백주小栢舟, 한우寒雨, 구지求之, 송이, 매화, 다복多福'을 들었다.

북두성北斗星 기우러지고 오경경점五更更點 자자간다281)
십주가기十洲佳期282)는 허랑虛浪타283) 하리로다
두어라 번우繁友284)한 님이니 새워285) 무삼286) 하리오.

 북두칠성은 기울어지고, 새벽이 밝은 무렵, '신선들이 산다는 십주十洲'에서 만나리라는 좋은 기약은, 아마도 거짓이라 하겠구나. 두어라 벗이 많아 바쁘신 임이니 시샘하여 무엇하겠는가, 라는 체념을 풀어놓았다. 기녀가 맺은 사랑이란 그런 것, 자탄하며 임과 맺은 약속은 다 헛된 말이라 치부하고 만다.
 사봉희史鳳姬는 중국 선성宣城 기생이다. 조선의 기생 사봉이 지었다고 하는 "신계침을 읊다詠神鷄枕"란 한시 한 편이 전하는데, 이는 당나라 때 풍지馮贄가 고금의 일화를 모아 엮은 책, 『운선잡기雲仙雜記(10권)』287) 所引「상신록常新錄」에 나오는 중국의 선성출신 기생인 사봉史鳳과 동일 인물이라는 사실이 필자에 의해 밝혀졌다. 우리나라 각종문헌에 보이는 사봉과 그녀의 시는 중국 것을 그대로 표절한 것이다. 본문의 글자

---

281) 경오점更五點; 하룻밤을 오경五更으로 나누고 경更마다 종이나 북 같은 것으로 시간을 알린다. 점點은 쳐서 소리가 남을 뜻한다. '잦아간다'; 경更을 알리는 점點소리가 자주 잇달아 일어난다. 곧 밤이 깊어간다는 뜻이다.
282) 십주가기十洲佳期; '십주'는 신선들이 살고 있다는 열 군데의 섬. 곧 십주에서 만나자는 반가운 약속을 말한다. '가기佳期'는 사랑하는 임과 만나기로 한 때를 말함.
283) 허랑虛浪타; 허랑하다. 미덥지 못하다.
284) 번우繁友는 사귄 벗이 많아서 노닐기에 바쁘다는 뜻.
285) 새워; 새암하여, 시기하여.
286) 무삼; 무엇의 옛말.
287) 『雲仙雜記』; 舊本題唐金城馮贄撰, 贄履貫無可考. 其書雜載古人逸事. "史鳳, 宣城 妓也. 待客以等差, 甚異者, 有迷香洞, 神雞枕, 鎖蓮燈; 次則交紅被, 傳香枕, 八分羹; 下列不相見, 以閉門羹待之. 使人致語曰: '請公夢中來', '馮垂客於鳳, 罄囊, 有銅錢三十萬, 盡納, 得至迷香洞. 題九迷詩於照春屛而歸. 各有題詠. 題「神雞枕」云: '枕繪鴛鴦久與棲, 新裁霧縠鬪神雞. 與郞酣夢渾忘曉, 雞亦留連不肯啼.'"

몇 자가 들락거린 흔적만 있을 뿐, 출신과 이름, 제목까지도 똑같은 표절이다. 조선시대에 이를 차용하여 오늘까지도 통용된 것이다.288) 그런데 선성이란 지명은 중국 안휘성安徽省 남동쪽에 있는 도시이다.『조선해어화사』에도 사봉의 시가 조선 기생의 것으로 채록되어 수록되었는데, 이는 이능화의 착간이라 여겨진다.

베갯모에 원앙 수놓은 지 오래 되어	枕繪鴛鴦久與棲
새로 만든 비단 베개에 신계를 수놓네	新裁霧穀鬪神雞
임과 더불어 달콤한 꿈 새벽도 잊는데	與郞酣夢渾忘曉
닭도 잠에 팔려 울지도 않는구나	雞亦留連不肯啼

신계침은 베갯모에 수놓은 문양인데, 베갯모의 문양은 성별로 달랐다. 여성용에는 새나 나비가 많았는데, 남자는 소나무, 대나무 같은 사군자를, 특히 가장家長을 위한 베개에는 출세를 의미하는 신계문神鷄紋이나 호랑이를 넣기도 했다. 이 시는 원앙을 수놓은 베갯모가 오래되어 다시 새로 신계침을 수놓아 만들었는데, 운우의 달콤함에 빠져 새벽이 오는 줄도 몰랐다고 한다. 넌지시 수놓은 베개에다 탓을 돌리고 있다.

매화梅花는 영조 말엽의 평양 기생이다. 혹은 황해도 곡산 출신이라고도 한다. 사람들은 그녀를 '재가열녀再嫁烈女'라고 부르기도 한다. 열여섯 살의 동기童妓로 빼어난 미모로 춤도 잘 추고 노래도 잘 불렀는데 특히 시조에 능했다. 해주 감사 홍시유洪時裕와의 정사情事가 전해진다. 『청구영언』에 시조 여섯 수가 전한다. 다음에 보이는 시조는 늙은 기생의 탄식, 탄노가歎老歌라 할 수 있다. 유춘색이라는 신임 평양감사가 부

---

288) 문정희의『기생시집』, 해냄출판사, 2000년. 이 책에서도 우리나라 기생의 시로 잘못알고, 그대로 수록하였다. 향후, 이를 바로잡기 위하여 참고로 원문을 그대로 싣는다.

임해 와서 매화와 가까이 지냈으나 나중에 춘절이라는 기생을 더 좋아하자 매화가 원망하여 지었다는 유래가 전해진다. 매화, 춘절, 춘설, 이렇게 세 사람을 넣어 속뜻을 드러냈는데, 늙은 기녀가 자신을 매화에 의탁해 자탄한 노래이다. 조선 영조 때 가객인 김수장[289])이 펴낸 시조집『해동가요』에 실려 있는데, 조선명기 아홉 명 중의 한 사람으로 기록하였다.

> 매화梅花 옛 등걸에 춘절春節이 돌아오니
> 옛 피던 가지에 피염즉도 하다마는
> 춘설春雪이 난분분亂紛紛하니 필동말동 하여라.

시조의 '매화'는 작가 자신이다. '녯 등걸'은 노기老妓가 된 자신을 비유하고, '픠염즉도 하다'는 것은 '정든 임이 올 듯도 하다'라는 뜻이고, '춘설'은 '세상이 어지럽다', 혹은 '자신의 백발'이거나, 연적戀敵으로 사랑을 방해하는 '젊은 기생'을 가리킨다. 다층적 의미를 내포하여 독해하는데, 훨씬 다양한 의미를 가져 재미있게 읽힌다.『가곡원류』에서는 이 시를 한 관원을 사이에 두고 다른 기생과 대립하다가 사랑을 빼앗기고 허망한 자신의 심경을 노래한 것이라고 한다. 신위申緯의「소악부小樂府」에는 '매화신梅花訊'이란 제목 밑에 다음과 같이 한역되어 전한다.

| 매화에게 묻는다 | 梅花訊 |
| 한 그루 몟나무에 쇠 줄기 매화 심으니 | 一樹楂柸鐵幹梅 |

---

289) 김수장金壽長(1690~?); 조선 후기의 가인歌人, 완산完山 출신, 자 자평子平, 호 십주十洲, 十州, 노가재老歌齋. 김천택金天澤과 더불어 숙종, 영조 시대를 대표하는 쌍벽의 가인. 조선시대 3대 시조집의 하나인『해동가요海東歌謠』편찬, 1760년에 서울 화개동花開洞에 노가재老歌齋를 짓고 가악활동을 주도해 노가재가단老歌齋歌壇을 이끌었다. 시조작가로서 왕성한 창작을 했으며 특히 사설시조를 익명으로 하지 않고 이름을 밝혀 창작한 최초의 작가이다.

추위 이기고 예전처럼 봄바람 불어오네 　　犯寒年例東風回
지난 번 피던 꽃 또 피어날까 생각하니 　　舊開花想又開着
봄눈 펄펄 날리니 피는 듯 아니 필 듯 　　春雪紛紛開未開

　황해도 곡산은 궁벽한 곳이었다. 그런데 매화의 재색과 가무에 대해 소문이 무성해서 인근의 한량들이 모여들었다. 매화의 정절에 관한 일화가 전한다.

　　"어느 날 돈 많은 한량이 여러 사람들과 함께 찾아와 그녀는 술상을 차리고 그 자리에 어울렸다.
　　"나는 너의 머리를 얹어 주기 위해 마누라를 친가에 보내고 불원천리 달려 왔느니라. 내가 너의 머리를 얹게 해다오."
　　"어머, 나으리, 고맙기도 해라. 미천한 저를 그토록 생각해 주시다니…"
　　"그럼 허락한단 말이냐?"
　　"아니어요, 아직 그런 말씀은 드리지 않았사옵니다."
　　"그럼 내가 네 머리 얹어 줄만한 돈이 없을 것 같으냐? 이래뵈두 나는 해주의 만석꾼이니라. 내 너를 평생 동안 호의호식하게 해 주마."
　　"나으리, 제가 옛사람의 시조 한 수를 불러보겠습니다."
　　"그래라. 네가 나를 위해 노래를 한다면 기쁘고말고. 어디 한번 불러 보아라."

세상 부귀인富貴人들아 빈한사貧寒士를 웃지 마라
석숭만재石崇萬財로 필부에 그치고 안빈일표顔貧一瓢로도 성현에 니르시니
내 몸이 빈한貧寒하야마는 내 길을 닥그면 남의 부귀 부르랴

　　"음, 돈만 가지고는 안된단 말이렷다."
　　"예, 옛 어른들께서 조강지처糟糠之妻는 불하당不下堂이라고 하지 않았습니까. 지금 저를 위해 하신 말씀은 어불성설語不成說이옵니다. 그

말씀대로 지금 계신 부인을 집으로 보내셨다면, 장차 다른 여인을 위해 저를 집으로 보내실 수 있다는 말씀이 아니옵니까?"
　좌중이 박장대소하였다. 한량은 무안해서 얼굴을 붉힌 채 아쉬운 마음으로 곡산을 떠났다. 매화의 말에서 그녀의 정절을 도저히 꺾을 수 없음을 알았기 때문이다."

한천야심寒天夜深한데 슬피 우는 져 기러가
소상기약瀟湘期約 다 지내고 네 홀노 우지느니
더구나 여관한등旅舘寒燈에 잠 모일어 하노라290)

살들헌 내 마음과 알돌헌 님의 정을
일시상봉一時相逢 글리워도 단장심회斷腸心懷 어렵거든
하물며 몇몇 날을 이대도록291)

꿈에 뵈는 님이 인연 업다 하건마는
탐탐이 그리온 제 꿈 아니면 어이하리
꿈이야 꿈이언마는 자로자로 뵈여라

심중心中에 무한사無限事를 세세細細히 옴겨다가
월사창月紗窓 금수장錦繡帳에 님 게신 곳 전하고져
그제야 알들이 그리는 줄을 짐작이나292)

야심夜深 오경五更토록 잠 못 일워 전전轉輾헐 제
구즌 비 문령성聞鈴聲이 상사相思로 단장斷腸이라
뉘라셔 이 행색行色 글려다가 님의 압헤293)

　이제 시인은 한 발짝 더 나가 아예 목숨을 걸잔다. 다음 시를 보자.

---

290) '회연會淵'.
291) 『청구영언』, '원일원一', 719. 진주 기생 매화가 지었다는 설도 있다.
292) 같은 책, '원일원一', 720. 상동.
293) '원일원一', 721. 상동.

> 죽어서 잊어야 하랴 살아서 잊어야 하랴
> 죽어 잊기도 어렵고 살아 그리기도 어려워라
> 저 님아 한 말만 하소서 사생결단 하리라.

죽어서, 혹은 살아서 잊어 버려야 할지, 게다가 죽어서도 잊기는 어려운 일, 또 살아서 그리워하는 일도 어려운 일. 그래서 사생결단하자고 한다. 사랑에 빠진 작자의 심정이 절절하다.

구지求之는 평양 기생인데, 혹은 첩이라고도 전한다. 자세한 생애는 알 수 없다. 다만 애부愛夫 유일지柳一枝를 사랑하여 지었다는 시조 한 수가 『청구영언』에 전한다. 다음에 보이는 시조는 적극적인 사랑을 위한 선언이다.

> 장송長松으로 배를 무어294) 대동강에 띄워 두고
> 류일지柳一枝 휘여다가 굿이굿이 매얏는듸
> 어듸셔 망령妄伶엣295) 거슨 소沼헤 들라 하느니.

시조의 초장은 장송은 크게 자란 소나무인데 이걸로 배를 만들어 대동강 위에 띄워놓았다. 중장에서 말하는 '류일지柳一枝'는 버드나무 한 가지인데, 구지의 애부愛夫를 뜻한다. 또 '굿이굿이'는 '구지'라는 이름의 음을 빌려, 곧 자신을 지칭해 말한 것이다. 종장에서 소沼는 물이 굽이치는 곳으로 물살이 소용돌이쳐 빠지기 쉬운 곳으로 유혹의 현장을 상징한다. 이 시조는 상징의 겉과 속이 알레고리를 이루어 한껏 시흥을 돋우는 작품이다. 장송으로 배를 만들어 대동강에 흘러가게 띄워놓고, 한 가닥 버들가지, 곧 사랑하는 임을 휘어다가 굳게굳게 매었는데, 어디서 망령된 한량 놈이 소에 들어 같이 놀자고 유혹한다고 기롱하는 시다. 시

---

294) '무어'는 '무어내다', 곧 '배를 만들다'의 옛말이다.
295) '망령亡伶엣 것'은 망령된 것, '엣'은 관형격조사.

의 주제는 자신은 어떤 유혹에도 넘어가지 않을 것을 다짐하며, 임을 위하여 지조를 지키겠다는 뜻이 오롯이 담겨있다.

금란金蘭은 충주 기생이다. 기생과 맺은 사랑의 맹세가 얼마나 허망한 것인가를 보여주는 일화가 있다. 금란은 전목全穆이란 선비와 정을 나누다가 헤어질 때, 굳게 절개를 지킬 것을 약속하였다. 충주에 있는 월악산月嶽山을 끌어다가, 월악산이 무너져도 마음은 절대로 변하지 않겠노라고 맹세한 것이다. 성현成俔은 『용재총화慵齋叢話』에서 이를 채록하여 시화로 남겨 전하고 있다.

"전목이 충주 기생 금란을 사랑하였는데, 그가 서울로 떠나려 할 때 금란을 불러 타이르기를, '경솔히 남에게 몸을 허락하지 말라.' 하니, 금란의 말이, '월악산은 무너질지라도 내 마음은 변치 않으리라.' 하였으나, 뒤에 단월斷月 역승驛丞을 사랑하게 되었다. 전목이 이 소문을 듣고 시를 지어 보내기를,

듣자니 네가 문득 단월 역승을 사랑하여	聞汝便憐斷月丞
깊은 밤 항상 역을 향해 달려간다 하니	夜深常向驛奔騰
언젠가 세모진 방망이를 쥐고	何時手執三稜杖
돌아가 월악산 맹세를 물어볼 것이야	歸問心期月嶽崩

하니, 금란이 대답하여 말하기를,

북에 전군이 있고 남에는 역승이 있으니	北有全君南有丞
첩의 마음 정할 수 없어 뜬구름 같구나	妾心無定似雲騰
만약 맹세한 바와 같이 산이 변할진대	若將盟誓山如變
월악이 지금까지 몇 번이나 무너졌는지	月嶽于今幾度崩

하였다. 이것은 모두 사문斯文 양여공梁汝恭이 지은 것이다."296)

금란의 말처럼 기생에게서 무슨 절개를 기대하느냐는 핀잔과 야유가 넘친다. 이처럼 기생의 몸과 마음은 흔들리는 부초浮草와 같이 정처가 없다는 걸, 오히려 당당하게 시로써 드러냈다.
　조비연趙非燕은 한성기생이다. 시 짓는 재주가 있고 노래는 잘 불렀는데 살이 쪄서 춤을 잘 추지 못하였다. 몸이 민첩하기가, 한나라 성제成帝의 총애를 받은 궁녀인 조비연趙飛燕만 같지는 못하다고 해서 '비연非燕'이라 이름하였다. 이석전李石田이 음율에 밝아 비연을 지음知音이라 인정하였다. 석전이 조롱하여 말하길,

| 손 놀려 춤 배웠으나 춤추지 못하니 | 掌中學舞終難得 |
| 인간에게 어찌 쇠 손가진 사람 있으랴 | 豈有人間鐵掌人 |

하였다. 대개 그 몸이 무거운 것을 두고 희롱한 것이다. 비연이 이에 화답하여, '이상사 석전의 옛집을 지나며過李上舍石田古宅'라는 시를 읊었다.

| 당나라 궁녀들 양귀비가 살찌다 했지만 | 唐宮人說玉環肥 |
| 은총이야 어찌 이 춤에서 얻어지랴 | 恩寵那由掌上舞 |

　시에서 등장하는 옥환玉環은 중국 당唐나라 현종玄宗의 비빈인 양귀비楊貴妃 이름이다. 궁녀들이 양귀비더러 살이 쪘다고 수근거렸지만, 어찌 춤에서 은총을 바라겠는가라고 은근히 석전 이상사 집을 지나가다가 그를 기롱하면서 스스로 변명하는 어투가 재미있다.
　유어당有漁堂은 유영柳營[297]기생인데, 어미 또한 기생이다. 그 이름은

---

296) 성현成俔, 『용재총화慵齋叢話』 제6권.
297) 유영柳營은 장군이 머무는 군영. 세류영細柳營이라고도 한다. 여기서는 통제사

알려진 바 없으나, 당호堂號의 편액扁額을 '유어당'이라 하였다. 누가 묻기를 "좋은 남편을 얻어서 어수魚水의 즐거움을 누리려는 것인가?" 하니, 이에 대답하길, "선산善山의 정녀貞女 약개若介의 시에, 물에는 고기가 있다고 하지 않았습니까"라고 하였다. 통제사가 읍 수령과 만하루挽河樓에서 연회를 베푸는데, 유어당만은 병을 핑계로 참석하지 않고, 소사蕭寺로 가서 시회詩會의 흥을 도왔다. 누가 시를 짓기를,

물고기 큰 비 만나 연못 떠나고   魚因大雨辭淵去
새가 명산 만나 종일 지저귀네   鳥遇名山盡日啼

라고 하였다. 물고기란 유어당을, 새는 기생의 소리에 비유한 것이다. 좌중이 모두 절창이라 하였다. 기생이 연구聯句를 하나 썼다.

가어가 적다   嘉魚少

물 흐리면 가어 적고   水濁嘉魚少
산 깊으면 이조 많다   山深異鳥多

가어嘉魚는 연어과의 물고기인 '곤들매기'를 말하고, 이조異鳥라는 말은 시회에 모였던 문인들을 지적해서 한 말이다. 은근히 무도無道한 탐관을 기롱하고 있다. 이때 통제사가 탐학무도하여 민간의 돈을 빼앗아 땅에 뿌려서 기생들에게 줍게 하여 엎치락뒤치락 몰려드는 광경을 구경하였다. 유어당만 침착하게 돈을 주워 거리의 아이들에게 나누어주었다. 유어당은 탐관을 싫어하여 가까이 하지 않아 통제사의 미움을 샀다.298)

가 있던 경남 통영을 말한다.

4) 경물시

경물시景物詩(seasonal poem)는 시간과 공간의 변화에 따라 다양하게 작가의 시점이 변화되는 미학이 있다. 졸고에서 다루는 기생들의 경물시는 영물시詠物詩라 불러도 좋다. 외물을 읊은 것이면 경치나 사물이거나 일정한 물상을 대상으로 한 것이기에 같은 범주로 넣어 개관하고자 한다. 일반적으로 경물시는 좁은 의미에서 사철의 자연 경치를 보고 느낀 것을 노래한 시를 말한다. 기생이란 직업은 팔도의 경승지를 유랑하면서 연희의 흥興을 이끌며 양반사대부와 수창酬唱한 시가 많을 수밖에 없다. 그래서 사물에 대한 의경意境을 독특한 자신만의 감성에서 분출한 언어의 색채 감각에 의해 그려내고, 여기에 소리, 빛, 모습 이라는 입체적인 미의식을 가미하여 시의 개성을 극대화시켰다. 즉 경승景勝이란 외물에다 자신의 감성으로 땀땀이 수를 놓은 독창적인 수사修辭의 옷을 덧입힌 것이다. 그래서 기생들이 남긴 작품은 대개 이름난 정자나 누대에서 읊은 시가 많으며, 풍광이 수려한 곳에서 노닐며, 이를 찬탄하는 경물시가 두드러진다. 시의 풍격과 형식미에 있어서 풍경과 서정을 동시에 잡아내는 감각이 탁월한 시가 눈에 띄는데, 그들은 원경과 근경을 동시에 조망하였다. 그러면서 시의 앞에서 정경을 묘사한 뒤, 뒤에서는 의경意境이란 정情을 이어 붙인 것이다. 이른바 선경후정先景後情의 전범이 되는 시가 많이 눈에 띈다. 작가의 시점을 따라 시정詩情을 읽는 묘미가 크다. 동시에 시가 던지는 서늘한 그림자 또한 깊고 그윽하다. 독창적인 시안詩眼으로 여닫는 조리개를 따라 펼쳐지는 외경과 작가 내면에 투영하는 심경을 아울러 살펴보는 안목이 더없이 소중하다.

황진이가 지은 '박연朴淵'이란 시에 대하여 홍만종299)은 평하길, "운

---

298) 이능화, 『조선해어화사』, 「시가와 서화에 능한 명기」 '유어당' 편 참조.

율이 매우 청쾌하여 분단장 하는 여인들이 가히 미치지 못한다. 調極淸
快, 非脂粉家可及"라고 하였다. 홍만종은 조선 효종 때 문신으로 많은 책
을 저술하였는데, 특히『소화시평小華詩評』,『시평보유詩評補遺』,『시화
총림詩話叢林』,『동국악보東國樂譜』에서 보듯이 시평에 특출한 안목을 지
녔다.

장천에서 한 줄기가 골짜기에 뿜어내니	一派長川噴壑礱
백 길이나 되는 용소에 물소리 우렁차	龍湫百仞水濛濛
거꾸로 쏟는 폭포는 은수수가 아닌지	飛泉倒瀉疑銀漢
성난 폭포 가로질러 흰 무지개 완연하네	怒瀑橫垂宛白虹
우박 우레 함께 쏟아 골짜기에 가득하고	雹亂霆馳冥洞府
구슬방아 옥을 빻아 창공에 맑았으니	珠春玉碎澈晴空
놀이꾼아 여산이 낫다고들 말하지 마소	遊人莫道廬山勝
천마산이 해동에서 으뜸인 줄 알겠노라	須識天磨冠海東

'박연'은 개성시 박연리에 있다. 천마산天摩山과 성거산聖居山에 낀 계
곡에 있는데, 전설이 전한다. 옛날에 박진사朴進士가 이 폭포에 놀러왔
다가 아름다운 경치에 도취되어 폭포 아래 용연龍淵에 사는 용녀龍女에
게 홀려 결혼을 하고 돌아오지 않자, 그 어머니가 용연에 떨어져 죽었
다. 그래서 그 못을 고모담姑母潭이라 하고 박씨의 성을 따서 박연폭포
라 한 데서 유래하였다.

칠언율시인데 앞에서는 폭포에서 낙하하여 용연으로 떨어지는 물소
리의 굉음과 기세를 절묘하게 그리고 있다. 뒤에서는 중국의 여산보다
는 해동의 천마산이 낫다고 자부하며, 구슬 같은 물방울이 방아를 찧는
듯 푸른 하늘가에 가득한 물보라를 그려 찬탄을 자아내고 있다.

---

299) 홍만종洪萬宗(1643~1725); 조선 효종 때의 문신, 학자. 본관 풍산豊山, 자 우해
宇海, 호 현묵자玄默子, 몽헌夢軒, 장주長洲.

한편, 조선시대 한국적 미감을 반영한 '진경산수' 화풍을 개척한 거목인 겸재謙齋 정선300)이 만년에 그린 '박생연朴生淵'이 바로 박연폭포를 그린 걸작이다. 이 작품은 보기만해도 무더위를 싹 가시게 할 정도의 사실적 표현이 상상력을 압도한다. 비류직하飛流直下 하는 폭포의 기세가 실제보다 두 배 정도 늘려 그려서인지 박진감이 넘치고 골기骨氣와 신명이 느껴진다. '인왕제색도仁王霽色圖', '금강전도金剛全圖'와 함께 정선의 삼대명작으로 꼽힌다.

운초雲楚는 혹은 부용芙蓉이라고도 하며, 정조 순조 년간의 성천기생이다. 다음의 시는 관서지방의 묘향산妙香山으로 가는 길 도중에서 깊은 가을 정취와 인적조차 뜸한 유현幽玄한 산중의 정경을 담담하게 그리고 있다.

향산가는 길 도중에서 지음	香山道中作
떠돌이 중은 어디 있나요	遊僧何處在
창밑에 흰 구름만 감도니	窓下白雲留
장삼엔 까막까치 날아들 앉고	棲衲烏鴉信
이웃에 사는 표범도 순하네요	隣床虎豹柔
생애에 신령스런 약이 있어서	生涯唯有藥
얼굴은 가을도 모르고	顔色不知秋
밤은 고요한데 젓대를 쥐고서	夜靜携孤竹
용이 신음하니 오랜 연못이 듣고있네	龍吟聽古湫

떠돌이 중을 찾는다며, 시의 초입初入을 마치 어둑한 산길을 찾아들 듯이 첫 구에 던져놓는 시의 보폭이 가볍다. 거느리는 품새가 또한 경이

---

300) 정선鄭敾(1676~1759); 조선 후기의 화가. 본관 광산光山, 자 원백元伯, 호 겸재謙齋, 겸초兼艸, 난곡蘭谷. '금강전도金剛全圖' 등이 남아 있다.

롭다. 게다가 중의 모습을 상상 속에 펼치면서, 마치 도골道骨처럼 묘사한다. 결구에 와서는 젓대소리가 마치 용트림하듯 퍼져나가자, 오래된 소沼가 그걸 엿듣고 있다고 한다. 주위가 너무 적막하여 침묵조차 오히려 소란하다.

황진이, 매창과 더불어 운초는 시기詩妓로 이름을 떨쳤다. 『부용집芙蓉集』에 삼백여 수의 시를 남겨 규수문학의 정수精髓라는 평을 받았다. 그녀는 허명虛名을 내던지고 조선 팔도의 산수간을 유람한 뒤 문을 굳게 닫아 걸고 여생을 보냈다. 앞에서도 말한 바와 같이, 그녀는 정조 때 시인으로 유명한 연천淵泉 김이양金履陽과 함께 보냈다. 다음의 시, '황강 노인을 기다리며待黃岡老人'는 칠언절구로 마음속에 품고 있는 고향의 정한을 외물로 스케치하며 매우 자연스럽게 그려내는 솜씨가 돋보인다. 황강黃岡은 황해도 황주를 말하는데, 황주성의 남쪽에는 강을 따라 월파루月波樓와 죽루竹樓, 태고정太古亭이 있어 빼어난 경치를 자랑하는 곳이다.

앞 강에 밤비 내려 빈 모랫벌에 넘치니	前江夜雨漲虛沙
만 리 같은 정으로 돛단배 한 척 비껴가네	萬里同情一帆斜
아득히 고향 생각하니 봄은 벌써 와 있어	遙思故園春已到
허전한 마음 어쩌지 못해 외로이 앉았네	空懷無賴坐天涯

부용의 '붓을 놓고停筆'이란 시는 강가에서 시를 짓다말고 문득 붓을 거두고 시름에 겨워하는 시인의 내면풍경이 한 폭의 산수화처럼 그려지고 있다.

하늘 가 맑은 바람 시원하고	天邊淸風爽
좋은 밤 달빛은 그림자 두둥실	良宵月影團

기러기는 정녕 먼 길을 근심하고	雁應愁路遠
갈매기도 추위를 두려워하네	鷗亦恐盟寒
강가의 풀은 의술로 알았고	江草因醫識
산의 향기로운 풀은 그림으로 보니	山芳替畵看
마음 속 일을 곰곰이 생각하다	暗思心內事
붓 놓고 구름 너머 쳐다보고 있네	停筆仰雲端

깊어가는 늦가을 밤이 사람의 심사를 스산하게 만든다. 갈 길이 머나먼 철새처럼, 우리 인생도 이와 별반 다르지 않으리라. 마음으로 난 오솔길을 더듬는 붓끝이 구름의 끝에 잇닿아 있다. 붓을 놓은 그 자리가 그림의 여백만큼이나 깊고 환하다. 다음의 시, '부용당'은 사방에 연꽃이 흐드러지게 핀 작은 정자인 부용당의 정경을 섬세하게 그리고 있다. 아마도 '부용당'은 '부용' 자신의 당호堂號인 것처럼 자부自負의 뜻을 실어 보인 것이라 할 수 있다.

| 부용당 | 芙蓉堂 |

연꽃과 연잎 붉은 난간 뒤덮고	連花蓮葉覆紅欄
단청 좋은 정자에 놀잇배 떠있네	綺閣依然泛木蘭
펄펄뛰는 물고기 연못에서 노닐다가	潑潑游魚偏戲劇
간간이 연잎 위로 솟구치고 있네	有時跳上錄荷盤

새벽에 일어나니 부용당 비에 젖어	朝起芙蓉宿雨滋
비개인 높은 집엔 제비가 오락가락	乍晴高館燕差池
맑디맑은 이슬방울 구름인양 천만 송이	灑落珠璣千萬顆
산들바람 불 때마다 유리처럼 떨어지네	微風傾瀉碧琉璃

| 맑은 노래 한 곡이 하늘가에 닿을 듯 | 淸歌一曲海天涯 |
| 열두 난간 붉어서 달빛이 출렁출렁 | 十二紅爛泛月華 |

| 운모 병풍 펼친 은촛대 아래에서 | 雲母屛頭銀燭下 |
| 미인은 사뿐사뿐 연꽃인양 걸어오네 | 佳人步步出蓮花 |

'스스로 마음을 풀며自寬'는 부용 자신이 스스로를 위해 던지는 독백이다.

거울 속 야윈 얼굴 물외의 인간이라	鏡裏癯容物外身
매화 그림자에 대쪽 같은 정신이네	寒梅影子竹精神
사람을 대해도 인간사 말하지 않으니	逢人不道人間事
이는 곧 세상을 탈 없이 사는 사람이네	便是人間無事人

거울은 자신을 비춘다. 이로써 스스로 물외物外에 초탈超脫하고자, 매화와 대를 끌어와 불매향不賣香과 고절孤節을 속뜻으로 보이고 난 뒤, 부질없는 인간사에는 고개 돌리고 귀 막아 일없는 무사도인無事道人으로 살려고 한다는, 자기선언을 하고 있다. 선풍仙風이 휘날린다. 기생의 풍격도 이만하면 구경究竟에 이미 닿았으리라.

'무진대無盡臺'는 『신증동국여지승람新增東國輿地勝覽』에 따르면, 당시 평안도平安道 은산현殷山縣에 있는 누대 이름이다. 절벽으로 대동강변에 임하여 경치가 아름답기로 유명하다. 지금은 평안남도 개천군에 속한다.

가을 호수 십여 리 올망졸망한 산	秋湖十里繞群巒
맑은 노래 한 곡 부르며 난간에 기대니	一曲淸歌倚彩欄
넓디넓은 누대 앞에 흘러가는 물결	浩浩臺前流去水
마침내 큰 바다 이르러 넘실대겠지	終歸大海作波瀾

시의 전반부는 원경으로 멀리 호수와 산을 조망하며 누마루에 기대어 청아하게 노래를 부르는 정경이다. 후반부는 근경으로 바로 누대 앞

을 흘러가는 대동강이 이윽고 큰 바다에 이르러 큰 물결을 이룰 것이라고 한다. 마치 풍경을 찍는 노련한 사진사와 같다. 포커스의 이동이 매우 자연스러우며 조리개를 여닫는 시의 기교가 정격正格을 지키면서도 자유롭다.

'저무는 봄날 배를 타고 패강을 내려가며春暮舟下浿江'는 아침나절부터 저물녘에 이르는 시간의 경과를 따라 전개되는 봄날 대동강 가의 정경을 그리고 있다.

누대엔 푸른 버들 꾀꼬리 울음 들리고	仙臺翠柳亂聞鶯
정은 다하지 못한데 봄만 저물어가고	唯有殘春未了情
아침에 물결 넘실대니 복사꽃 물에 둥둥	朝來激艶桃花浪
바람타고 돛단배 한 척 패강을 내려가네	一帆靡風下浿江

패강浿江은 '대동강大同江'의 옛 이름인데, 패수浿水라고도 한다. 아직도 뜻은 남아 다 펴지 못하였는데, 벌써 남은 봄이 아쉽기만 하다. 누대에서 바라본 한 잎의 돛단배가 바람을 타고 물길을 따라 흐르고 있다. 정서의 흐름도 이같이 유려流麗하다.

검수에서 묵으며	宿黔秀
변방 기러기 멀리 높이 날고	塞雁高飛遠
덧없는 삶 반생은 타향살이로다	浮生半異鄕
누가 견디랴, 산촌의 절구질 소리	誰堪山杵響
푸르른 달 쳐다보며 개 짓는 소리	犬吠月蒼蒼

변방을 지키는 수루戍樓 별청에서 하룻밤을 묵으며 지은 작품으로 추정된다. 검黔은 땅이나 고을 이름인 듯 하나 어딘지는 알 수 없다. 기러

기는 사향思鄉의 그리움과 아울러 북방의 황량함을 드러낼 때 자주 차용되는 시어인데, 이 작품에서도 '멀리 자취를 감추고 날아가는高飛遠走' 걸 묘사하면서 곧 이어 뜬 목숨으로 타관他關을 떠도는 객고客苦를 담는다. 늦은 가을, 아마도 중추절인 듯 싶다. 산촌에 절구방아 찧는 소리가 들리고 동네 개들도 덩달아 짖고 있다. 깊은 오지의 산촌이 너무 고요하여 오히려 두 소리의 울림이 너무 크다.

새벽에 일어나	曉起
밤 꿈속에 성도에 갔다가	夜夢到成都
깨어나서 그림을 보노라	覺來看畵圖
누가 알리오 천리 달빛이	誰知千里月
외로운 이 한 몸 비추는 것을	偏照一身孤

성도成都는 관서지방에 있던 성천부成川府의 도읍을 말한다. 아마도 성천출신인 부용 자신이 그곳을 떠나 객지에 있을 때, 새벽 꿈을 깨고 지은 시라 여겨진다. 꿈속에 고향을 보았더니, 깨고 보니 허전하다. 그래서 읍성을 그린 지도 속에서나 그걸 바라본다. 차가운 달빛만이 외로움을 타는 자신의 신세를 알 거라고 위안하면서.

'칠석날 강가 누각에서江樓七夕'는 강가에 서있는 누각에서 새벽이 되도록 거나하게 마시고는 홍이 다할 무렵을 그렸다.

온 산은 텅 빈데 들리는 건 어부의 노래	漁歌一曲四山空
한밤중 술 깨어 차마 지나갈 수가 없네	不忍醒過此夜中
무슨 일로 닭은 울어 날이 새려하는지	何事鷄聲天欲曙
서로 힐긋거리며 바삐 떠나는구나	相看脉脉去悤悤

새벽 닭은 울고, 온 산은 희붐하여 고요한데 어부의 뱃노래가 심금을 적신다. 헤어지는 임과 서로 힐긋힐긋 마주 보며 걸음을 총총 옮기고 있다. 하필 칠석날이라니, 이미 만남은 미리 마련되었을 터. 그래서 남은 여운이 더 아쉽고 애틋한 것이다. 이 작품의 묘미는 바로 이 지점에 있다.

봄을 보내며	餞春
지난 밤 교외에서 봄을 보내고 돌아와	芳郊前夜餞春回
차마 깊은 시름에 억지로 술잔 들었네	不耐深愁强把酒
오직 한 나무에 붉은 석류꽃 남아	獨有榴花紅一樹
때로 벌 나비 도량에 오는 걸 보네	時看蜂蝶度場來

전춘餞春은 봄을 마지막으로 보내는 날로서 맹춘孟春인 음력 삼월 그믐날의 절기를 말한다. 홍석모301)의 『동국세시기東國歲時記』에 따르면, '전춘'날은 경치 좋은 산이나 계곡을 찾아 춘흥에 젖어 화전놀이와 가무를 하며 하루를 즐겼다. 선비나 묵객들은 시제를 내어 시를 읊으며 청유淸遊하기도 하였다. 이때는 으레 기생을 대동하고 가무를 즐기며 가는 봄을 아쉬워하였다. 동국세시기는 우리나라 세시풍속을 열두 달로 나누어 해설하였다. 시의 후반부는 오직 한그루 석류나무에 붉은 꽃이 남아 벌과 나비를 끌어당긴다고 하였다. 이는 아마도 부용 자신을 가탁하

---

301) 홍석모洪錫謨(178~1850); 조선 후기의 문인 학자. 본관 풍산豊山, 호 도애陶厓, 구화재九華齋. 순조 때 음사蔭仕로 남원부사南原府使에 역임. 말년에 풍속에 관심을 가졌으며 또 아홉 살부터 일흔 살에 이르는 연월年月에 따라 총 21책으로 정리된 시집을 남겼다. 청나라에 여러 해 사신을 다녀와 풍악록楓岳錄과 기행시, '연날리기紙鳶' '널뛰기跳板' '윷놀이擲柶' '봉화烽火' '담배南草' '안경眼鏡' '자명종自鳴鐘' 등 풍물시를 남겼다. 작품 '석계유거잡영石溪幽居雜詠' 34수, '농가잡시農家雜詩' 24수, 저서 『도애시집陶厓詩集』, 『도애시문선陶厓詩文選』, 『동국세시기東國歲時記』.

여 옅은 것으로 보인다. 대개 부용 정도의 흡인력이라면 남은 봄의 끝자락에서도 이쯤은 국량이 두드러졌으리라 짐작할 수 있다.

지는 매화	落梅
옥 같은 얼굴 얼음 같은 살결 점점 시들어	玉貌氷肌冉冉衰
샛바람에 열매 맺고 푸른 가지 돋아나네	東風結子綠生枝
서로 얽혀 끊어지지 않는 봄소식	纏綿不斷春消息
사람의 이별보다는 그래도 낫네	猶勝人間恨別離

매화는 조선의 사대부 시인들이 즐겨 완상玩賞하던 시의 제재였는데, 종종 옥과 얼음으로 비유된다. '염염冉冉'은 나아가는 모양이 느리거나, 가녀린 모습을 형용한다. '전면纏綿'은 칭칭 얽힌 것을 말하는데, 남녀가 서로 정에 얽혀 헤어지기 어려움을 나타낼 때 쓰는 말이다. 이 작품은 마지막 지는 매화를 두고 읊었는데, 꽃 지고 매실이 열리는 걸 중의적으로 표현한다. 후반부는 남녀의 정도 마치 매화와 매실이 서로 교합交合하듯이 이어진다면 봄소식이 끊어지지 않을 것인데 사람의 사이는 그만도 못하다고 은근하게 풍자하고 있다.

연광정	練光亭
긴 성의 한 쪽에 대동강 물 출렁이고	一面長城漾浿流
난간에 기대니 고깃배에 앉은 듯 하네	憑欄怳若座漁舟
어디서 떨어져나온 한 자락 구름인지	不知片雲從何落
물 빠진 고운 모래에 흰 물새 내려앉네	潮退平沙下白鷗

'연광정練光亭은 평양의 대동강 가에 있는 누각으로, 관서팔경의 하나로 대동강을 내려다볼 수 있는 덕암德巖이라는 바위 위에 있다. 조선 중

종 때 허굉이 건립하였다. 시의 전반부는 누대 난간에 기대어 바라보는 대동강의 원경을 읊다가 승구에서, 마치 줌 렌즈를 당기듯이 배안에 앉아있는 상상을 한다. 후반부는 반전이 절묘하다. 한 조각 구름이 어디서 떨어졌는지, 갑자기 결구에서 흰 물새가 하얀 모랫벌에 살포시 내려앉고 있다. 구름을 백구白鷗로 환치換置 시키는 놀라운 솜씨에 혀가 내둘릴 지경이다. 하얀 현기증이 인다.

강가에 살며 밤의 적막을 읊다 　　　　　　　　　　江居夜寂

맑은 가을 밝은 달빛 빈 누대 가득한데　　　　　　淸秋華月滿虛樓
술에 취하여 조용히 작은 배에 오르네　　　　　　取醉從容上小舟
아득한 밤 찬 물가에 보이는 것은　　　　　　　　遙夜寒汀何所見
살랑이는 바람 피리소리에 갈매길 깨우네　　　　輕風吹笛起眠鷗

'종용從容'은 침착沈着하고 덤비지 않는 모습을 형용하는 말로, '조용'의 원말이다. 가을밤 강가의 풍정風情이 맑고 고요하다. 빈 누각에는 여백이 충만하다. 취기가 올라 작은 배에 오른다. 저 멀리 물가, 미풍에 여울지는 젓대소리가 조는 갈매기를 깨우고 있다. 청아한 피리소리 속에 가을의 정취가 오롯이 녹아있다.

저문 봄날 동문을 나서며 　　　　　　　　　　　暮春出東門

해 길고 산 깊어 푸른 풀 향기로워　　　　　　　日永山深碧草薰
봄날 가는 길 아득하여 분별하기 어렵네　　　　一春歸路杳難分
묻자니 이 몸은 무엇과 흡사한가　　　　　　　借問此身何所似
저물녘 하늘 끝에 보이는 외로운 구름이지　　　夕陽天末見孤雲

일춘사一春事는 저무는 봄날의 일이다. 즉 '꽃이 한 번 피었다가 지는 일'을 '일춘'이라 한다. 마치 봄이 훌쩍 왔다가 금방 지나가듯이, 또 하루 해가 떠올라 저물녘이 되듯이 인생도 하늘 끝에 아롱대는 외로운 구름 같은 거라고, 작자는 스스로에게 묻고 대답한다. 한바탕 흐드러졌다가 지나간 청춘을 이제는 아쉬워한다. 한편 조선 선조 때 문신, 운곡雲谷 송한필宋翰弼이 지은 '일춘사'란 오언절구를 곁들여 감상하면, 지나가는 봄에 대한 회한이라는 점에서 두 작품의 이미지가 겹쳐진다. "어제 밤비에 꽃이 피고, 오늘 아침 바람에 꽃이 지네. 가련하네 봄날의 일이여, 바람과 비 속에 왔다가 가는구나. 花開昨夜雨, 花落今朝風. 往來風雨中, 可憐一春事." 봄비에 피었다가 바람에 지는 꽃을 보면서, 어느새 봄이 지나감을 아쉬워하는 마음이 잘 나타난 작품이다.

  이른 봄   早春

보슬비와 어우러진 안개 늦게야 개니   細雨和煙向晚晴
갠 날 기뻐하는 새들 처마에서 지저귀네   喜晴鳥雀繞簷鳴
봄비 머금은 풀과 나무 싱싱하고   潛滋草木絪縕氣
말간 강과 산은 산뜻도 하구나   新刷江山灑落情
바느질엔 생각 없고 마음만 심란하여   針線無心從散亂
책상 위의 책 건성으로 뒤적거리다   床書慢閱任縱橫
한가한 시름 날로 봄과 같이 쌓여가니   閑愁日與春慵積
장차 성 가득 날리는 꽃바람 어찌할꺼나 將奈風花吹滿城

 이른 봄날, 춘흥이 일어나 오락가락하는 마음을 그리고 있다. 봄을 타는 여심이 자세하게 묘사되어, 시 전체의 그림을 구성한다. 율시의 전편은 이른 봄 비 갠 뒤의 맑은 풍경이 산뜻하게 그려진다. 후편은 마음을 다잡지 못해 봄바람에 흔들리는 작자의 모습이 그려진다. 결구는 봄이 무르익으면, 참으로 장차 꽃바람에 어쩌지 못할 거라며 미리 시름에 겹다.

죽향竹香은 평양 기생인데, 생몰년 미상이다. 특히 그림에 뛰어난 기녀로 이름이 났는데, 호는 낭간浪玕, 용호어부蓉湖漁夫, 미인향초美人香草이다. 19세기 전반, 평양에서 활동하였는데, 그녀에 대한 언급은 신위申緯(1769~1847)의 『경수당집警修堂集』 이만용李晩用(1802~?)의 『동번집東樊集』 김정희의 『완당집阮堂集』 유재건劉在建(1793~1880) 등 여러 문집에 보인다. 이유원의 『임하필기』, 「화동옥삼편華東玉糝編」 편에는, "패성浿城(평양) 여사 낭간은 이름이 죽향으로 대나무를 잘 그렸는데, 이두포李荳圃의 애인이 되었다. 그 그림에는 중원中原의 죽계竹溪 여원余垣이 시구를 썼으니, 이를 힘입어 또한 족히 세상에 전할 만하다"라고 하였다.

19세기 전반 개성에 살았던 한재락302)이 당시 유명한 예순일곱 명의 평양기생들을 만나 그 용모와 특징을 간략한 소품으로 기록한 『녹파잡기綠波雜記』에는 죽향을 이렇게 그렸다.

> "죽향은 죽엽의 아우이다. 그녀가 그린 대나무를 보았는데 정취가 있었고, 또 죽엽이 자기 동생은 재색이 뛰어나다고 칭찬을 하길래, 그때까지 만나보지 못한 걸 아쉬워하였다. 길을 가다가 장경문長慶門303) 밖에서 우연히 그녀와 마주쳤는데, 붉은 치마와 옥색 저고리를 차려입은 모습이 하늘거렸다. 날렵한 말이 힝힝거리며 울부짖고 고운 먼지가 뿌옇게 일어났다. 손님을 보고 재빠르게 말 안장에서 내려서는데, 예쁘고 젊은 모습이 사람 마음을 움직이게 하였다."

죽향은 평양 부윤 이두포의 애기愛妓가 되어 서울로 따라왔다. 기녀

---

302) 한재락韓在洛; 생몰년 미상. 자 정원鼎元, 호 우천藕泉, 우방藕舫, 우화노인藕花老人인데, 개성명문가 출신으로 자하紫霞 신위申緯를 비롯한 서울의 경화세족과 노닐며 창작활동은 한 인물이다. 당시 평양의 기생들을 생생하게 기술한 『녹파잡기』를 남겼다. 1권에는 평양 기생 예순일곱 명, 2권에는 당대 명사 다섯 명이 실려 있다.

303) 장경문은 평양성 동쪽에 있던 문으로, 이 문 밖에 부벽루가 있다.

일'을 '일춘'이라 한다. 마치 봄이 훌쩍 왔다가 금방 지나가듯이, 또 하루 해가 떠올라 저물녘이 되듯이 인생도 하늘 끝에 아롱대는 외로운 구름 같은 거라고, 작자는 스스로에게 묻고 대답한다. 한바탕 흐드러졌다가 지나간 청춘을 이제는 아쉬워한다. 한편 조선 선조 때 문신, 운곡雲谷 송한필宋翰弼이 지은 '일춘사'란 오언절구를 곁들여 감상하면, 지나가는 봄에 대한 회한이라는 점에서 두 작품의 이미지가 겹쳐진다. "어제 밤비에 꽃이 피고, 오늘 아침 바람에 꽃이 지네. 가련하네 봄날의 일이여, 바람과 비 속에 왔다가 가는구나. 花開昨夜雨, 花落今朝風. 往來風雨中, 可憐一春事." 봄비에 피었다가 바람에 지는 꽃을 보면서, 어느새 봄이 지나감을 아쉬워하는 마음이 잘 나타난 작품이다.

이른 봄	早春
보슬비와 어우러진 안개 늦게야 개니	細雨和煙向晚晴
갠 날 기뻐하는 새들 처마에서 지저귀네	喜晴鳥雀繞簷鳴
봄비 머금은 풀과 나무 싱싱하고	潛滋草木綱菡氣
말간 강과 산은 산뜻도 하구나	新刷江山灑落情
바느질엔 생각 없고 마음만 심란하여	針線無心從散亂
책상 위의 책 건성으로 뒤적거리다	床書慢閱任縱橫
한가한 시름 날로 봄과 같이 쌓여가니	閑愁日與春慵積
장차 성 가득 날리는 꽃바람 어찌할꺼나	將奈風花吹滿城

이른 봄날, 춘흥이 일어나 오락가락하는 마음을 그리고 있다. 봄을 타는 여심이 자세하게 묘사되어, 시 전체의 그림을 구성한다. 율시의 전편은 이른 봄 비 갠 뒤의 맑은 풍경이 산뜻하게 그려진다. 후편은 마음을 다잡지 못해 봄바람에 흔들리는 작자의 모습이 그려진다. 결구는 봄이 무르익으면, 참으로 장차 꽃바람에 어찌지 못할 거라며 미리 시름에 겹다.

죽향竹香은 평양 기생인데, 생몰년 미상이다. 특히 그림에 뛰어난 기녀로 이름이 났는데, 호는 낭간浪玕, 용호어부蓉湖漁夫, 미인향초美人香草이다. 19세기 전반, 평양에서 활동하였는데, 그녀에 대한 언급은 신위申緯(1769~1847)의 『경수당집警修堂集』 이만용李晩用(1802~?)의 『동번집東樊集』 김정희의 『완당집阮堂集』 유재건劉在建(1793~1880) 등 여러 문집에 보인다. 이유원의 『임하필기』, 「화동옥삼편華東玉糝編」 편에는, "패성浿城(평양) 여사 낭간은 이름이 죽향으로 대나무를 잘 그렸는데, 이두포李荳圃의 애인이 되었다. 그 그림에는 중원中原의 죽계竹溪 여원余垣이 시구를 썼으니, 이를 힘입어 또한 족히 세상에 전할 만하다"라고 하였다.

19세기 전반 개성에 살았던 한재락302)이 당시 유명한 예순일곱 명의 평양기생들을 만나 그 용모와 특징을 간략한 소품으로 기록한 『녹파잡기綠波雜記』에는 죽향을 이렇게 그렸다.

> "죽향은 죽엽의 아우이다. 그녀가 그린 대나무를 보았는데 정취가 있었고, 또 죽엽이 자기 동생은 재색이 뛰어나다고 칭찬을 하길래, 그때까지 만나보지 못한 걸 아쉬워하였다. 길을 가다가 장경문長慶門303) 밖에서 우연히 그녀와 마주쳤는데, 붉은 치마와 옥색 저고리를 차려입은 모습이 하늘거렸다. 날렵한 말이 힝힝거리며 울부짖고 고운 먼지가 뿌옇게 일어났다. 손님을 보고 재빠르게 말 안장에서 내려서는데, 예쁘고 젊은 모습이 사람 마음을 움직이게 하였다."

죽향은 평양 부윤 이두포의 애기愛妓가 되어 서울로 따라왔다. 기녀

---

302) 한재락韓在洛; 생몰년 미상. 자 정원鼎元, 호 우천藕泉, 우방藕舫, 우화노인藕花老人인데, 개성명문가 출신으로 자하紫霞 신위申緯를 비롯한 서울의 경화세족과 노닐며 창작활동은 한 인물이다. 당시 평양의 기생들을 생생하게 기술한 『녹파잡기』를 남겼다. 1권에는 평양 기생 예순일곱 명, 2권에는 당대 명사 다섯 명이 실려 있다.
303) 장경문은 평양성 동쪽에 있던 문으로, 이 문 밖에 부벽루가 있다.

일'을 '일춘'이라 한다. 마치 봄이 훌쩍 왔다가 금방 지나가듯이, 또 하루 해가 떠올라 저물녘이 되듯이 인생도 하늘 끝에 아롱대는 외로운 구름 같은 거라고, 작자는 스스로에게 묻고 대답한다. 한바탕 흐드러졌다가 지나간 청춘을 이제는 아쉬워한다. 한편 조선 선조 때 문신, 운곡雲谷 송한필宋翰弼이 지은 '일춘사'란 오언절구를 곁들여 감상하면, 지나가는 봄에 대한 회한이라는 점에서 두 작품의 이미지가 겹쳐진다. "어제 밤비에 꽃이 피고, 오늘 아침 바람에 꽃이 지네. 가련하네 봄날의 일이여, 바람과 비 속에 왔다가 가는구나. 花開昨夜雨, 花落今朝風. 往來風雨中, 可憐一春事." 봄비에 피었다가 바람에 지는 꽃을 보면서, 어느새 봄이 지나감을 아쉬워하는 마음이 잘 나타난 작품이다.

이른 봄	早春
보슬비와 어우러진 안개 늦게야 개니	細雨和煙向晚晴
갠 날 기뻐하는 새들 처마에서 지저귀네	喜晴鳥雀繞簷鳴
봄비 머금은 풀과 나무 싱싱하고	潛滋草木絪蒕氣
말간 강과 산은 산뜻도 하구나	新刷江山灑落情
바느질엔 생각 없고 마음만 심란하여	針線無心從散亂
책상 위의 책 건성으로 뒤적거리다	床書慢閱任縱橫
한가한 시름 날로 봄과 같이 쌓여가니	閑愁日與春慵積
장차 성 가득 날리는 꽃바람 어찌할꺼나	將奈風花吹滿城

이른 봄날, 춘흥이 일어나 오락가락하는 마음을 그리고 있다. 봄을 타는 여심이 자세하게 묘사되어, 시 전체의 그림을 구성한다. 율시의 전편은 이른 봄 비 갠 뒤의 맑은 풍경이 산뜻하게 그려진다. 후편은 마음을 다 잡지 못해 봄바람에 흔들리는 작자의 모습이 그려진다. 결구는 봄이 무르익으면, 참으로 장차 꽃바람에 어쩌지 못할 거라며 미리 시름에 겹다.

죽향竹香은 평양 기생인데, 생몰년 미상이다. 특히 그림에 뛰어난 기녀로 이름이 났는데, 호는 낭간浪玕, 용호어부蓉湖漁夫, 미인향초美人香草이다. 19세기 전반, 평양에서 활동하였는데, 그녀에 대한 언급은 신위申緯(1769~1847)의 『경수당집警修堂集』 이만용李晩用(1802~?)의 『동번집東樊集』 김정희의 『완당집阮堂集』 유재건劉在建(1793~1880) 등 여러 문집에 보인다. 이유원의 『임하필기』, 「화동옥삼편華東玉糝編」 편에는, "패성浿城(평양) 여사 낭간은 이름이 죽향으로 대나무를 잘 그렸는데, 이두포李荳圃의 애인이 되었다. 그 그림에는 중원中原의 죽계竹溪 여원余垣이 시구를 썼으니, 이를 힘입어 또한 족히 세상에 전할 만하다"라고 하였다.

19세기 전반 개성에 살았던 한재락302)이 당시 유명한 예순일곱 명의 평양기생들을 만나 그 용모와 특징을 간략한 소품으로 기록한 『녹파잡기綠波雜記』에는 죽향을 이렇게 그렸다.

> "죽향은 죽엽의 아우이다. 그녀가 그린 대나무를 보았는데 정취가 있었고, 또 죽엽이 자기 동생은 재색이 뛰어나다고 칭찬을 하길래, 그때까지 만나보지 못한 걸 아쉬워하였다. 길을 가다가 장경문長慶門303) 밖에서 우연히 그녀와 마주쳤는데, 붉은 치마와 옥색 저고리를 차려입은 모습이 하늘거렸다. 날렵한 말이 힝힝거리며 울부짖고 고운 먼지가 뿌옇게 일어났다. 손님을 보고 재빠르게 말 안장에서 내려서는데, 예쁘고 젊은 모습이 사람 마음을 움직이게 하였다."

죽향은 평양 부윤 이두포의 애기愛妓가 되어 서울로 따라왔다. 기녀

---

302) 한재락韓在洛; 생몰년 미상. 자 정원鼎元, 호 우천藕泉, 우방藕舫, 우화노인藕花老人인데, 개성명문가 출신으로 자하紫霞 신위申緯를 비롯한 서울의 경화세족과 노닐며 창작활동은 한 인물이다. 당시 평양의 기생들을 생생하게 기술한 『녹파잡기』를 남겼다. 1권에는 평양 기생 예순일곱 명, 2권에는 당대 명사 다섯 명이 실려 있다.
303) 장경문은 평양성 동쪽에 있던 문으로, 이 문 밖에 부벽루가 있다.

일'을 '일춘'이라 한다. 마치 봄이 훌쩍 왔다가 금방 지나가듯이, 또 하루 해가 떠올라 저물녘이 되듯이 인생도 하늘 끝에 아롱대는 외로운 구름 같은 거라고, 작자는 스스로에게 묻고 대답한다. 한바탕 흐드러졌다가 지나간 청춘을 이제는 아쉬워한다. 한편 조선 선조 때 문신, 운곡雲谷 송한필宋翰弼이 지은 '일춘사'란 오언절구를 곁들여 감상하면, 지나가는 봄에 대한 회한이라는 점에서 두 작품의 이미지가 겹쳐진다. "어제 밤 비에 꽃이 피고, 오늘 아침 바람에 꽃이 지네. 가련하네 봄날의 일이여, 바람과 비 속에 왔다가 가는구나. 花開昨夜雨, 花落今朝風. 往來風雨中, 可憐一春事." 봄비에 피었다가 바람에 지는 꽃을 보면서, 어느새 봄이 지나감을 아쉬워하는 마음이 잘 나타난 작품이다.

이른 봄	早春
보슬비와 어우러진 안개 늦게야 개니	細雨和煙向晚晴
갠 날 기뻐하는 새들 처마에서 지저귀네	喜晴鳥雀繞簷鳴
봄비 머금은 풀과 나무 싱싱하고	潛滋草木綱蓝氣
말간 강과 산은 산뜻도 하구나	新刷江山灑落情
바느질엔 생각 없고 마음만 심란하여	針線無心從散亂
책상 위의 책 건성으로 뒤적거리다	床書慢閱任縱橫
한가한 시름 날로 봄과 같이 쌓여가니	閑愁日與春慵積
장차 성 가득 날리는 꽃바람 어찌할꺼나	將奈風花吹滿城

이른 봄날, 춘흥이 일어나 오락가락하는 마음을 그리고 있다. 봄을 타는 여심이 자세하게 묘사되어, 시 전체의 그림을 구성한다. 율시의 전편은 이른 봄 비 갠 뒤의 맑은 풍경이 산뜻하게 그려진다. 후편은 마음을 다잡지 못해 봄바람에 흔들리는 작자의 모습이 그려진다. 결구는 봄이 무르익으면, 참으로 장차 꽃바람에 어찌지 못할 거라며 미리 시름에 겹다.

죽향竹香은 평양 기생인데, 생몰년 미상이다. 특히 그림에 뛰어난 기녀로 이름이 났는데, 호는 낭간浪玕, 용호어부蓉湖漁夫, 미인향초美人香草이다. 19세기 전반, 평양에서 활동하였는데, 그녀에 대한 언급은 신위申緯(1769~1847)의 『경수당집警修堂集』 이만용李晚用(1802~?)의 『동번집東樊集』 김정희의 『완당집阮堂集』 유재건劉在建(1793~1880) 등 여러 문집에 보인다. 이유원의 『임하필기』, 「화동옥삼편華東玉糝編」 편에는, "패성浿城(평양) 여사 낭간은 이름이 죽향으로 대나무를 잘 그렸는데, 이두포李荳圃의 애인이 되었다. 그 그림에는 중원中原의 죽계竹溪 여원余垣이 시구를 썼으니, 이를 힘입어 또한 족히 세상에 전할 만하다"라고 하였다.

19세기 전반 개성에 살았던 한재락302)이 당시 유명한 예순일곱 명의 평양기생들을 만나 그 용모와 특징을 간략한 소품으로 기록한 『녹파잡기綠波雜記』에는 죽향을 이렇게 그렸다.

"죽향은 죽엽의 아우이다. 그녀가 그린 대나무를 보았는데 정취가 있었고, 또 죽엽이 자기 동생은 재색이 뛰어나다고 칭찬을 하길래, 그때까지 만나보지 못한 걸 아쉬워하였다. 길을 가다가 장경문長慶門303) 밖에서 우연히 그녀와 마주쳤는데, 붉은 치마와 옥색 저고리를 차려입은 모습이 하늘거렸다. 날렵한 말이 힝힝거리며 울부짖고 고운 먼지가 뿌옇게 일어났다. 손님을 보고 재빠르게 말 안장에서 내려서는데, 예쁘고 젊은 모습이 사람 마음을 움직이게 하였다."

죽향은 평양 부윤 이두포의 애기愛妓가 되어 서울로 따라왔다. 기녀

---

302) 한재락韓在洛; 생몰년 미상. 자 정원鼎元, 호 우천藕泉, 우방藕舫, 우화노인藕花老人인데, 개성명문가 출신으로 자하紫霞 신위申緯를 비롯한 서울의 경화세족과 노닐며 창작활동은 한 인물이다. 당시 평양의 기생들을 생생하게 기술한 『녹파잡기』를 남겼다. 1권에는 평양 기생 예순일곱 명, 2권에는 당대 명사 다섯 명이 실려 있다.
303) 장경문은 평양성 동쪽에 있던 문으로, 이 문 밖에 부벽루가 있다.

로서 기본적인 소양을 쌓은 평양을 떠나 서울로 거처를 옮긴 후 여러 문사들과 사귀며 그림도 그리고 시작에도 몰두하였다. 조선후기 여항시인의 문집인 『풍요삼선風謠三選』(1857)에는 그녀의 시 세 수가 실려 있고, 이능화의 『조선해어화사』에도 또 다른 시 한 수가 실려 있다. 풍요삼선은 중인출신 시인들이 주축이 되어 만든 시집인데, 여기에 죽향의 시가 포함되었다는 것은 교유 범위가 사대부들뿐만 아니라 중인층까지 포괄했음을 의미한다. 실제로 그녀가 서울에서 교유한 나기羅岐는 대대로 승문원承文院과 규장각奎章閣 서리書吏를 지낸 대표적인 중인가문의 후손으로서, 대표적인 중인시사中人詩社였던 '벽오사碧梧社'를 이끈 장본인이다. 위항시인들의 시선집인 『풍요삼선』 제7권에 '낭간'이란 호와 함께 수록된 죽향의 시 중 "죽향이 난을 치고 시를 씀竹香畵蘭詩"이라는 시에서는 당시 서울생활을 통해 겪었을 심회의 한 단락을 말해준다.

   미인 향초는 매서운 추위 이기고   美人香草舊盟寒
   다시 돌아와 이소의 시집을 펴보네   還向籬騷卷裡看
   강남서는 그림 그렸는데 여긴 어떤 곳인가   洒墨江南何處是
   서풍에 애끓는 마상란이여   西風腸斷馬湘蘭

여기서 '미인향초'는 죽향의 호로 자신을 가리킨다. '이소離騷'는 중국 초楚나라의 굴원屈原(B.C. 343~277)이 지은 사부詞賦를 말한다. '강남'으로 대별되는 '평양'과 명明의 금릉金陵에서 활동한 기생 마수진馬守眞을 자신에 빗대어, 고향을 떠나 서울 생활의 감회를 상징적으로 표현하였다. 마상란馬湘蘭(1548~1604)의 이름은 수진守眞으로 상란은 자이다. 어릴 때의 자는 현아玄兒, 월교月嬌인데, 남경南京 출신으로, 명나라 때의 기생이며, 시인, 화가로 이름이 높았다. 그녀는 조선에도 알려진 명기이지만 시인이자 화가로 활동한 점에서 죽향과 비슷한 입장이었다. 죽향은 비록 시대가 다른 타국의 여인이지만 마수진을 통해 자신의 감정을 의탁한 듯하다.

죽향은 19세기 중엽 이후에 활약한 당대의 명사들과 교류하였다. 이만용은 승선承宣 벼슬을 하던 이조영李祖英이 종산鐘山에서 죽향과 다회茶會를 여는 장면을 그린 '이승선조영휴죽희종산음천도李承宣祖英携竹姬鐘山飮泉圖'를 보고 제발題跋을 남겼고, 김이양은 자신의 애첩인 운초雲楚를 비롯해 낙선洛仙, 금앵錦鶯과 더불어 노닐며 죽향에게 이들을 소개하였다. 특히 운초는 삼호정시사三湖亭詩社를 결성하여 기녀문학의 중추적인 역할을 하였다. 같은 평양출신인 그녀는 죽향과 함께 시와 그림으로 각각 쌍벽을 이룬 것으로 평가받았고, 죽향의 묵죽첩墨竹帖을 얻어 신위의 발문을 얻은 뒤 김이양에게 선물하기도 하였다.

한편, 추사秋史는 은근히 죽향에게 유혹의 시를 지어 자신의 정의情意를 드러냈다. 당대 대표적인 학예學藝였던 김정희는 죽향의 묵죽도와 화조도를 보고, '평양 기생 죽향에게 희중하다戱贈浿妓竹香' 시 두 수를, 그의 문집 『완당집』 제10권에 남겼다.

높이 솟은 저 대 하나 일념향이 아닌가	日竹亭亭一捻香
노랫소리 녹심에서 기다랗게 뽑혀 나네	歌聲抽出綠心長
관아의 벌이 꽃 훔칠 기약을 찾고픈데	衙蜂欲覓偸花約
지조가 높다한들 특별한 충심 지닐 수야	高節那能有別腸
일흔이라 두 마리 원앙새가 분분하데	鴛鴦七十二紛紛
필경에 어느 사람 바로 이 기첩인가	畢竟何人是紫雲
서경의 새 원님을 시험삼아 한번 보게	試看西京新太守
풍류 소문 낭자한 옛날의 두목杜牧일세	風流狼藉舊司勳

'일념향一捻香'은 한 곳에다 마음을 한결같이 쏟는 것으로 대나무의

꼿꼿한 성정性情을 비겨 말한 것인데, 곧 죽향을 지칭한 것이다. 또 '자운紫雲'은 당 나라 이원李愿이 데리고 있던 가기家妓의 이름인데, 두목杜牧과 풍류를 즐겼다고 한다. 「당시기사唐詩紀事」, '두목杜牧' 편에 보인다. '사훈司勳'은 두목을 말하는데, 그의 벼슬이 사훈원외랑司勳員外郞을 지냈으므로 흔히 이같이 불렀다. 추사는 죽향에게 '멱투화약覓偸花約', 곧 벌과 꽃처럼 '화약花約'을 하여, 여인과 동침할 기회를 몰래 엿본다는 뜻을 에둘러 말함으로써 죽향에게 넌지시 통정通情의 기미를 엿본다.

죽향이 묵죽화가로 활동하는 데 있어 중요한 영향을 끼친 인물은 신위申緯였던 것으로 추정된다. 죽향은 당대 최고의 묵죽화가로 칭송받던 신위에게 직접 사사를 받고자 여러 번 노력했던 것으로 보인다.

> "죽향은 평양 기생 중의 한 사람으로, 예전에 평양부윤 이두포에게 환심을 산 바가 있어 이두포가 서울로 올 때 따라왔다. 천성이 대 그리기를 즐겨 누차 나(신위)에게 대나무 그림을 사숙하려 했지만 내가 산 속에 있어 뜻을 이루지 못했다. 이제 이별하면서 좋은 인연을 맺으려 한다."304)

죽향의 다음의 시를 보자. "늦은 봄 여형女兄인 구정도인에게 보냄暮春呈女兄鷗亭道人"에서, 그녀는 병이 깊어 세월이 가는 줄도 모르는 처지를 한탄하며, 자신을 시들어 떨어진 복숭아꽃으로 표현하였다. 봄이 다 가는 줄도 모르고 몸져누웠다가 창에 비치는 복숭아꽃이 모두 진 걸 알고 비로소 봄이 감을 아쉬워한다. 수취인인 구정도인에게 죽향이 '여형'이라는 호칭을 쓴 것으로 보아 연배가 더 높은 기녀였던 것으로 추정된다. 내용상 같은 기생들끼리 느꼈을 회한과 감정의 교류가 드러나 있다.

---

304) 신위申緯, 『경수당전고警修堂全藁』 제19책, 「양연산방고養硯山房藁」 3, 壬辰八 참조, "至閏九月. 竹香, 浿上勾欄中人, 前爲浿尹李荳圃所歡, 隨至京師. 性嗜畫竹, 屢擬獨香於余, 以余在山中不果. 今已別締良緣云."

| 늦은 봄 구정도인 언니에게 주다 | 晚春呈女兄鷗亭道人 |

웅어가 제 철에다 누에치는 계절이라　　　　鮆魚時節養蠶天
멀고 가까운 봄 산 온통 아지랑이 피네　　　遠近春山摠似烟
병상에 있다 보니 봄 저문 줄 모르더니　　　病起不知春已暮
작은 창 앞 복사꽃도 모두 졌구나　　　　　　桃花落盡小窓前

　　죽향의「묵죽첩」에 묵죽의 대가인 신위가 제시題詩를 쓴 사실은 주목된다. 그리고 김정희도 칠언시 두 수를 희증戲贈한 점 등으로 미루어 당시 그녀에 대한 세평世評을 짐작할 수 있다. 대나무뿐 아니라 난초와 꽃과 나비 등도 잘 그린 것으로 전하여지며 대나무를 칭하는 죽향이라는 기명妓名이나 호인 낭간浪玕은 이러한 점에서 그녀에게 걸맞은 명칭이다. 아쉽게도 대나무 그림은 지금까지 공개된 것은 없다. 국립중앙박물관에 열 폭과 세 폭으로 된 두 벌의「화훼초충첩花卉草蟲帖」이 죽향의 작품이라고 전하여지는, 이른바 '죽향전칭竹香傳稱'으로 소장되어 있다.
　　죽향이 지은 '강촌의 봄 경치江村春景'란 제목의 다른 시를 보자. 한 폭의 진경 산수화풍의 시안詩眼이 드러나고 있다.

천 가닥 만 가닥 버들이 문에 늘어져　　　　千絲萬縷柳垂門
푸른 그늘이 연기 같아 마을이 뵈지 않네　　綠暗如煙不見邨
홀연히 목동이 피리 불며 지나가자　　　　　忽有牧童吹笛過
강에 안개비 내려, 절로 황혼이네　　　　　　一江煙雨自黃昏

　　수양버들이 치렁치렁 늘어진 누마루에서 저물녘 강가의 풍경을 읊고 있다. 고즈넉한 강마을의 풍정風情이 매우 깔끔하다. 홀연히 목동의 피리소릴 알아채지 못할 정도로 흠뻑 경치에 빠졌다가, 이윽고 시간의 경과를 따라, 시선이 옮아가는 구성의 묘미가 특출하다. 다음의 시는 앞의 시와 한 짝을 이룬다. 혹시나 올까, 손님이든 임이든 마음이 허허로워 문을 열어보지만 채울 길이 없다. 산도 황혼을 따라 저물듯이 작가의 홍안도 더불어 늙어간다. 인연은 물처럼 스쳐 지나가고, 무상無常한 뜻이 넘쳐흐른다.

마음이 배고프다 하여 문 열거든	心有腹飢爲開門
넘쳐나는 인가마다 등을 밝히고	溢爲華燈明人村
스치는 인연마다 널 슬피 지나가고	擦去因連汝悲過
산도 나이 들어 저물어 가네	山而年齒之黃昏

추향秋香은 전라남도 장성長城 기생인데, 시에 능하고 가야금을 잘 해서 당시 호서지방을 풍미하였다. 경상북도 안동군 풍천면에 있는 정자, '창암정蒼岩亭'에서 쓴 시는 이렇다.

맑은 강 어귀로 배 저어가니	移掉淸江口
졸던 해오라기 놀라 날아가네	驚人宿鷺鷁
산이 붉으니 가을 빛 무르녹아	山紅秋有色
흰 모래밭에 달빛은 흔적이 없네	沙白月無痕

이 시는 기起구에서 청淸과 창滄, 전轉구에서 색色과 적跡이 착간된 곳이 있다. 단아한 소품이다. 마치 산수화에 달린 화제를 방불하게 한다. 덧붙이면 사족이 되고 만다.

최랑崔娘은 생애를 알 수 없다. 다음의 시는 착간인 듯하다.

옛 절에서 꽃을 찾다	古寺尋花

봄 무르익은 옛 절에 제비는 날고	春深古寺燕飛飛

깊은 절집 겹문에 찾는 이 드물어	深院重門客到稀
나는 바로 꽃 찾아 왔는데 꽃은 다 지고	我正尋花花盡落
꽃 보러갔다 도로 꽃에 마음아파 돌아오네	尋花還爲惜花歸

서거정徐居正 등이 편찬한 『속동문선』 제9권에는 같은 제목으로 작자가 이정李婷으로 수록되어 있다. 다만 셋째 구가 "나는 어제 꽃을 찾았으나 꽃이 다 떨어졌기에我昨尋花花落盡"로 약간 다를 뿐이다. 또한 한치윤韓致奫은 좀 더 구체적으로 이에 대하여 밝히고 있다.

"옛 절에서 꽃을 보다『열조시집列朝詩集』에 이르기를, '『조선시선朝鮮詩選』에는 정정의 성씨가 기록되어 있지 않으니, 이는 조선의 여자이다' 하였고, 『정지거시화』305)에는 이르기를, '정의 시 한 수가 오자어吳子魚의 『조선시선』에 나오는데, 이에 대해 전수지錢受之가 말하기를, 이는 응당 조선의 여자이다'라고 하였다. 그러나 『조선채풍집朝鮮采風集』에도 정의 시를 수집해 기록하면서 정이란 이름 위에 월산대군月山大君306)이라고 썼는데, 이는 동국의 존칭이니, 아마도 민간의 여자는 아닌 듯하다" 하였다. 살펴보건대, 월산대군은 덕종대왕德宗大王의 왕자이다. 그런데도 목재牧齋와 죽타竹坨가 모두 조선의 여자로 의심한 것은 그의 이름이 여자 이름 같아서이다.

봄 무르익은 옛 절에 제비는 날고	春深古寺燕飛飛
깊은 절집 겹문에 찾는 이 드물어	深院重門客到稀
내가 꽃 보러 갈 땐 꽃이 한창 지는 때라	我正尋花花正落
꽃 보러갔다 꽃으로 마음아파 돌아오네	尋花還爲惜花歸"307)

305) 『정지거시화靜志居詩話』; 중국 청나라 주이존朱彛尊이 시설詩說을 모아 기록한 책으로 24권이다.
306) 월산대군月山大君; 이정李婷을 말함.
307) 한치윤, 『해동역사海東繹史』제48권, 「예문지藝文志」, '우리나라 시詩, 본조本朝' 참조. *결구에서 '還'이 『명시종明詩綜』에는 '黷'으로 되어 있다. 『명시종』은 중국 청나라의 주이존朱彛尊이 편찬한 명나라 시집이다.

일타홍一朶紅이란 기명을 가진 기생은 조선시대의 기록에 두 명이 존재한다. 한 명의 일타홍은 조선 건국 초기의 기생 일타홍이다. 세종 초에 경녕군敬寧君이 기생 일타홍과 염문이 문제되어 대간들로부터 여러 번 탄핵받았으나 세종의 비호로 무사하였다는 기록이 보인다. 경녕군은 천성이 어질고, 어려서부터 효도와 우애가 돈독하였으며, 학문에 밝아 양녕讓寧, 효령孝寧 대군과 세종에게 글을 가르쳤으며, 왕실과 국정에 어려움이 있을 때는 충성을 다하여 해결하도록 노력하였다. 세조가 즉위하자 충주로 피하여 여생을 마쳤다. 묘지는 충주 황금산黃金山에 있고, 시호는 제간齊簡이다. 또한, 이수광李睟光이 쓴, 『지봉유설芝峯類說』에는 일타홍이 중국 사신이 왔을 때 접빈하면서 겪은 심한 모멸의 현장을 생생하게 적고 있어 충격적이다.

"태조, 태종조에 중국 사신을 연회에 접대할 때에 여악女樂을 사용하였다. 그래서 명나라 사신 기순祈順이 그의 시에 이르기를, '성조의 교화를 만방이 우러러보아라, 남녀의 강상은 근엄함이 귀중하다네. 聖朝風化萬方瞻, 男女綱常貴謹嚴' 하고, 또 이르기를, '그윽한 약조야 매화꽃과 더불어서 할 일이지, 들꽃 같은 기생으로 정을 부추길 필요가 있겠나. 幽盟只與寒梅共, 不爲閑花別動情' 하므로, 서거정徐居正이 여기에 차운하기를, '본래 우리나라는 옛날의 예법을 따른다네, 감히 여자를 가지고 그대의 뜻을 괴롭히랴. 自是東韓遵古禮, 敢將雲雨惱高情' 하였다. 한편 공용경龔用卿이 사신으로 왔을 때에 기생 일타홍의 자색이 뛰어났는데, 사신이 이를 보고는 기뻐하면서 술이 얼근하여 먹물이 묻은 붓을 집어들고 그의 얼굴에 바르며 희롱을 하였으니, 두 사신의 기상이 이처럼 서로 달랐다."308)

한편, 또 다른 한 명의 기생인 일타홍은 임란을 전후하여 살았다. 그

---

308) 이수광李睟光,『지봉유설芝峯類說』권12,「문장부文章部」, '명시明詩'.

녀는 좌의정을 지낸 명종, 광해년간의 심희수309)와 깊은 정분을 나누어 야사에 회자되는 인물이다. 기생으로 이미 전국적 이름이 나서 금산錦山에서 서울의 내로라하는 재상집 연회에까지 초대될 정도였다. 그녀는 미모로도 뛰어나 『어우야담』 등 여러 기록에 남아 있지만, 이미 시와 가무로도 경지에 올라있었던 것으로 보인다. 심희수는 명문가에서 태어났지만 세 살 때 아버지를 여의고, 엄한 어른이 없이 자라서 벗들과 어울려 노는 것이 일상이었다고 한다. 항간에 떠도는 일화逸話, 기문奇聞이나 이야기꾼의 창작으로 널리 퍼진 단편을 모은, 『청구야담靑邱野談』에 실린 "심희수를 성공하게 만든 기녀得佳妓沈相國成名"란 일화를 보자.

"일송 심희수는 일찍 고아가 되어 배우지 못했다. 어려서부터 오직 호탕한 것만 일삼아 밤낮으로 협사狹斜310)와 청루靑樓311)를 왕래하였고, 공자왕손公子王孫의 잔치, 노래 부르고 춤추는 아리따운 여인의 모임이 열리는 곳마다 찾아가지 않는 곳이 없었다. 쑥대머리 덥수룩한 수염에 떨어진 신발, 헤어진 옷을 입고 있으면서도 조금도 부끄러워하는 기색이 없는지라, 사람들은 모두 그를 미친 아이로 지목하였다.
하루는 권세있는 재상이 베푼 잔치자리에 달려가 기생 가운데 섞여 있었다. 사람들이 침을 뱉고 꾸짖어도 돌아보지 않고, 몰아 내쫓아도 가지 않았다. 기녀 중에 명기 일타홍이라는 이가 있어 금산錦山으로부터 새로 올라왔는데, 용모와 가무가 일세에 독보적이었다. 심동沈童이 그녀의 미색을 연모하여 자리를 붙이고 앉아도 그 기녀는 조금도 싫어하는 기색이 없었다. 일타홍은 추파를 던지며 그의 동정을 가만히 살피더니, 일어나 측간에 간다는 핑계를 대고 일어나더니 손짓으로 심동을 불러냈다. 심동이 일어나 좇아가니, 홍紅이 귀에 대고 말했다.

---

309) 심희수沈喜壽(1548~1622); 자 백구伯懼, 호 일송一松, 수뢰루인水雷累人, 시호 문정文貞인데, 노수신盧守愼의 문인이다. 문장에 능하고 글씨를 잘 썼다. 문집으로『일송집一松集』이 있고, 상주 봉암사鳳巖祠에 제향되었다.
310) 협사狹斜는 기생집인 유각遊閣을 말함.
311) 청루靑樓는 창기의 집. 흔히 '주사청루酒肆靑樓'라고 하며 홍등가紅燈街를 말함.

"댁이 어디신지요?"

심은 아무개 동 몇번째 집이라고 자세히 말해주었다. 홍이 말했다.

"모름지기 먼저 가 계십시오. 첩이 마땅히 뒤따라 곧 가겠으니, 기다려 주십시오. 첩이 신의를 저버리지 않겠나이다."

심동은 기대 이상인 것을 크게 기뻐하며 먼저 집으로 돌아가 먼지를 쓸어내고 그녀를 기다렸다. 날이 미처 저물지 않아 홍은 과연 약속대로 왔다. 심동은 욕정을 이기지 못한 채 홍과 무릎을 맞대고 수작하였다. 한 나이 어린 계집종이 안에서 나오다가 그 광경을 보고 심동의 모부인에게 아뢰었다. 모부인은 그 아들의 광기어린 방탕함을 근심하여, 바야흐로 심동을 불러 꾸짖고자 하니, 홍이 심동에게 말했다.

"급히 동비를 오라 하십시오. 제가 들어가 대부인을 알현하겠나이다."

심동은 그녀의 말을 좇아 동비를 불러 모친에게 통하게 하니, 홍이 안으로 들어가 섬돌 밑에서 모부인에게 절을 올리며 말했다.

"저는 금산에서 새로 온 기녀 아무개입니다. 금일 아무개 재상의 연회에서 마침 귀댁 도령님을 보았습니다. 사람들이 모두 그를 광동으로 지목하였지만, 천첩의 어리석은 견해로는 귀한 대인의 기상이 있는 것을 알 수 있었습니다. 그러나 그의 기운이 크게 거칠어, 색에 굶주린 아귀라 이를만 합니다. 지금 그것을 억제하지 못한다면 장차 사람다운 사람이 되지 못할 지경에 이를 것이니, 그의 기세를 이롭게 인도하는 것보다 좋은 방법이 없습니다. 첩이 오늘부터 도련님을 위하여 가무 화류장花柳場에서 자취를 거두고 도련님과 함께 벼루와 붓과 서적을 주선하여 그에게 성취하는 길이 있기를 바라겠습니다. 부인의 뜻은 어떠하신지요? 첩이 만일 정욕 때문에 이런 말을 하는 것이라면, 하필 가난한 과부댁의 아들을 취했겠습니까? 첩이 비록 곁에서 모셔도 결단코 정 때문에 상하는 일이 없도록 하겠습니다. 그런 점에 대해서는 염려하시지 마십시오."

부인이 말했다.

"우리 아이가 일찍이 아버지를 잃어 학업에 종사하지 않고 오로지 광기어린 방탕한 짓만 일삼았지만, 노친네의 몸으로는 제지할 수가 없는지라, 이 때문에 밤낮으로 마음만 태웠는데, 이제 어디선가 좋은 바람이 불어와 너 같은 가인佳人을 보내었구나. 우리 집의 광동으로 하여

금 성취할 수 있게만 한다면 그것은 진정 막대한 은혜라 이를만 한 것이니, 그에 대해 내가 무슨 혐의를 두겠느냐? 그러나 우리 집은 본래 가난하여 아침 저녁도 잇기 어려운데, 너는 호사한 기녀로서 춥고 배고픔을 능히 참으며 여기에 머무를 수 있겠느냐?"

홍이 말했다.

"그런 것은 조금도 혐의하실 필요 없습니다. 만망하옵건대 염려하지 마십시오."

그날부터 일타홍은 창루娼樓에 발을 끊고 심가沈家에 몸을 숨긴 채, 심동의 건즐巾櫛312) 받드는 것을 처음부터 끝까지 조금치도 태만히 하지 아니하였다. 해 뜨면 심동으로 하여금 책을 끼고 이웃집에 가서 배우도록 하였고, 집에 돌아온 후에는 책상머리에 앉아 저녁부터 새벽까지 공부할 것을 권하였다. 과정을 엄하게 세워놓고 조금이라도 나태한 뜻을 두면 발연히 얼굴빛을 변하여 떠나겠다는 뜻으로 겁을 주어 마음을 움직이게 하니, 심동은 그녀를 사랑하고 두려워하는지라 날마다 정해져 있는 공부를 게을리할 수 없었다. 의혼議婚의 시기에 이르렀어도 심동은 홍 때문에 아내를 취하려고 하지 않았다. 홍이 그 뜻을 알고, 그 연고를 물어보고 엄하게 책망하며 말했다.

"당신은 명가의 자제로 앞길이 만 리인데 어찌 일개 천한 기생 때문에 대륜을 폐하려 하십니까? 첩은 결단코 첩 때문에 집안을 망하게 하고 싶지 않습니다. 첩은 지금 당장 떠나렵니다."

이에 심은 부득이 장가들었다. 홍은 기운을 낮춘 부드러운 목소리로 성실하고 온순하게 마치 노부인 섬기듯 부인을 섬겼다. 심으로 하여금 날짜를 정하게 하여 나흘이나 닷새나 내방內房에 들어가면 하루는 자신의 방에 들어오는 것을 허락하였다. 만약 그 기한을 어기면 반드시 문을 닫고 들이지 않았다. 이와 같이 하여 수년의 세월이 지났다. 공부하는 것을 싫어하는 심생의 마음이 이전보다 배는 심해지게 되었다. 하루는 홍에게 투서投書 하고 누워 말했다.

"네가 비록 수고롭게 공부할 것을 권한들 내가 하고 싶지 않은데 어

---

312) 건즐巾櫛은 원래 수건과 빗을 가리키는데, 세수洗手하고 머리를 빗는 일을 말함. 흔히 '쇄소건즐灑掃巾櫛'로 쓰이는데, 집이나 몸을 거두는 일 따위의 잔 시중을 의미함.

쩔 것이냐!"

홍은 그의 나태한 마음을 말로 타투는 것은 불가능하다는 사실을 헤아리고, 심생이 외출한 틈을 타서 노부인에게 아뢰었다.

"서방님의 책읽기 싫어하는 증세가 요즈음 더욱 심해져 첩의 성의로도 어찌할 도리가 없습니다. 첩은 지금 당장 떠나렵니다. 첩이 떠나는 것은, 그를 격동시키고자 하는 계책입니다. 첩이 비록 문을 나선들, 어찌 영원히 이별하겠습니까? 만약 등과登科했다는 소식을 들으면 마땅히 즉시 돌아오겠나이다."

그러더니 일어나 절을 올리고 작별을 고하였다. 부인이 그녀의 손을 잡으며 말했다.

"네가 온 이후로 우리 집의 광패狂悖한 아이가 엄한 스승을 만난 듯하였고 다행히 몽학蒙學313)을 벗어날 수 있었던 것도 모두 다 너의 힘이었다. 어찌하여 공부에 싫증내는 사소한 일로 우리 모자를 버리고 간다는 것이냐?"

홍은 일어나 빌며 말했다.

"첩도 목석이 아닌데, 어찌 이별하는 고통을 모르겠습니까. 그러나 격동시킬 수 있는 방법은 오직 이 한 길 밖에 없습니다. 서방님이 돌아와서 첩이 떠나며 과거에 급제한 후에 다시 만나겠노라고 기약했다는 말을 들으면 반드시 발분하여 과업에 힘쓸 것입니다. 멀면 육칠 년이요, 가까우면 사오 년 간입니다. 첩도 마땅히 품행을 단정히 하고 거처하여 과거에 급제할 날만을 기다리겠습니다. 바라옵건대 이 뜻으로 서방님에게 전해주십시오. 이것이 제 소망이옵니다."

그리고는 홍은 개연히 문을 나섰다.

그녀는 마침 안사람이 없는 노 재상의 집을 방문하여 그 곳에 한 거처를 얻었는데, 홍은 그 주인인 노 재상을 보고 말하였다.

"저는 죄화罪禍를 입은 집안의 자손으로 진실로 몸을 의탁할 곳이 없으니 비복의 열에 끼워주시기 원하옵나이다. 만약 그렇게만 해주신다면 작은 정성을 바쳐 침석 주선을 삼가 살피겠나이다."

노재상은 그녀가 단정하고 아름답고 총명한 것을 보고 측은하게 여기고 사랑하여 일을 하면서 그 곳에 거처하도록 허락하였다. 홍은 그날

---

313) 몽학蒙學은 어린이들의 공부.

로부터 주방에 들어가 음식을 지극히 맛있게 갖추어 그의 식성에 알맞
도록 하니 노재상은 더욱 더 그녀를 기특하게 여기고 사랑하였다. 노재
상이 말했다.

"늙은이가 기박한 운명으로 다행히도 너 같은 자를 만나 음식이 입
에 맞고 의복이 몸에 편하여 이제 의지할 곳이 있게 되었구나. 나는 이
미 너에게 마음을 주었고, 너 또한 성의를 다하니 지금부터 부녀의 정
을 맺는 것이 좋겠다."

그리고는 인하여 홍을 안채로 들어와 거처하게 하고 딸로 호칭하였
다. 심생이 귀가하니 홍은 이미 간 곳이 없었다. 괴이하게 여긴 심생이
그 까닭을 물으니 모부인이 홍이 이별에 임하여 했던 말을 전하며 책망
했다.

"네가 공부하기를 싫어하는 것 때문에 이런 지경에 이르렀다. 장차
무슨 면목으로 세상에 서겠느냐? 그 애가 이미 네가 등과하는 날로 다
시 만날 기약을 하였으니, 그 애의 사람됨으로는 반드시 식언할 리 없
다. 만일 네가 급제하지 못한다면 다음 생에서 그 애를 다시 만날 기약
이 없을 것이다. 그러니 다만 네가 잘 생각해서 해라."

심생은 그 말을 듣고 번민하며, 마치 잃어버린 것이 있는 듯하였다.

며칠 동안을 경성 안 밖을 두루 찾아다녔지만 끝내 종적을 찾을 수
없었다. 이에 마음으로 맹서하며 말했다.

"한 여자에게 버림을 당했으니, 무슨 면목으로 사람을 대하겠는가!
그녀가 이미 내가 등과한 후 상봉하겠다는 기약을 하였으니 내 마땅히
각고하여 과거공부를 해 고인과 상봉할 입지로 삼으리라. 만약 과거에
급제하지 못해 약속한바 대로 되지 않으면 살아서 또한 무엇하겠는가!"

마침내 두문불출하고 손님도 사절한 채 밤낮으로 쉬지 않고 독서하
였다. 겨우 수년이 지나 용문龍門314)에 합격하였다. 심생이 신은新恩으
로 유가遊街315)하는 날에 선진先進들을 두루 방문하였다. 노 재상은 곧
심생의 부집父執316)이었다. 길을 지나다가 배알하니 노재상이 흔연하

---

314) 용문龍門은 명성이 좋은 것. 여기에서는 과거급제를 말함.
315) 유가遊街는 급제자가 광대를 데리고 풍악을 잡히고, 좌주座主, 선진자先進者, 친척들을 찾아보던 일. 대개 방榜이 붙은 뒤 사흘에 걸쳐 행하였음.
316) 부집父執은 아버지의 친구로 나이가 비슷한 어른.

게 그를 맞이하였다. 고금의 이야기를 나누며, 심생은 그곳에 머물러 노 재상과 더불어 조용히 말을 나누었다. 이윽고 안으로부터 음식을 차려 내왔다. 신은이 밥상의 그릇에 담긴 반찬을 보더니 추연하게 얼굴빛이 변했다. 노 재상이 이를 이상하게 여겨 물어보니, 심은 마침내 홍에 관한 전말을 자세히 이야기해주고 또 말했다.

"각고하여 공부한 결과 과거에 급제하게 된 것도 전적으로 고인과 상봉하기 위한 입지 때문이었습니다. 그런데 지금의 찬품을 보니 완연하게 홍이 한 바와 같습니다. 그래서 스스로 상심했던 것입니다."

노 재상이 그녀의 나이 및 생김새에 대해 묻고 말했다.

"나에게 한 양녀가 있는데 어느 곳에서 왔는지 알지 못했네. 그 아이가 바로 홍이 아닌가 싶네."

노 재상의 말이 미처 끝나기도 전에 어떤 가인佳人이 갑자기 뒷창을 열고 뛰어 들어와 심생을 껴안고 통곡했다. 심생이 일어나 주인에게 절하며 말했다.

"어르신께서는 이제 불가불 이 여자를 시생侍生317)에게 허락하셔야겠습니다."

주인이 말했다.

"내가 죽을 나이에 다행히 이 아이를 얻어 의지하며 살다가 명을 다할까 하였는데, 이제 만약 보내기를 허락한다면, 이 늙은이는 마치 좌우의 손을 잃은 듯 할 것이네. 그러나 비록 일이 난처하게 되었지만 그 일이 매우 기특하고 서로 사랑하는 것이 이와 같으니 내 어찌 차마 허락하지 않겠는가?"

심생은 일어나 절하고 거듭거듭 감사하다고 말했다. 날이 저물어 어두어지자, 심생은 홍과 함께 한 말을 타고 횃불로 길을 인도하여 갔다. 집의 문 앞에 당도하자 심생은 급한 목소리로 모부인을 부르며 말했다.

"홍랑이 왔습니다. 어머니, 홍랑이 왔습니다!"

모부인은 기쁨을 이기지 못하여 중문中門 안까지 나와 홍의 손을 잡고 계단을 올라갔다. 당우堂宇318)에는 기쁨이 넘쳐흐르고, 이전의 좋았

---

317) 시생侍生은 곁에서 모시는 사람이라는 뜻으로 웃어른에게 자기를 낮추는 말.
318) 당우堂宇는 정당正堂과 옥우屋宇. 대청이 있는 큰 집과 규모가 작은 집을 통틀어 이르는 말.

었던 관계를 다시 잇게 되었다. 심은 후에 천관랑天官郞319)이 되었다. 하루 저녁은 홍이 옷깃을 여미면서 말했다.

"첩의 한줄기 마음은 오로지 나으리의 성취만을 위하느라고 십 년 동안 생각이 다른 것에 미치지 못하였는지라, 고향에 계시는 부모님의 안부 또한 들을 겨를이 없었습니다. 이것이 첩의 마음을 아프게 합니다. 나으리는 이제 의당 할 수 있는 지위에 이르렀으니 바라옵건대 첩을 위해 금산 수령이 되시어, 첩으로 하여금 부모님을 생전에 만나뵐 수 있도록 해주십시오. 그렇다면 지극한 한을 다 할 수 있겠습니다."

심이 말했다.

"그것은 지극히 쉬운 일이네."

이에 심은 걸군乞郡320)하는 소疏를 지었다. 그 결과 금산 원님이 되어 홍을 데리고 함께 금산으로 내려갔다. 부임하는 날에 홍 부모의 안부를 물으니 그들은 모두 무고하였다. 사흘이지난 후 홍이 관부官府로부터 술과 음식물을 성대하게 갖추어 지극히 풍부하게 하여 부모에게 주면서 말했다.

"관부는 사실私室과 다르고 관가의 내권內眷(아내)도 다른 사람들과 더욱 다릅니다. 부모형제가 혹시라도 인연하여 빈번하게 자주 출입하신다면 사람의 말을 불러들여 관정官政에 누를 끼칠 것입니다. 저는 이제 관아에 한번 들어가면 다시 나올 수 없을 것이며, 또한 자주자주 상통할 수도 없을 것입니다. 제가 서울에 있는 것처럼 아시고, 다시는 왕래상통하지 마시어 내외지분內外之分을 엄숙하게 해주십시오."

그리고 작별을 고하고 들어간 후로는 한 번도 외부와 상통하지 않았다. 거의 반년이 지난 어느 날 내실의 계집종이 심에게 소실小室의 뜻을 가지고와 잠깐 들어오시라고 청하였다. 심은 그때 마침 공무가 있어 곧바로 일어나 가보지 못하였는데, 계집종이 연속해 와서 청하였다. 공이 이를 이상하게 여기고 안으로 들어가 살피니, 홍이 새로 지은 의상을 입고, 새로 지은 침석을 펴고, 별다른 질양疾痒321)은 없는데도, 얼굴

---

319) 천관랑天官郞은 이조의 낭관. 육조 중 으뜸이라는 뜻으로 이조吏曹를 천관天官이라고 일컬음.
320) 걸군乞郡은 노부모를 봉양하기 위해 고향의 수령이 될 것을 주청奏請하던 일.
321) 질양疾痒; 고통. 아픔과 가려움.

에 몹시 슬프고 애달픈 빛을 띠고 말했다.

"오늘은 첩이 나으리와 영결永訣하고, 장서長逝322)해야 할 날인 것 같습니다. 원하옵건대 나리께서는 보중保重하시어 영귀榮貴를 오래토록 누리시고, 첩으로 병을 품지 마십시오. 첩의 유체는 나으리의 선영 아래에 반장返葬323) 시켜주십시오. 이것이 저의 소원이옵니다."

말을 마치더니 갑자기 죽었다. 공은 통곡하며 말했다.

"나의 출외出外는 다만 낭자를 위했기 때문이었소. 이제 그대가 이미 신사身死했으니 내가 어찌 여기에 홀로 남아 있겠소."

곧 글을 올려 도체圖遞324)하고, 그녀의 널과 함께 동행하였다. 금강錦江에 이르자, 심생은 일타홍의 죽음을 애도하는 시를 지었다.

일타 홍운이 상여에 실렸으니	一朶紅雲載柳車
꽃다운 혼은 어디서 또 서성이나	芳魂何處更踟躕
금강의 가을비 붉은 명정을 적시니	錦江秋雨丹旌濕
미인과 이별하며 흘린 눈물 아닐런지	疑是佳人別淚餘325)

『청구야담』에 전하는 일화대로 젊은 한 때 방탕했던 일송의 유락遊樂 행각은 늘그막에 이르러서도 장난기어린 이런 시를 남긴 것으로 보아, 상상이 간다.

장난삼아 읊다	戲吟
아침마다 계집종을 희롱하여	朝朝弄侍婢
집 사람이 알리라곤 생각하지 않았는데	不謂室人知

---

322) 장서長逝는 영원히 가서 돌아오지 않는다는 뜻으로 사망을 빙 둘러서 완곡하게 이르는 말.
323) 반장返葬은 객지에서 죽은 이의 시체를 제가 살던 곳이나 고향으로 옮겨 장사를 지냄.
324) 도체圖遞는 자기 스스로 벼슬이 바뀌기를 꾀함.
325) 『청구야담靑邱野談』, 「심희수를 성공하게 만든 기녀得佳妓沈相國成名」.

| 어쩌다가 쓸데없이 소식이 새나가 | 偶泄閒消息 |
| 하얗게 센 백발이 부끄럽네 | 還慙白髮垂 |

    심희수는 스물한 살에 진사시에 급제하고, 스물다섯 살에 문과에 급제하여 일타홍과 다시 만났다. 그 뒤로 다시 십 년이 흘러 그는 서른다섯 살 되던 해에 죄를 얻은 허균의 형인 허봉許筠을 두둔하다가 금산錦山 군수로 좌천되었다. 허봉이 옥당에 있으면서 차자를 올려 이이李珥를 논했다가 죄를 얻어 귀양갔다. 심희수가 일찍이 이이의 덕행을 칭찬했으면서도 이때에 와서 주상의 뜻을 떠보아 허봉을 구하려고 전후로 말을 서로 다르게 했다고 생각하여, 그를 좌천시킨 것이다. 『조선왕조실록』 광해군 14년에 '김희수의 졸기卒記'에 이러한 내용이 실려 있다.

■ 전 좌의정 심희수의 졸기

    "전 좌의정 심희수가 죽었다. 심희수의 자는 백구伯懼이고, 호는 일송으로 청성백靑城伯 심덕부沈德符의 후예이며 인순왕후仁順王后의 사촌 아우이다. 용모가 아름다웠고 우스개를 잘하였으며, 재주가 남들보다 뛰어났고 전고典故를 잘 알아서, 문학적 재능이 어려서부터 일찍 이루어졌다. 정승 노수신盧守愼은 바로 그의 아버지와 동서 사이였는데, 그를 아주 세밀히 살펴보고는 동생의 딸로 아내를 삼게 하였다. 융경隆慶 임신년(1572, 선조5년)에 과거에 급제한 뒤 두드러진 벼슬을 두루 거쳤다. 그가 계미년(1583, 선조16년)에 서당에 있으면서 연꽃에 대해서 읊은 율시 한 수가 있는데, 그 내용은 다음과 같다.

풍류객이 언제 이 연못을 팠던가	才子何年鑿小池
지붕 끝 밝은 달이 네 모습 비추네	屋樑明月見容姿[326]
따뜻한 좋은 계절 단비 많이 내릴 때	陽和令節多甘澍

---

[326] 두보杜甫의 '몽이백夢李白' 시에서 인용한 것으로, 두보가 지붕의 달을 보고 이백을 그리워하듯이 자신도 허봉을 그리는 마음을 부회한 것임.

| 금계가 대궐에 내려오는 걸 보겠지 | 會見金雞327)下玉墀 |

이때에 허봉許封이 옥당에 있으면서 차자를 올려 이이를 논했다가 죄를 얻어 귀양갔다. 상은, 심희수가 일찍이 이이의 덕행을 칭찬했으면서도 이때에 와서 주상의 뜻을 떠보아 허봉을 구하려고 전후로 말을 서로 다르게 했다고 생각하여, 그를 금산錦山 군수로 내보냈다.

그는 사람됨이 깨끗하여 흠이 적었으나 화합하기를 좋아하여 결단성이 부족하였으므로 두 번 이조 판서를 맡는 동안 시속에 아첨한다는 비난을 면치 못하였다. 그러나 스스로 몸가짐이 맑고 간소하였으며, 오직 시와 술로 스스로를 즐기고 좀처럼 집안일을 경영하지 않아 담장이 무너져도 돌보지 않았다. 일찍이 사복시 제조를 겸하고 있었는데, 자신에게 바치는 하인을 끝까지 받지 않았다. 이에 사복시에서는 이 내용을 들보에다 써서 걸어 놓아 그의 맑은 절개를 드러냈고, 선조宣祖는 일찍이 그를 염근리廉謹吏328)로 기록하고 홍문관과 예문관의 대제학으로 제수하였다.

갑진년 정승이 된 뒤에는 능히 스스로 주장을 세워 바른 의논을 견지하며 아첨하지 않았다. 선조 말년 정월 초하루에 일식이 일어나자 차자를 올려 잘잘못을 진달하고, 아울러 왕자 임해군臨海君이 유희서柳熙緖를 죽인 옥사사건을 언급하였다. 이로 말미암아 상의 뜻을 거슬러 지위에서 물러나게 되었다.

광해군 무신년 다시 정승이 되어 옥사를 다루면서 많은 사람을 구하고 살렸다. 허균이 나라가 무함받은 것을 변무한 일로 인해 종묘에 고하는 일에 대해 논한 것이 이이첨을 크게 거슬러서 탄핵을 받았다. 김직재金直哉의 변 때에 정경세鄭經世가 무고를 받아 체포되었는데, 희수가 일찍이 그에게 보낸 편지에서 당시의 정사를 극도로 말했는데 그 서신이 발견되어 마침내 죄를 얻어 관직을 삭탈당하고 도성문 밖으로

---

327) 조정에서 사면령을 반포하는 날은 금계金鷄를 꽂은 장대를 대궐 문에 설치하였다. 『수서隋書』, 「형법지刑法志」이 시에서는 은택이 가득한 치세에 허봉에 대한 사면령이 내릴 것을 기대한 것임.
328) 청렴淸廉하고 결백潔白한 관리. 숙종 20년(1694)에 죽은 사람은 '청백리'라 하고 생존한 사람은 '염근리廉謹吏'라 하였다.

내쫓겼다. 기미년에 심하深河의 전투329)에서 패한 소식이 도착하자 마침내 사면을 받았다. 이에 당시에는 이덕형李德馨과 이항복李恒福에 버금가는 자로 일컬어졌다.

　　기미년에 다시 서용되었는데, 그 뒤에는 성 밖에서 우거하며 서울의 집에는 들어오지 않고 여러 차례 치사할 것을 청하다가 이때에 이르러 죽었다. 평소에 지은 문장이 매우 많았으나 문호門戶를 세우지 않고 체격體格이 꽤 부족해서 크게 전해지지는 않았다." 330)

　　금산은 일타홍의 고향이다. 그런데 일타홍은 금산에서 병에 걸려 마지막 숨을 거두며 유언을 남겼다. '인생의 생사 장단은 한 가지이며 군자에게 은혜와 사랑을 받아 한이 없다. 낭군의 옆에 뼈가 묻혀 지하에서 다시 만나 모시는 게 소원이다.' 그리고 시 한 수를 남겼는데, '상월賞月'이라는 절명시絶命詩이다. 이는 죽기 전에 마지막으로 읊은 시로 참시讖詩이다. 자기의 죽음을 예견한 듯, 초승달을 보며, 생애를 적신 마지막 회한의 눈물을 훔쳤으리라.

하늘 높이 솟은 초승달 또렷한데	靜靜新月最分明
한 조각 금빛은 만고에 맑았어라	一片金光萬古淸
끝없는 세간에도 오늘밤 달 밝아	無限世間今夜望
인생 백년에 근심과 즐거움 그 얼마인가	百年憂樂幾人情

　　이 시 한수를 남기고 일송이 사랑하는 여인 일타홍은 눈을 감았다. 시신은 당시에 양반이 손수 염하여 기생첩을 귀장歸葬331)하는 예禮는 없

---

329) 심하전투深河戰鬪; 광해군 11년(1619) 조선과 명의 연합군이 만주의 심하 부차 富車에서 후금後金의 군대와 싸우다가 패배한 전투. 부차전투富車戰鬪라고도 한다.
330) 『조선왕조실록』, 광해군 14년 임술(1622,천계 2), 5월17일 (임자).
331) 귀장歸葬; 타향에서 죽은 사람의 시신을 고향에 모시고와 장사지내는 일.

| 금계가 대궐에 내려오는 걸 보겠지 | 會見金雞327)下玉墀 |

　　이때에 허봉許封이 옥당에 있으면서 차자를 올려 이이를 논했다가 죄를 얻어 귀양갔다. 상은, 심희수가 일찍이 이이의 덕행을 칭찬했으면서도 이때에 와서 주상의 뜻을 떠보아 허봉을 구하려고 전후로 말을 서로 다르게 했다고 생각하여, 그를 금산錦山 군수로 내보냈다.

　　그는 사람됨이 깨끗하여 흠이 적었으나 화합하기를 좋아하여 결단성이 부족하였으므로 두 번 이조 판서를 맡는 동안 시속에 아첨한다는 비난을 면치 못하였다. 그러나 스스로 몸가짐이 맑고 간소하였으며, 오직 시와 술로 스스로를 즐기고 좀처럼 집안일을 경영하지 않아 담장이 무너져도 돌보지 않았다. 일찍이 사복시 제조를 겸하고 있었는데, 자신에게 바치는 하인을 끝까지 받지 않았다. 이에 사복시에서는 이 내용을 들보에다 써서 걸어 놓아 그의 맑은 절개를 드러냈고, 선조宣祖는 일찍이 그를 염근리廉謹吏328)로 기록하고 홍문관과 예문관의 대제학으로 제수하였다.

　　갑진년 정승이 된 뒤에는 능히 스스로 주장을 세워 바른 의논을 견지하며 아첨하지 않았다. 선조 말년 정월 초하루에 일식이 일어나자 차자를 올려 잘잘못을 진달하고, 아울러 왕자 임해군臨海君이 유희서柳熙緖를 죽인 옥사사건을 언급하였다. 이로 말미암아 상의 뜻을 거슬러 지위에서 물러나게 되었다.

　　광해군 무신년 다시 정승이 되어 옥사를 다루면서 많은 사람을 구하고 살렸다. 허균이 나라가 무함받은 것을 변무한 일로 인해 종묘에 고하는 일에 대해 논한 것이 이이첨을 크게 거슬러서 탄핵을 받았다. 김직재金直哉의 변 때에 정경세鄭經世가 무고를 받아 체포되었는데, 희수가 일찍이 그에게 보낸 편지에서 당시의 정사를 극도로 말했는데 그 서신이 발견되어 마침내 죄를 얻어 관직을 삭탈당하고 도성문 밖으로

---

327) 조정에서 사면령을 반포하는 날은 금계金雞를 꽂은 장대를 대궐 문에 설치하였다.『수서隋書』,「형법지刑法志」이 시에서는 은택이 가득한 치세에 허봉에 대한 사면령이 내릴 것을 기대한 것임.
328) 청렴淸廉하고 결백潔白한 관리. 숙종 20년(1694)에 죽은 사람은 '청백리'라 하고 생존한 사람은 '염근리廉謹吏'라 하였다.

내쫓겼다. 기미년에 심하深河의 전투329)에서 패한 소식이 도착하자 마침내 사면을 받았다. 이에 당시에는 이덕형李德馨과 이항복李恒福에 버금가는 자로 일컬어졌다.
　기미년에 다시 서용되었는데, 그 뒤에는 성 밖에서 우거하며 서울의 집에는 들어오지 않고 여러 차례 치사할 것을 청하다가 이때에 이르러 죽었다. 평소에 지은 문장이 매우 많았으나 문호門戶를 세우지 않고 체격體格이 꽤 부족해서 크게 전해지지는 않았다." 330)

　금산은 일타홍의 고향이다. 그런데 일타홍은 금산에서 병에 걸려 마지막 숨을 거두며 유언을 남겼다. '인생의 생사 장단은 한 가지이며 군자에게 은혜와 사랑을 받아 한이 없다. 낭군의 옆에 뼈가 묻혀 지하에서 다시 만나 모시는 게 소원이다.' 그리고 시 한 수를 남겼는데, '상월賞月'이라는 절명시絶命詩이다. 이는 죽기 전에 마지막으로 읊은 시로 참시讖詩이다. 자기의 죽음을 예견한 듯, 초승달을 보며, 생애를 적신 마지막 회한의 눈물을 훔쳤으리라.

하늘 높이 솟은 초승달 또렷한데	靜靜新月最分明
한 조각 금빛은 만고에 맑았어라	一片金光萬古淸
끝없는 세간에도 오늘밤 달 밝아	無限世間今夜望
인생 백년에 근심과 즐거움 그 얼마인가	百年憂樂幾人情

　이 시 한수를 남기고 일송이 사랑하는 여인 일타홍은 눈을 감았다. 시신은 당시에 양반이 손수 염하여 기생첩을 귀장歸葬331)하는 예禮는 없

---

329) 심하전투深河戰鬪; 광해군 11년(1619) 조선과 명의 연합군이 만주의 심하 부차富車에서 후금後金의 군대와 싸우다가 패배한 전투. 부차전투富車戰鬪라고도 한다.
330) 『조선왕조실록』, 광해군 14년 임술(1622,천계 2), 5월17일 (임자).
331) 귀장歸葬; 타향에서 죽은 사람의 시신을 고향에 모시고와 장사지내는 일.

| 금계가 대궐에 내려오는 걸 보겠지 | 會見金雞327)下玉墀 |

　이때에 허봉許封이 옥당에 있으면서 차자를 올려 이이를 논했다가 죄를 얻어 귀양갔다. 상은, 심희수가 일찍이 이이의 덕행을 칭찬했으면서도 이때에 와서 주상의 뜻을 떠보아 허봉을 구하려고 전후로 말을 서로 다르게 했다고 생각하여, 그를 금산錦山 군수로 내보냈다.

　그는 사람됨이 깨끗하여 흠이 적었으나 화합하기를 좋아하여 결단성이 부족하였으므로 두 번 이조 판서를 맡는 동안 시속에 아첨한다는 비난을 면치 못하였다. 그러나 스스로 몸가짐이 맑고 간소하였으며, 오직 시와 술로 스스로를 즐기고 좀처럼 집안일을 경영하지 않아 담장이 무너져도 돌보지 않았다. 일찍이 사복시 제조를 겸하고 있었는데, 자신에게 바치는 하인을 끝까지 받지 않았다. 이에 사복시에서는 이 내용을 들보에다 써서 걸어 놓아 그의 맑은 절개를 드러냈고, 선조宣祖는 일찍이 그를 염근리廉謹吏328)로 기록하고 홍문관과 예문관의 대제학으로 제수하였다.

　갑진년 정승이 된 뒤에는 능히 스스로 주장을 세워 바른 의논을 견지하며 아첨하지 않았다. 선조 말년 정월 초하루에 일식이 일어나자 차자를 올려 잘잘못을 진달하고, 아울러 왕자 임해군臨海君이 유희서柳熙緖를 죽인 옥사사건을 언급하였다. 이로 말미암아 상의 뜻을 거슬러 지위에서 물러나게 되었다.

　광해군 무신년 다시 정승이 되어 옥사를 다루면서 많은 사람을 구하고 살렸다. 허균이 나라가 무함받은 것을 변무한 일로 인해 종묘에 고하는 일에 대해 논한 것이 이이첨을 크게 거슬러서 탄핵을 받았다. 김직재金直哉의 변 때에 정경세鄭經世가 무고를 받아 체포되었는데, 희수가 일찍이 그에게 보낸 편지에서 당시의 정사를 극도로 말했는데 그 서신이 발견되어 마침내 죄를 얻어 관직을 삭탈당하고 도성문 밖으로

---

327) 조정에서 사면령을 반포하는 날은 금계金雞를 꽂은 장대를 대궐 문에 설치하였다.『수서隋書』,「형법지刑法志」이 시에서는 은택이 가득한 치세에 허봉에 대한 사면령이 내릴 것을 기대한 것임.
328) 청렴淸廉하고 결백潔白한 관리. 숙종 20년(1694)에 죽은 사람은 '청백리'라 하고 생존한 사람은 '염근리廉謹吏'라 하였다.

내쫓겼다. 기미년에 심하深河의 전투329)에서 패한 소식이 도착하자 마침내 사면을 받았다. 이에 당시에는 이덕형李德馨과 이항복李恒福에 버금가는 자로 일컬어졌다.

　기미년에 다시 서용되었는데, 그 뒤에는 성 밖에서 우거하며 서울의 집에는 들어오지 않고 여러 차례 치사할 것을 청하다가 이때에 이르러 죽었다. 평소에 지은 문장이 매우 많았으나 문호門戶를 세우지 않고 체격體格이 꽤 부족해서 크게 전해지지는 않았다." 330)

　금산은 일타홍의 고향이다. 그런데 일타홍은 금산에서 병에 걸려 마지막 숨을 거두며 유언을 남겼다. '인생의 생사 장단은 한 가지이며 군자에게 은혜와 사랑을 받아 한이 없다. 낭군의 옆에 뼈가 묻혀 지하에서 다시 만나 모시는 게 소원이다.' 그리고 시 한 수를 남겼는데, '상월賞月'이라는 절명시絶命詩이다. 이는 죽기 전에 마지막으로 읊은 시로 참시讖詩이다. 자기의 죽음을 예견한 듯, 초승달을 보며, 생애를 적신 마지막 회한의 눈물을 훔쳤으리라.

하늘 높이 솟은 초승달 또렷한데	靜靜新月最分明
한 조각 금빛은 만고에 맑았어라	一片金光萬古淸
끝없는 세간에도 오늘밤 달 밝아	無限世間今夜望
인생 백년에 근심과 즐거움 그 얼마인가	百年憂樂幾人情

　이 시 한수를 남기고 일송이 사랑하는 여인 일타홍은 눈을 감았다. 시신은 당시에 양반이 손수 염하여 기생첩을 귀장歸葬331)하는 예禮는 없

---

329) 심하전투深河戰鬪; 광해군 11년(1619) 조선과 명의 연합군이 만주의 심하 부차富車에서 후금後金의 군대와 싸우다가 패배한 전투. 부차전투富車戰鬪라고도 한다.
330) 『조선왕조실록』, 광해군 14년 임술(1622, 천계 2), 5월17일 (임자).
331) 귀장歸葬; 타향에서 죽은 사람의 시신을 고향에 모시고와 장사지내는 일.

었으나, 일송은 다른 빌미를 대어 고향의 선영에다 장사지냈다. 일설에는, 그가 군수직을 사직하고 장례를 치렀다고도 한다. 심희수가 일타홍의 상여를 상차喪車에 싣고 금강나루에 다다랐을 때, 마침 봄비가 내렸다. 부슬부슬 비가 내리자, 일타홍의 관을 덮은 붉은 명정銘旌이 젖는 모습을 애처로이 바라보면서 일송은 시 한 수를 읊었다. 그 시가 유명한 '망자를 애도하며有悼'이다.

한 떨기 연꽃이 상여에 실려 있는데	一朶芙蓉載柳車
향기로운 영혼은 어딜 가려 머뭇거리나	香魂何處去躊躇
금강의 봄비에 붉은 명정 젖어드니	錦江春雨丹旌濕
아마도 고운 임 남은 이별 눈물 아닌지	疑是佳人別淚餘

심희수의 묘는 고양시 원흥동 구석말 마을 청송심씨 묘역에 정경부인貞敬夫人 광주光州 오씨吳氏의 묘와 쌍분으로 되어 있다. 봉분 앞에는 숙종 1년(1675)에 세운 묘비가 있는데 앞면에 '의정부좌의정 일송선생지묘 정경부인광주오씨부좌議政府左議政一松先生之墓貞敬夫人光州吳氏祔左'라 표기되어 있다. 그런데 봉분의 좌측에는 단이 하나 만들어져 있는데 1983년 세워진 오석의 비 앞면에는 '일타홍금산이씨지단一朶紅錦山李氏之壇'이라 표기되어 있으며 뒷면에는 일타홍 유시遺詩와 일송공一松公 만장시輓章詩가 나란히 새겨져 있어 두 사람의 애틋한 사랑이 지금도 전하고 있다. 일타홍의 다른 시 한 수를 보자.

장마	長霖
열흘 긴 장마 개일 기미 없는데	十日長霖若未晴
고향을 오가는 꿈 놀라서 깨어났네	鄕愁蠟蠟夢魂驚
옛 동네 눈에 아른아른 길은 천리라	中山在眼如千里

솟은 난간에 팔 괴어 가는 길 그려보네　　　　　　墄然危欄默數程

　구질게 내리는 비에 고향을 찾는 꿈을 꾸었나보다. 아른거리는 고향 가는 길, 현실은 항상 고달프고, 갈망은 눈물겹지만, 꿈속은 달디달다. 그러나 꿈을 깬 그 자리가, 허전하다. 한편, 일타홍의 '장마'란 시는 영조 때 관북기생인 취련翠蓮의 '함흥 북영에서 비에 막혀咸興滯雨北營'란 시와 첫구는 같고, 뒤의 세 구는 거의 흡사하다. 아마도 누구의 작품인지, 후세 사람들의 착간錯簡인 듯하다. 아래에서 비교해보자.

　　열흘이 되도록 궂은 비 개지 않아　　　　　十日長霖苦未晴
　　향수에 지쳐 꿈속에서 놀라네　　　　　　　鄕愁黯黯夢中驚
　　고향산천 천 리인 듯 눈에 들어오건만　　　故山在眼如千里
　　높다란 난간에 기대 가는 길 그려보네　　　憔倚危欄默數程

　동정춘洞庭春은 조선 중기 평양에서 활동한 기생이다. 당시에 평안도 함경도 등의 기생은 서울로 들어오는 것이 국법으로 금지되어 있었다. 동정춘은 심수경332)에 대한 지순한 사랑을 간직한 채 심수경을 그리워하다가 요절한 기생이다. 동정춘은 죽을 때 친척에게 "내가 죽거든 내 묘에 반드시 '직제학 심수경 첩의 묘'라고 써달라"고 유언을 남겼다 한다. 심수경의 『견한잡록遣閑雜錄』에는 자신이 편력한 기생에 관한 화제가 세 편 실려 있다. 심심풀이 자료로 심수경이 사실적으로 쓴 이 책은

---

332) 심수경沈守慶(1516~1599); 조선 전기의 문신, 본관 풍산豊山, 자 희안希安, 호 청천당聽天堂, 청백리에 녹선. 1592년 임진왜란 당시 삼도체찰사三道體察使가 되어 의병을 모집, 이듬해 영중추부사領中樞府事, 선조 경인년에 우의정이 되니, 나이 75세였다. 1598년 치사致仕하여 안양시 동안구 비산동에 퇴로정退老亭이란 정자를 짓고 살았다. 기로사耆老社에 들어 84세에 죽었다. 시호는 문청文淸. 『상제잡의喪祭雜儀』, 『견한잡록遣閑雜錄』, 『귀전창수歸田唱酬』, 저서 『청천당시집聽天堂詩集』, 『청천당유한록聽天堂遺閑錄』.

아마 일흔다섯 살 이후 벼슬을 내놓은 다음에 지은 것으로 여겨진다. 수록된 화제는 모두 예순아홉 편인데 세 편의 화제333)가 기생에 관한 사실을 적은 것이다.

"가정嘉靖 신해년(1551, 명종 6) 가을 내가 이부랑吏部郎으로 관서지방에 사신의 명을 받들고 갔을 때 기성箕城334)의 기생 동정춘과 정을 나누다가 조정에 돌아왔는데, 그 후 동정춘이 편지를 보내기를, "님을 사모하나 보지 못하니, 생이별의 고통을 견디지 못하겠소. 차라리 죽어서 함께 묻히기라도 바라니, 멀지 않아 선연동嬋娟洞으로 가겠나이다." 하였다. 선연동은 기성 칠성문七星門 밖에 있는 곳으로, 평양 기생이 죽으면 모두 여기에 장사지낸다. 내가 장난삼아 한 구를 지어 보냈다.

종이 가득 쓴 글 다 맹세한 말이니	滿紙縱橫摠誓言
나도 훗날 저승서 만나기로 기약하네	自期他日共泉原
장부도 한 번 죽음 면하기 어려우니	丈夫一死終難免
마땅히 선연동에 혼이 되리라	當作嬋娟洞裏魂

얼마 되지 않아 동정춘이 병으로 죽었는지라, 내가 장난삼아 다시 율시 한 수를 지었더니, 벗들이 보고서 웃었다.

생이별에 길이 슬픔에 젖으니	生別長含惻惻情
어이 사별 할 줄 알았으리 목이 매이네	那知死別忽吞聲
부음 듣자마자 간장이 찢어지는 듯	乍聞凶訃腸如裂
음성과 용모 찬찬히 떠올리니 눈물 흐르네	細憶音容淚自傾
편지가 몇 번이나 패수에서 왔지마는	書札幾曾來浿水
꿈에도 기성에는 가질 못하였네	夢魂無復到箕城

---

333) 심수경沈守慶, 『견한잡록遣閑雜錄』, 예순아홉 편의 화제 중 세 편의 화제가 기생에 관한 것이다. 45제; '벼슬가면 기생이 수청 든다' 46제; '내가 기생 동정춘과 좋아하다', 47제; '전주에서 금개와 한 달 살다'.
334) 기성箕城은 평양의 옛 별호.

선연동 묻힌다는 농담이 예언이 되었으니   嬋娟戲語還成讖
저승서 함께 지내잔 맹세 저버려 부끄럽네   愧我泉原負舊盟"335)

    목계木溪 강혼336)은 젊은 시절 한때 진주관기와 사랑을 나누었다. 그가 기녀와 사랑에 빠질 무렵 진주 목사가 새로 부임해 왔다. 신임 목사가 기녀를 점고하는데 그 기생이 목사의 눈에 들어 수청을 들게 되었다. 수청을 들기 위해 가는 기녀의 소맷자락을 부여잡고 강혼은 시 한 수를 소매에 써주었다. 소맷자락에 쓰인 시를 발견한 목사는 그 연유를 물었다. 사또는 시를 보고 그의 글재주와 호기에 마음이 끌려 기생을 되돌려주고자 작정하였다. 진주관기를 사랑한 강혼의 사연은 그의 문집인『목계일고木溪逸藁』337)에서 실마리를 찾을 수 있다. 이 문집은 강혼의 매제

---

335) 심수경沈守慶, 같은 책.
336) 강혼姜渾(1464~1519); 조선 중기의 문신, 본관 진주, 자 사호士浩, 호 목계木溪. 김종직金宗直의 문인으로, 무오사화가 일어나자 유배되었다가 풀려나서 뛰어난 문장으로 연산군의 총애를 받아 도승지가 되었다. 1506년 중종반정에 참여하여 진천군晉川君에 봉해졌다. 그뒤 대제학·공조판서·우찬성·판중추부사를 거쳤다. 시문에 뛰어나 당대에 이름을 떨쳤다. 저서『목계일고木溪逸藁』, 시호 문간文簡.
337) 목계자木溪子 강혼姜渾(1464~1519)의 문집. 1910년 진주에서 2권 1책의 활자본으로 간행. 권1은 제가의 문집 및 묘갈, 패관시화 등에서 저자의 시 열아홉 수 제목, 서序, 발跋 네 편, 구묘문丘墓文 아홉 편을 모은 것이다. 영남 지방의 누정에 지은 시를 비롯하여 은대선銀臺仙 등 기생에게 준 시 및 연산군의 칭상稱賞을 받은 응제시 등이 있다. 그밖에 '이륜행실도서二倫行實圖序'와 이륙李陸, 조여趙旅, 권오복權五福 문집의 서序와 발跋이 있으며, 묘도 문자가 수록되어 있다. 권2는 부록으로 국승과 야사에서 저자와 관계된 기록을 모은 것 외에 '무오당적戊午黨籍', '진주지晉州誌', '탁영연보濯纓年譜' 등에서 초록한 척유摭遺가 있다. 그리고 저자에 관해 강필수가 지은 가장家狀, 곽종석이 지은 신도비명, 장석영張錫英이 지은 묘지명이 있다. 저자는 문장과 시로 이름을 떨쳤으나 연산군 말년 애희愛姬의 죽음을 슬퍼한 왕을 대신하여 '궁인애사宮人哀詞'와 제문을 지은 뒤 사림으로부터 질타의 대상이 되기도 했다.

妹弟인 관포灌圃 어득강魚得江이 편집한 원고가 유실된 뒤, 방손傍孫인 필수必秀와 태수台秀 등이 다시 수집해 1910년 진주 원당 유인재惟人齋에서 간행한 활자본이다. 강혼이 기생의 소매에 써준 시는 '증주기贈州妓'라는 제목으로 문집에도 실려 있다.

목사는 삼군을 통솔하는 장군 같은데	高牙大纛三軍帥
나는 한낱 글 읽는 선비에 불과하네	黃卷靑燈一布衣
마음 속에는 좋고 싫음이 분명할텐데	方寸分明涇渭在
몸 단장은 진정 누구를 위해 할까	不知丹粉爲誰施

또『진양지晉陽誌』에는 주註를 달아놓았다.

"판서 강혼이 젊은 시절 관기를 좋아했는데 방백이 부임하여 수청을 들게 하니 공이 시 한 수를 지어 기생의 소매에 써주었다. 방백이 보고 누가 지었는지 물었다. 기녀가 공이 지었다고 대답하자, 불러 보고 크게 칭찬하고 과거공부를 권하여, 마침내 문장으로 이름이 드러났다."

강혼은 영남관찰사로 있을 때 성주 기생인 은대선銀臺仙을 사랑하였다. 심수경의 글과 어숙권의 글을 살펴보자.

"조정에서 사명을 받아 지방에 나가면 각 고을에서는 기생과 침실을 같이하도록 천거하는 천침薦枕을 하는 예가 있다. 감사는 풍헌관風憲官이라, 비록 본읍에서 천침하더라도 데리고 가지 못하는 것이 역시 예로부터 있는 전례였다. 강혼이 영남 지방의 관찰사로 있을 때 성주星州의 은대선이라는 기생에게 정을 쏟더니, 하루는 성주에서 떠나 여러 읍을 순행할 때 점심 때가 되어 부상역扶桑驛에서 쉬게 되었다. 부상역은 성주에서 가는 곳까지의 절반 길이나, 기생 또한 따라와서 저물어도 차마 서로 작별하지 못하여 부상역에서 묵게 되었다. 이튿날 아침에 시를 써서 기생에게 주었다.

부상역 여관서 한바탕 기쁘게 보내려니	扶桑館裏一場歡
나그네 이불도 없고 촛불은 재만 남았네	宿客無衾燭燼殘
열두 무산은 새벽 꿈에 어른거려	十二巫山迷曉夢
여관의 봄밤이 추운 줄도 몰랐네	驛樓春夜不知寒

이는 침구를 이미 개령開寧[338]에 보내어 미처 가져오지 못하였기로 이불이 없이 잔 것이다. 또 어떤 감사가 있었는데, 기생과 상방上房에서 자고 새벽이 되어 변소 간 틈에 따르던 사람이 와서 밀고하기를, '공이 나간 후에 나이 어린 자가 갑자기 방으로 들어가 기생을 범하고 나갔으니, 참 해괴한 일입니다' 하니, 감사가 웃으며 말하기를, '너는 다시는 말하지 말라. 그 자의 아내를 내가 빌려 간통한 것이니, 본남편의 그러한 일이 무엇이 괴이할까 보냐' 하였다. 진천 강혼의 법을 준수함과 감사의 넓은 도량은 가히 어려운 일이다."[339]

또한『목계일고』에는 성주 기생인 은대선에게 써 준 시 두 수도 함께 전한다. 어숙권魚叔權의『패관잡기稗官雜記』에 전하는 내용이다.

"목계 강혼이 일찍이 영남에 가서 성산 기생 은대선을 사랑했다. 돌아올 때 부상역까지 말을 태워가지고 왔는데 이미 침구를 가지고 먼저 지나가 버렸기 때문에 공은 기생과 이불도 없이 역사에서 하룻밤을 자고 시를 지어 주었다고 한다.

선녀 같은 저 모습 옥같이 흰 살결	姑射仙人玉雪姿
이른 새벽 거울 보며 예쁜 눈썹 그리네	曉窓金鏡畵蛾眉
아침술 취하니 발그레한 그 얼굴	卯酒半酣紅入面
봄바람 하늘하늘 귀밑머리 날리네	東風吹鬢綠參差"[340]

---

338) 오늘날의 김천시 인근을 말함.
339) 심수경沈守慶, 같은 책.
340) 어숙권魚叔權,『패관잡기稗官雜記』.

그 뒤 강혼은 상주에 이르러 사랑하는 은대선과 헤어졌다. 강혼이 조령을 넘다가 잠시 쉬는데 마침 도성에서 고향으로 돌아가는 성주 서생을 만났다. 강혼이 서생과 함께 술을 마시고 나서 은대선 생각이 불현듯 떠올라 바로 필묵을 들고, 다음과 같은 내용의 글을 써서 인편으로 은대선에게 보냈다.

"나와 낭자는 본래 모르는 사이지만 신의 도움으로 천리 밖에서 사귀었으니, 어쩌면 오래된 인연이라고 하겠네. 상산商山341)에서 이별한 뒤에 땅거미 질 무렵 그윽한 골짜기에 다다르니, 텅 빈 객사는 고요하고 쓸쓸하며 낙숫물은 영롱한데, 등잔을 돋우고 꼼짝 않고 앉아 외로운 그림자가 배회하는 그때의 심정을 말로 다할 수가 없네. 이튿날 아침 재를 넘는데 시냇물 졸졸 흐르고 산새들 지저귀니, 마음은 스산하고 뼈는 시려 마음을 가눌 수가 없네. 낭자의 피리 소리 듣고 싶건만 들을 수가 있겠는가."

은대선은 강혼의 시와 편지를 가지고 병풍을 만들었는데 자획이 조화를 이루어서 마치 용과 뱀이 움직이는 것 같았다, 남쪽으로 내려가는 선비로 성주를 지날 때면, 그것을 구하여 보지 않은 이가 없고, 그때마다 사례를 하였으므로 은대선은 그 병풍 때문에 먹고 살 수 있었다고 한다. 송계 권응인權應仁은 강혼이 세상을 떠난 뒤 은대선을 한 번 만났다. 그때 은대선은 이미 여든이 넘었다, 스스로 말하기를, "검은 머리 흩날리다가 이제는 흰머리 흩날리네로 변했습니다"라고 하면서 하염없이 눈물을 흘렸다고 한다. 강혼이 자기에게 써준 시를 생각하면서 눈물을 흘린 것이다.

또 '성산 기생에게 부치다寄星山妓'가 있다.342)

---

341) 상산商山은 경상북도 상주시의 옛 별호.
342) 『명시종』 및 『간재잡설』에도 실려 있다.

헝클어진 머리 곱게 빗고 누각에 기대어	雲鬟梳罷倚高樓
피리 부는 손가락 옥같이 부드럽네	鐵笛橫吹玉指柔
만리타향에서 둥근 달 떠오르니	萬里關山一輪月
맑은 눈물 두어 줄기 이주에 떨어지네	數行淸淚落伊州

"기미년(1559, 명종 14) 봄에 내가 호서지방 관찰사로 있을 때 참판 권응창權應昌 공이 홍주洪州 목사로 있어서 그의 서제庶弟 송계 권응인이 따라가 있었다. 내가 홍주에 가던 날 송계가 고을 사람에게 가르치던 가요율시 두 수를 주었는데, 그 끝구가 이러하다.

| 인생은 뜻대로 남북이 없는 것이니 | 人生適意無南北 |
| 선연동의 혼만 되려 하지 마오 | 莫作嬋娟洞裏魂 |

간절하고도 온당하여 의미가 있었으니, 그때 내가 홍주 기생 옥루선玉樓仙을 사랑하였으므로 송계의 시는 징험이 된다. 홍주를 순행할 때 옥루선에게 율시 한 수를 주었다.

동풍 향해 앉아도 남몰래 마음 쓰려	坐向東風暗斷魂
창 앞에 우는 새소리 차마 듣지 못하겠네	窓前啼鳥不堪聞
이별은 잦고 만남은 드문데 봄은 저물어	離多會少春將晚
길 멀어 편지도 드문 채 날도 저무네	路遠書稀日欲曛
못 믿겠네 오작교에 까치가 있다는 말	未信星橋曾有鵲
무산에 구름마저 없다 하리오	却疑巫峽更無雲
이 마음 드러내자니 도리어 서글퍼	此情欲寫還悒恨
공연히 향로에 저녁 향만 피우네	空對金爐換夕薰

이어 다른 이로부터 많은 시를 받아 시축詩軸을 이루었다. 만력 계사년(1593) 봄에 공사로 말미암아 홍주에 가서 옥루선이 살아있는지 물으니, 시골 마을에 살아있으며 시축도 간직하고 있다 하기에 가져다 보니,

수적手跡이 완연한지라, 약간의 발문跋文을 써서 돌려주었다. 손꼽아 헤아려보니 기미년부터 금년 계사년까지는 삼십오 년이며, 내 나이는 일흔여덟 살인데, 다시 옛날에 왔던 지방에 오게 되었으니, 가히 다행이라 하겠다.

 가정 경신년(1560, 명종15) 겨울에 호남 지방 감사로 나갔다가 이듬해 신유년 봄에 병으로 전주에 머물며 조리하던 중에 기생 금개今介와 함께 산 지가 한 달 남짓 되었다. 금개의 나이 겨우 스무 살인데, 성질이 약삭빠르고 영리하였다. 전주에서 돌아올 때 정오가 되어 우정郵亭에서 쉬고 있는데, 기생 또한 따라와 송별하기에 내가 시를 지어 주었다.

봄 내내 병들어 보내다가	一春都向病中過
이별하기 어려우니 넌들 어이 하리	難思無端奈爾何
침상에서 몇 번이나 눈썹 움츠리며	枕上幾回眉蹙黛
술자리에는 그저 애교로 눈웃음쳤지	酒邊空復眼橫波
객사에 늘어진 버들 애타게 보며	愁看客舍千絲柳
차마 양관의 한 곡조나 들어 주오	忍聽陽關一曲歌
문밖에 해 저물어도 떠나지 못하니	門外日斜猶未發
좌중에 누가 고민 많은 걸 알아나주리	座間誰是暗然多

 그 후 이십여 년이 지나서 내가 첩을 잃었는데, 어떤 사람이 와서 말하기를, "전주 기생 금개가 일찍이 사람을 따라 상경했다가 그 사람이 죽어 과부로 지내는데, 마침 공의 첩을 잃었다는 말을 듣고 옛정으로 사귀고자 한다." 하기에, 내가 허락하고자 하였으나 마침 사고가 있어서 이루지 못하였으니, 헤어졌다가 다시 합치는 것도 운수가 있는가 보다.

 가정 경술년(1550, 명종 5) 봄에 어떤 사건으로 벼슬을 잃고 백부의 임지인 대구로 갔다가, 이어 성주星州 가야산伽倻山에 놀러가니, 성주 목사 조희曹禧 공은 나의 친척되시는 어른인지라, 며칠을 머물게 하고 어린 기생으로 하여금 따라다니게 하였다. 기생의 나이는 겨우 열여섯 살이었다. 대구로 돌아가게 되자 목사 조회가 그를 딸려 보내서 몇 개월이나 같이 지냈는데, 장난으로 절구를 지어주었다.

어여쁜 기생 가운데 가장 아리따운 그대	綽約梨園第一容
나그네로 오늘 우연히 만났지	客中今日偶相逢
다른 사람 금석 같은 굳은 맹세 믿지 말고	靡他信誓堅金石
수없이 말하노니 부디 따라가지 마시게	萬語千言愼莫從"343)

매창은 부안 기생이다. 본명은 향금香今, 자는 천향天香, 호는 매창, 계생癸生, 계랑桂娘, 癸娘이다. 다음에 보이는 시는 다분히 도가풍의 분위기가 물씬 풍긴다. 시에 쓰인 '도솔천', '황정경', '적송자' 라는 용사用事가 그걸 말해주고 있다.

월명암에 올라서	登月明庵
하늘에 기대어 절간을 지었기에	卜築蘭若倚半空
풍경소리 맑게 울려 하늘을 꿰뚫었네	一聲淸磬撤蒼穹
나그네 마음도 도솔천에나 올라온 듯	客心況若登兜率
황정경을 읽고 나서 적송자를 뵈오리다	讀罷黃庭禮赤松

도솔천兜率天은 불교에서 말하는 육욕천의 넷째 하늘이다. 수미산 꼭대기에서 십이만 유순由旬344) 되는 곳에 있는 미륵보살이 사는 곳으로, 내외 두 원이 있는데 내원은 미륵보살의 정토이며, 외원은 천계 대중이

---

343) 심수경沈守慶, 같은 책.
344) 유순由旬; 유사나踰闍那, 유선나踰繕那, 유연由延이라고도 함. 이수里數의 단위. 하루 동안의 행정行程. 사십 리(혹 삼십 리)에 해당, 또 대유순은 팔십 리, 중유순은 육십 리, 소유순은 사십 리라고 함.

환락하는 장소라고 한다. 월명암은 변산의 쌍선봉雙仙峰 밑에 있다. 월명암은 신라 신문왕 12년(692)에 재가불자在家佛子인 부설거사浮雪居士가 창건했다. 월명암이라는 이름도 부설거사와 그의 부인 묘화 사이에서 태어난 딸 월명月明에서 따왔다. 월명암은 임진왜란 때에 불타 없어졌다가 진묵대사에 의해 중수되었다. 적송자赤松子는 신농씨 때에 비를 다스렸다는 신선인 우사雨師의 이름이다. 『황정경黃庭經』은 중국 위진魏晉 시대의 도가들이 양생養生과 수련의 원리를 기술한 도교서인데, 원래 명칭은 『태상황정내경옥경太上黃庭內景玉經』, 『태상황정외경옥경太上黃庭外景玉經』 두 책을 말한다. '황정黃庭'은 인간의 성性과 명命의 근본을 가리키는 것으로 상중하로 나누어 뇌(상황정上黃庭), 심장(중황정中黃庭), 비장(하황정下黃庭)을 말한다. 양생과 수련의 요지는 명리名利를 탐내는 마음이 없는 담박함恬淡, 무욕無欲, 허무자연虛無自然에 이르는 데 있다. 또한 거기에 이르는 방법은 기욕嗜慾을 단절하고 호흡을 조절하며 침을 삼키는 수진漱津과 신성神性을 길러, 정精, 기氣, 신神을 '황정'에 응집시키는 것이다.

  매창의 산수 편력遍歷은 다양한 면모를 보여준다. 다음에 보이는 시에서 경승을 묘사하는 기교가 매우 담박하여, 청한淸閑한 시풍을 보이는 걸 엿볼 수 있다. 그대로 쉽게 읽히는 가품이다.

진경을 찾아서	尋眞
가련하다 동해로 흐르는 물이여	可憐東海水
어느 때라야 서북쪽으로 흐를지	何時西北流
배 멈추고 한 곡조 노래 부르니	停舟歌一曲
술잔 들고 옛 놀던 때 생각하노라	把酒憶舊遊
바위 아래 고운 배 매어놓고	巖下繫蘭舟

푸른 옥 같은 물 흥건히 바라보네	耽看碧玉流
천년토록 이어온 명승지에는	千年名勝地
물새들 한가하게 노닐고 있네	沙鳥等閒遊

푸른 빛 먼 산에 감돌고	遠山浮翠色
버드나무 늘어선 언덕 물안개 자욱해라	柳岸暗煙霞
어느 곳에 주막이 있을까	何處靑旗345)在
고기잡이 배 살구꽃 가까이 흘러오네	漁舟近杏花

'난주蘭舟'라고 부르는 목련木蓮으로 만든 아름다운 배를 타고 물결에 따라 흐르면서 먼저 주위의 풍경을 마치 사진을 찍듯이 묘사하고 화제畵題를 붙이듯 자신의 감회를 투영하여 그대로 한 폭의 진경산수화를 그려내고 있다. 술이 떨어졌는지, 아니면 어부가 귀가하면서 술 생각이 났는지 알 수 없지만, 살구꽃 흐드러지게 핀 물가로 다가오는 고깃배가 깊은 여운을 남기고 있다. 다음 시도 역시 배를 띄우고 시인은 마음을 물결위에 풀어놓는다. 일렁이는 물결 소리는 해오라기를 깨우고, 그 위에다가 물안개가 아득히 퍼진 강심에서 어부들 도란거리는 소리까지 덧입혔다. 시의 눈이 투명하다. 귀는 말해 더 무엇하랴.

뱃놀이 泛舟

산 그림자 물결에 어른어른 비치고	參差346)山影倒江波
버들가지 죽죽 늘어서 주막을 덮었네	垂柳千絲掩酒家
바람에 일렁이는 물결 해오라기 깨우고	輕浪風生眠鷺起
물안개 속 어부들 도란거리는 소리 들리네	漁舟人語隔煙霞

---

345) 청기靑旗의 원 뜻은 푸른 빛깔의 깃발을 말하는데, 주막집을 표시하기 위해 세운 기를 말함.
346) 참치參差는 길고 짧고 들쭉날쭉함을 형용하는 말.

| 그네타기 | 鞦韆 |

둘이 짝지은 미인이 신선을 배우려고	兩兩佳人學伴仙
푸른 버들 그늘아래 다투어 그네 뛰네	綠楊陰裡競鞦韆
노리개 찰랑이는 소리 구름 너머 울리니	佩環違響浮雲外
마치 용을 탄 듯 푸른 하늘 오르고 있네	却訝乘龍上碧天

그네는 갇힌 세상을 뛰어넘는 조선 아녀자의 초월을 향한 꿈이다. 현실의 슬픈 심사를 훌훌 털어내기 위하여 하늘로 치솟는 어여쁜 여인의 모습을 담백하게 노래하고 있다. 신선이 되어 용을 타고 오르고 싶은 욕망을 간접화법으로 드러낸다. 노리개 찰랑이는 소리와 푸른 버드나무와 하늘은 청각과 시각을 한데 이개어 공감각의 절정을 이룬다.

| 한가롭게 살며 | 閑居 |

바위 사이 초가집 사립문 닫고 사니	石田茅屋掩柴扉
꽃 지고 핀들 계절을 알 수 있으랴	花落花開辨四時
골짝엔 사람 없어 갠 하늘 길기도 한데	峽裡無人晴盡永
흐릿한 산 빛나는 물결 멀리 배 돌아오네	雲山炯水遠帆歸

부안의 시골집, 아마도 바닷가에서 읊은 것으로 보인다. 한가로운 정경에 파묻혀 인적마저 끊고 사는 은자의 삶이 보인다. 멀리 돛단배가 포구로 돌아오는 그 시점視點에 기다림은 까마득하여 배후가 거느리는 여백이 아스라하다.

| 밤에 앉아서 | 夜坐 |

| 서창에 달 뜨자 대 그림자 어른어른 | 西窓竹月影婆娑347) |

2. 기생의 시 탐색

복숭아 밭에 바람 부니 꽃잎 분분하니	風動桃園舞落花
작은 난간에 기대어 잠도 오지 않고	猶倚小欄無夢寐
강가에 마름 캐는 노래 아득히 들려오네	遙聞江渚菜菱歌

잠이 오지 않아 난간에 기대어 홀로 앉은 모습이 눈에 띄어든다. 시각적으로 잘 짠 한 폭의 비단 같다. 비칠 듯한 가는 올 사이로 강가에서 이슥하도록 마름 캐며 부르는 노래 소리가 밤의 적막을 더 깊게 만들고 있다.

강가 누대에 올라	江臺卽事
사방 트인 들에 가을 빛 좋아	四野秋光好
홀로 강가 누대에 오르니	獨登江上臺
어디서 온 풍류객인지	風流何處客
술병 들고 날 찾아오네	攜酒訪余來

툭 트인 들판이 펼쳐진 강가에 있는 정자에 올라 지은 작품인데, 때맞추어 어디서 온 한 풍류 남아가 술병을 들고 날 찾아온다고 한다. 경물과 사람이 어우러진 한 폭의 가을 수채화를 닮았다.

이른 가을	早秋
온 산 나무들 잎 막 날리자	千山萬樹葉初飛
노을 속 남쪽 하늘로 기러기 울며 가네	雁叫南天帶落暉
피리소리 길게 끌며 어디서 들려오나	長笛一聲何處是
고향길 가는 나그네 옷깃에 눈물적시네	楚鄕歸客淚添衣

---

347) 파사婆娑는 춤추는 소매가 가볍게 나부끼는 모양, 혹은 사물의 가냘픈 모양을 말함.

복개福介는 무안기생이다. 대개의 기생이 비를 상사의 눈물로 차용하여 비극적 상황을 상징한데 반하여, 복개는 시골의 비 내리는 풍경을 맑게 드러내고 있다.

| 반가운 비 | 喜雨 |

몇 조각 먹구름 먼 산에서 일어나　　　　　　　　數點玄雲起遠峰
하루 종일 모여서 하늘 가리어　　　　　　　　　　漫天終日十分濃
삽시간에 변하여 비를 내리니　　　　　　　　　　　須臾化作人間雨
가을 벌판 농작물 촉촉이 적셔주네　　　　　　　　沾得三秋滿野農

오래도록 가물었나보다. 그래서 더욱 반갑다. 가을 들판에 반가운 소낙비가 내려 논밭을 흥건히 적시는 전원풍경을 해맑게 그리고 있다. 매우 쾌청한 단품單品이다.

채소염蔡小琰의 본명은 소염素簾으로 성천成川 기생이다.『사기』를 읽고난 뒤 채문희蔡文姬를 사모했으므로 자신의 이름을 고쳐 소염小琰이라 하였다. 먼저 중국 삼국 시기의 저명한 여류시인인 채문희에 대하여 살펴보자.

"채문희(173~239)는 이름이 채염蔡琰, 자는 문희, 또는 명희明姬라고 한다. 동한東漢의 문필가인 채읍蔡邕의 딸이다. 채읍은 조조의 스승이자 친구로서 둘은 막역한 사이였다. 채문희는 자색이 뛰어났을 뿐만 아니라 악기와 그림, 서예에도 탁월한 재능을 가지고 있었다. 문희가 여섯 살 되는 어느 하루, 채읍이 대청에서 거문고를 타고 있었는데 문희는 벽을 사이에 두고 거문고의 첫 현이 끊어지는 소리를 분별해냈다. 채읍이 놀라서 이번에는 네 번째 현을 일부러 잘라버리자 또 정확하게 맞추었다. 훗날 흉노에서 고향을 그리면서 지은 '호가십팔박胡茄十八拍'은 곡조가 서글프고 내용이 처량하여 후세에 유명하다. 동시에 그가 혼란

한 시국을 통탄하며 쓴 '비분시悲憤詩'는 중국 시가 역사상 최초의 자전체 형식의 오언장편 서사시로 불리고 있다. 사서에서는, '박식하고 재질이 뛰어난 동시에 음률에도 능하다'라는 평가를 내렸다."

채소염이 어느 봄날, 말 위에서 비류강 가에 세운 강선루의 정경을 읊은 것이다. '비류강沸流江'은 평안남도의 신양군과 성천군을 흐르는 강으로 대동강의 지류로 양덕군에서 시작하여 대동강에 합류한다.

말 위에서 읊다	馬上吟348)
성천 길 위에서 말을 멈추니	駐馬成川路
꽃 지는 봄날 두견새 시름일레	花殘杜宇愁
물길은 평양으로 흘러가는데	津通箕子國349)
땅은 강선루에 잇닿아 있네	地接降仙樓350)

말 위에 앉은 여인은 유혹적이다. 옛날부터 남성들이 여인에게 유혹을 느끼는 얼 세 가지를 들었는데, 바로 삼상三上, 삼중三中, 삼하三下이다. 삼상은 말 위에 앉아 얼굴을 노출시킨 여인(마상馬上), 담장 위로 얼굴을 내밀고 내다보는 여인(장상墻上), 누각 위에서 얼굴을 노출시켜 내

---

348) 이 시는 『풍요속선風謠續選』에는 제목과 내용에 있어서 약간의 착간이 있다. 1, 2구는 다르다. (제목)馬上呼韻; "말머리 강동 고을 향했는데, 봄 깊으니 꽃기운 떠도네. 馬首江東縣, 春深花氣浮."
349) 기자국箕子國은 기자조선 땅을 말하는데, 여기서는 당시의 수도인 평양을 가리킨다.
350) 강선루는 평안남도 성천군 성천成川 읍에 있는 객사客舍에 부속된 고려시대에 지은 누각이다. 객사는 비류강변 절경에 위치하며 객사의 중심건물인 동명관東明館을 중심으로 좌우 익사翼舍인 통선관通仙館과 유선관留仙館을 합쳐 서른세 칸에 이른다. 조선 중기 문신인 정구鄭逑의 『한강집寒岡集』에는 '강선루기降仙樓記'가 실려있다.

다보고 있는 여인(누상樓上)이 그것이다. 삼중은 여관에 들어가 있는 여인(여중旅中), 술에 취해 있는 여인(취중醉中), 햇살에 노출되어 있는 여인(일중日中)이 그것이다. 삼하는 달빛 아래 거니는 여인(월하月下), 촛불 아래 비치는 여인(촉하燭下), 발 아래 노출된 여인(염하簾下)이 그것이다.

채소염이 남긴 다른 한 편의 절구는 이렇다.

나그네 길 늘 일찍 일어나	客行常早起
어렴풋이 새벽 빛이 밝아오니	依微曉色晴
내 마음 촌닭도 아는지	村鷄知我意
꼬꼬댁, 날 밝아라 울고 있네	喔喔喚天明

여행을 하면서, 어느 고을의 새벽 풍경을 스냅사진 찍듯이 그려낸 청아한 소품이다. 촌닭에 자신의 감정을 이입移入하여 더디 새는 새벽을 깨운다. 길을 나선 여인의 설레임이 다소 부산하다. 새벽잠을 아끼는 까닭은 무얼까. 날 밝거든 임이라도 만나려는 기약이 혹여 있는지. 다음에 보이는 채소염의 시는 황해도에 있는 재령載寧 남쪽의 산악지대를 가는 도중에 읊은 시로 보인다.

재령으로 가는 도중에	載寧途中
재령 땅 바라보니 아득히 끝이 없어	載寧望不極
높아서 하늘가에 반쯤 걸쳐있네	高在半空中
봉우리 위에는 구름이 해를 가리고	峰上雲藏日
시냇가에는 비바람이 섞어치네	溪邊雨帶風

구소九簫는 언양彦陽기생으로 이름은 이봉선李鳳仙, 자는 호경護卿인데, 오무근吳武根의 첩이 되었다가, 뒤에 추전秋田 김홍조金弘祚에게 시

2. 기생의 시 탐색 333

집을 가서 반구정伴鷗亭에서 살았다. 시에 능하여 이름을 얻었는데, 시가 『신해음사』의 「을묘집乙卯集」에 실려 있다.

병속의 꽃	瓶花
깨끗한 금병의 물	淨淨金瓶水
아리따운 철쭉꽃	姸姸鐵竹花
미풍이 비록 좋아보이진 않지만	封姨雖是惡
그 어찌 아름다움을 덜랴	那得減芳華

한 폭의 깔끔한 정물화를 그렸다. 금병에 꽂힌 철쭉꽃이 산들바람에 고개를 흔들지만, 그 아리따움을 덜어내지는 못한다고 한다. 아마도 금병은 자신의 처지를, 꽃은 자신을, 바람은 사내의 유혹을, 각각 중첩하여 덧씌워 말한 듯 하다. 그래도 자신의 본색이야 변함이 없을 거라고, 자부한다. 봉이封姨는 고대 전설 속의 '바람의 신'을 말하는데, 여기서는 비가 오기 직전에 솔솔 불어오는 부드러운 바람인 소녀풍少女風을 말한다. 곧 유혹의 손길을 상징하는데, 비록 그것을 포기한 자신이 병속에 갇힌 꽃의 신세라도 그 아름다움을 간직하리라 말하고 있다.

구소가 언양의 작천정酌川亭에서 지은 시가 있다. 너럭바위가 하얗고 물길이 좋은 작천정에서 붓을 잡고 시름에 겨운 작자의 심경 한 자락을 주위에 펼쳐진 사실적인 경승에 덧입혀 잘 그려내고 있다.

천고에 난정이 있은 뒤	千古蘭亭351)後
작천이 으뜸가는 정자일세	酌川352)第一樓

---

351) 작천정酌川亭은 울산광역시 울주군 삼남면 교동리 작괘천변에 세워진 정자.
352) 난정蘭亭은 중국 절강성浙江省 소흥현紹興縣에 있는 난저蘭渚에 있던 정자로 옛부터 남종화가南宗畵家가 즐겨 그리는 제재題材의 하나이다.

이처럼 흰 돌 찾아볼 수 없어	白無如許石
맑은 계곡물 흘러 감돌고 있네	淸有此間流
달빛 비치는 땅을 눈인 양 의심해	月地飜疑雪
여름날이 가을을 연상하게 하네	夏天仍得秋
아름다운 경치 이루다 말하기 어려워	難收多少景
붓을 들고 생각에 잠기네	把筆惹紅愁

5) 별리시

　별리別離는 만남을 전제로 한 헤어짐의 아픔과 정한을 드러낸다. 그래서 일찍이 '애별리고愛別離苦'는 이른바 불교에서 말하는 팔고八苦의 하나로, 사랑하는 사람과 헤어져야 하는 괴로움을 말한다. 또한 '회자정리會者定離'라는 말도 있듯이, "만나면 언젠가는 헤어지게 되어 있다"는 뜻으로, 이는 인생의 무상함을 인간의 힘으로는 어찌 할 수 없는 이별의 아쉬움을 일컫는 말이다. 그래서 만남은 언제나 이별을 예비하는 것이다. '이별가'라고도 하는 '별리시'는 기생이 남긴 많은 작품에서 두드러지게 많이 나타난다. 기생은 숙명적으로 이별을 예비하고 있다. 한 때 정 주고 지나치는 '스침'이거나, 철저히 '물화物化'된 몸으로서 손님에 의해 규정되는 잠깐의 '머뭄'이 고작이다. 그래서 기생의 만남과 이별을 말하길, '뇌봉전별雷逢電別', 곧 "우레처럼 만났다가 번개처럼 헤어진다"고 하였다. 그야말로 '짧은 만남, 긴 이별'인 것이다. 이별은 사별과 생이별로 나누어지는데, 사별 시는 만사輓詞, 도망悼亡, 만인輓人, 도인悼人, 석만惜輓 등의 제목을 달고 있고, 생이별 시는 송별, 별인別人, 송인, 이별, 읍별泣別, 석별 등의 다양한 제목을 붙였다. 이별의 문학성을 분석함에는 그 표피 속에 숨은 슬픔(비悲), 흥취(흥興), 예의(예禮), 아쉬움(석惜) 원망(원怨) 등의 복합적인 정서적 요소를 유의해 보아야 한다. 이별의 정한은 한국 시가의 정서적 광맥이다. '가시리'에서 찾을 수 있는 별리의 정한은, 황진이에게 서정 미학의 꽃으로 피어나, 소월에게 와서는 역설의 미학으로 한 차원 높은 별리의 서정을 완성하였다. 기생의 별리시는 시간과 공간을 초극하려는 애타는 몸부림과 가슴시린 정한이 아우러져 나름의 미학을 획득하고 있다. 천한 기녀의 신분으로 견뎌야 했던 팍팍한 현실의 벽을 극복하고자 할수록, 그 좌절의 통한과 회한은 이별을 통하여 분출하는 한 통로가 되어, 때로는 삶과 죽음을 넘어선다. 이승과 저승을 뛰어넘는 초탈의 어법을 터득하고 있음을 알 수 있다.

황진이의 시, '김경원353)과 헤어지며別金慶元'는 헤어지는 정인에게 준 증시贈詩이다. 헤어지면서 다시 재회하리라는 굳은 약속을 저버리지 않기를 기대한다며 은근히 두목杜牧에 빗대어 뜻을 실어 보낸다. 두목354)은 만당 전기의 시인으로서, 협서성陝西省 서안西安 사람인데 이상은李商隱과 더불어 '이두李杜'로 불리며, 당대의 현실을 아프게 노래하여 시사詩史라고도 칭하는 두보杜甫의 시풍과 비슷하다고 해서 소두小杜라고도 불렀다.

<blockquote>
삼세의 굳은 인연 좋은 짝이더니　　　　　三世金緣成燕尾
이승에서 죽고 사는 일 둘만이 알아　　　　此中生死兩心知
꽃다운 양주의 언약 난 저버리지 않으리　　楊州芳約吾無負
다만 그대 두목처럼 돌아올지 근심이지　　恐子還如杜牧之
</blockquote>

황진이는 두목이 지방 목민관으로 양주자사楊州刺史를 지내면서 남긴 일화를 끌어와 속뜻을 풀어낸다. 바로 '취과양주귤만헌醉過楊州橘滿軒'이

---

353) 김경원金慶元(1528~?); 조선중기의 문신. 본관 경주慶州, 자 응선應善. 충청도 병마절도사를 지냈다.
354) 두목杜牧(803~852); 중국 당대唐代의 시인. 자 목지牧之, 호 번천樊川. 『번천문집樊川文集』.

다. 즉, 술에 취해 가마를 타고 지나가는 두목에게 기생들이 유혹하기 위해 귤을 던지자, 그의 가마에 귤이 가득했다는 내용이다. '번옹해사樊翁解事'란 고사에 유래한다. 번옹은 당 나라 시인 두목을 지칭한 말로, 그의 호가 번천樊川이기 때문이다. 그가 양주에서 회남淮南 절도사, 우승유牛僧孺의 막료로 있으면서 몰래 기생집을 출입할 때의 회포를 적은 것이다. '회포를 달래며遣懷'라는 제목의 시는 두목이 양주에서 장안으로 떠날 무렵 지었다. 여기서 말한 낙백落魄은 청광淸狂처럼 방탕하거나 방일放逸 함을 뜻하는데, 첫 구는 방탕하게 술이나 싣고 다니며 유랑하는 것을 이른 말이다. 둘째 구는 초나라 미인의 가는 허리를 감싸고 희롱하며 즐기던 섬세한 정경을 그리고 있다.

방탕하여 강호에 술 싣고 다니노라니	落魄江湖載酒行
가냘픈 미인은 손 안에 가볍기도 해라	楚腰纖細掌中經
양주의 십년 세월이 짧은 꿈만 같구나	十年一刻楊州夢
얻은 건 술집의 바람둥이라는 소문뿐	嬴得靑樓薄倖名

두목의 일화는 판소리 '춘향가' 중 이도령이 방자를 데리고 사또 몰래 광한루에 구경가는 대목에서, "'취과양주귤만거醉過楊州橘滿車'의 두목지杜牧之 풍채로구나. 호호 거리고 나간다"라고 할 정도로 유명하다. 또 순조, 철종조에 활동했던 명창 신만엽申萬葉의 '광대가廣大歌'에서는, "신선달申先達 만엽萬葉이는 구천은하九天銀河 명월백로明月白露, 맑은 기운 취과양주醉過楊州 두목지"라고 하여, 두목에 빗댄 것도 그의 기인 행각과 풍류를 높이 샀기 때문이다.

매창은 부안현 기생으로 태어난 해가 계유년癸酉年이기에 기명도 계랑癸娘이라 부르고, 또 스스로 호를 지어 매창이라 하였다. 상사相思를 주제로 서술한 앞의 장에서 촌은 유희경과 주고받은 시가 다수 있는데,

그때 지은 증별시가 몇 편 소개된 바 있다. 여기에 또 한 편의 증별시를 살펴보자.

헤어지며 줌   贈別

내게 옛날 진나라 쟁이 있어   我有古秦箏
한 번 타면 백 가지 감회가 생기네   一彈百感生
세상에 이 곡조 아는 이 없어   世無知此曲
먼 옛적 왕자교 생황에나 화답하리   遙和緱山355)笙

정인과 헤어지면서 가락을 타며 시를 지어주었다. 탈 때마다 온갖 느낌이 일어나는 이 곡조를 진정으로 알아줄 사람이 없기에, 백학을 타고 생황을 불며 구산으로 날아간 왕자교王子喬에게나 화답하겠다고 말한다. 시인의 내면을 들여다보면, 제 뜻을 알아주는 지음이 없어, 슬쩍 토라진 속내를 드러낸 것이다.

홍랑洪娘은 본명이 애절愛節인데, 선조 때 함경남도 홍원洪原 기생으로 경성鏡城 관아에 속한 관기였다. 재색을 겸비하여, 고죽 최경창356)의

---

355) 구산緱山은 중국 하남성河南省에 있는 산 이름. 주周 나라 영왕靈王의 태자인 왕자교(자; 자진子晉)가 생황笙簧을 잘 불었는데, 숭고산嵩高山으로 올라가 삼십여 년을 산 뒤에 환량桓良에게 이르기를, "우리 집에 가서 칠월 칠석날 구산에서 나를 마중하라고 전하라." 하였다. 그날이 되자 왕자교가 과연 백학白鶴을 타고 산꼭대기로 날아왔는데, 바라볼 수는 있었으나 그곳으로 갈 수는 없었다. 그 뒤에 사람들이 구산 아래에 사당을 짓고 제사 지냈다. 『열선전列仙傳』, 「왕자교王子喬」.
356) 최경창崔慶昌(1539~1583); 조선 선조 때 문신. 본관 해주海州, 자 가운嘉運, 호 고죽孤竹, 영암 출생. 박순朴淳의 문인. 이이李珥, 송익필宋翼弼 등과 함께 '팔문장八文章'으로 일컬어졌다. 당시唐詩에 뛰어나 옥봉玉峰 백광훈白光勳, 손곡蓀谷 이달李達과 함께 '삼당시인三唐詩人'의 한 사람으로 불리었다. 서화에도 뛰어났다. 숙종 때에 청백리淸白吏에 녹선되고 강진康津 서봉서원瑞峯書院에 봉향. 저서 『고죽유고孤竹遺稿』.

정인으로 많은 일화가 전한다. 최경창은 시의 재주가 매우 뛰어나 성당
盛唐의 시를 모범으로 삼았다. 아래에 보이는 고죽의 오언고시인 '호랑
이를 기른 노래養虎詞'는 뜻을 안으로 온축하여 앞날을 내다본 '언지言志'
이며 '참시讖詩'로 보기 드문 수작이다.

산 늙은이 호랑이 새끼를 얻어	山翁得乳虎
동산에 놓아 길렀네	養之置中園
길들여 날로 자라나니	馴擾日已長
친하기가 자식보다 가까웠다네	狎近如家豚
아내는 호랑이가 사납다 말했으나	妾言虎性惡
늙은이는 화내며 더욱 사랑했네	翁怒愛愈敦
마침내 늙은이를 물어 죽이고마니	畢竟噬翁死
어찌 지난 날 은혜를 생각했으리오	寧復顧前恩
남들은 늙은이를 어리석다 웃지만	人皆笑翁愚
나는 홀로 늙은이를 위해 원통해 하네	我獨爲翁寃

이 시는 중의적으로 뜻을 펼친 시인데, 이발李潑이 음험한 위인임을
알아보고, 이율곡이 화를 입을 것을 예언한 것이다. 후에 사람들이 고죽
의 선견지명에 감탄하였다 한다. 이발은 율곡이 천거하여 전랑銓郎이
되었지만, 서인들과 사이가 벌어지고 급기야 동인의 선봉장이 되어 서
인을 공격했다. 당시 집권세력인 동인에 반부反附하여 율곡을 배반하
고, 고죽의 스승인 박순과 성혼을 비판하였다. 그는 정여립鄭汝立 모반
사건에 연루되어 문초를 받다가 죽었다. 시에서 산 늙은이란 산옹山翁
은 율곡 등 서인을, 호랑이는 이발을, 자식과 아내는 각각 율곡의 문인
이나 지인들을 암시한다. 한편, 율곡은 그의 시를 가리켜 '청신준일淸新
俊逸'하다고 평하였고, 또한 송시열宋時烈은 그의 성품에 대하여, "빙상
소리氷霜素履, 곧 '온갖 고초에도 본분을 지킨다'고 일컬었으니, 이는 그

의 청고淸苦한 절조가 보통 사람으로서는 견디지 못할 바이나, 공은 태연하게 여겼던 때문이다"357)라고 밝히고 있다. 고죽은 문장에도 뛰어나 이이, 정철鄭澈, 송익필과 삼청동三淸洞에서 어울려, 세칭 '이십팔 수宿'에 오르내릴 정도로 재주가 마치 하늘이 내린 듯하였다. 명나라 한림학사翰林學士 주지번朱之蕃이 사신으로 왔다가, 그의 시를 보고는 탄복하며, "중국에 가면 귀국에 인물이 번성함을 널리 알리겠다"고 말했다는 기록이『대동기문』에 실려 있다. 또한 이호민李好閔의 '정조사주행촌소첩呈詔使朱杏村小帖'에서, "이호민이 우리나라의 문장가를 소개해 달라는 중국 사신 주지번에게 고죽과 백광훈의 작품을 소개해 주었는데, 이때 주지번이 고죽의 시를 보고 극찬을 하였다"는 일화가 남아 있다.

　고죽은 원래 문과를 통하여 입신한 문신이었으나 함경도 경성에서 여진족을 정벌하여 문무 양쪽에 커다란 족적을 남겼다. 시와 글씨에 능했으며, 특히 퉁소를 잘 불었다. 어려서 영암의 해변에 살 때에 왜구를 만났으나, 옥퉁소를 꺼내어 '사향가思鄕歌'를 부르자, 왜구들이 향수에 젖어 흩어져서 위기를 면했다는 일화가 전해진다. 1583년 방어사의 종사관에 임명되어 상경 도중에 죽었다. 숙종때 청백리에 올랐다. 문집으로『고죽유고』가 전한다. 그는 삼당시인의 한 사람인 손곡 이달과 각별한 사이였다. 고죽 최경창이 영광군수로 있을 때, 이달이 그의 문객門客으로 얹혀살던 때의 이야기다. 사랑하는 기생이 붉은 비단옷감 자운금紫雲錦을 보고, 한 감을 떠 치마를 지어 입었으면 하고 탐을 낸다. 사줄 수 없는 딱한 심정을 손곡은 '고죽사군에게 드리는 비단띠 노래錦帶曲, 贈孤竹使君'이라는 칠언시에 담아 고죽에게 보낸다. '사군使君'은 임금의 명령을 받들고 지방에 파견 된 사신을 가리키는 경칭이다. 고죽이 이를 보고, 손곡의 시는 '일자천금一字千金'이라 하고 곧장 쌀 한 섬을 보내니,

---

357) 송시열,『송자대전宋子大全』제139권,『고죽집孤竹集』서문.

손곡이 기생에게 자운금 한 필을 사서 주었다고 한다. "가치로 말하면 어찌 금액으로 헤아리겠소. 우리 읍이 본시 작으니 넉넉히는 보답 못하오"라는 덧붙임 말과 함께 우정을 보냈다는 일화이다.358)

중국 장사치 강남 저자에서 비단을 파는데	商胡359)賣錦江南市
아침 햇살에 비치어 자줏빛 아롱거리네	朝日照之生紫煙
정 주던 여인이 치맛감을 보채는데	佳人正欲作裙帶
화장대 뒤져보니 내줄 돈 한 푼도 없다오	手探粧奩無直錢

또 선비 성 아무개가 양주 목사가 되어 매화라는 기생에게 푹 빠져서 공무는 내팽개친 채 심지어 아참衙參360)조차도 폐하였다고 한다. 이에 최경창이 시를 지어 보내어 그를 기롱하였다. 중국의 양나라 사람 하손何遜이 양주楊州 법조法曹가 되어서 동각東閣을 열고 문인들을 초청하여 매화를 관상하였다는 이야기361)로 유명한데, 최경창이 이 고사를 끌어와서 매화를 빗대어 양주목사인 성의국362)의 색정을 기롱하고 있다.

---

358) 이달, 『손곡시집蓀谷詩集』 제6권 참조.
359) 상호商胡는 '고호賈胡'로도 불리며 소그드(Sogd)인으로 비단길을 따라 국제무역에 종사하던 중국의 아랍계 무역상들이다.
360) 아참衙參은 관리들이 조석으로 정사에 참가하기 위하여 모이는 일.
361) 중국 남조南朝시대 양梁 나라의 하손何遜이 양주揚州의 법조法曹로 있을 때, 관아의 동쪽 청사에 매화나무 한 그루가 꽃이 만개해 그 밑에서 매일 시를 읊곤 하였다. 하손이 뒤에 낙양洛陽으로 돌아왔으나 그 매화를 잊지 못해 다시 그곳으로 부임할 것을 청하여 도착하니 역시 매화가 활짝 피어 있으므로, 그 아래에서 하루 종일 시를 읊었다. 그 뒤로 '동각관매東閣官梅'라 하여 지방의 관아를 지칭하는 말로 쓰였다. 두보杜甫의 시에도 "동각의 관매가 시흥을 움직이니, 도리어 하손이 양주에 있을 때 같구나. 東閣官梅動詩興, 還如何遜在揚州." 하여 유명하다.
362) 성의국成義國; 자 충백忠伯. 조선 명종3년(무신, 1548) 별시別試 병과丙科에 급제.

양주 목사 성의국에게 부치다	寄楊州成使君義國
관교에 눈 개고 새벽 추위 매서운데	官橋雪霽曉寒多
아전은 문 앞에서 아침 공무 기다리네	小吏門前候早衙
사또가 늘 늦게 출근함 괴이하다 말아라	莫怪使君常晏出
술 취해 동각 연 채 매화에 빠져 있으리	醉開東閣賞梅花

홍원의 관기였던 홍랑은 1573년(선조6), 고죽이 경성鏡城 북도평사北道評事에 임명되어 왔을 때 따라와서 그 막중幕中에서 처음 만났는데, 이 때부터 두 사람은 정을 나누었다. 한동안 행복한 시절을 보내다가, 변방의 막사에서 고죽이 그만 병들어 눕자, 홍랑은 조석으로 돌보았다. 그런데 당시 붕당의 정쟁으로 고죽이 한양으로 옮겨가게 되자, 홍랑은 영흥永興까지 배웅하고 함관령咸關嶺에 이르러 저문 날 내리는 비를 맞으며 이 노래와 버들가지를 함께 보냈다.

묏버들 갈혀 것거 보내노라 님의 손대
자시는 창 밖에 심거 두고 보소서
밤비에 새닙 곳 나거든 날인가도 여기소서

초장 후반부에 도치법을 써서, 산 버들을 보내는 뜻이 강조되어 있으며, 비에 젖은 촉촉한 가지에 파릇파릇 움터 나오는 새 잎을 통해, 시각적으로 청순하고도 섬세한 여인의 이미지가 풍긴다. 버들가지를 가려 꺾어 정표로 준 뜻은 그윽하고도 깊다. 버들가지란 잎이 다 시들어도 심기만하면 다시 싹을 틔우는 속성이 있다. 홍랑이 산 버들을 따서 임을 보냈다면, 임제는 강 버들로 임을 보냈다. 일찍이 임제도 '대동강 노래浿江曲'에서 이같이 노래하였다.

이별하는 사람들 날마다 버들 꺾어	離人日日折楊柳
천 가지 다 꺾어도 가시는 임 못 잡았네	折盡千枝人莫留
어여쁜 아가씨들 눈물 탓인가	紅袖翠娥多小淚
뿌연 물결에 지는 해 수심에 겨워 있네	烟波落日古今愁

패강곡의 '버들' '류柳'의 음은 '머물다'는 뜻의 '류留'와 발음이 똑같아, 가지 말고 머물러달라는 쌍관雙關의 의미가 있다. 즉 버들을 꺾어주면서 가지 말라는 것을 겹쳐 말한 것이다. 고죽은 홍랑이 준 연가인 시조 한 수를 받고, 바로 칠언고시로 한역하여 '번방곡飜方曲'이라 했는데, 뒤에 문집『고죽유고』에 실었다.

번방곡	飜方曲
버들 꺾어 천리 길 떠나는 임에게 주니	折楊柳寄與千里人
날 보듯이 뜰 앞 창가에 심어 놓으소서	爲我試向庭前種
그러다 어느 밤 새워 새 잎이 돋거든	須知一夜新生葉
파리하고 수심어린 눈썹 바로 소첩이라오	憔悴愁眉是妾身

그 뒤 삼 년 동안 소식이 끊겼다가 최경창이 병석에 누웠다는 소식을 듣고 그날로 떠나 칠 주야 만에 상경하였다. 이즈음 최경창과 홍랑의 스캔들이 조정으로 비화되었다. '함경도 사람들은 서울 도성출입을 제한'하는 제도인 '양계금兩界禁'363)을 어겼을 뿐만 아니라, 마침 명종 왕비 인순왕후의 국상 직후인 까닭에 근신을 하지 못했다 하여, 고죽은 파직을 당하고, 홍랑은 경성으로 돌아가야만 했다.『조선왕조실록』에 그 사실이 기록되어 있다.

---

363) 고려高麗 현종顯宗 때 정한 특별행정구역. 지금의 평안平安 남북도 지방인 서계, 함경咸鏡 남북도 지방인 동계로 이민족과 경계를 접하고 있던 관계로 매우 중요시되었음.

"사헌부가 아뢰기를, '전적 최경창은 식견이 있는 문관으로서 몸가짐을 삼가지 않아, 북방의 관비를 몹시 사랑하여 불시에 데리고 와서 버젓이 데리고 사니, 이는 너무도 거리낌이 없는 일입니다. 파직을 명하소서' 하니, 아뢴 대로 하라고 답하였다."364)

이렇듯 두 연인의 애틋한 재회는 파직과 이별로 끝나자, 홍랑은 다시 서울을 떠났다. 고죽은 떠나는 홍랑을 보내며 절절한 마음을 실어 시를 지어주었다.

이별하며 줌　　　　　　　　　　　　　　　　　　　　贈別

물끄러미 바라보다 고운 난초를 건네노니　　　相看脉脉365)贈幽蘭
이제 하늘 끝으로 가면 언제나 돌아올까　　　　此去天涯幾日還
함관의 옛 노래는 부르지 마시오　　　　　　　莫唱咸關366)舊時曲
지금 구름과 비에 푸른 산 어둑하구나　　　　　至今雲雨暗靑山

고죽은 자신의 면직보다는 홍랑과의 이별이 더 가슴 아팠기에 애절한 마음을 담아 주옥과 같은 시를 남겼다. 세 편을 살펴보자.

고의　　　　　　　　　　　　　　　　　　　　　　　古意

덜거럭덜거럭 쌍 수레 바퀴들은　　　　　　　　轔轔雙車輪
하루에도 천만 번씩 구른다네　　　　　　　　　一日千萬轉
마음은 같지만 수레는 같이 못 타　　　　　　　同心不同車
이별한 뒤 세월은 많이도 변했구나　　　　　　　別離時屢變
수레바퀴는 그래도 자취를 남기지만　　　　　　車輪尙有跡

---

364) 『조선왕조실록』, 선조9년 병자(1576), 5월2일(갑오) 조.
365) 맥맥脉脉은 그윽히 정을 품고 바라보는 모양.
366) 함관咸關은 함경남도 함주군咸州郡과 홍원군洪原郡 사이에 있는 고개.

| 그리워 그리워해도 임은 보이지 않네 | 相思人不見 |

유증   有贈

안개비 오락가락 버들은 늘어지고	烟雨空濛堤柳垂
가는 배는 떠나려고 일부러 느릿느릿	行舟欲發故遲遲
이별의 정을 강물에 비기지 마오	莫把離情比江水
물은 흘러 한 번 가면 다시는 못 오는 걸	流波一去沒回期

흰모시 노래   白苧辭

장안 시절 기억하며	憶在長安日
새로 흰 모시 치마 지었네	新裁白紵裙
헤어진 뒤로는 차마 입지 못하니	別來那忍着
같이 노래하고 춤출 임이 없기에	歌舞不同君

  고죽이 종성부사로 간 지, 한 해만에 한양으로 돌아오다 종성 객관에서 객사하니 나이 마흔다섯 살이었다. 죽음이 알려지자 홍랑은 영구를 따라 상경하여, 파주군 월롱면의 무덤 옆에 묘막을 짓고 삼 년간 시묘살이를 하였다. 뒤에 홍랑은 임란이 일어나자, 고죽이 남긴 시의 원고를 정리하여 온전히 오늘에 전하였다. 홍랑은 임종할 때에, '고죽의 곁에 묻어 달라'는 유언을 남겼다. 이에 고죽의 후손이 그 정절과 사랑을 기리어 고죽의 묘 아래에 장사지내고, 해주 최씨 문중에서는 해마다 제사를 지낸다. 고죽시비의 앞면에는 고죽이 지은 번방곡, 뒷면에는 '홍랑가비'라 하여 홍랑이 지은 시조가 새겨져 있다. 그리고 홍랑의 묘 오른쪽에는 '시인홍랑지묘詩人洪娘之墓'라는 묘비가 서 있다. 묘비의 측면과 뒷

면에 두 사람의 만남과 시를 지어 나눈 일, 시묘살이 등의 사연이 자세히 적혀 있다. 조선 후기의 학자인 남학명367)의 시문집, 『회은집晦隱集』에는 홍랑과 최경창의 사랑이야기를 소상히 적고 있다.368) 그는 영의정 약천藥泉 남구만의 아들이다. 천거로 주부에 임명되었으나 나가지 않고 은거, 학문연구에만 힘썼다. 『회은집』에 따르면, 두 사람 사이에 아들 한 명을 두었다는 얘기가 나온다. 최경창의 서자인 최즙의 후손이 지금까지 내려오고 있다. 최경창과 홍랑의 사랑은 비록 짧았지만 지금도 우리의 심금을 울리고 있다.

연단硏丹은 혹은 연주硏舟라고도 하는데, 생애는 알 길이 없다. '이별'이란 제목의 시는 눈물을 흘리며 서로 이별하는 장면이 선하다. 다만 훗날 다시 만날 날을 기다린다며, 비가 되어 임의 옷을 다시 적시리라는 소망을 담는다. 여기서 비는 에로틱한 성애性愛의 상징이다.

---

367) 남학명南鶴鳴(1654~?); 자 자문子聞, 호 회은晦隱, 본관 의령宜寧, 부父 구만九萬. 어려서 병약하여 과거를 폐하고 주부主簿에 천거되었으나 나가지 않았다. 중년에 수락산水洛山 회운동晦雲洞에 꽃나무 천 그루를 심고 살았는데, 최상국崔相國 석정錫鼎이 회은재晦隱齋라 명명하였다. 서사書史와 금석문金石文을 만축萬軸이나 비치한 외에 일체의 세속적 기호에는 초연하여 오직 산수를 좋아하였다. 저서 『회은집晦隱集』.

368) "崔孤竹贈洪娘詩序曰. 萬曆癸酉秋. 余以北道評事赴幕. 洪娘隨在幕中. 翌年春. 余歸京師. 洪娘追及雙城而別. 還到咸關嶺. 值日昏雨暗. 仍作歌一章以寄余. 歲乙亥余疾病沈綿. 自春徂冬. 未離牀褥. 洪娘聞之. 卽日發行. 凡七晝夜已到京城. 時有兩界之禁. 且遭國恤. 練雖已過. 非如平日. 洪娘亦還其土. 於其別. 書以贈之詩二首. 其一日相看脉脉贈幽蘭. 此去天涯幾日還. 莫唱咸關舊時曲. 至今雲雨暗青山. 聞諸孤竹後孫. 洪娘卽洪原妓愛節. 有姿色. 孤竹歿後自毁其容. 守墓於坡州. 壬癸之亂. 負孤竹詩稿. 得免軼於兵火. 死仍葬孤竹墓下. 有一子. 孤竹集中載其詩. 而序則不載. 後人何以知咸關舊時曲之有謂耶. 聊記之." 南鶴鳴, 『晦隱集』第五, 「雜說」, 詞翰.

| 이별 | 離別 |

임 가시며 첩에게 눈물을 보이시니	君乘送妾淚
첩도 눈물 머금어 돌려보냅니다	妾亦淚含歸
다시 만날 때 다정한 비가 되어	願作陽臺雨
입으신 임의 옷에 뿌려보고자	更灑郞君衣

양대陽臺는 원래 햇살이 잘 비치는 대를 말하나, 여기서는 남녀의 '정교情交'를 뜻한다. 그래서 '양대불귀지운陽臺不歸之雲'이란 말이 생겼는데, 한 번 정교를 맺고 다시는 만나지 못하는 것을 비유하여 말한 것이다.

계향桂香은 난향蘭香이라고도 부르며, 진주 기생이다.

| 임을 보내며 | 送別 |

그대 입을 길 옷을 내가 지을 제	持子征衫下淚裁
가위 따라 눈물이 흘러내렸네	金刀隨手短長回
이 내 몸은 등잔불 그대로 질런가	此身寧與殘燈滅
내일 아침 말 타는 양 난 못보겠네	不見明朝上馬催

날이 밝으면 정벌을 떠나는 임의 옷을 지으며 눈물 흘린다. 등잔불처럼 쇠잔한 자신의 신세를 상징적으로 끌어와 꺼져가는 사랑의 쇠락을 암시한다. 내일 아침 말을 타고 떠날 임을 송별하는 침선針線의 밤이 무척 애처롭다. 마치 꺼져가는 등잔불꽃처럼.

도화桃花는 생애 미상이다. 다만, 다음의 시제에 보이는 '북헌北軒'은 당사자인 남성의 호로 추정된다. 그런데, 북헌은 현종과 숙종 년간에 살았던 김춘택369)의 호이다. 조선 중기의 문신으로 시와 글씨에 뛰어났

---

369) 김춘택金春澤(1670~1717); 조선 중기의 문신. 본관 광산. 자 백우伯雨, 호 북헌

고, 문장이 유창하여 김만중의 소설 구운몽과 사씨남정기를 한문으로 번역했다. 저서에 『북헌집北軒集』과 『만필漫筆』이 있다. 서포西浦 김만중의 손자로, 시문집인 『북헌집』에 실린, '임진감구臨津感舊'는 할아버지 서포가 가업을 성취한 고사를 상기시키면서 삭막한 자신의 처지를 읊은 것이다. 이조판서에 추증되었으며 시호는 충문忠文이다. 한편 이 시의 제목이 다른 곳에서는, '임을 그리는 시三君詩'라고 붙여져 있기도 하다. 삼군三君은 '천하의 이름난 선비'란 뜻으로 한 말이다.

"세상에서 그 풍도를 흠모하는 자들이 마침내 서로 표방標榜하면서 천하의 명사들을 지목하여 호칭하였는데, 첫째는 삼군三君이요, 다음은 팔준八俊이요, 다음은 팔고八顧요, 다음은 팔급八及이요, 다음은 팔주八廚이다."370)

중국 후한 영제靈帝 때 천하의 명사들을 일컫는 말로 '삼군' 아래를 '고주준급顧廚俊及'371)이라 칭하였는데, 각각 여덟 명씩 서차序次를 두어 팔고八顧, 팔주八廚, 팔준八俊, 팔급八及이라 했다.

북헌을 눈물로 이별하며　　　　　　　　　　　　　　泣別北軒

낙동강 위에서 처음으로 임을 만나　　　　　　　　洛東江上初逢君

北軒. 이조판서에 추증되었다. 시호 충문忠文.
370) 『후한서後漢書』 권67, 「당고열전黨錮列傳」 서序.
371) '삼군三君'; 두무竇武, 유숙劉淑, 진번陳蕃. '팔준八俊'; 이응李膺, 순익荀翌, 두밀杜密, 왕창王暢, 유우劉祐, 위랑魏朗, 조전趙典, 주우朱宇. '팔고八顧'; 곽임종郭林宗, 종자宗慈, 파숙巴肅, 하복夏馥, 범방范滂, 윤훈尹勳, 채연蔡衍, 양척羊陟. '팔급八及'; 장검張儉, 잠질岑晊, 유표劉表, 진상陳翔, 공욱孔昱, 원강苑康, 단부檀敷, 적초翟超. '팔주八廚'; 도상度尙, 장막張邈, 왕고王考, 유유劉儒, 호모반胡母班, 진주秦周, 번향蕃嚮, 왕장王章.

보제원에서 임을 다시 이별하였네	普濟院頭更別君
복사꽃 지니 붉은 빛 자취 없고	桃花落地紅無跡
달 밝은 밤 어느 때인들 임을 잊을까	明月何時不憶君

보제원은 동대문 밖 3리 지점에 위치하며, 3월 3일과 9월 9일에 기로耆老372)와 재추宰樞373)를 위해 연회를 베풀던 곳이다. 전반부에서는 공간적 이동이 낙동강이 있는 경상도에서 보제원이 있는 서울로 옮겨간 것을 말하며, 그간 두 사람의 사연을 압축하여 보여준다. 그리고 후반부에 와서, 지금 복사꽃 분분이 지는 날, 임과 이별하고 달 밝은 밤이 되면 얼마나 임을 그릴지 생각하며 눈물겨워한다.

그 뒤에 조선 말기 고종高宗 때 기생으로 기명이 같은 도화桃花가 또 나타난다. 도화란 한 기생이 고종의 총애를 받게 되자, 이를 시샘한 엄비嚴妃374)가 도화의 얼굴에 바늘로 상처를 내어 마치 부스럼이 난 자리처럼 만들어 내쫓아버렸는데, 이를 비꼬아 부른 노래가 전한다. 이를 도화타령, 혹은 도화요桃花謠라고도 한다. 일종의 선소리로 광주산성廣州山城패가 주로 불렀는데 형식은 매화타령에 가깝다. 지은 작자와 연대는 미상이다.

---

372) 기로耆老; 육십 세 이상의 노인.
373) 재추宰樞; 의정부議政府의 대신大臣과 중추부中樞府의 장상將相으로 문무 고관高官 대작大爵을 통틀어 말함.
374) 조선 고종의 계비繼妃인 순헌황귀비純獻皇貴妃(?~1911)를 말함. 흔히 엄비嚴妃로 불린다. 일찍 궁인으로 입궁하여 고종32년(1895) 을미사변으로 명성왕후明成王后가 비명에 간 뒤 고종의 총애를 입어 1897년에 고종의 제3자 은垠을 낳았다. 1900년 8월 귀인貴人에서 순빈淳嬪으로 봉해지고, 1901년 고종의 계비로 책립되어 엄비라 불리게 되고, 1903년 10월에 황귀비로 진봉되었다. 여성의 근대교육에 관심을 가져 1906년 내탕금內帑金을 내려 숙명여학교淑明女學校와 진명여학교進明女學校를 개설, 여성근대교육을 실시하도록 하였다. 궁호宮號 망덕望德, 원호園號 영휘永徽.

"도화라지 도화라지 네가 무삼의 도화라고 하느냐 복숭아꽃이 도화라지
에헤요 어허야 얼씨구 좋다 좋구 좋네 어화 이 봄을 즐겨보세.
봄철일세 봄철일세 각색꽃들이 난만하게 피었네 어화 노래나 불러보세
에헤요 어허야 얼씨구 좋다 좋구 좋네 어화 이 봄을 즐겨보세.
이화 도화 만발하고 행화춘절이 다시 돌아왔네 더덩실 춤추며 놀아보세
에헤요 어허야 얼씨구 좋다 좋구 좋네 어화 이 봄을 즐겨보세.
도화유수 맑은 물에 일엽편주를 두둥실 띄우고 좋은 풍경에 즐겨보세
에헤요 어허야 얼씨구 좋다 좋구 좋네 어화 이 봄을 즐겨보세."

이같이 기생의 내면을 살펴볼 수 있는 가사가 더러 전하는데 청루별곡靑樓別曲이란 곡도 그 가운데 하나이다. 청루는 기방을 말한 것이니 이 곡은 곧 기방에 갇힌 기생의 심사를 노래한 것이다.

"이팔청춘 이 내 몸이 나비 눈에 꽃이로다. 한궁漢宮에 비연飛燕이오 초대楚臺의 신녀神女로다. 함양咸陽의 유협객과 오릉五陵의 귀공자로 가무를 수작하니, 천금이 일소一笑로다. 마음 안에 풍류랑을 황혼 가약 굳이 맺고 연리지連理枝에 천년 기약 운우몽雲雨夢이 잦았어라. 은하수 오작교에 견우랑이 건너는 듯 앵무배에 자하주를 월하에 흘려 부어 금루의金縷衣 한 곡조로 나 잡고 님 권하니 부용장芙蓉帳 비취금翡翠衾에 봄도 깊고 밤도 짧다. 보고지고 님의 거동 듣고지고 님의 소리, 전생에 무삼 죄로 우리 양인 생겨나서 천리에 걸어두고 주야상사晝夜相思 그리는고? 박명薄命한 이내 인생 이별할 제 왜 살았노?"

계월桂月은 영조 때 평양 기생으로, 평안남북도와 황해도 북부 지역을 아우르는 관서일대를 풍미 했다. 구체적인 생애를 알 수 없으나, 당시 황해도 감사 이광덕375)이 가까이 두고 사랑하다가, 서로 이별을 할

---

375) 이광덕李匡德(1690~1748); 조선 후기의 문신. 본관 전주全州, 자 성뢰聖賴, 호 관양冠陽.

때 시를 주었다. 이광덕은 진사로서 경종2년(1722) 정시문과에 을과로 급제, 이듬해에 시강원설서로 임명되어 왕세제王世弟(영조)를 보도輔導376) 하였고 이후 대제학을 지냈다. 계월은 이별에 대한 시, 두 수를 남겼는데, 서로 구절이 비슷한 데가 있다.『조선해어화사』에는 이 시를 '평양국색國色 명기의 시'라 하였다. 싯구에도 약간의 들락거림이 있으나 주된 정조情調는 거의 방불하다.

무심한 실버들　　　　　　　　　　　　無心楊柳

대동강가에서 정든 임 보내며　　　　　大同江上送情人
늘어진 실버들 천 가닥으로도 얽지 못해　楊柳千絲不繫人
눈물 머금은 눈망울 서로 마주 보면서　含淚眼着含淚眼
애끊는 마음으로 서로 쳐다보고 있네　　斷腸人對斷腸人

흘러내리는 눈물 서로 마주 보며　　　　流淚眼着流淚眼
애끊는 마음으로 서로 쳐다보고 있네　　斷腸人對斷腸人
철없을 때는 무심코 넘겼더니만　　　　曾從卷裏尋常見
오늘 첩이 몸소 당할 줄이야　　　　　　今日那知到妾身

　대동강변에서 임을 보내며 천 가지나 죽죽 늘어진 버들가지로도 임을 얽어매어 가지 못하게 할 수 없다고, 하소연하는 여인의 정한이 미풍에 하늘거리며 눈시울이 뜨거워진다. 서로 마주 대한 눈망울과 애끊는 마음이 동음同音 반복을 통하여 시 읽는 재미를 더한다. 일종의 말놀이인 '펀'(pun)이라서 읽기에 리듬을 탄다. '펀'은 말장난, 재담이나 곁말, 신소리를 통하여 동음이의同音異義를 통한 익살을 말한다.
　일지홍一枝紅은 성천 기생인데, 김광제377)가 편찬한 우리나라 역대 시

---

376) 보도輔導; 잘 도와서 좋은 데로 인도함.

선집, 『동국풍아東國風雅』378)에 일지홍을 비롯한 기생 열아홉 명의 시가 수록되어 있다. 한재락은 정조, 순조 당시에 개성 출신 부자로 일찍부터 기생집을 드나들었다. 그는 자신이 만난 평양 기생 예순일곱 명의 삶을 문학적으로 풀어낸 『녹파잡기』에서, 일지홍은 성질이 굳고 깨끗하여 비록 기생이나 헛웃음을 파는 걸 싫어하였다고 한다.

"일지홍은 눈동자가 샛별처럼 반짝이고 눈썹이 봄날의 산처럼 산뜻하다. 성품이 굳세고 곧아 속되지 않고 다른 사람보다 훨씬 총명하다. 『식보食譜』379)와 『다경茶經』380)에서 바둑, 골패에 이르기까지 통달하지 않은 게 없다. 언젠가 이렇게 탄식하였다. '제가 기생이 된 것은 운명입니다. 천성이 뜻을 꺾거나 남에게 굽히지 못합니다. 기생들 속에 묻혀있지만 다른 이가 문에 기대어 웃음을 파는 꼴을 보면 저도 모르게 마음이 싸늘해지고 꺼리는 기색이 낯에 드러납니다. 제 마음에 맞지 않으면 금을 광주리에 담고 구슬을 말로 퍼가지고 매일 찾아오더라도 어떻게 제 뜻을 꺾을 수 있겠습니까.'"

다음에 보이는 시는 일지홍이 태천泰川381) 아관 홍명한382)에게 준 시

---

377) 김광제金光濟(186~1920); 일제시대 민족운동가, 충청남도 보령 출신. 1907년 대구에서 출판사인 광문사廣文社의 사장으로 있으면서 부사장 서상돈徐相敦과 함께 '국채일천삼백만환보상취지서國債一千三百萬圜報償趣旨書'라는 격문을 전국에 발송하여 국채보상운동을 제의하였다. 시선집 『동국풍아』, 시집 『석남시고石藍詩稿』.
378) 김광제가 1917년 편찬한 시선집. 6권 2책. 신라에서 조선시대에 이르는 약 팔백 명의 명사들이 남긴 한시를 모아 엮었다. 오언절구·오언율시·칠언절구·칠언율시·오언고시 등으로 나누어 실었다. 국립중앙도서관 소장.
379) 『식보食譜』는 당나라 위거원韋巨源이 지은 음식을 만드는 법을 기록한 책.
380) 『다경茶經』은 당나라 육우陸羽가 지은 차의 전반에 대하여 기록한 책.
381) 평안북도平安北道의 남서부에 위치한 태천군.
382) 홍명한洪鳴漢(1736~?); 본관 풍산豊山, 자 공서公舒. 영조英祖 47년(1771), 정시庭試 병과丙科에 합격.

이다. 명한은 초명初名이다. 그는 형조, 예조판서, 지돈녕 부사 등을 역임하였다.

태천 홍아내에게 올리는 시	上泰川洪衙內383)詩
강선루 아래 말을 멈추고서	駐馬仙樓下
은근히 다음 만날 기약을 묻습니다	慇懃問後期
이별 자리에 술도 다하였으니	離筵樽酒盡
꽃은 떨어져 새만 슬피 우네	花落鳥啼時

선루仙樓는 대동강의 지류인 비류강沸流江변 절경에 위치한 강선루降仙樓를 말한다. 일지홍이 이 시를 지을 때 잠시 생각하고서는 즉시 붓을 잡고 지었다고 한다. 훗날 어사 심염조384)가 부근의 성천成川385)을 지나다가, 이 시를 보고 일지홍에게 시 한 수를 주었다. 그는 관서 암행어사, 강화 어사, 황해도 관찰사를 지냈다.

| 고당부의 신기한 경지요 성당의 시체인데 | 高唐386)神境盛唐詩 |

---

383) 궁성을 지키는 군사.
384) 심염조沈念祖(1734~1783); 조선 후기의 문신. 본관 청송靑松, 자 백수伯修, 호 함재涵齋. 채제공蔡濟恭의 서장관書狀官이 되어 청나라에 다녀온 뒤『서장문견록書狀文見錄』을 지어 정조에게 바쳤다. 왕이 청나라 문물에 대하여 묻자 "건륭제乾隆帝는 현명한 군주이나 연로하고 정령政令이 가혹하여 백성이 불안에 떨며, 중화中華의 문물이 땅에 떨어져 강남 한족漢族도 오랑캐 풍습을 따르고 있다"고 하였다. 청나라에서 돌아와 대사간의 탄핵을 받아 홍주洪州(충남 홍천)로 유배되었다가 곧 풀려났다. 1783년 황해도관찰사로 있다가 임지에서 죽었다.
385) 성천成川은 평안남도 성천군에 있는 읍.
386) 송옥宋玉의『고당부高唐賦』서序에 "초초楚 양왕襄王이 운몽대雲夢臺에서 놀다가 고당高唐의 묘廟에 운기雲氣의 변화가 무궁함을 바라보고, 송옥에게 '저것이 무슨 기운이냐'고 묻자, '이른바 조운朝雲입니다. 옛날 선왕先王이 고당에 유람왔다가 피곤하여 낮잠을 자는데, 꿈에 한 여인이 '저는 무산巫山에 있는 계집으로,

선관의 꽃 가운데 무르녹은 한 가지일세	仙館名花艶一枝
조운에서 한림학사 만났다 이르지 마소	莫道朝雲逢內翰
늙은이는 재주 없어 감당하기 어렵다오	老夫才薄不堪期

이덕무는 「청비록」에서 '일지홍'이란 이 시를 두고, "어사 심염조가 순찰하다가 성천에 이르러, 일지홍의 시를 보고 나서 종담鍾譚의 시를 읽도록 권하고 돌아갈 적에 지어 준 시"라고 하였다. '종담'은 시로 명성이 높았던 명나라 경릉 사람인 종성387)과 담원춘388)을 병칭하는 말이다. 또 "성천에 십이무봉十二巫峯과 강선루가 있었으므로 고당高唐, 선관仙館과 조운朝雲 등의 일을 인용하였다"389)고 하였다. 이 시에 대해 일지홍이 또한 시로 화답하였다.

| 서울 소식을 누구에게 물어 볼까요 | 洛陽消食憑誰問 |
| 밝은 달 발에 비칠 때 둘이 서로 생각하리 | 明月當簾兩地思 |

그리고 또 윤감사尹監司에게 올리는 시는 이렇다.

| 작년 서리 내려 국화꽃 필 때쯤 | 前年降節菊花時 |
| 어찌나 제 몸이 영예롭고 행복했는지 | 何幸榮名耀一枝 |

침석枕席을 받들기 원합니다'고 하였습니다. 드디어 정을 나누고 떠날 때에, '저는 무산 남쪽에 사는데 아침에는 구름이 되고 저녁에는 비가 되어 늘 양대陽臺 아래에 있습니다' 라고 하였습니다'고 하였다" 하였다.
387) 종성鍾惺(1574~1625); 중국 명나라 말기의 경릉파의 대표인물. 자 백경伯敬, 호 퇴곡退谷, 별호 만지거사晚知居士, 서실명서실名 은수헌隱秀軒. 저서 『은수헌집隱秀軒集』.
388) 담원춘譚元春(1586~1637); 중국 명나라 말기의 문학가. 자 우하友夏, 호 곡만鵠灣, 별호 사옹蓑翁. 경릉竟陵(지금의 호북湖北 천문현天門縣) 사람. 저서 『악귀당집嶽歸堂集』.
389) 이덕무李德懋, 『청장관전서』 제35권, 「청비록」 4.

| 듣자니 봄 순행 길에 북쪽에 지나쳤다더니 | 聞道春巡轍北過 |
| 어째서 여기 오신다는 약속 어기셨나요 | 胡然仙駕此愆期 |

또 일찍이 그 이름으로 제목을 삼아 절구를 지었다.

| 혹 남들이 꺾기 쉽다고 여길까 봐 | 或恐人易折 |
| 향기는 감춰 두고 짐짓 피지를 않지요 | 藏香故不發 |

또 김진사金進士가 지은 시의 운韻 자를 딴 시가 있다.

신선 배 막호에 두둥실 원앙이 놀라	仙舟莫湖驚鴛鴦
가고 오는 긴 물길만이 합쳐지네요	任去任來肥水長
일지홍 이름이 부질없어 되려 부끄럽기만	浪得花名還自愧
강마을 봄 가니 한스러워 향기조차 없어라	江城春盡恨無香

신광수390)의 『관서악부關西樂府』에는 일지홍에 관한 두 편의 시가 보이니, 그 중 한 편은 아래와 같다.

---

390) 신광수申光洙(1712~1775); 조선 후기의 문인. 본관은 고령高靈, 자 성연聖淵, 호 석북石北, 오악산인五嶽山人. 쉰세 살에 금오랑金吾郞으로 제주도에 가다가 표류하여 사십여 일 머무는 동안 탐라록耽羅錄을 지었다. 과시科詩에 능해 시로 이름이 떨쳤다. '등악양루탄관산융마登岳陽樓歎關山戎馬'는 창唱으로 널리 불렸다. 그는 사실적인 필치로 당시 농촌의 피폐상과 관리의 부정과 횡포 및 하층민의 고난을 시의 소재로 택하였다. 악부체樂府體 시로서 '관서악부關西樂府'가 유명하다. 그의 시에 대해 채제공은 "득의작得意作은 삼당三唐을 따를 만하고, 그렇지 못한 것도 명나라 이반룡李攀龍과 왕세정王世貞을 능가해 동인東人의 누습을 벗어났다"고 평했다. 동방의 백낙천白樂天이란 별칭을 얻었다. 시는 당대의 현실을 담거나 우리나라 신화나 역사를 소재로 민요풍의 한시로 표현하였다. 저서 『석북집』, 『석북과시집』.

성천의 어린 기생 일지홍은	成都小妓一枝紅
마음씨는 비단결 말을 어찌나 잘하는지	錦繡心肝解語工
내가 말 타고서 삼백 리를 달려오니	飛馬馱來三百里
교서랑은 곱고 고운 비단 속에 있구나	校書郞在綺羅中

    영월부사였던 신광수가 일찍이 평양을 유람하다 지은 것이다. '삼백 리'는 서울에서 평양까지의 거리이며, '교서랑校書郞'은 본래 책이나 문서에서 글자나 내용을 살피어 잘못된 것을 바로잡는 벼슬 이름이다. 중국 당唐 나라 기녀, 설도薛濤가 교서의 일을 맡아본 데서 온 말로 '기녀妓女의 이칭異稱'이 되었다.

    또한 조선후기의 문인 이우준391)은 다양한 주제의 이야기를 널리 수집하여 『몽유야담夢遊野談』392)을 펴냈는데, 여기에 일지홍에 관련된 일화를 다음과 같이 남겨놓고 있다. 저자의 호는 몽유자夢遊子, 본관은 전주全州, 효령대군孝寧大君 후손으로, 서울에서 태어나 예닐곱 살 때 양주楊州로 옮겨가 살았다. 독서를 열심히 하였으나 일을 싫어하여 아버지가 과거에 힘쓰게 하였다. 사십이 넘도록 과거에 매달리다 계속 실패하자 결국 단념하였다. 시속에 어울리지 못하고, 글을 잘하는 사람일지라도 벼슬한 사람과는 어울리지 않아 마음이 맞는 사람이 드물었다. 권말

---

391) 이우준李遇駿(1801~1867); 조선 후기의 문인. 본관 전주全州. 시·표·논·책·부 등 만여 수의 글을 지었다.
392) 조선 말기에 이우준李遇駿이 지은 잡록. 2권 2책. 한문필사본. 과거·서적·박람博覽·골계·기담奇譚·소설·잡설·이언俚諺·고금시화古今詩話 등 다양한 얘기를 수집했다. 특히 '소설' 장章에서 '사씨남정기', '구운몽' 등 고전소설의 흥미와 교훈성을 모두 인정하고, 중국의 4대 기서奇書도 함께 논하여 소설에 대한 넓은 이해를 보여주었다. 경사經史와 과거에만 힘쓰는 사람은 평생 이러한 작품을 보지 않는다고 비판하면서, 소설이 여항閭巷의 잡스러운 이야기 같지만 잘 음미하면 깊은 의미를 찾을 수 있다고 하였다. 『몽유야담』은 19세기 한 유학자의 진보적인 소설관을 보여주는 중요한 자료이다.

에 '서전'이라 붙인 자신의 일대기를 자술했으나 정체를 명확하게 드러내지는 않았다. 다소 겸허하면서도 스스로를 냉소하는 듯한 어조로 자전自傳을 간략히 서술하였는데, 출세의 욕구가 좌절되면서 세상을 회의적으로 생각하고, 불교나 도교에 많은 관심을 가지고 있었다. 규범을 벗어난 일, 예술 등을 좋아하였고, 상대적으로 높은 벼슬을 지낸 사람의 화려한 삶은 거의 다루지 않았다. 예컨대, 정희량鄭希良과 같은 인물이 저자에게는 상당히 흥미 있는 대상이었다. 나이가 들어서 한가로이 지내면서 이 책을 편집하였다 한다. 책의 내용에 김병연金炳淵의 이야기가 나오는 것으로 보아 19세기 후반의 인물로 추정된다.

"내가 일찍이 성사星使393)를 따라 연경(북경)에 가게 되었다. 판서 강시영394)이 상사上使였는데, 매번 시를 지어 수창하여 매우 서로 친숙하였다. 돌아오는 길에 용만에 이르러 내가 시험 삼아 물어 보았다.
'상공께서는 만 리의 여행길에도 기력이 쇠하지 않으시고 풍신이 더욱 좋아지셔서 일행이 모두 경하하고 기뻐합니다. 다만 화류계에 대해서만은 줄곧 냉담하시니 어찌 흠이 되는 일이 아니겠습니까?' 강판서가 대답하였다. '내가 십 구 년 전에 서장관으로 사신 길에 올랐다가 선천宣川과 안주安州에서 정을 준 기생들이 있었는데, 그 중 하나인 선천 기생은 '일지홍'이라 하고, 다른 하나인 안주 기생은 '녹류'라고 했다네. 집에 돌아오는 길에 두 기생이 모두 찾아와 알현을 하였기에 만나보았더니 하마 늙었더군. 지금 비록 다른 미인이 있다 해도 백발을 이기기는 어려운 게야. 또 이 늙은 몸을 보는 눈들이 길가에 있으니 새로운 것을 밝힌다는 혐의도 불가불 피해야 한다네' 하며 시 두 편을 나에게 보여 주었다.

그 하나는 일지홍에게 준 시였다.

---

393) 임금의 명령을 전달하러 지방에 출장 가는 관원.
394) 강시영姜時永(1788~?); 조선 후기의 문신. 본관 진주晉州, 자 여량汝亮, 汝良. 홍문관제학을 거쳐 이조판서. 글씨에 뛰어났다. 시호 문헌文憲.

의검정倚劍亭395) 앞에 매화 한 가지
이른 봄 붉은 꽃 매우 고운데
십구 년 만에 다시 만나보니
나와 달리 자넨 하마 쇠했네

또 다른 한편의 시는 녹류에게 준 시였다.

저녁 유람선 뜬 푸른 강가 그 여린 버들
이별한 후 훌쩍 길어져 누각을 가렸네
저 길손아 버들가지 죄다 꺾지는 말게
너울대는 허리엔 외려 풍류가 남았으니

내가 이 시를 보고 참으로 이런 일이 있었음을 알고 다음과 같이 말했다. '상공이 창기의 부류에 대해서도 또한 그 정을 곡진히 하셨습니다.' 그 후 평양에 이르렀는데 선천기생 봉혜가 매일 연이어 상공을 찾아왔다고 하는 소리를 들었다. 바야흐로 상공은 그녀와 함께 동침하였다. 내가 이에 침묵할 수가 없어 이에 시 한 수를 지어 보내드렸다.

임반396)의 꽃 떨기 속에 봉황이 울더니
봄바람에 날아올라 사신 행렬 쫓았네
의검정의 일지홍과 푸른 강의 녹류야
늙음을 원망말고 박정함을 원망커라

그러자 상공은 곧 차운하여 이르길,

네 필 준마 행렬 앞 한 봉황이 우니
귀로의 사신 행차에 봄 빛이 가득하네

---

395) 평안북도 선천군宣川郡에 있던 정자.
396) 임반林畔; 조선 시대 각 고을에 설치하여 외국 사신이나 다른 곳에서 온 벼슬아치를 대접하고 묵게 하던 숙소. 혹은 나그네를 치르거나 묵게 하는 집. 객관客館, 노실路室이라고도 함.

붉은 꽃 푸른 버들 모두 계절을 따르니
새 정으로 옛 정을 가릴 필요 없어라

　이는 능숙한 변명이라 할 수 있으나 문채와 풍류가 늙어도 쇠하지
않음을 볼 수 있었다."397)

　또, 조선 말기의 문신 이유원이 편찬한 『임하필기』 '화동옥삼편華東
玉糝編'에는 일지홍과 옥에 관한 얘기가 전하고 있다.
　성천의 어떤 백성이 옛 무덤을 개간하다가 옥을 주워 부사에게 바쳤
는데, 그 옥이 마침내 일지홍에게 돌아갔다. 일지홍은 다시 정표로 부잣
집 사람 아무개에게 주었는데 뒤에 정부사鄭府使가 이 옥을 취하여 총애
하는 여자의 장식으로 삼게 하였다. 그 여자는 연자루燕子樓에 살고 있
었다. 십년 뒤에 그 여자는 이 옥을 팔아서 곤궁한 생활에 보태어 썼으
므로, 이 옥은 또 귀한 집의 요염한 여자에게로 돌아갔다. 이 옥은 흙 속
에서 나온 뒤로 세 번이나 주인을 바꾸고 세 번이나 세상을 시끄럽게 하
였으니, 재액을 동반하는 물건이었던 것이다. 한 골동품 애호가가 그 요
염한 여자에게서 구매한 뒤로는 끝내 닳도록 그 손에서 나오지 않았다
한다.

　　"유득공柳得恭의 『냉재서종冷齋書種』에, '사방 한 치쯤 되는 옥돌 한
　조각이 반투명한 우윳빛을 띠어 두 개의 이수螭首가 조각되어 있었는
　데, 한 면에는 산수山水, 평교平橋, 어주漁舟, 원탑遠塔을 새겨서 은은
　히 분변할 수 있고, 다른 한 면에는 '푸른 잔디 흰 돌 하수 가에 가득한
　데, 아득히 펼쳐진 모래펄 얕은 물결 띠고 있네. 붉은 나무 푸른 산 들어
　갈 길 없으니, 행춘교 가에서 고기 잡는 배를 찾노라. 綠莎白石滿河洲,
　渺渺平沙帶淺流. 紅樹靑山無路入, 行春橋畔覓漁舟.'라는 시를 새겨, '자강

---

397) 이우준李遇駿, 『몽유야담夢遊野談』.

子剛'이란 작은 인문印文이 찍혀 있었다. 성천에 사는 어떤 백성 하나가
밭을 갈다가 이 옥을 습득하여 부사에게 바쳤는데, 부사의 아들이 시기
詩妓 일지홍을 사랑하여 그 옥을 주어 차도록 하였다. 뒤에 그 옥은 성
천부의 어떤 사람에게 귀속되었는데, 부사 아무개가 비싼 값을 주고 취
하였다. 시정詩情과 화의畫意가 모두 극도로 그윽하여 깊은 맛이 있고
각법刻法 또한 신기하였다. 이 옥은 필시 중국의 물건일 것인데, 다만
자강이 어느 시대 사람인지 모를 뿐이니 뒤에 조사해 봐야 하겠다' 하
였다.

자강은 성이 육씨陸氏이다. 명나라의 서문장398)의 '수선화水仙花' 시
에서 이르기를,

대략 풍정 있는 이는 묘한 모습 그리고	略有風情陳妙常
전연 연화의 기미 없는 이는 두란향이네	絶無煙火杜蘭香
곤오국 칼 닳아도 비슷하게 새기기 어려워	昆吾399)鋒盡終難似
소주의 육자강을 시름에 빠지게 만드네	愁殺蘇州陸子剛

하였다. 서문장은 스스로 주석하길, '육자강은 소주蘇州 사람으로 옥
을 연마하는 묘수妙手이다' 하였다. 이에 의거하면 육자강은 서문장과
같은 때 사람이니, 이 옥은 명나라 가정, 융경 연간의 오래된 물건이라
는 것을 의심할 나위가 없다."400)

---

398) 서문장徐文長은 서위徐渭의 자. *서위(1521~1593); 중국 회화사에서 예술적 기
인으로 명성이 높음. 자 문청文淸, 문장文長, 호 천지산인天池山人, 청등도사靑
藤道士, 산음山陰(지금의 절강浙江 소흥紹興)사람.
399) 곤오국昆吾國에서는 옥을 자르고 철을 깎는다는 적도赤刀란 명검이 생산되었
다. 붉은 빛을 발산하면서 마치 진흙을 베듯이 옥물玉物을 자른다고 한다.
400) 이유원,『임하필기』제33권,「화동옥삼편華東玉糝編」, '가정嘉靖 융경隆慶 연간
의 옥패玉佩'; "柳惠風冷齋書種曰。方寸玉一片。羊脂色雙螭首。一面刻山水平橋
漁舟遠塔。微微可辨。一面刻詩云。綠莎白石滿河洲。渺渺平沙帶淺流。紅樹青
山無路入。行春橋畔覓漁舟。小印文曰子剛。成川府民。耕田拾得。獻于府使。
府使之子。戀詩妓一枝紅。與之佩。後歸邑子某。府使某以重價取之。詩情畫
意。俱極縹緲。刻法又神。必是中國物。但未知子剛之爲何代人。以待後查。按

소옥小玉, 혹은 소옥화小玉花는 거제 기생으로 남촌南村 출신이다. '소옥'이란 기명은 고대 전설 속의 선녀 이름으로서 중국 오나라 부차夫差의 시녀로 뒤에 선녀가 되었다고 전해진다. 다음의 시는 제목이 '별인別人'이라고도 되어 있다. 뜻은 둘 다 같다.

송별	送別
세모에 바람 차고 서산에 해 지는데	歲暮風寒又夕暉
천리밖에 임 보내니 눈물이 옷깃 적시네	送君千里淚沾衣
향기로운 풀은 봄 오면 해마다 푸른데	春堤芳草年年綠
왕손이 돌아오지 않는 건 배우지 마소서	莫學王孫歸不歸

시에서 방초芳草와 왕손王孫은 대對를 이루는데, 결구에 보이는 '왕손귀불귀王孫歸不歸'는 떠난 사람에 대한 그리움을 상징한다. 초사楚辭 회남소산왕淮南小山王 '초은사招隱士'에 "봄풀은 해마다 푸른데, 왕손은 한

成都民。墾荒塚間。得此玉獻之官。遂歸於一枝紅。紅又情贈富民某甲。後鄭府使取爲寵姬之飾。姬居燕子樓者且十年。售玉以資衣食窘。此玉又歸於侯門之絶艶。玉自出土來。凡三易主而三噪於世。蓋尤物也。有一嗜古者。購求於艶。艶竟刊歟不出手云。子剛姓陸氏。徐文長水仙花詩云。暑有風情陳妙常。絶無烟花杜蘭香。昆吾鋒盡終難似。愁殺蘓州陸子剛。自注云陸子剛蘓人。碾玉妙手也。据此則子剛爲文長同時之人。而此玉爲明嘉隆間之古物。無疑也。" *이유원, 『가오고략嘉梧藁略』 14책, '옥경고승기玉磬觚賸記'에도 보인다. 또한, 신위申緯, 『경수당전고警修堂全藁』 4책, 「어재속필蘓齋續筆」 丁丑七月。至十二月。玉佩 幷序에도 동일한 내용이 보이는데, 말미에 오얼절구 여섯 수가 덧붙여있는 점이 다르다. 그 시는 다음과 같다. "殉玉何人抵死愚。白楊無樹可啼烏。褐之父向田間得。雨暎深耕綠一蕉。其二；一從獻玉楚宮後。雲雨多端事可愁。解珮曹酬交甫意。償城何急昭王求。其三；劇知尤物傲書生。底費十年惆悵情。黃土出來三易主。紅顔俱是一傾城。其四；何虹不霽飮春潮。此是吳松第幾橋。隔水靑山紅樹路。引人篊去塔尖銷。其五；不厭書窓攷證詳。惠風吾欲補其亡。朱砂小篆分明刻。徐渭詩中陸子剛。其六；嘉隆古玉隆嘉出。後五百年當益珍。此日吾詩成玉篆。幾番傳賣斷腸人。"

번 가서 돌아오지 않는다"401)라고 하였다. 여기서 왕손은 고려 왕씨 귀족의 자제를 말하는데, "왕손불귀 춘초처처王孫不歸, 春草萋萋", 곧 "왕손은 놀러나가 돌아오지 않는데, 봄풀만 무성하게 자라났구나"402)에서 온 말로, 고향 땅을 떠난 사람의 수심을 불러일으키는 정경을 표현할 때 흔히 쓰인다. 마치 봄이 되면 언덕에 새싹이 돋아나듯이, 사랑하는 사람도 꼭 돌아오기를 간절히 바라는 애절한 마음이 나타나 있다. 한편, 북송 여류시인 이청조의 '원왕손怨王孫'을 보자.

왕손을 원망하며	怨王孫
호숫가 바람 불자 물결 아득히 일고	湖上風來波浩渺
가을 저물어, 붉은 꽃 향기도 드물다	秋已暮, 紅稀香少
물빛과 산빛은 내 곁을 스치는데	水光山色與人親
말로 다 할 수 없네, 한없이 좋은 풍광을	說不盡, 無窮好

연단妍丹은 성천 기생이다. 그녀의 '낭군을 이별하며別郎'는 이렇다.

임도 날 보내며 눈물 흘리고	君垂送妾淚
저도 눈물 머금어 돌아서네요	妾亦含淚歸
양대에 비가 내리기를 바라며	願作陽臺雨
다시 임의 옷에 눈물 적시네요	更灑郎君衣

이별하면서 버리지 못한 미련을 은근히 말하고 있다. 여기서 '비'는 성애性愛를 상징하는 시어이다. 양대陽臺는 원래 햇살이 잘 비치는 대를 말하나, 여기서는 남녀의 '정교'를 뜻한다. 운우지락雲雨之樂, 조운모우

---

401) "春草年年綠, 王孫歸不歸".
402) "王孫遊兮不歸, 春草生兮萋萋".

朝雲暮雨, 무산지몽巫山之夢, 양대지몽陽臺之夢이라고도 한다. 중국 초楚나라 회왕懷王이 꿈에 무산의 선녀를 만나 하룻밤을 같이 지냈는데 그녀가 헤어지면서 '저는 아침에는 구름이 되고 저녁이면 비가 됩니다' 했다는 고사에서 온 말로, 남녀간의 정사를 비유하는 말이다. 고사를 인용하면 다음과 같다.

초楚 양왕襄王이 송옥宋玉이란 시인과 함께 운몽雲夢의 대에서 노닐었는데 고당高唐을 바라보니 그 위에 구름 같은 기운이 감돌고 있었다. 양왕이 무슨 기운이냐고 물으니, 송옥은 이렇게 대답했다. "저것은 이른바 조운朝雲이라는 것입니다. 선왕先王인 초나라 회왕께서 일찍이 고당에 노닐면서 낮잠을 자다가 꿈을 꾸었는데, 어떤 부인이 나타나 잠자리를 함께하면서 말하기를, '저는 무산의 여자로 고당의 나그네가 되었습니다. 임금께서 오신다는 말을 듣고 이렇게 왔습니다'라고 하였습니다. 그리고 떠날 때에 말하기를, '저는 무산 양지쪽 높은 절벽에 살고 있는데, 아침에는 구름이 되고 저녁이면 비가 됩니다'라고 하였습니다. 그래서 그곳에 사당을 세우고 조운묘朝雲廟라고 불렀습니다."403)

덕개德介는 조선 초기의 기생으로 알려져 있다. '송행送行'이란 이별시가 전한다. 한치윤韓致奫은 덕개의 시를 싣고 덧붙여 쓰기를, 『열조시집列朝詩集』에서는, "덕개씨는 고려의 기생이다"404) 하였다.

비파소리에 이별의 정 실어 보내니	琵琶聲裡寄離情
동풍에 원통한 맘 섞여 곡 제대로 안되네	怨入東風曲不成
깊은 밤 고당에선 향기론 꿈 싸늘하니	一夜高堂香夢冷
비단치마 위에는 눈물 흔적 뚜렷하네	越羅裙上淚痕明

---

403) 『문선文選』, 송옥宋玉 「고당부서高唐賦序」.
404) 한치윤, 『해동역사海東繹史』 제49권, 「예문지藝文志」.

이별하며 타는 비파는 가락도 어긋나 어쩌지 못하는 작자의 마음을 그대로 담아낸다. 지난 밤 쌓은 깊은 정을 두고 이제 떠나시니, 아롱지는 치마폭에 눈물이 얼룩진다. 섬세한 여자의 마음을 매우 감각적으로 읊고 있다.

주채희朱彩姬는 마산 기생이다. 생애는 알 길이 없다. 남파南坡라고도 하며, 생업을 고쳐 부산에서 학교를 졸업하고, 시인 이정설李鼎卨의 부실이 되었다. 넷째 구절에서 아녀자의 생각하는 바를 엿볼 수 있다.

임을 보내며	送人
만나는 기쁨도 헤어지는 회포에 못잖아	逢歡難敵別懷難
차마 옷소매 나누지 못해 난간에 기대네	不忍分衿更倚欄
조각 구름은 저 멀리 돛단배 위로 흐르고	雲葉遠流歸帆背
눈꽃은 가는 임 갓 위에 부질없이 내리네	雪花空打去人冠
반짝이는 햇살은 시름 가운데 저물어가고	紛紛白日愁中暮
또렷한 푸르른 산 쓸쓸하기만 하네	歷歷靑山望裡寒
그리운 마음 보이려 해도 보여줄 길 없어	欲證相思無所證
두둥실 밝은 달만 양변을 비추이네	一輪明月兩邊看

'분금分衿'은 옷깃을 서로 찢어 나누는 것인데, 헤어지는 일을 상징한다. 차마 서로 헤어지지 못해 서성이는 마음이야 만 갈래 길인 듯 아득하다. 율시의 앞 구는 헤어지던 당일의 정경이다. 눈송이가 흩날리는 날, 강가 난간에 기대어 차마 임을 보내지 못하는 은근한 속내를 그린다. 뒷구는 임을 보낸 뒤 작자의 현재의 심사를 보여준다. 날이 화창한데 저물녘이 되자, 시름에 겨워 햇살마저 시들고 산마저 처량하다. 그리움이야 꺼내 보여주고 싶어도 보여 줄 길이 없다, 말하면서 맨 마지막

구는 둥실 떠오른 달이 살포시 이런 두 갈래 마음의 끝자락을 내비친다고 토로한다.

최랑崔娘은 조선 선조 무렵 기생이다. 문신 정지승鄭之升(1550~1589)과 사랑을 나누었는데, 그만 헤어져 마침내 병들어 죽었다. 정지승은 시로써 세상에 명성을 날렸다. 그는 평생 은거하여 살았는데 출사에 관심이 없었다. 특히 중국 당나라 시풍의 시를 창작한 시인으로 백광훈白光勳 대신에 구수훈은 정지승을 삼당시인三唐詩人의 한 사람으로 지목했다. 최랑이 죽기 전 정지승을 위해 지어 부친 시는 서로 엇갈린 운명을 절망적으로 토하며, 인생을 길에 비유하여 지은 절명시가 이러하였다. '길'이란 제목의 이 시는 시리도록 아픈 맛을 안겨준다.

길	路
슬퍼라, 동서로 서로 길이 달라	戚戚東西路
장래 기약하기 어려움을 내 알지만	終知不可期
누가 알리오, 한 번 되돌아 보면	誰知一回顧
다시 둘의 사랑 뜨겁게 타오를지	交作兩相思

'척척戚戚'은 교분交分이 가깝다는 뜻과 '척척慽慽'처럼, 시름에 겨운 모양을 중의적으로 품고 있다. 동서로 길이 어긋나서, 너무 멀리 떨어져 장차 재회할 기약이 보이지 않는다. 그럼에도 이 시가 아름다운 까닭은 그 속에 시인의 슬픈 기원이 담겨 있기 때문이다. 끝내 사랑의 끈을 놓지 않는 애절한 갈망이 행간에 보석처럼 빛나고 있다. 결구의 교작交作은 소극적으로는 다시 만나는 일을 의미하지만, 적극적으로는 남녀의 성교性交를 의미한다. 엇갈린 길이 서로 만나 교차하는 그 지점이다.

최랑이 지은 '은하銀河'는 이별의 정한을 극대화 시키고 있다.

은하수 건너 서로 바라보며	相望隔河漢
건너려하나 다리 없어 한스러워라	欲濟恨無梁
꾀꼬리 울고 꽃이 지나니	鶯啼花又落
아마 그 시름에 애마저 끊어지리	知是割愁腸

하한河漢은 남북으로 길게 보이는 은하계銀河系를 마치 강으로 여겨 말한 뜻이다. 은한銀漢, 혹은 은하수라 하기도 한다. 서로 떨어진 공간적 거리가 이만큼이나 멀다. 오언으로 된 명구를 가려 편찬한 조선시대의 초학初學용 교재인 『추구推句』에, "옅은 구름은 은하수를 지나고, 가랑비는 오동나무를 적시네"405)라 하였다. 이 시는 '하한지언河漢之言'이라 할 만하다. 즉 은하수가 멀고 먼 하늘에 있다는 데서 연유한 말로, 작자의 절망적이고 막연한 마음의 상태를 그린다. 은하를 건널 다리가 없고, 좋은 시절에 기다리다가 꽃마저 지고 있다. 꾀꼬리의 울음은 시름에 못 이겨 작자 자신을 대신하여 우짖는 대유代喩의 의미로 차용한 것이다.

무명無名은 의주 기생이다. 매우 평이하게 지었지만 같은 음을 반복하여 음율이 매끄럽고 뜻이 사무쳐 가작이다. 아마도 권상신406)이 벼슬이 바뀌어 갈 때 준 시로 보인다.

판서 권상신과 이별하며	別權判書尙愼
가시는 걸음걸음 평안히 가소서	去去平安去
멀고 먼 만 리 길 첩첩도 하네요	長長萬里多
달 없는 밤 강가 하늘가에	江天無月夜

---

405) "微雲過河漢, 疎雨滴梧桐."
406) 권상신權常愼(1759~1825); 조선 정조, 순조 때의 문신. 본관 안동安東, 자 경호絅好, 호 일홍당日紅堂, 서어西漁. 한성좌윤, 경기·충청도 관찰사 및 호조·병조 판서 등을 역임하였다. 대사헌 때 두 유신儒臣을 구하려다가 영변에 유배되었다가 3개월 뒤에 풀려났다. 시호 효헌孝獻. 문집 『서어집西漁集』.

외로이 우짖는 기러기 울음은 어쩌실련지　　　孤叫雁聲何

　어떤 곳에는 '강천江天'이 '소상瀟湘'으로 착각되어 전한다. 그럼에도 의미에는 별 차이가 없다. 소상은 중국 호남성湖南省, 동정호洞庭湖 남쪽에 있는 소수瀟水와 상강湘江을 아울러 이르는 이름이다. 부근에 경치가 아름다운 소상팔경이 있다. 산시청람山市晴嵐, 어촌석조漁村夕照, 소상야우瀟湘夜雨, 원포귀범遠浦歸帆, 연사만종煙寺晩鐘, 동정추월洞庭秋月, 평사낙안平沙落雁, 강천모설江天暮雪을 이른다. 그런데 이 시의 앞부분은 명애明愛라는 평양에서 활동한 기생의 작품과 거의 방불하다. 한재락의 『녹파잡기』에서 '명애'에 관한 자세한 기록이 보인다. 아마도 생존시기가 권상신과 명애, 두 사람이 거의 같은 무렵인 것으로 보아 명애의 작품으로 추정하여도 무리가 없을 듯하다.

　　　"명애는 자가 약란若蘭이다. 그녀의 '송인送人' 시에, '가실 때마다 가
　　시더라도 평안히 가시길, 길기도 길기도 한 만 리 먼 길을. 去去平安去,
　　長長萬里長'이라고 하였다. 당시에 재주와 미모로 평양에 이름이 났다.
　　대문은 수레와 말로 미어지고 대청은 가야금과 피리소리로 진동하였
　　다. 그러나 일단 기적에서 빠져 양민이 되자, 안릉安陵의 시골집에 은
　　거하여 죽을 때까지 있기로 하였다. 그 뜻이 가상하다."[407]

　채소염蔡小琰은 본명이 소염素簾인데 성천기생이다. 다음의 시는 죽은 이를 마지막으로 보내는 사별의 노래이다. 제목이 '만인挽人'으로 알려진 곳도 있다.

---

407) 한재락, 『녹파잡기』.

| 죽은 이를 애도하는 시 | 輓人詩 |

가장 가슴 아픈 건 북망산이라	傷心最是北邙山
인생 한 번 가면 다시 돌아오지 못하네	一去人生不再還
무슨 일로 생사를 두고 부귀를 논하며	若爲死生論富貴
왕과 제후가 어찌 무덤 사이에 있으리	王侯何在夜臺間

북망산北邙山은 중국 낙양현 북쪽에 있는 '망산'을 말하는데, 후한後漢 이후로 이곳이 유명한 묘지가 있는 곳으로 사람이 '죽어서 가는 곳', 혹은 '사람의 죽음'을 뜻한다. 야대夜臺는 캄캄한 지하 세계, 곧 무덤을 달리 이르는 말이다. 아무리 잘난 영웅호걸이거나 왕후장상도 죽음의 고개를 넘어가면 돌아오지 못한다. 그래서 부귀영화도 한갓 이슬 한 방울과 같다. 무덤의 한 포기 풀조차도 적시지 못하기에. 죽은 이를 슬퍼하면서 인생의 무상함을 만사輓詞로 대신하여 표현하고 있다.

복랑福娘은 영조 때의 부안 기생이다. 시를 잘 지었다.

나직이 양류지사 부르노라니	楊柳枝詞唱得低
헤어지는 정자에 비오고 꾀꼬리 우네	離亭新雨早鶯啼
강가 갈대 짤막짤막 궁궁이 파릇파릇	洲蘆短短江蘺綠
임 돌아올 때는 말발굽도 묻히리라	之子歸時沒馬啼

문정희가 엮은 『기생시집』에는 이 시의 제목을 '학사 이득일을 도성으로 보내면서'408)라 하고, '무안' 기생 복개福介'의 작품으로 채록하였다. 또 승구에 '이정離亭'이 '쌍정雙亭'이라고 되어 있다. 아마도 둘 중에 한 곳이 착간이거나, 동일 인물일 것으로 추정된다. '궁궁이'는 향풀의 일종으로, 미나리과에 속한 다년생 풀인 천궁川芎의 뿌리줄기인데 봄,

---

408) '送李學士得一之京'.

가을에 채취하여 약재로 쓴다. 한편, 이덕무李德懋는 기생 복랑이 이 아무개 승지承旨에게 준 시라 하였다.

"부안 고을 기녀 복랑이 승지 이 아무개에게 준 시인데, 은근히 아름다워 완연한 봄 정경이 선택할 만하다. 婉韶堪選"409)

사료에 보이는 이득일은 익산益山 사람으로 영조 년간에 지평持平과 정언正言 벼슬을 하였다. 한편 양류지사楊柳枝詞는 버들가지가 늘어선 강가에서 부른 노래에서 유래한다. 유우석劉禹錫(772~842)의 양류지사가 유명하다.

화악루 앞에 처음 버드나무 심을 때	華萼樓前初種時
누각 위 미녀들 가녀린 허리를 다투네	美人樓上鬪腰肢
지금은 죽 뻗은 길거리에 버려져	如今拋擲長街裡
젖은 잎 마냥 울부짖으며 누굴 원망하나	露葉如啼欲恨誰

중국의 중당中唐 시인 백거이白居易(772~846)는 늙어서 집에다 소만小蠻과 번소樊素라는 두 명의 기생첩을 두었다. 소만은 춤을 잘 추고 번소는 노래를 잘했다. 그래서 "앵두 같은 번소의 입이요, 버들 같은 소만의 허리로다"410)라는 '양류지사楊柳枝詞'를 지었다.

연희蓮喜는 생애를 알 수 없다. '은하수 다리河橋'를 살펴보자.

| 은하교에 견우직녀 저녁에 다시 만나 | 河橋牛女重逢夕 |
| 옥동의 신랑 각시 이별할 때 섧겠네 | 玉洞郞娘恨別時 |

---

409) 이덕무李德懋『청장관전서靑莊館全書』제32권,「청비록淸脾錄」.
410) "家妓樊素, 小蠻者, 能歌善舞. 白居易作詩讚道, 櫻桃樊素口, 楊柳小蠻腰."

이 세상에 이 날이 없었더라면	若使人間無此日
살아 백년 즐거이 지냈을 것을	百年相對不相移

'하교'는 은하수를 이어주는 다리, 곧 오작교이다. 옥동玉洞은 신선이 사는 곳, 선계仙界이다. 다시 만난 두 사람이 또 헤어지려 한다. 만나면 헤어지는 게 다반사인, 기생의 삶은 정을 한 군데 붙일 곳이 없는 정처 없는 떠돌이의 그것이다. 이별이 만약에 없다면 그나마 살아 백 년쯤은 다행이라고 말한다.

무명無名은 양양襄陽 기생이다.

송별	送別
농주탄 위에 오니 마음 괴로워	弄珠411)灘上欲消魂412)
이별의 회포를 홀로 술잔에 부치네	獨把離懷寄酒樽413)
끝없는 춘정을 이길 수 없어서	無限煙花414)留不得
차마 향기로운 풀로 왕손을 원망케 하랴	忍敎芳草怨王孫

송별이란 이 시는 농주탄이란 급한 여울목에서 이별하여 넋을 잃고, 술로 회포를 풀며 쓴 것이다. 애써 모진 그리움을 털어내고자 하는 작자의 안간힘을 쓰는 애처로운 광경이 선연하다. 그런데, 이 작품은 북송 여류시인 이청조李淸照(1084~1151)의 '취화음醉花蔭'이란 시와 정서의 맥락이 잇닿아 있다. 중양절을 맞아 외로이 빈방을 지키다 정원에 가득 핀 국화를 보고, 멀리 떨어져 있는 남편을 그리워하는 마음을 누를 길

---

411) '농주弄珠'는 쟁반 위에 구슬을 굴리면서 노는 놀이인데, 농주탄灘은 마치 물방울이 구슬처럼 튀어오르는 급한 여울을 말한다.
412) 소혼消魂'은 근심을 많이 하여 넋이 나간 것을 말한다.
413) '주준酒樽'은 술을 담아 두는 큰 통이다.
414) '연화煙花'는 봄철의 경치인데, 춘정春情을 말한다.

없는 여인의 시적 표정이 매우 섬세하다. 결구의 '사람 꼴이 시든 국화보다 야위었다'는 표현은 압권이다.

옅은 안개 짙은 구름 근심에 해 길어	薄霧濃雲愁永晝
금수향로 서뇌향은 타오르네	瑞腦消金獸
좋은 시절 또 중양절이라	佳節又重陽
옥 베게 비단 주렴엔	玉枕紗幮
초저녁 스산해 냉기가 스며드네	半夜凉初透
동쪽 울타리에서 어둑해지도록 술마시니	東籬把酒黃昏後
국화 그윽한 향기 소매에 가득하네	有暗香盈袖
임 생각에 타는 심정 잊혀진다 말마시오	莫道不銷魂
주렴을 거두니 가을바람 부는데	簾捲西風
사람 꼴은 국화보다 더 야위었네	人比黃花瘦

이청조는 중국 산동성 제남 출신이다. 호는 '이안거사易安居士', '수옥漱玉'이다. 사詞에 뛰어나 송 대가의 한 사람으로 꼽힌다.『수옥사漱玉詞』가 있다. 십대에 이미 당대의 문인인 장뢰,415) 황정견416)에게 시적 재능을 인정받았다. 열여덟 살에 저명한 금석학자 조명성趙明誠과 혼인하였는데, 서로 뜻이 잘 맞아 남편을 도와서『금석록金石錄』을 완성하였다. 그러나 금金나라 군사가 침략하여 강남으로 이주한 뒤 남편이 병으로 죽었다. 그 뒤 고관이던 장여주張汝舟와 재혼하였으나 삼 개월 만에 남편이 탐관오리라는 걸 알고 이혼한다. 말년은 매우 처량하고 곤궁하였다.
  무명無名이 지은 '송별'시는 감각의 절정을 보여준다.

---

415) 장뢰張耒(1054~1114); 중국 북송의 시인. 자 문잠文潛, 호 가산柯山, 초주楚州 회음淮陰(지금의 강소江蘇 청강淸江)출생. 저서『가산집柯山集』.
416) 황정견黃庭堅(1045~1105); 중국 북송의 시인, 서법가. 자 노직魯直, 자호 산곡도인山穀道人, 만호晩號 부옹涪翁, 홍주洪州 분녕分寧(지금의 강서江西 수수修水)출생. 저서『산곡집山穀集』.

송별   送別

한 떨기 꽃 한남성에 떨어지고   一花飛落漢南城
여기서 서울까지 며칠 길인가   此去長安幾日程
춤옷 입고 거닐어보니 봄은 이미 저물고   舞袖遲回春色晚
수놓은 이불에 새벽 찬 기운 스며드네   繡衾無奈曉寒生
머리 들어 달 보니 마음 서로 비치고   擡頭看月心相照
화답시에 눈물 얼룩져 글자가 뵈지 않네   和成淚詩字不明
한밤중에 일어나 새 버선 만들지만   起枕中宵新製襪
바느질 소리에 애가 끊어지네   軟腸斷盡繗絲聲

  늦은 봄날, 산성에 올라 춤추는 옷을 입고 어슬렁거리는 작자는 서울 길도 며칠이나 되느냐고 중얼거린다. 수놓은 이불도 임이 떠나고 나면 써늘할 것이다. 달을 올려다보니 거기, 두 사람의 애틋한 마음이 서로 비친다고 하면서, 결구는 감각의 절정에 오른다. 애간장이 다 녹아, 바늘귀에 실 꿰는 소리도 듣는 귀를 열고 있다. 독수공방의 지극한 적막은 바늘귀에 실 꿰는 소리로도 깨어진다. 청각과 시각이 어우러진 가품佳品이다.

3. 기생에게 준 시

3. 기생에게 준 시

기생에게 주다   贈妓1)

1.
구름 끝에 있어도 서로 그리워   相思在雲端
머나먼 그 곳으로 꿈은 찾아가네   魂夢遙能越
가을 바람에 낙엽 지거든   落葉下西風
호젓한 뜰에 초생달 바라보네   空庭望新月

2.
사랑하노라 정향 나무를   祗愛丁香樹
꽃다운 가지에 마음 괴로운 걸   芳枝有苦心
분홍끈으로 띠 만들려거든   若爲紅綬帶
자색 비단 옷깃을 다시 매소서   重結紫綾衿

---

1) 신흠申欽,『상촌집象村集』권17. *신흠(1566~1628); 자 경숙敬叔, 호 경당敬堂, 백졸百拙, 남고南皐, 현헌玄軒, 상촌거사象村居士, 현옹玄翁, 방옹放翁, 영암旅菴, 본관 평산平山, 시호 문정文貞. 이항복李恒福, 이수광李睟光과 교유. 이정구李廷龜, 장유張維, 이식李植과 함께 조선 중기 '문장사대가文章四大家'로 불림.

기생에게 주다   贈妓[2]

온갖 꽃떨기 속 청초한 그 모습   百花叢裏淡丰容
홀연히 미친 바람 만나 붉은 빛 덜었네   忽被狂風減却紅
수달의 뼈도 옥같은 뺨 고치지 못하니   獺髓[3]未能醫玉頰
오릉에 귀한 자제 한이 무궁하구나   五陵[4]公子恨無窮

『동문선』에는, 어느 지방 수령이 임기가 끝나서 떠날 때 사랑하던 기생에게, "내가 간 뒤에는 또 다른 남자의 사랑을 받을 것이다." 하고는 촛불로 얼굴을 찢어서 흉하게 만들었으므로 정습명[5]이 그 일을 두고 시를 지어 기생에게 주었다. 오나라 임금 손화[6]가 여의주를 가지고 희롱하다가 미인의 얼굴에 상처를 내었는데, 흰 수달의 골수(백달수白獺髓)을 구하여 치료하였다.

기생에게 희롱하여 줌   戲贈妓[7]

서생에게 여색이란 참으로 골칫거리라   書生於色眞膏肓
매양 힐끔거리니 눈이 번번이 고생이네   每一見之目頻役
지금 늙은 몸 탓에 안보는 척 하지만   今因老身佯不看

---

2) 『동문선』권19.
3) 달수獺髓는 수달의 골수인데, 오吳 나라 임금 손화孫和가 여의주를 가지고 희롱하다가 미인의 얼굴에 상처를 내었는데, 한 수달의 골을 구하여 치료하였다.
4) 장안長安에 있는 번화한 남녀의 놀이터. 오릉은 함양咸陽 부근에 있는 서한西漢 다섯 황제의 능인데, 이곳에 능을 세울 때마다 사방의 부호들을 옮겨와 살도록 했기 때문에 이런 뜻이 생겼다. 『한서漢書』권92, 「원섭전原涉傳」.
5) 정습명鄭襲明(?~1151); 고려 중기의 문신, 본관 영일迎日, 호 형양滎陽.
6) 손화孫和(224~253); 중국 삼국시대 오나라의 태자. 동오의 초대 황제인 손권孫權의 셋째아들로 형인 손등孫登과 손려孫慮가 요절하자 황태자에 책봉되고, 사후에 문황제文皇帝로 추증됨. 자 자효子孝.
7) 이규보, 『동국이상국후집』제6권, '고율시古律詩'.

바람기 옛날보다 줄어든 건 아니라네	非是風情減平昔
술 한 잔 얼큰해지면 춘정이 다시 일어	一杯醺醉情復生
다시 부끄러움 잊고 재촉해 불러앉히네	無復慙羞呼促席
너는 내 늙고 추한 얼굴 응당 싫겠지만	汝應憎我老醜顔
나 또한 네가 목석이 아님을 아네	我亦知渠匪金石8)

고려시대 이규보는 기생에게 더러 시를 지어주었는데, 재미난 시가 남아있다. 늙어도 춘정春情이 나면 눈은 힐끗거리니 어쩔 수 없다. 늙고 추한 늙은이가 희롱하여 데리고 노니 기생은 싫기야 하겠지만, 기생 또한 목석은 아니리라 은근히 어르고 있다.

김대년이 기녀에게 준 시에 차운하여 아울러 적다
次韻金大年贈妓 幷序9)

밤에 양남일의 집에서 술을 마셨는데 김대년이 취하여 잠들자 기생이 빈 잔으로써 속여 권하였다. 그러자 김군이 일어나 마시려다가 허탕을 치고서 희롱삼아 시 일절을 지어 주기에 내가 즉시 화답하였다.
夜飮梁君南一家, 金君大年醉眠, 妓以空盞就勸詿之. 金起而欲飮不得, 因戱爲一絶贈之, 予卽和之云.

그대 신선 사는 곳에서 술잔 엎지르고	知君閬苑10)誤翻觴
귀양살이 당하여 궁궐을 내려왔네	見謫無聊下殿堂
옛 미친 버릇 때문에 실수했으나	坐爾舊狂雖失飮
그래도 신선 인연으로 평안하게 살리라	尙緣仙分入平康

---

8) 금석金石은 언제나 단단하고 변함없으므로, 여기서는 여자의 굳은 절개에 비유한 말.
9) 이규보, 같은 책 제13권, 고율시.
10) 낭원閬苑은 신선이 사는 곳. 허작許碏의 시에 "낭원의 꽃 앞에 술 취하여 서왕모의 구하상 그릇 엎질렀네. 여러 신선들 손뼉 치며 경박함 나무라니, 인간으로 귀양보내 술미치광이 만들었네. 閬苑花前是醉鄕 踏飜王母九霞觴 群仙拍手嫌輕薄 謫向人間作酒狂" 하였다. 『신선전神仙傳』.

벗의 집 술자리에서 기생에게 줌	友人家飲席贈妓[11]
외로운 신하 마음 오래 삭막하더니	久作孤臣心已灰
명기를 만나매 눈 번쩍 뜨이네	忽逢名妓眼方開
아리따운 복사꽃 일찍 서로 아는데	桃花髣髴曾相識[12]
유랑이 가버린 뒤 심은 게 아니라네	不是劉郞去後栽

신 수원의 좌석에서 기생에게 주다	辛水原席上贈妓[13]
노래하는 자리에 밝은 달 비치니	明月當歌席
화당에 향기로운 바람은 가득해	香風泛畫堂
예쁜 여인 웃으며 월라상을 입었네	佳人笑整越羅裳[14]
잇달아 사람의 애 끊어지게 하니	脈脈斷人腸
밤은 고요한데 가야금 소리 빠르네	夜靜絃聲急
하늘은 차고 그림자 홀로 긴데	天寒燭影長
술 질펀하니 손잡고 일어나 거닐고	酒闌携手起彷徨
한 곡조에 넘실대는 뜨락은 향기롭네	一曲滿庭芳

---

11) 이규보, 같은 책 제16권, 고율시.
12) 유랑劉郞은 유우석劉禹錫. 당唐 나라 덕종德宗 말엽에 유우석이 상서尙書 둔전원외랑屯田員外郞으로 있을 때 탄핵을 받아 낭주사마朗州司馬로 좌천했다가 헌종憲宗 10년에 다시 서울로 돌아와서 지은 '현도관에 놀면서 꽃 구경하는 사람을 읊은 시遊玄都觀看花君子詩'에 "현도관 안에 복숭아나무, 모두 유랑이 가버린 후 심은 것이네. 玄都觀裏桃千樹, 總是劉郞去後栽"라 하였는데, 옛날에 보지 못했던 것을 새로 보게 됨을 읊은 것이다. 『구당서舊唐書』하 권160, 「유우석전劉禹錫傳」 여기서는 유우석의 시와 반대로 원래 잘 알았던 것을 말하며, 복사꽃은 곧 기생을 가리킨 말이다.
13) 정포鄭誧, 설곡집雪谷集』하下. *정포(1309~1345); 자 중부仲孚, 호 설곡雪谷, 본관 청주淸州, 최해崔瀣의 문인.
14) 월나라의 깁치마, 곧 오랑캐의 옷차림.

| 기생에게 수놓은 신을 주며 | 贈妓繡鞋15) |

비단 같은 물가 봄을 품은 여인 있어	有女懷春錦水邊
신 한 벌 보내니 생각은 아득하여라	雙鞋貽贈思悠然
늙은이 사립문에서 만날 생각은 말고	莫遇商老柴荊戶
왕손의 화려한 잔치에나 가시게	宜踏王孫玳瑁筵
땅에 신 끄니 한밤 꿈이 놀라니	曳地可驚中夜夢
일생의 인연일랑 끊기지 않길 생각하소	多懷休斷一生緣
봄바람 솔 우거진 골짝 바위 아래서 부니	春風雙谷松岩底
시냇가 향기로운 풀섶 푸른 풀 밟고 가네	芳草溪邊履翠芊

| 기생에게 작은 부채에 절구 한 수 써 주며 | 贈妓小扇戲書一絶16) |

부채에다 시를 지어 미인에게 주니	便面17)題詩贈美人
서풍에 돌아오는 길 부연 먼지를 막네	西風歸路障遊塵18)
소년은 호탕해 서로 잘 맞는 듯하나	少年豪俠如相値
꽃다운 얼굴 잘 지녀 가까이 허락하진 말게	須護花顔莫許親

---

15) 이식李湜, 『사우정집四雨亭集』 상권. *이식(1458~1488); 자 낭옹浪翁, 호 사우정 四雨亭, 본관 전주全州, 봉호 부림군富林君, 세종의 손자.
16) 최연崔演, 『간재집艮齋集』, 속집. *최연(1503~1549); 자 연지演之, 호 간재艮齋, 본관 강릉江陵, 시호 문양文襄.
17) 편면便面은 옛사람들이 얼굴을 가리던 부채 모양처럼 생긴 물건.
18) 부옇게 떠다니는 먼지나 티끌. 송나라 황정견黃庭堅의 시에 "주름 친 장막 안 그늘져 사람은 보이지 않고, 해 비낀 창에는 떠다니는 먼지 그림자가 장난을 치네. 簾幕陰陰不見人, 日斜窓影弄遊塵"라는 구절이 나온다. 『산곡집山谷集』, 「외집外集」 권13, '수기睡起'.

기녀가 말을 달리다 신을 떨어뜨렸기에 장난삼아 짓다
妓馳馬墮履戱作[19]

금채찍 몸소 잡고 옥총마 재갈 물렸지만　　　　　自着金鞭鞚玉驄
하늘하늘 가는 허리 바람을 못 이겨　　　　　　　柳腰輕細不禁風
사뿐사뿐 거닐던 신 땅위에 떨어지니　　　　　　凌波寶襪[20]從抛地
취한 듯 붉은 볼 비단 소매로 웃음 가렸네　　　　笑掩羅衫醉臉紅[21]

기생에게 주다　　　　　　　　　　　　　　　　　贈妓[22]

동쪽 섬에 한번 가니 신선이 되어　　　　　　　　東洲一去定爲仙
다만 이름난 꽃만 있어 빛깔이 곱네　　　　　　　祇有名花色尙姸
오늘 잔 권하니 눈물만 흐르고　　　　　　　　　今日勸杯堪下淚
저물녘 강가에 피리소리 필요가 없네　　　　　　不須聞笛夕陽邊

기생에게 주다　　　　　　　　　　　　　　　　　贈妓[23]

기생의 이름은 재생금이다. 한때 이름난 선비들이 한강의 잔치에 모였

---

19) 박세당朴世堂, 『서계집西溪集』 권1. 「北征錄」, 自丙午冬, 至丁未春, 以北道兵馬評事赴任時作.
20) 중국 삼국시대 위魏나라 조식曹植이 낙수洛水 가에서 옛날 정인이던 견비甄妃를 그리워하여 낙수의 신녀神女 복비宓妃에 견주어 지은 '낙신부洛神賦'에 "물결을 타고 사뿐사뿐 걸으니, 비단 버선에 먼지가 이네. 凌波微步, 羅襪生塵"라고 한 데서 온 말이다.
21) 박세당朴世堂, 『서계집西溪集』 권1, 시詩 *「북정록北征錄」; 병오년(1666, 현종7) 겨울부터 정미년(1667) 봄까지 북도北道 병마평사兵馬評事로 부임할 때 지은 것이다.
22) 박지화朴枝華, 『수암유고守庵遺稿』, 권1. *박지화(1513~1592); 자 군실君實, 호 수암守庵, 본관 정선旌善. 정선박씨旌善朴氏의 시조. 서경덕徐敬德의 문인.
23) 양응정梁應鼎, 『송천유집松川遺集』 권1. *양응정(1519~1581); 자 공섭公燮, 호 송천松川, 본관 제주濟州, 이안눌李安訥, 김인후金麟厚, 임억령林億齡 등과 교유. 정철鄭澈, 백광훈白光勳의 스승.

는데, 기생이 여러 공에게 시 주기를 요구하므로 선생이 먼저 지어 붓
을 놓았다.
妓名再生金. 一時名士方會宴漢江, 妓要諸公贈詩, 先生先成, 座中閣筆.24)

오랑캐 땅에 푸른 풀 돋으니	胡地生靑草
황폐한 무덤에 괴수가 나타나네	荒墳出怪禽
인간 세상 이런 일 많으니	人間多此事
지금 재생금이 그러하네	今有再生金

술자리에서 기생에게 주다	酒席贈妓25)

국화가 미인과 예쁘길 다투는 듯	黃花爭似美人姸
억지로 국화 꺾어 이마에 가득 꽂았네	强折黃花揷滿顚
국화가 이기지 못할 걸 부끄러워 할 뿐	自是黃花羞不勝
술 마시는 곳마다 꽃자리에 떨어졌네	深杯行處墜華筵

관동의 기생에게 주다	關東有贈妓26)

십오 년 전에 기약했는데	十五年前約
감사와 찰방을 할 동안이었지	監司察訪間
내 말이 더러 맞기도 했지만	吾言雖或中
귀밑머리 털만 희끗해졌네	俱是鬢毛斑

---

24) 각필閣筆은 글 쓰는 붓을 깍지에 꽂는다는 뜻으로, 붓을 놓음을 이르는 말.
25) 김효원金孝元, 『성암유고省菴遺稿』 권1. *김효원(1542~1590); 자 인백仁伯, 호 성암省菴, 본관 선산善山.
26) 정철鄭澈, 『송강속집松江續集』 권1. *정철(1536~1593); 자 계함季涵, 호 송강松江, 본관 연일延日, 봉호 인성부원군寅城府院君, 시호 문청文淸. 기대승奇大升, 김인후金麟厚, 양응정梁應鼎의 문인. 박순朴淳, 이이李珥, 성혼成渾 등과 교유.

호남월이란 기생에게 주다 　　　　　　　　　　　　贈妓湖南月27)

맑은 노래 한 곡조 서울에 들리니　　　　　　　　一曲淸歌洛下聞
왕손과 대각은 비단치마도 낡았네　　　　　　　　王孫臺閣28)舊羅裙29)
번화함은 흐르는 물 따라 모두 흩어지고　　　　　繁華散盡隨流水
가을바람 춤추니 눈물은 구름에 가득하네　　　　舞向秋風淚滿雲

해서암에서 기생에게 주다　　　　　　　　　　　海西菴贈妓30)

등불 없이 길가니 한밤 이내가 자욱해　　　　　　無燭宵行冒夜嵐
어찌해 이같이 해서암으로 왔네　　　　　　　　　若爲來此海西菴
장군께서 혹시 내 소식 묻거던　　　　　　　　　　將軍倘問吾消息
서생은 노나라 남자를 배운다 말해주게　　　　　　報道書生學魯男31)

동양위와 택당의 운을 빌어 기생 오랑에게 주다
次東陽尉32)及澤堂33)贈妓五娘韻34)

---

27) 백광훈白光勳, 『옥봉시집玉峯詩集』 상권. *백광훈(1537~1582); 자 창경彰卿, 호 옥봉玉峯, 본관 해미海美. 최경창崔慶昌, 이달李達과 함께 삼당시인三唐詩人으로 불림.
28) 대각臺閣은 조선 시대 사헌부와 사간원을 통틀어 이르던 말. 여기에 홍문관 또는 규장각을 더하기도 한다.
29) 나군羅裙은 부녀자의 화려한 비단 치마.
30) 이정립李廷立, 『계은유고溪隱遺稿』. *이정립(1556~1595); 자 자정子政, 호 계은溪隱, 본관 광주廣州, 봉호 광림군廣林君, 시호 문희文僖. 이이李珥, 박순朴淳의 문인. 이항복李恒福, 이덕형李德馨과 함께 선묘조宣廟朝 삼학사三學士로 불림.
31) 노남자魯男子는 노魯 나라의 남자, 즉 행실이 아주 깨끗한 사람을 가리킴.
32) 신흠申欽의 아들인 동양위東陽尉 신익성申翊聖.
33) 이식李植(1584~1647); 본관 덕수德水, 자 여고汝固, 호 택당澤堂, 시호 문정文靖. 광해조에 폐모론이 일어나자 은퇴하여 택풍당澤風堂을 짓고 학문에 전념하였다. 인조반정 후에 대사간, 대제학을 역임하고, 김상헌金尙憲과 함께 척화를 주

1.
당시의 흥취를 생각하니	想得當年興
봄 배꽃은 나무에 만발하네	梨花滿樹春
바닷가 하늘은 달이 밝은 밤	海天明月夜
비단 버선에 물방울 튀지도 않네	羅襪不生塵35)

2.
고갯길에 해는 지는데	日斜峴山路
큰 둑에 고운 꽃 피는 봄이네	花艶大堤春
가련해라 즐기며 노닐던 곳	可憐行樂地
옛날 수레의 티끌만 남았구나	唯有舊車塵

기생에게 주다　　　　　　　　　　　　　　　　　　贈妓36)

붉은 난간에 기대어 푸른 이내 바라보니	徙倚朱欄望翠微
높은 나무에 구름 얽혀 석양빛에 비치네	亂雲高樹帶斜暉
강물 빛 흡사 포도알 비단인 듯 영롱해	江光政似葡萄錦
가녀린 미인에게 춤추는 옷 지어주고 싶네	欲爲纖娥作舞衣

장하여 심양에 잡혀갔다가 돌아왔다. 신흠申欽, 이정귀李廷龜, 장유張維와 함께 4대가로 꼽혔다. 저서 『택당집』, 『두시비해杜詩批解』.

34) 이경석李景奭, 『백헌집白軒集』 권11. 「시고詩稿」 '海上錄' 自金剛歸路, 仍作海上之遊. *이경석(1595~1671); 자 상보尙輔 호 백헌白軒, 쌍계雙溪, 본관 전주全州, 덕천군파德泉君派 시호 문충文忠 조찬한趙纘韓의 문인. 최명길崔鳴吉, 장유張維 등과 교유.

35) 물의 여신女神인 능파선자凌波仙子가 땅 위를 가듯 물 위를 사뿐히 걸어가는 것을 형용한 말. 전하여 미인의 사뿐한 몸매와 고운 자태를 비유함. 삼국 시대 위魏나라 조식曹植이 상고시대 복희씨伏羲氏의 딸 복비宓妃가 낙수洛水에서 익사하여 수신水神이 되었다는 전설에 의거해 지은 '낙신부洛神賦'에 "물결을 타고 사뿐사뿐 걸으니, 비단 버선에 물방울 튀어오르네. 凌波微步, 羅襪生塵" 하였다.

36) 김득신金得臣, 『백곡시집柏谷詩集』 27책. *김득신(1604~1684); 자 자공子公, 호 백곡柏谷, 구석산인龜石山人, 본관 안동安東. 박장원朴長遠과 교유.

기생 나생에게 주다. 나생은 강백년의 차비이다.
贈妓羅生, 羅生姜柏年差備37)

나생은 지금 어느 고을에서 왔는가	羅姬今自何州至
예쁜 볼에 눈물 얼룩져 화장이 뭉개졌네	淚濕嬌顋粉黛殘
밤마다 비단 창가에 베개 고이고	夜夜紗窓欹枕處
꿈에라도 눈 덮힌 봉우리 말간 빛 보네	雪峯晴色夢中看

*'간看'을 '한寒'이라고 한 데도 있다. 看一作寒

기생 인향에게 주다   贈妓仁香38)

서호 십년에 한 동이 술 멀리하니	十載西湖隔一尊
올해 봄 맞아 이별의 혼 위로하네	今春逢着慰離魂
나는 이미 늙고 향아는 병들었으니	柏翁39)已老香娥病
인간세상 좋은 일 있다고 말하지 말게	莫道人間好事存

능원대군 댁 잔치에서 송계 어르신 인평대군의 시에 공경히 차운하여 기생 월궁아에게 주다.
綾原大君40)宅燕席, 敬次松溪大爺41) 麟坪大君42) 贈妓生月宮娥韻43)

---

37) 김득신金得臣, 같은 책 27책. *차비差備는 '채비'의 원말. 특별한 사무를 맡기려고 임시로 벼슬을 임명하던 일.
38) 김득신金得臣, 같은 책 27책.
39) 김득신의 호가 백곡柏谷이므로 자칭해서 말한 것임.
40) 능원대군綾原大君(1592~1656); 조선 중기의 종실, 본관 전주全州, 이름 보俌, 호 담은당湛恩堂. 선조의 손자로 문화유씨文化柳氏 효립孝立의 딸과 결혼하였으며 11세 때 큰아버지인 의안군義安君 성珹에게 입양되어, 능원군綾原君으로 봉하여졌다.
41) 큰아버지, 백부伯父, 혹은 어르신을 말하는데 나이가 지긋한 남자에 대한 높임말.
42) 인평대군麟坪大君(1622~1658); 조선 인조의 셋째 아들이자, 효종의 동생이다.

술 파하니 화려한 집에 달은 이미 나직해	醉罷華堂44)月已低
가련해라 미인은 관서로 나가네	可憐傾國出關西
헤어질 때 거듭 술잔 잡는 걸 사양마시길	臨別莫辭重把酒
애 끊어져 자고새 울지 그게 두렵네	斷腸猶恐鷓鴣啼

함경도 시기 취련은 곧 평장사 서명빈(자 성질聖質)에게 한 눈을 팔았는데 그를 보기 위하여 눈과 얼음을 무릅쓰고 천리 길을 멀다않고 왔다. 성질은 마음속으로 기뻤으나 감히 집에 들이지 못하니, 취련이 시를 지어 말하길, '하루 밤 그리움에 머리칼은 백설이 되고, 가을 밝은 달은 창 가득 애를 끊는구나'라고 하였다. 슬프다, 이 시를 보고 사람이 어찌 애를 끊지 않으랴. 이제 취련의 애를 끊게 하는 시가 있으니 못났구나, 성질이여. 마침내 취련에게 절구 한 수를 읊어주니, 이에 자리하였던 사람들이 그 운을 빌려 시를 지었다.

北關詩妓翠蓮, 卽徐聖質命彬45)評事時所眄也, 爲見聖質, 衝冒雪氷, 不遠千里而來. 聖質心雖喜, 而不敢要於家, 蓮有詩曰, 一夜相思頭盡雪, 滿窓明月斷腸秋. 噫, 見此詩, 人孰不斷腸乎. 而今使蓮也有斷腸之詩, 拙哉聖質也. 遂吟贈蓮妓一絶, 仍於席上次其韻焉.46)

본명 요수用涵, 자 용함用涵, 호 송계松溪, 시호 충경忠敬.
43) 이건李健, 규창유고葵窓遺稿』권37. *이건(1614~1662); 자 자강子强, 호 규창葵窓, 명모당命慕堂, 본관 전주全州, 봉호 해원군海原君, 시호 충효忠孝. 종실宗室로서 시詩, 서書, 화畵에 뛰어나 '삼절三絶'이라 칭해짐.
44) 화당華堂은 관원이 근무하는 역소役所를 말함. 혹은 화려한 집.
45) 서명빈徐命彬(1692-1763) 조선 후기의 문신, 본관 달성達城, 자 질보質甫, 시호 정간靖簡.
46) 조문명趙文命,『학암집鶴巖集』2책. *조문명趙文命(1680~1732); 조선 후기의 문신, 본관 풍양豊壤, 자 숙장叔章, 호 학암鶴巖. 소론가문 출신이지만 노론계 명사와 널리 교유, 당쟁의 폐단을 걱정하여 붕당의 타파와 공평무사한 탕평의 실현을 위해, 억강부약抑强扶弱, 시비절충是非折衷, 쌍거호대雙擧互對를 실천방안으로 제시, 노비종부법奴婢從父法의 폐지, 조운수로漕運水路의 편의를 위한 안흥목安興項의 개척, 주전鑄錢의 필요성 역설, 글씨에 능하여 청주 삼충사적비三忠祠事蹟碑, 북백곽재우묘표北伯郭再祐墓表 등이 전하고, 저서『학암집鶴巖集』, 시호

옥정의 맵시는 우뚝 빼어났구나　　　　　　　秀出亭亭47)玉井姿
봄 바람에 버들가지 푸르게 비치네　　　　　　東風羞殺綠楊枝
가련해라 무디고 무뚝뚝한 서평사여　　　　　可憐拙澁48)徐評事
연뿌리 꺾은 때 옛사랑 희미해 잊었나　　　　舊愛渾忘折藕49)時

기생 시 운을 응교 정광운의 시에 차운해 주다
次尹應敎光運贈妓詩韻50)

붉은 시전에 쓴 금 자는 가는 실과 같고　　　紅牋金字細如絲
칠첩을 새로 이루니 다 이별의 노래일세　　　七疊新成摠別辭
노래소리 배꽃에 감도니 밝은 달밤이고　　　唱到梨花明月夜
노자가 눈물 흘리니 석가는 슬퍼하네　　　　老聃51)應涕釋迦悲

기생의 운에 부학 김치명의 시를 희롱삼아 차운해 주다. 부기 금매인데 치명이 사랑하였다.
戲次金副學稚明贈妓韻 府妓錦梅者, 卽稚明所愛也52)

꽃잎과 나비는 팔랑이며 떴다 갈앉으니　　　飄花浪蝶任浮沉
둘 다 바람 앞에 머물 생각 없구나　　　　　共是風前不住心

문충文忠, 영조 묘정廟庭에 배향.
47) 정정亭亭은 늙은 몸이 꾸정꾸정한 모양, 혹은 산이 우뚝 솟아 있는 모양.
48) 졸삽拙澁은 무디고 난해함. = 拙澀.
49) 절우折藕는 끓어진 연뿌리.
50) 이광덕李匡德, 『관양시집冠陽詩集』 권1. *이광덕(1690~1748); 자 성뢰聖賴, 호 관양冠陽, 존재尊齋, 본관 전주全州 덕천군파德泉君派, 시호 문목文穆. 백헌白軒 이경석李景奭의 현손. 소론少論 완론緩論으로 탕평파蕩平派.
51) 노담老聃은 노자老子의 이름.
52) 남유용南有容, 『뇌연집䨓淵集』 권7. *남유용(1698~1773); 자 덕재德哉, 호 소화少華, 뇌연䨓淵, 본관 의령宜寧, 시호 문청文淸. 이재李縡의 문인. 오원吳瑗, 이천보李天輔, 윤심형尹心衡 등과 교유.

남으로 노령이고 북에는 철령이니	蘆嶺53)以南鐵嶺54)北
꿈속에 혼백은 그 몇 번이나 찾았는가	夢魂能有幾回尋

*치명은 장성에서 유배중이었다.　　　　　　　稚明方在長城謫中

부안의 시기, 계랑의 시에 차운하여	次桂娘韻 扶安詩妓55)
한가로운 시름 꿈속에 자주 깨니	閒愁壓夢覺偏多
유밀과 같은 눈물 베개에 넘쳐 젖고	粆淚盈盈濕枕紗
꽃잎 가득 땅에 떨어져 봄빛이 사라지니	滿地落花春色去
주렴 사이로 가랑비 부옇게 비껴보이네	一簾微雨篆煙斜

기생에게 주다	贈妓56)
열여섯 살 난 양가집 자식	十六良家子
금년에 교방에 들었지	今年入敎坊
포악한 손님에 몸을 더럽혀	誤身由暴客
눈물 떨구며 새 낭군에게 가네	揮淚去新郎
노래와 춤을 배울 부끄러움이 싫고	羞難學歌舞
가난해서 의상은 빌렸네	貧不借衣裳
운명이 기박해 살아서 한이 많아	薄命多生恨
밝으신 관리는 자세하지 않게 알아내네	明官57)照未詳

---

53) 노령蘆嶺은 전라남도 장성군과 전라북도 정읍시 사이에 있는 높이 276m의 고개로 흔히 갈재, 혹은 장성갈재라고 부르며, 전남과 전북의 도 경계를 이룬다.
54) 철령鐵嶺은 강원도 회양군淮陽郡과 함경남도咸鏡南道 고산군高山郡의 경계에 있는 큰 재.
55) 심광세沈光世,『휴옹집休翁集』권1.
56) 신광수申光洙,『석북집石北集』권2.「서관록西關錄」. *신광수(1712~1775); 자 성연聖淵, 호 석북石北, 오악산인五嶽山人, 본관 고령高靈. 정범조丁範祖, 목만중睦萬中 등과 교유.

기생에게 주다   贈妓58)

1.
이별가 애써 부르니 둘 한이 새로워   三疊59)勞歌兩恨新
백발로 말 세워 강물을 건너가네   白頭停馬越江濱
가련해라 헤어진 뒤 양대곡이어   可憐別後陽臺曲
남겨뒀다 어느 집 뉘 꿈속에 깃들까   留作誰家夢裏人

2.
외진 마을 넘으며 첫 곡을 부르니   越絶坊中第一歌
화려한 배에 사군들 많이도 같이 탔네   畫船同載使君多
산앵화 피니 또 서로 생각해   山杏花時更相憶
금강정 위에 한스러움 그 어떴겠나   錦江亭上恨如何

*이는 초월에게 준 것이다.   右贈楚月

기생 옥화에게 주다   贈妓玉花60)

    길성의 여관에서 한 기생을 만났는데 이름은 옥화이다. 나이가 서른을 넘었는데 가야금을 잘 탔다. 스스로 말하길, 지난 세월 한 선비를 만나 친하게 지냈는데 서경에 따라 들어와 도저동에 산 지 여러 해가 되

---

57) 기생의 실정을 모두 아는 밝은 관리란 뜻임.
58) 신광수申光洙, 같은 책 권9.
59) 양관은 돈황燉煌이 중국의 서쪽 관새關塞인데, 양관삼첩陽關三疊은 양관으로 떠나는 사람을 송별하는 노래로 세 번 거듭해서 부르기 때문에 붙여진 이름인데, 보통 이별을 슬퍼하는 노래로 쓰인다. 소식蘇軾의 시에 "그대여 양관삼첩 비밀로 하게, 교서를 빼고서는 그 노래 모르네. 陽關三疊君須秘 除却膠西不解歌"라는 구절이 있다.『소동파시집蘇東坡詩集』권15 '和孔密州五絶 見邸家園留題'.
60) 이헌경李獻慶,『간옹문집艮翁文集』권1. *이헌경(1719~1791); 초명 성경星慶, 자 몽서夢瑞, 호 간옹艮翁, 백운정白雲亭, 현포玄圃, 본관 전주全州 담양군파潭陽君派. 홍명한洪名漢. 신광수申光洙 등과 교유.

었는데, 선비가 죽자 도로 바닷가로 돌아왔다고 하였다. 내가 도저동에서 온다는 소리를 듣고 한 편 슬프기도 하고 한 편 기쁘기도 해서 억눌린 감회를 풀었다. 내 또한 수 천리를 흘러 다녔기에 마음을 스스로 위로하지 못했는데 그 말을 듣고 갯가에 물이 솟듯이 비파 타는 슬픈 마음에 시를 지어 주었다.

吉城店夜遇一妓, 名玉花. 年餘三十, 善彈伽倻琴. 自言往歲爲一士人所昵, 隨入西京, 住桃渚洞者數年, 士人死, 還歸海上. 聞余之來自桃渚洞, 一悲一喜, 叙懷掩抑. 余亦流落數千里, 心不自慰, 聞其語, 悽然有溢浦琵琶之感, 作詩以贈之.

한 곡조 낙매곡에 가야금을 타니	一曲倻琴和落梅[61]
관산에 꽃과 달 울려서 노니네	關山花月響徘徊
줄 가운데 절로 상심한 곳 있으니	絃中自有傷心處
도원동에서 헤어져 함께 왔다네	同別桃源洞裏來

성천 기생 일지홍에게 주다	成川, 贈妓一枝紅[62]
조운을 쫓지 않고 가서 돌아오지 않으니	不逐朝雲[63]去不回

---

61) 악곡의 이름으로 낙매곡落梅曲을 말함. 진晉나라 환이桓伊가 피리를 잘 불어 '낙매화곡落梅花曲'을 지었다 한다.
62) 이충익李忠翊, 『초원유고椒園遺藁』 1책. *이충익(1744~1816); 자 우신虞臣, 호 초원椒園, 수관거사水觀居士, 본관 전주全州 덕천군파德泉君派, 소론少論 강화학파江華學派. 이영익李令翊, 이천익李天翊 등과 교유.
63) 송옥宋玉의 '고당부高唐賦' 서序에, "초초楚 양왕襄王이 송옥과 더불어 운몽대雲夢臺에 놀러가서 고당高唐의 대臺에서 바라보니 그 위에 구름이 둥실 치솟으며 잠깐 동안에 변화가 무궁하였다. 왕이 송옥에게 묻기를, '이것이 무슨 기운인가.' 묻자, 송옥이 '소위 조운朝雲이라 하는 것입니다' 하자, 왕이 '무엇을 조운이라고 하는가' 하고 물었다. 송옥이, '옛날에 선왕先王께서 고당에 놀다가 지쳐서 낮에 잠이 들었는데 꿈에 어떤 부인이 나타나 말하기를, 첩은 무산의 여자입니다. 고당의 나그네로 왕께서 고당에 노닌다는 말을 듣고 자리와 베개로써 모실까 하나이다. 하여 왕께서 청을 들어주었습니다. 가면서, 첩은 무산의 남쪽 높은 언덕에 있사오며 아침에는 조운이 되고, 저녁에는 비가 되어 아침저녁마다 양대陽臺 아

아직도 시구는 양대를 차지하였네	尙將詩句擅陽臺
창포는 오히려 남은 꽃 달렸는데	菖蒲猶着殘花在
성도에서 알고지내니 만 리 길 왔네	相識成都萬里來

성도 시기 부용이 금학헌 석상에서 나에게 시 한 수를 요구하기에 빨리 써서 주다.
成都詩妓芙蓉, 琴鶴軒席上, 要余一詩, 走筆以贈之[64]

무산 높은 곳에 한 시선이 있어	巫山高處一詩仙
천리에 꽃다운 이름을 입으로 전하네	千里芳名有口傳
옥포에 이내는 다 읊지도 못했는데	玉圃煙霞吟未盡
굳이 소승선이라고 할 것도 없네	不須去作小乘禪

송도에서 돌아와 분사의 영중에서 밤에 해거, 화사와 함께 술을 마셨다. 능파부에서 '루樓' 자 운을 얻었는데, 능파는 시기이다.
還到松京, 夜飮分司營, 同海居, 花史. 凌波賦得樓字, 凌波者詩妓也.[65]

달 밝은 맑은 밤 서글피 누대에 올라	淸宵怊悵月明樓
재주 있는 기생은 새로 수조가를 지었네	才妓新詩水調[66]頭
술은 식고 향은 꺼진 채 모두 돌아간 뒤	酒冷香殘歸去後
또 가을을 보내야 하는 건 견딜 수 없네	不堪重作別離秋

래 있습니다' 하였습니다"라 하였다.
64) 박윤묵朴允默, 『존재집存齋集』 권5.
65) 홍한주洪翰周, 『해옹시고海翁詩藁』 권2, 「호계집초壺谿集鈔」 *홍한주洪翰周(1798~1868) 조선 후기의 문신, 본관 풍산豊山, 호 해옹海翁, 저서 필사본 『해옹시고海翁詩藁』 9책.
66) 수조水調는 '수조가'를 말하는데, 수隋나라 양제煬帝가 변거汴渠를 개통한 뒤에 스스로 지어 불렀다는 노래 이름으로, 대궐을 나와 강도江都를 순행할 때 객지에서의 처량한 심경을 노래한 작품이다.

제주 기생 섬에게 주다   贈妓瀛洲67)蟾68)

신선이 산다는 영주에 달 비치는데   仙境瀛洲照玉蟾69)
주렴 걷으니 맑은 빛 끝없이 흐르네   淸光無限捲珠簾
하늘 위는 둥글어 한도 없는데   天上尙多圓缺恨
인간은 헤어지고 만나니 또 어찌하랴   人間離合復何嫌

기생에게 주다   贈妓70)

그 옛날 아침 진연에서 서로 만나   伊昔相逢進宴71)辰
날개 같은 옷은 가녀린 몸에 붙었네   蟬衫72)楚楚壓纖身
지금처럼 볼품없다고 그대 웃지 말게   如今消瘦君休笑
그림 속 가을이 옛날 시인을 듣고있네   秋聽圖73)中舊侍人

---

67) 영주瀛洲는 동해에 있다는 삼신산三神山의 하나, 혹은 제주를 말함.
68) 윤기尹愭, 『무명자집시고無名子集詩稿』 3책. *윤기(1741~1826); 자 경부敬夫, 호 무명자無名子, 본관 파평坡平. 이익李瀷의 문인. 목윤중睦允中, 홍주만洪周萬, 채홍리蔡弘履 등과 교유.
69) 달을 '옥두꺼비玉蟾'라 하며, 월궁月宮을 광한전廣寒殿이라 하는데 항아姮娥가 거처하는 곳이다. 그녀는 본시 예羿의 아내인데 예가 구해둔 불사약을 훔쳐 먹고 월궁에 도망가서 혼자 살았다.
70) 박제가朴齊家, 『정유각초집貞蕤閣初集』 *박제가(1750~1805); 자 재선在先, 수기修其, 차수次修 호 초정楚亭, 위항도인葦杭道人, 위항외사葦杭外史, 정유貞蕤, 본관 밀양密陽. 박지원朴趾源, 이덕무李德懋, 이서구李書九와 교유.
71) 진연進宴은 나라에 경사가 있을 때 궁중에서 베풀던 잔치.
72) 선삼蟬衫은 매미 날개 같은 옷으로 아름답고 화려한 복장을 말함.
73) 왕계용이 추청도를 지었는데 왕서초를 위한 것이다. 汪季用作秋聽圖, 爲王西樵. "서초西樵 왕사록王士祿은 어양漁洋 왕사진王士禛의 형인데, 모소씨冒巢氏에게 준 시 중에, '미인은 난간에서 향 태우며 모시는데, 조각배서 무릎 괴고 가을 소리 듣네. 姬人水檻焚香侍, 秋響扁丹抱膝聽' 한 글귀가 있는데, 다촌茶村 두준杜濬1)이 높이 칭찬하였으며, 모소씨도 이 시를 인하여 추청도秋聽圖를 만들었다. 나는 일찍이 이 시의 소랑瀟朗(깨끗하고 명랑한 것)하고 연담姸澹(곱고 담담한 것)함을 사랑하여 그 전집을 읽지 못했음을 한으로 여겼다. 『별재집別裁集』에 실린 것은

후어변증설	鱟魚[74]辨證說[75]

진주성 위에 촉석루	晉州城上矗石樓
회오리 바람 불어 주홍색 치마 말아올리네	旋風吹碎石榴裙[76]
누대 아래 논개의 비석 천 년이니	樓下千年論介碑
세상 사내들 분분하구나	世上男兒徒紛紛

*논개는 의기의 이름이다.	論介, 義妓名

아, 남녀가 뜻이 있어 모두 찾아가니	嗚呼男女有志去請總
저물 때 틈타 벌레며 물고기 그려 어디에 쓰랴	安用注蟲疏魚窺西曛
옛 현인들이 사물을 읊은 공력을 볼 수 있네	可見古賢詠物之工

기생에게 주다	贈妓[77]

꽃술에 봄 드니 따스함 알지 못해	春入花心暖不知
그때 작은 이별 서로 그리워하네	當時小別動相思
말없는 이곳 가장 잊기 어려워	難忘最是無言處
화장한 채 웃음 띤 때라 꼭 말하랴	未必凝粧帶笑時

몇 편 되지 않았다. 귀우歸愚 심덕잠沈德潛은, '완정阮亭(왕사진의 호)의 시학詩學은 그 형인 서초西樵로부터 나왔다.'"
74) 후어鱟魚는 참게를 말함.
75) 이규경李圭景(1788~?),『오주연문장전산고五洲衍文長箋散稿』,「만물편萬物篇」'충어류蟲魚類' *『오주연문장전산고』는 조선 후기의 학자 오주五洲 이규경이 쓴 백과사전류의 책으로 필사본이며 60권 60책. 현재 규장각에 보관되어 있으며 19세기 중엽에 편집되었다
76) 석류군石榴裙은 주홍색 석류 빛을 띤 고운 치마를 말함.
77) 이학규李學逵,『낙하생집洛下生集』7책,「인수옥집因樹屋集」. *이학규(1770~1835) 자 성수惺叟, 성수醒叟 호 낙하생洛下生, 문의당文猗堂, 인수옥因樹屋, 본관 평창平昌. 정약용, 신위申緯, 한재렴韓在濂 등과 교유.

청해관에서 기생 강산월에게 희롱하여 절구 두 수를 주다
靑海舘, 戲贈妓江山月, 二絶句78)

1.
나그네 청해관에 금 술두미 놓고 머무니 　　　　留客金罇靑海舘
밤에 진한 향, 눈썹 그리고 미색이 누웠네 　　　 膩香殘黛79)夜橫陳80)
우연히 음을 잘못타니 주랑이 돌아보니 　　　　 偶肸81)誤曲周郞82)顧
벌써 질투하는 예쁜 여인이 있었네 　　　　　　 已有蛾眉嫉妬人

2.
제일천 가에 제일가는 아가씨 　　　　　　　　　第一泉83)邊第一娥
높은 구름 가만있는데 노래는 먼저 부르네 　　　高雲不動意先歌
바람과 달이 늘 주인 없다고 말하지 말게 　　　 莫言風月無常主
나같이 한가한 사람도 지나칠 때가 있네 　　　　閑者如吾亦放過

---

78) 신위申緯, 『경수당전고警修堂全藁』 25책, '北遊小草 戊戌九月, 至己亥三月' *신위 (1769~1845) 자 한수漢叟, 호 경수당警修堂, 자하紫霞, 본관 평산平山. 김조순金祖淳, 정약용 등과 교유.
79) 대黛는 화장할 때 눈썹을 검게 그리는 먹이나 연필.
80) 횡진橫陳은 미색이 옆으로 눕는다는 뜻으로, 여색을 의미함. 『능엄경楞嚴經』에서, "횡진을 당하면 밀을 씹듯 하라. 當橫陳時, 味如嚼蠟"고 하였다. 곧 횡진은 아름다운 여자가 옆으로 눕는다는 뜻인데, 봉밀은 꿀에 비하여 아무런 맛도 없으므로 무미無味한 것을 가리킨다.
81) '연肸'는 아마 '우肬'의 오자인 듯함. '우疣' 자의 통通 자임. 우疣는 사마귀. 체머리를 흔들다. 여기서는 음을 잘못 조율한 것을 말함.
82) 중국 삼국三國 시대의 주유周瑜를 말함. 그는 풍채 좋은 미남자로, 음률을 잘 알아서 길을 가다가도 음률이 잘못된 것이 있으면 반드시 한 번 돌아다보니, 미인들이 그가 돌아보기를 원하여 일부러 곡조를 잘못탔다 한다.
83) 제일천第一泉은 원래 우통于筒인데, 오대산五臺山 상원사上院寺 곁에 있다. 여기서는 한강의 상류를 말함.

기생에게 주다 　　　　　　　　　　　　　　　　　　　　　　　贈妓84)

나그네 영호에 돌아오니 정취는 아득해 　　　　　瀛湖歸客意茫茫
취한 붓 향기에 풀빛은 화사해라 　　　　　　　　醉墨薰香草色裳
떠날 무렵 다시 한 마디 하지 않으니 　　　　　　臨別還無贈一語
날 정 없는 사내라 불러도 무방하리 　　　　　　　不妨呼我薄情郞

기생 금앵에게 화운하여 주다 　　　　　　　　　　　　　和贈妓錦鶯85)

송전이 구름처럼 쌓이니 설도의 문호라 　　　　　松箋86)雲積薛濤87)門
마을은 무궁화와 비파가 그림처럼 둘렀네 　　　　朱槿蒼杷畵作村
운명은 얼마나 기박한지 백발이 서러워 　　　　　薄命幾何憐白髮
예로부터 정 있다가 황혼이 한스럽네 　　　　　　有情從古恨黃昏
어둑한 연기와 근심어린 빗속에 이별하니 　　　　黯烟愁雨偏成別
흩어진 제비와 기러기는 쉬이 혼을 끊네 　　　　　散燕離鴻易斷魂
나그네 현도에 이르니 사람은 뵈지 않고 　　　　　客到玄都88)人不見
술 들며 뉘와 더불어 시 짓는 재주 논할까 　　　　錦心89)誰與酒中論

---

84) 조병현趙秉鉉, 『성재집成齋集』 권4. *조병현(1791~1849); 자 경길景吉, 호 성재成齋, 우당羽堂, 국재菊齋, 본관 풍양豐壤. 이의철李懿喆, 조두순趙斗淳 등과 교유.
85) 조병현, 같은 책 권6.
86) 고급 화선지나 종이의 일종으로, 여기서는 시를 쓰는 시전詩箋을 말함.
87) 당唐나라 명기이자 시인인 설도薛濤는 만년에 성도成都 완화계浣花溪에 우거하면서 시를 썼다고 한다. 그녀는 시를 적는 좋은 종이를 새로 고안하였는데, 그것을 설도전薛濤牋, 혹은 살던 곳 이름을 따서 촉전이라고도 한다.
88) 중국 장안현長安縣 숭녕방崇寧坊에 있던 수隋, 당唐 시대 도관道觀의 이름인데, 당 나라 문장가 유우석劉禹錫이 덕종德宗 말에 상서尙書 둔전원외랑屯田員外郞으로 있을 때, 탄핵을 받아 낭주사마朗州司馬로 좌천했다가 헌종憲宗 10년에 다시 서울로 들어와서 지은 '현도관에 노닐며 꽃구경하는 사람을 읊은 시遊玄都觀看花君子詩'에 "현도관 안에 있는 복숭아나무, 모두 유랑이 가버린 후 심은 거네. 玄都觀裏桃千樹 總是劉郞去後栽"라 하며, 즐겨 놀았던 곳이다.
89) 금심錦心은 시문詩文을 짓는 뛰어난 재주를 비유한 말.

| 부채에 써서 기생에게 주다 | 書便面贈妓[90] |

대동강 푸른 버들잎 처음으로 가지런해	浿江[91]綠柳葉初齊
나무 위 숨은 꾀꼬리는 둥지도 없네	上有幽鶯未定棲
문득 봄빛 넘실대니 하마 소식 재촉하나	忽漫春光催暗信
한 번 들락거리고는 뜻을 다해 우네	金梭[92]一擲盡情啼
그림 같은 난간에 기대 짐짓 머뭇머뭇	畵欄徙倚故遲遲
미인은 단장하고 서서 누굴 기다리나	整罷雲鬟[93]爲妤誰
거문고 잡아 한껏 넘실대며 희롱하니	試把瑤琴醯一弄
곡에다 온갖 사연 실으니 알만도 해라	意中千緖曲中知
진주처럼 뛰어난 문장은 빛을 간직해	蚌胎[94]龍頷[95]蘊光輝
시를 줄 때는 온갖 패물이 찰랑이네	褧佩輕盈解贈時
이별의 한에 먹먹해 그런 것만 아니라	未必悠悠凝別恨
합포에 밀물 드니 돌아올 기약 있겠지	潮生合浦[96]有還期

---

90) 박영원朴永元,『오서집梧墅集』3책,「상견록常見錄」*박영원(1791~1854); 자 성기聖氣, 호 오서梧墅, 석래당石萊堂, 본관 고령高靈 시호 문익文翼. 이시원李是遠, 정원용鄭元容, 정기선鄭基善, 정기일鄭基一, 서기순徐箕淳 등과 교유.
91) 평양에 있는 대동강.
92) 금준金梭은 베를 짤 때 북을 말하는데, 바삐 왔다갔다하는 것처럼, 여기서는 새가 둥지를 오가는 모습을 형용한 것임.
93) 구름 같은 쪽머리라는 뜻으로 운환雲鬟은 미인을 비유하는 말. 송나라 장뢰張耒의 '칠석가七夕歌'에 "직녀가 견우에게 시집간 뒤로는 베 짜는 일을 그만두고, 구름 같은 검은 쪽머리만 아침저녁으로 빗질하였네. 自從嫁後廢織, 綠鬢雲鬟朝暮梳"라는 표현이 나온다.
94) 조개가 진주를 잉태하는 것이 마치 사람이 아기를 밴 듯 하므로 '방태蚌胎'라 하는데, 그 구슬은 달과 함께 찼다 줄었다 한다.
95) '용의 턱龍頷' 밑에 있는 천금 같은 구슬, 곧 뛰어난 문장을 말함. "천금 같은 구슬은 반드시 깊은 못 속에 숨어 있는 검은 용의 턱 밑에 있는 것이다. 夫千金之珠, 必在九重之淵, 而驪龍頷下"『장자莊子』,「열어구列禦寇」.
96) 합포는 광동廣東 해강현海康縣에 있던 한대漢代의 군郡 이름. 해변에 있어 곡식이 생산되지 않아 바다에서 진주를 수확하는데, 군수들이 탐욕을 부려 걷어서 다른 곳으로 옮겨갔다. 맹상孟嘗이 태수로 부임하여 수탈을 중지시키고 폐단을 개혁하자, 진주가 다시 돌아왔다.『후한서後漢書』권76,「맹상전孟嘗傳」.

영보정에서 기령에게 제하여 주다　　　　　　　　　永保亭, 題贈妓伶97)

만 냥을 어찌 노름하랴 지금 유쾌히 노니　　　　萬錢豈博今遊快
한 장 종이로도 딴 날 보니 새롭네　　　　　　　一紙留敎異日看
호수 빛과 산 빛에 시를 부치나니　　　　　　　寄語湖光與山色
다시 오거든 내 청한함 웃지 마시게　　　　　　再來休笑我淸寒

기생에게 주다　　　　　　　　　　　　　　　　　　贈妓98)

네게 묻노니 무슨 일로 근심하는가　　　　　　問汝愁何事
근심이 깊어도 사람은 알지 못하지　　　　　　愁深人不知
오동나무에 비 적시고 나면　　　　　　　　　梧桐雨滴後
달 밝은 밤에는 두견새 우네　　　　　　　　　蜀魄99)月明時
손끝으로 차디찬 곡을 타니　　　　　　　　　指下泠泠曲
마음속 생각은 끝이 없어라　　　　　　　　　心中脈脈思
기생집에 풍경이나 좋지만　　　　　　　　　　靑樓好風景
한 줄기 명주실 같은 눈물에 기대지　　　　　一倚淚如絲

---

97) 조두순趙斗淳, 『심암유고心庵遺稿』 권7. *조두순(1796~1870); 자 원칠元七, 호 심암心庵, 본관 양주楊州, 시호 문헌文獻. 이직보李直輔, 이채李采의 문인. 김흥근金興根, 김홍근金弘根, 권돈인權敦仁 등과 교유.
98) 홍이상洪履祥, 『모당집慕堂集』 권 상上. *홍이상(1549~1615); 초명 인상麟祥, 자 원례元禮, 군서君瑞, 호 모당慕堂, 본관 풍산豐山, 시호 문경文敬. 민순閔純의 문인. 허성許筬, 우복룡禹伏龍 등과 교유.
99) 촉백蜀魄은 두견杜鵑. 옛날에, "촉주蜀主 두우杜宇가 제 신하에게 자리를 물려주고 물러나 죽어서 두견새가 되었."하는데, 나라 잃은 원한으로 피를 흘리며 울었다고 하여, 두견새를 '촉나라 넋蜀魄'이라 한다.

숙영의 시기 계심에게 주다 　　　　　　　　　贈肅寧100)詩妓桂心101)

서쪽으로 천리를 가서 　　　　　　　　　　　　西行一千里
계심과의 일이 특별이 기이해 　　　　　　　　桂心事特奇
삼오 일의 달이라 둥글지 않은데 　　　　　　　未圓三五月
시에는 능해 짧은 한 편 시를 이루었네 　　　　能賦葉雲詩
붓의 뜻은 뻣뻣이 언 손목이 애처로운데 　　　筆意憐氷腕
천기는 미인의 눈썹을 엿보고 있네 　　　　　　天機見翠眉
늙은이는 마무리 손질 부끄러운데 　　　　　　老夫慙斧鑿
애써 더디 읊는 걸 알지 못하네 　　　　　　　　不覺苦吟遲

희롱하여 제하며 기생에게 주다 　　　　　　　戱題贈妓102)

푸른 치마 하얀 얼굴을 처음 만났을 때 　　　青裙玉面初相識 (간재簡齋)
꽃 지니 얼굴에 남아 밤에 드러났네 　　　　花謝留顏夜漏分 (불명不明)
신녀의 생애는 원래가 일장춘몽이라 　　　　神女生涯元是夢 (의산義山)
어디에서 꿈에 들어 다시 구름이 될까 　　　夢來何處更爲雲 (의산義山)

성천 시기 일지홍에게 주다 　　　　　　　　　贈成川詩妓一枝紅103)

누가 신선 데리고 아름다운 누각에 있나 　　　誰伴仙人畫閣中。

---

100) 숙영肅寧은 평안도平安道 숙천肅川의 옛 이름.
101) 이만수李晩秀,『극원유고展園遺稿』권2,「유거집輶車集」*이만수李晩秀(1752~1820); 조선 후기의 문신, 본관 연안延安, 자 성중成仲, 호 극옹展翁, 극원展園. 글씨에 능하여 정주에 '양성기적비兩聖紀蹟碑', 장단長湍에 '서명선사제비徐命善賜祭碑'가 있다. 저서『극원유고展園遺稿』시호 문헌文獻.
102) 이돈李燉,『호봉집壺峯集』권1. *이돈(1568~1624); 초명 돈병, 자 광중光仲, 호 호봉壺峯, 본관 진보眞寶. 이공李珙, 정구鄭逑의 문인. 이윤우李潤雨, 이준李埈 등과 교유.
103) 서형수徐瀅修,『명고전집明皐全集』권1.

아침 구름 쌓인 산 빛은 오래 흐릿하네	朝雲峰色久朦朧。
봄바람이 네게 거짓으로 소식전하니	東風假爾傳消息。
가지 끝마다 알알이 붉은 점 찍었구나	散作枝頭萬點紅。
*성천에는 반선각이 있다.	成川有伴仙閣.

진주 강혼의 시에 차운하여 기생에게 주다	次姜晉州渾104)贈妓韻105)
등불 환한 번루에 좋은 밤 즐겁고	燈火樊樓106)卜夜歡
물시계 비로소 잔잔하니 거문고 그치네	瑤琴彈罷漏初殘
금화로에 석탄 때니 무거운 휘장은 따뜻해	金爐獸炭107)重幃煖
세상은 섣달인데 추운 줄도 모르네	不識人間臘月108)寒
자줏빛 깁 적삼 소매 얼음인 듯 비치고	紫羅衫袖映氷肥
한없는 봄 시름에 푸른 눈썹 찌푸리네	無限春愁鎖翠眉
물 가득한 금당에는 찾는 사람이 없어	水滿金塘人寂寂
뜰에 꽃 그림자만 반쯤 들쭉날쭉 하네	半庭花影落參差
꽃은 때 맞추어 화사한 누대를 덮으니	寂寂花時掩畵樓
누각 위 버들은 부드럽게 봄을 희롱하네	樓頭楊柳弄春柔
젊은 아낙 규방의 꿈을 응당 알리니	應知少婦閨中夢
연수에 있지 않고 하주에 있네	不在延綏109)在夏州

---

104) 강혼姜渾(1464~1519); 조선 중기의 문신, 본관 진주晉州. 자 사호士浩, 호는 목계木溪, 동고東皐, 시호 문간文簡, 김종직金宗直의 문인. 저서『목계일고』.
105) 구용具容,『죽창유고竹窓遺稿』권 하下. *구용(1569~1601); 자 대수大受, 호 죽창竹窓, 저도楮島, 본관 능성綾城. 권필權韠, 이안눌李安訥, 김상헌金尙憲 등과 교유.
106) 번루樊樓는 커다란 주루酒樓로 기생집을 말함.
107) 수탄獸炭은 석탄을 가루로 만들어 짐승 모양으로 뭉쳐 놓은 것인데, 도성의 사치스런 귀족들이 이것으로 술을 데워 마셨다는 고사가 전해 온다.『진서晉書』,「외척양수전外戚羊琇傳」.
108) 섣달, 음력 12월.
109) 변방 지역을 말함.

백상루에서 기생에게 주다   百祥樓贈妓110)

열두 해 전에는 나그네였는데   十二年前客
본래 기약은 하지 않고 또 오니   重來本不期
붉은 네 얼굴도 상하고   紅顔爾亦歇
내 머리칼도 드문드문 셌구나   白髮我偏衰
두목은 봄에 한을 찾아 나섰는데   杜牧111)尋春恨
아가씨는 쪽진 머릴 안고 슬퍼하네   樊娘112)擁䯻113)悲
고소대 아래 서씨는   姑蘇114)下西子115)
술잔이라도 쫓는 게 낫겠지   猶足逐鴟夷116)

어느 사람을 대신해 기생에게 주다   代人贈妓117)

설매의 신선 같은 자태 가장 어여뻐   雪梅仙態最堪憐
늙은이 풍류가 젊은이를 눌렀네   老子風流壓少年
후산에서 한 번 사신이 끊기니   一自緱山118)靑鳥119)斷

---

110) 윤신지尹新之, 『현주집玄洲集』 권3, 「반사록半槎錄」 *윤신지(1582~1657); 자 중우仲又, 호 현주산인玄洲散人, 연초재燕超齋, 본관 해평海平, 봉호 해숭위海嵩尉, 시호 문목文穆. 이식李植, 신익성申翊聖 등과 교유.
111) 두목杜牧(803~852); 중국 당나라 말기 시인. 자 목지牧之, 호는 번천樊川, 두보杜甫에 대하여 소두小杜라 부르며, 시풍은 호방하면서도 청신淸新하며, 특히 칠언 절구에 뛰어났다. 작품 '아방궁부阿房宮賦', '산행山行' 등.
112) 영현伶玄의 애첩이었던 번통덕樊通德을 빗대어 말함.
113) 번희樊姬는 후한後漢 때 사람으로 영현伶玄의 애첩이었던 번통덕樊通德을 가리킨다. 영현이 번희에게 조비연趙飛燕의 고사를 이야기하자, 번희가 손으로 쪽을 감싸 쥐고 서글피 울었다고 한다. 이를 소재로 한 '번희옹계樊姬擁䯻'라는 희곡도 있다. 『조비연외전趙飛燕外傳』 부附, 「영현자서伶玄自敍」.
114) 고소姑蘇는 강소성江蘇省 소주蘇州의 옛 이름. 고적이 많고 경관이 뛰어난 곳으로 일컬어진다.
115) 서자西子는 춘추 시대 월越나라 미인 서시西施.
116) 치이鴟夷는 가죽 주머니로 만든 술 담는 그릇.
117) 안성관安聖觀, 『구포집鷗浦集』 권1.

초대에 운우의 정 나눌 꿈은 의연하지	楚臺120)雲雨121)夢依然
옥 같이 여위어 꽃 지니 모두 가련해	玉瘦花殘摠可憐
춤추고 노래하던 꽃다운 시절 생각하네	憶曾歌舞度芳年
낭군의 마음 달과 같아 찼다가 기우니	郞心似月盈還缺
창가에 기대니 곱절로 아득하네	獨倚紗窓倍黯然
떠돌며 먹고사는 생애 절로 가련할 뿐	旅食生涯只自憐
요즘 머리칼 희니 남은 세월 두려워라	邇來容鬢怕殘年
청춘의 즐거운 일은 꿈인 듯 흘러가	靑春樂事渾如夢
붉은 누대 앉아 생각하니 더욱 슬프구나	坐想紅樓益愴然

기생 초선에게 주다   贈妓楚仙122)

| 기린 공자님이 구름 사이 내려오시어 | 麒麟公子下雲間 |
| 잠시 바다 위 봉래산에 머무시네 | 暫住蓬萊海上山 |

---

118) 왕자교는 중국 주周나라 영왕靈王의 태자 진晉인데, 왕에게 직간하다가 폐해져 서인이 되었다. 젓대를 잘 불어 봉황새 소리를 냈으며 도사道士 부구공浮丘公을 만나 흰 학을 타고 후산緱山의 꼭대기에서 살았다.『열선전列仙傳』,「왕자교王子喬」.
119) 청조靑鳥는 삼족조三足鳥라고도 라는데, 사자使者를 말함. 중국 한漢나라 무제武帝가 7월 7일에 홀연히 청조靑鳥가 날아와 궁전 앞에 모이니 동방삭東方朔이 말하기를 "이는 서왕모西王母가 찾아오려는 것입니다" 하니, 조금 후세 서왕모가 오는데 청조 세 마리가 서왕모를 모시고 왔다. 그래서 후세 사람들이 사자를 가리켜 청조라고 말했다.『사기』권117,「사마상여전司馬相如傳」.
120) 초대楚臺는 중국 초나라 무산巫山의 양대陽臺를 말함.
121) 운우雲雨의 정이란 곧 남여간의 정사情事를 뜻함. 초楚 회왕懷王이 일찍이 고당高唐에 낮잠을 자는데, 꿈에 한 여인이 와서 말하기를, "저는 무산의 여자로 고당의 나그네가 되었는데, 임금님이 여기에 계시다는 소문을 듣고 왔으니, 원컨대 침석枕席을 같이 하소서" 하므로, 회왕이 하룻밤을 같이 잤는바, 다음날 아침에 여인이 떠나면서, "저는 아침이면 구름이 되고 저녁에는 비가 되는데, 아침마다 양대陽臺 아래에 있습니다"라고 했다.
122) 신양보申良甫,『춘소자집春沼子集』권2.

| 초선이 노래하니 멀리 회오리바람 일고 | 仚樂123)一聲飆馭遠 |
| 끝없는 푸른 하늘 허공에는 조각달 떴네 | 碧天無盡月空彎 |

기생 옥위심에게 주다 　　　　　　　　贈妓玉爲心124)

흰 구름같은 귀밑털에 옥같은 마음이니	碧雲爲鬢玉爲心
한 점으로 서로 통하니 석 자 거문고라네	一點靈犀125)三尺琴
잠깐 앵두 순 열리니 취한 몸 바로 잡고	乍啓櫻唇矯倚醉
건너 수풀 속 꾀꼬리는 바로 지음이지	隔林黃鳥是知音

기성의 기생 일지에게 희롱하여 주다 　　戲贈姝城妓一枝126)

기성은 문천의 별호이고, 일지는 그 읍의 명기로 치성이 부임했을 때 와서 뵙기에 써서 주다.
姝城, 文川別號, 一枝, 其邑名妓也. 赴雉城時來謁, 故書贈.

봄 가도 변방에는 아직 매화 피지 않아	春盡關河未有梅
역참에서 지금 보니 한 가지가 피었네	驛亭今見一枝開
외로운 향기 그저 해당화 그늘에 가득해	孤芳謾被棠陰閉
호랑나비는 다시 향기 찾아 오지를 않네	無復尋香蛺蝶來

---

123) 선악仙樂은 궁중 음악을 말함.
124) 『육우당유고六寓堂遺稿』 1책.
125) 영서靈犀는 영묘靈妙한 무소뿔인 서각犀角을 말함. 서각은 한 가운데에 구멍이 뚫려 있어 양방이 서로 관통하므로, 전하여 두 사람의 의사意思가 서로 투합됨을 비유한 말.
126) 정호鄭澔. 『장암집丈巖集』 권17. *정호(1648~1736) 조선 후기의 문신. 자 중순仲淳, 호 장암丈巖, 본관 연일延日. 정철鄭澈의 현손, 송시열의 문인. 저서 『장암집丈巖集』 송시열이 편찬하던 『문의통고文義通攷』를 권상하와 같이 완성. 시호 문경文敬. 충주시 가금면 창동의 누암서원樓巖書院에 제향.

관기 삼춘이 전주에서 거문고를 가지고 찾아왔기에　　　　　官妓三春, 自全州携琴來訪.127)

수레 명하여 천 리를 멀다 않고	命駕輕千里
거문고 지녔으니 한 마디가 천금이네	携琴重一言
능히 찾아와 이틀 밤을 묵으면서	能來成信宿
거문고로 감군은을 타고 있구나	彈作感君恩128)

기녀가 왔기에 또 화답하다　　　　　妓至又和129)

서생의 옛 습관에 안목은 아직 좁아	書生舊習眼猶寒
번화하고 찬란한 건 눈에 설구나	未慣繁華爛熳間
해어화가 와서 빵긋 웃으니	解語花130)來方始笑
꼭 황국과 이름 다툴 필요야 없으리	不須黃菊鬪名般

즉석에서 취중에 명기 어류환에게 주다　　　　　卽席醉贈名妓御留歡131)

어찌 우리만 귀밑머리 반백이 되었겠나　　　　　豈唯吾輩鬢成斑

---

127) 이항복李恒福, 『백사집白沙集』 권1. *이항복(1556~1618); 조선 중기의 문신이자 학자, 본관 경주慶州, 자 자상子常, 호 백사白沙, 필운弼雲, 청화진인淸化眞人, 동강東岡, 소운素雲. 고려 말의 명신 이제현李齊賢의 후손, 참찬 이몽량李夢亮의 아들이며 권율權慄의 사위. 고향인 포천 화산서원花山書院과 북청의 노덕서원老德書院에 제향. 저서 『백사집』, 『북천일록北遷日錄』, 『사례훈몽四禮訓蒙』.
128) '감군은感君恩'은 조선 초기 악장으로 임금의 은택을 찬양하고 충성을 다하겠다는 내용이다.
129) 이규보, 『동국이상국후집』 권6, 고율시古律詩.
130) 해어화解語花는 '말을 하는 꽃'이란 뜻으로 곧 미인을 지칭하는 말인데, 당唐 현종玄宗이 양귀비楊貴妃를 일컬은 데서 비롯되었다.
131) 이규보, 같은 책 권4, 고율시古律詩.

미인도 해 바뀌니 옛 얼굴이 바뀌네	紅粉年來換舊顔
도처에서 널 만나니 늘 검은 머리라	到處逢渠猶綠髮
늘 청춘이라 임금이 머물게 하여 즐기리	長春應爲御留歡

순사와 더불어 예관지부 김덕희 영감을 문안하기 위해 남쪽 성을 나와 도화동 산장에서 꽃을 즐기는데 주인 김원목이 경전을 익히는 곳으로 작은 정자가 못가에 있어 오우정이라 불렀다. 시에 능한 기생이 있어, 이름은 정임이고 호는 녹의다. 운자를 불러 시를 지어보라 명하니 능히 시를 지었는데, 화답하는 시를 구하기에 초서로 써서 주었다.

與巡使問禮官知府金令德喜, 出南城外桃花洞山庄賞花, 主人金生元穆, 治明經云, 小亭臨池, 亭名五友. 有詩妓, 名貞任, 號綠猗, 呼韻命賦, 能成句語, 乞得和詩, 故各走草書贈.[132]

작은 못에 문자 아는 기생과 더불어	文字紅裙[133]並小池
변방 정자에 올라 저문 봄날 술을 마시네	關河高飮暮春時
문득 화려한 붓이 섬세한 손을 따르니	忽看彩筆從纖手
설도 같은 교서랑이 온 듯 생각이 나네	薛校書[134]來有所思

---

132) 박영원朴永元,『오서집梧墅集』3책,「상견록常見錄」.
133) 홍군紅裙은 붉은 치마, 즉 기녀妓女를 지칭함: 술을 마시면서 시를 읊고 문을 논하는 것을 문자음文字飮이라 하는데, 당唐의 한유韓愈가 장안의 부호집 자식들을 조롱하면서, "문자음할 줄은 알지 못하면서 연분홍 치마폭에서 취하는 게 고작이라네. 不解文字飮, 惟能醉紅裙" 하였다.『문슬신화捫蝨新話』.
134) 설도薛濤(770~830); 중국 당나라의 시인, 자 홍도洪度, 홍도弘度. 성도成都에서 가기歌妓가 되어 시문에 뛰어나, 원진, 백거이 등 당대의 시인과 교제하였다. 위고韋皋가 그녀의 시재詩才를 발견하고 교서랑校書郞에 추천하였으므로 '성도成都 설교서薛校書'란 칭호를 받았다.

기첩에 쓰다 (네 수)　　　　　　　　　　　　　　題妓帖135)

1.
꽃은 발을 덮고 버드나무 문 감싸고　　　　　花掩簾帷柳掩門
화창한 봄날 못 견디게 안절부절이라네　　　中春天氣自消魂
그리워하는 괴로움 곁에서야 누가 알리　　　傍人那解相思苦
생초비단 열 자가 다 눈물자국 뿐인 것을　　十尺靑綃盡淚痕

2.
구슬로 엮은 발이 화당 살짝 가리우고　　　　珠箔輕明掩畵堂
백화는 다 졌지만 연니가 향기로워　　　　　百花飄盡燕泥香
마음 고와 임의 사랑 끊긴 것도 모르고　　　芳心不識郎恩斷
고운 눈썹 쓰다듬어 몸단장을 하노라네　　　淡掃靑蛾學世粧

3.
영롱한 옥 고삐에 오색 얼룩말로　　　　　　玲瓏玉轡五花駒
칠보단장 하고 나니 고운 자태 돋보여라　　　七寶粧成艶態殊
어젯밤 청루의 귀공자들 모임에선　　　　　昨夜靑樓公子會
갑라 저고리에 술 자국 얼룩졌으리　　　　　酒痕猶暈絳羅襦

4.
사람 대하면 말도 없이 머리만 홱 돌리고　　對人無語轉頭忙
실없이 웃고 찡그리며 낯은 온통 화장이라　　淺笑輕嚬滿面粧
양대를 향하여 꿈을 한 번 이루려도　　　　　欲向陽臺成一夢136)

---

135) 신흠申欽,『상촌집象村集』권18. *신흠申欽(1566~1628); 조선 인조 때의 학자, 문신. 자 경숙敬叔. 호 상촌象村, 여암旅庵, 현옹玄翁. 선조의 유교 칠신의 한 사람이며 정주학자로 유명하다. 저서『상촌집』.
136) 중국 초楚나라의 송옥宋玉이 쓴 고당부高堂賦. 초나라 양왕襄王이 운몽호雲夢湖에 나가 놀면서 고당관高唐觀을 구경하고 꿈에 무산巫山의 신녀神女를 만나 운우雲雨의 정을 나누었다는 내용으로, 후세에 와서 고당高唐, 무산巫山, 양대陽臺 등을 남녀가 만나 즐기는 장소로, 운우를 남녀의 정사로 표현하게 된 것이

고당부 쓰라할까 그것이 겁난다네	恐敎詞客賦高唐

희롱삼아 가기의 첩에 쓰다	戲書歌妓帖[137]

옛날 사랑한 낭군은 이제 믿을 수 없어	郞君昔寵今無賴
손님을 친압해 따르니 한바탕 꿈일 뿐	狎客追隨一夢餘
술잔 앞에 몇 번이나 법곡을 노래했나	幾度樽前歌法曲[138]
옛 놀이는 말 마오, 옷깃에 눈물짓는 걸	舊遊休說淚沾裾

미인의 노래	美人行[139]

뒤란에 까마귀 울음 까악까악 우니	後園鳥啼聲啞啞
잠에서 깨어난 미인 찡그린 두 눈썹	美人睡起嚬雙蛾
새로 배운 노래 비파를 타니	學得新聲又琵琶
비파 한 곡조는 백저가로세	琵琶一曲白苧歌
정을 품고 홀로 기댄 푸른 창가엔	含情獨倚翠窓紗
붉은 입술 깨물어 시름도 많아라	朱脣掩抑愁思多
은 항아리 마주하니 눈물은 냇물인 듯	坐對銀缸淚如河
목숨은 겨울 잎인 듯 얼굴은 꽃 같구나	命如冬葉顔如花
황혼에 젊은이 집 바라보려 해도	黃昏欲望年少家
어쩌랴, 새장 안의 앵무새인 걸	奈此籠中鸚鵡何

모두 이 고당부를 근거로 하여 시작되었음.『문선文選』.
137) 홍섬洪暹,『인재집忍齋集』권1. *홍섬洪暹(1504~1585); 자 퇴지退之, 호 인재忍齋, 눌암訥菴, 본관 남양南陽, 시호 경헌景憲. 조광조趙光祖의 문인. 이황李滉과 교유.
138) 중국 당唐 나라 시대에 성행한 궁중의 악樂을 총괄하여 법곡法曲이라 칭하였음. 그래서 후세에 궁중에서 소용하는 악의 명칭이 되었음.
139) 성간成侃(1427~1456); 조선전기의 문신이자 학자. 본관 창녕昌寧, 자 화중和仲, 호 진일재眞逸齋. 유방선柳方善의 문인.

| 도화란 이름의 기생을 노래하다 | 咏妓名桃花140) |

애 끊는 새하얀 구름 황홀한 어젯밤	腸斷梨雲141)昨夜懽
봄바람 타고 푸른 난간에 들이치네	春風轉入碧欄干
성 남쪽에 그 이름 고귀한 님 생각에	城南當日崔郞意142)
고운 얼굴은 복숭아 꽃 보며 비치네	人面桃花143)相暎看

---

140) 이학규李學逵,『낙하생집洛下生集』7책,「인수옥집因樹屋集」*이학규李學逵(1770~1835); 조선후기의 문인. 자 성수惺叟, 醒叟, 호 낙하생洛下生, 문의당文猗堂, 인수옥因樹屋, 본관 평창平昌. 정약용丁若鏞, 신위申緯, 한재렴韓在濂 등과 교유. 외조부 이용휴李用休에게 당시唐詩 절구絶句를 배우고 성호학파星湖學派의 학문을 전수받았다. 저서 필사본『낙하생고』등 20여 책이 있으며, 1985년 영인본『낙하생집』이 나왔다.
141) 이운梨雲은 배꽃같이 새하얀 구름을 말함.
142) 최랑崔郞; 중국 남조 때 송宋나라 말엽, 창가娼家의 딸인 요옥경姚玉京은 홀로 되어 절개를 지키며 시부모를 모셨는데, 늘 한 쌍의 제비가 와서 집을 짓고 살았다. 한번은 제비 한 마리가 매에 잡혀 죽자, 남은 제비가 슬피 울며 집을 맴돌았다. 가을이 되자 그 제비는 옥경의 팔뚝에 앉아 작별을 고하는 듯 하자 옥경은 붉은 실로 다리를 묶어 주며 "내년에 다시 오라" 했는데 이듬해 과연 다시 왔다. 그 후 옥경이 병들어 죽자, 이듬해 제비가 또 와서 주인을 찾으며 슬피 울어 식구들은 "옥경은 죽었으며 무덤은 남곽南郭에 있다" 했더니, 제비는 무덤을 찾아가 따라 죽었다.『연녀분기燕女墳記』.
143) 인면도화人面桃花; 중국 당唐나라 때 문인 최호崔護가 일찍이 청명일淸明日에 홀로 도성都城 남쪽에 놀러나가서 어느 집에 복사꽃이 만발해 있는 걸 보고 그 집에 들어가 물을 한 그릇 달라고 하자, 한 여인이 문을 열고나와 정겨운 낯으로 물을 떠다주었는데, 그 다음 해 청명일에 또 그 집을 찾아가니, 그때는 그 집 문이 굳게 닫혀있기에 그 문 위에 쓰기를 "지난 해 오늘은 이 문에서 사람이 나와, 사람 얼굴과 복사꽃이 서로 붉게 비치더니, 사람의 얼굴은 지금 그 어디로 가버리고, 복사꽃만 예전처럼 춘풍에 웃는단 말인가. 去年今日此門中, 人面桃花相映紅. 人面祇今何處去, 桃花依舊笑春風"라고 한 데서 온 말이다.

기생에게 주다   贈妓[144]

봄 되니 여자 마음 알 수 없이 따뜻한데   春入花心曖不知
잠시 헤어진 사이에 서로 그리워   當時小別動相思
잊기 어려워 말할 데 없네   難忘最是無言處
화장하지 않아도 늘 웃음 띤 얼굴   未必凝粧帶笑時

아리따운 기생에게 희중하다   戲贈玉妓[145]

천 번 낮은 목소리로 예쁜 기생 부르니   千遍低聲喚玉人
눈매는 맑고 뺨은 한창 봄이라네   眼中秋水臉中春
송옥도 마음 흔들려 담장 힐긋 보는데   心搖宋玉[146]牆頭見
애 끊겨 죽은 최휘는 그림 속의 몸이네   腸斷崔徽[147]畵裏身
비단 금실 옷 입고 뒤따라 발걸음 재촉해   金縷長衣隨步趲
붉고 작은 박판에 곡파노래는 새롭네   紅牙小板曲歌[148]新
원래부터 밀약하니 말은 많지 않은데   元來密約無多語

---

144) 이학규李學逵, 『낙하생집洛下生集』 7책, 「인수옥집因樹屋集」.
145) 이학규李學逵, 같은 책.
146) 송옥宋玉; B.C. 3세기 중국의 문학가. 생애는 자세하지 않으나, 사마천史馬遷의 기록에 의하면, 시인이며 굴원屈原의 제자였다고 한다. 초사楚辭 가운데 '구변九辯', '초혼招魂'은 그가 지은 것이라 하며 문사가 화려해서 뛰어난 작품으로 평가된다. 문선文選에 실린 '고당부高唐賦', '신녀부神女賦' 등의 부賦 열두 편도 그의 걸작이라 전해진다. 그는 미녀의 자태를 묘사하는 데 뛰어나 중국 시詩, 사詞, 소설 등에 나타나는 통속적인 미남자로 풍류재자風流才子의 상징이 되었다.
147) 최휘崔徽; 중국 당나라의 관기. 사랑한 배경중이 다른 곳으로 전근가자 따라가지 못해서 병이 나서 미쳐 죽었다. 『전당시全唐詩』 제423권, '최휘가崔徽歌' 詩序: "崔徽, 河中府娼也, 裴敬中以興元幕使蒲州. 與徽相從累月, 敬中便還. 崔以不得從爲恨, 因而成疾. 有丘夏善寫人形, 徽托寫眞寄敬中曰: '崔徽一旦不及畵中人, 且爲郞死.' 發狂卒."
148) 곡가曲歌는 중국 송나라 대곡의 하나인 곡파曲破를 말함. 정재 때 추는 춤곡으로 죽간자와 기녀 각 두 사람이 주악에 맞추어 구호와 사詞를 부르며 춤을 춘다.

나그네는 어찌 허전하다 굽히는지	遠客何須枉損神

이아에게 주다 贈梨娥149)

하필 마중가는 길에 옷깃과 소매 닿아	何必相迎襟袖聯
마음 통하는 정인 없이 가야금 연주하네	知音元不在彈絃
어렴풋한 낯빛은 달 아래 꽃가지에 걸려	依俙面色花稍月
아리따운 정 품자 버들가지에 연기 어리네	嬝娜情懷柳際煙
기쁜 소식은 바다 밖으로 쫓아가고	可有佳音從海外
아름다운 글귀는 바람 앞에 실려 오네	徒將麗句寄風毐
백 번을 읊고 바라며 천 번을 꿈꾸는데	百廻吟望千廻夢
봉서로 전하려나 인연이 닿지 않네	欲達封函未有緣

유한옥과 더불어 사랑하는 기생과 약속이 있어 저녁에 그 집에 갔으나 없어서
俞漢玉與情妓有約, 夕往其家則不在.150)

풍경소리에 새는 둥지로 날아가고	箏語鳥舍去
꽃 달린 가지에 달빛은 비치는데	花枝月暎來
오늘 저녁 맺은 언약 알지 못해서	不知今夕約
술잔에 퍼질러진 곳 어느 곳인지	何處泥人杯

옥매에게 贈玉梅151)

봄 하늘 아래 비단 창문 밖 한 그루 매화	春天一樹綺牕梅

---

149) 이학규李學逵, 같은 책 7책과 같은 책 3책 [癸亥]에는 '대신 주다代贈'란 제목으로 또 실려 있다.
150) 이학규李學逵, 같은 책.
151) 이학규李學逵, 같은 책.

떠도는 바람 당기니 나비 그림자 비추네	句引流風蝶影來
녹음아래 푸른 열매 때 오니 주렁주렁	靑子綠陰時到了
꽃 같은 애틋한 마음으로 즐거이 대하네	芳心肯向別人開

거제의 여러 기생을 보내며 보이다	送示岐城152)諸妓153)

꿈속에 운우의 정 나누니 그림 속 봄인데	夢中雲雨畵中春
꾀꼬리 노래하니 옥으로 치장한 몸이라네	罵作歌喉玉作身
즐거운 미소 가득 머금어도 견디기 어려워	歡笑滿靑渾不奈
동양이 허리가 야윈 사람 부끄러워하였지	東陽154)羞殺瘦腰人

---

152) 기성岐城은 경상남도 거제시의 옛 별호.
153) 이학규李學逵, 같은 책.
154) 동양소수東陽銷瘦; 몸이 바짝 말라 쇠약해진 것을 말함. 중국 양梁나라의 시인 심약沈約이 동양태수東陽太守로 나가서 힘들게 신경을 쓰는 바람에 허리띠가 자꾸 줄어들 정도로 야위어졌다는 고사에서 온 뜻이다. 『양양梁書』, 「심약전沈約傳」.

색 인

㉠

가련可憐 269, 270, 418
강강월康江月 119
강혼姜渾 320, 321, 322, 323, 398
경기京妓 18, 29
계랑桂娘 56, 215, 326
계생桂生 65, 78, 618
계섬전桂纖傳 413
계월桂月 81, 200, 350
계월향桂月香 25, 110, 153, 154, 155, 165, 175, 176, 180, 181
계평繼平 13, 25
계향桂香 103, 110, 234, 347
구소九簫 333
구지求之 276, 282
권번券番 28
금강선錦江仙 642
금개今介 325
금란金蘭 283, 284
금사錦史 124, 189
금성월錦城月 171, 431
금운琴韻 667

금홍錦紅 179
기색忌色 713
기안妓案 20, 632
기적妓籍 14, 24, 29, 92, 94, 172, 185, 233, 415, 418, 424, 439, 714
김가칙金可則 641
김경원金慶元 336, 692
김계향金桂香 268
김명원金明元 675, 692
김부용金芙蓉 92, 100, 177, 180
김부용당金芙蓉堂 177, 239
김삿갓 268, 269, 270, 511
김섬金蟾 235
김이양金履陽 92, 93, 94, 97, 98, 99, 100, 101, 177, 289, 300
김처선金處善 693, 694
김효성金孝誠 475

㉡

난향蘭香 103, 110, 234, 347, 726, 727, 728

남곤南袞 677, 678, 693
남산수南山壽 684
남취선南翠仙 117, 191
내색耐色 713, 718
내한매耐寒梅 698
노류장화路柳墻花 30
노진盧稹 484
노화蘆花 250, 577, 578
녹파잡기 189, 298, 352, 367
논개論介 25, 110, 140, 141, 142, 143, 144, 153, 154, 165, 169, 170, 392, 474, 495, 496, 497, 498, 499, 500, 501, 502, 503, 504
논개사적비論介事蹟碑 495
능운凌雲 121

㉢

다복多福 276
담도潭桃 202
대가기待佳期 130
대비정속代婢定屬 24
덕개德介 363
도화桃花 245, 347, 349
돗질산 185, 187, 188
동비가動悲歌 515
동인홍動人紅 216, 466, 471
동정춘洞庭春 318
두향杜香 619, 620, 621, 622, 623

㉺

만덕전萬德傳 418, 422, 423
매월 513
매월梅月 605
매창梅窓 25, 35, 56, 57, 58, 59, 60, 61, 62, 63, 64, 65, 66, 67, 68, 69, 70, 72, 73, 76, 78, 79, 80, 81, 85, 86, 87, 88, 89, 90, 92, 103, 130, 131, 132, 134, 135, 138, 154, 214, 215, 216, 218, 220, 222, 223, 242, 289, 326, 327, 337
매창뜸 72, 80
매학梅鶴 120
매화梅花 110, 176, 276, 278, 279, 280, 281, 530, 531, 532
매화梅花 110, 176, 278, 279, 530
명옥明玉 22, 119
모란 22, 508, 509, 510, 606, 607
모란牧丹 607
무기정舞妓亭 558
무부기無夫妓 18
무운巫雲 553
무창巫娼 12
문향文香 275

㉻

박문수朴文秀 564, 565, 601, 602
박신규朴信圭 535

박죽서朴竹西 102, 272
백마강회고白馬江懷古 117, 472
백상월전百祥月傳 432, 434
백설루白雪樓 233
백옥白玉 632
번방곡飜方曲 343
벽계수碧溪守 39, 224
보은단동報恩緞洞 477
복개福介 331, 368
복랑福娘 368
부용당芙蓉堂 25
부용상사곡芙蓉相思曲 95
비연飛燕 488

㊁

사봉희史鳳姬 277
사절정四絶亭 241
산홍山紅 166
삼패三牌 27
상림춘上林春 259
상방기생尙房妓生 18
상사원相思怨 454
서경덕徐敬德 39, 63, 380, 471
선탄禪坦 580, 581, 582, 583, 584, 585
설죽雪竹 117, 191, 194, 472
성산월星山月 252
성여필成汝必 652
소백주小栢舟 265, 276
소세양蘇世讓 231, 232

소옥小玉 361
소춘풍小春風 226
소춘풍笑春風 25, 227, 230, 231, 273, 276
소홍小紅 138
손영숙孫永叔 437
송언신宋言愼 674
송월松月 439
송이松伊 273
송인수宋麟壽 690
수모법隨母法 22
승두추勝杜秋 252, 253
승이교勝二喬 110
식감識鑑 537
심수경沈守慶 318, 319, 320, 321, 322, 326
심희수沈喜壽 306, 314, 315, 317, 637

㊂

아랑阿娘 609
안민영安玟英 489
애랑愛娘 104, 105
앵무鸚鵡 242
약방기생藥房妓生 18
양녕대군讓寧大君 719, 720, 721, 722, 723
양수척楊水尺 14, 22
여몸 222, 514
연단姸丹 362

색 인 413

연단研丹 346
연홍蓮紅 175
영산옥寗山玉 19
영산홍暎山紅 116, 252
옥매향玉梅香 639
옥봉玉峰 111, 338, 382
옥섬玉蟾 122
옥소선玉簫仙 516
옥향玉香 580, 582
옥호玉壺 452
온정溫亭 203
운심雲心 441, 442, 443, 646
운초雲楚 92, 201, 272, 288, 300
운평運平 12, 25, 26
월이 설화 558
월정화月精華 452
유부기有夫妓 18
유섬섬柳纖纖 110, 124, 140
유어당有漁堂 284
유지사柳枝詞 705
유지柳枝 704
유희경劉希慶 58, 62, 63, 64, 65, 66, 67, 68, 69, 70, 72, 73, 138, 215, 337
윤결尹潔 691
율곡栗谷 704, 705, 706, 707, 711, 714, 725, 726
은대선銀臺仙 252, 320, 321
의기사기義妓祠記 474
이귀李貴 58, 60, 65, 69, 505, 542, 697
이능화李能和 15, 103, 235, 250, 278, 286, 299
이양원李陽元 689
이진사전李進士傳 603
이천보李天輔 243, 244, 386
이패二牌 27
이홍전李泓傳 567
이화梨花 657
이황李滉 619, 689, 692, 714
일지매一枝梅 126, 129
일지홍一枝紅 351, 448, 449
일타홍一朶紅 305
일패一牌 27
임제林悌 58, 126, 127, 128, 129, 271, 272, 342

ㅈ

자동선紫洞仙 259, 624, 625
자란紫蘭 591
자운紫雲 301, 437
장순손張順孫 723, 724
전화앵轉花鶯 145
점고點考 20, 105, 259
정철鄭徹 255
정향丁香 719, 720, 721, 723
조광원曺光源 629
조비연趙非燕 284
조선해어화사朝鮮解語花史 15
조운朝雲 353, 354, 363, 389, 449, 468, 499, 677

조태억趙泰億 543, 544
주완벽전周完璧傳 492
주채희朱彩姬 110, 364
죽서竹西 272
죽엽竹葉 667
죽향竹香 98, 298
증취객贈醉客 218
지과흥청地科興淸 13
지족선사知足禪師 39
진옥수陳玉樹 151
진옥眞玉 255, 256
진풍정進豊呈 12

ⓒ

채금홍蔡錦紅 180
채소염蔡小琰 102, 331, 367
천과흥청天科興淸 13
청련靑蓮 644
초옥楚玉 264
초요경楚腰輕 625
초월初月 247, 249
초월楚月 147
촉석루矗石樓 392, 474, 475, 494, 495, 498, 503, 683, 684
최경창崔慶昌 338, 339, 340, 341, 343, 344, 346, 382
최랑崔娘 303, 365
최유강崔有江 625
추월秋月 106

추향秋香 191, 303, 472, 505
춘란春蘭 476
춘랑春浪 651
춘장春粧 473
춘절春節 279, 702, 715, 716, 719
취련翠蓮 189
취섬翠蟾 173
취춘방醉春芳 471
층시層詩 97, 101

ⓔ

탑앙모리搭仰謀利 27
태일太一 250

ⓟ

팔천八賤 17
풍시주객諷詩酒客 240

ⓗ

하양대下陽臺 440, 441
한금화韓錦花 166
한섬寒蟾 430, 431
한송정寒松亭 209, 211
한식도중寒食途中 473
한우寒雨 271
한재락韓在洛 189, 298, 352, 367
한준겸韓浚謙 58, 60

색인 415

해령사海靈祠 567
해어화解語花 12, 13, 30, 402, 471
해월海月 598, 599
향기鄕妓 18, 108
허균許筠 38, 39, 40, 41, 56, 57, 58, 62, 65, 66, 73, 74, 75, 76, 77, 78, 79, 88, 112, 215, 314, 315
허민許珉 658, 662
허봉許篈 314, 450
현계옥玄桂玉 124, 153
홍랑洪娘 311, 342, 343, 344, 345, 338, 346
홍련紅蓮 651
홍림洪霖 598

홍명한洪名漢 352, 388
홍분紅粉 12, 512, 679
홍장紅粧 25, 209, 210, 211, 273, 276
홍행紅杏 640
화몽정花夢亭 565
화중선花中仙 205
황수신黃守身 529
황진이黃眞伊 25, 35, 37, 38, 39, 40, 41, 45, 46, 47, 49, 50, 51, 52, 53, 54, 55, 61, 103, 125, 126, 127, 154, 208, 209, 215, 224, 225, 231, 232, 233, 242, 273, 286, 289, 336, 471, 472, 580, 719, 725
홍청興淸 13, 25

저 자 소 개

　저자 이상원李商元은 경남 산청에서 태어나 경상대학교 대학원 경영학 석사과정을 졸업하고, 국가기록학연구원을 수료했다. 남명문학상 신인상을 수상하여 등단했으며,『계간 뿌리』편집위원, 공자학회 연구원, 남명학 연구원 연구위원 등을 역임하고, 현재 도동서당道洞書堂 훈장으로 있다. 「남명南冥 조식曺植에 관한 야승野乘의 연구」「남명 한시漢詩의 미학」「석주石洲 권필權韠의 한시 미학」 등 다수의 논문을 발표했고, 시집으로 『풀이 가는 길』『여백의 문풍지』등이 있으며, 서사시 「서포西浦에서 길을 찾다」로 제2회 김만중문학상 대상을 수상했다. 저서로『하원시초(정수동 시전집)』『노비문학산고』『기생문학산고』가 있다.

國學古典研究叢書 2

기생문학산고 —(시편)

초판 1쇄 인쇄일	2012년 8월 24일
초판 1쇄 발행일	2012년 8월 27일

지은이	이상원
펴낸이	정구형
출판이사	김성달
편집이사	박지연
책임편집	정유진
편집/디자인	이하나 이원숙 장정옥
마케팅	정찬용
영업관리	김정훈 권준기 천수정 심소영
인쇄처	태광
펴낸곳	국학자료원

등록일 2006 11 02 제2007-12호
서울시 강동구 성내동 447-11 현영빌딩 2층
Tel 442-4623 Fax 442-4625
www.kookhak.co.kr
kookhak2001@hanmail.net

ISBN	978-89-279-0178-5 *94800
가격	32,000원

* 저자와의 협의하에 인지는 생략합니다.
잘못된 책은 구입하신 곳에서 교환하여 드립니다.